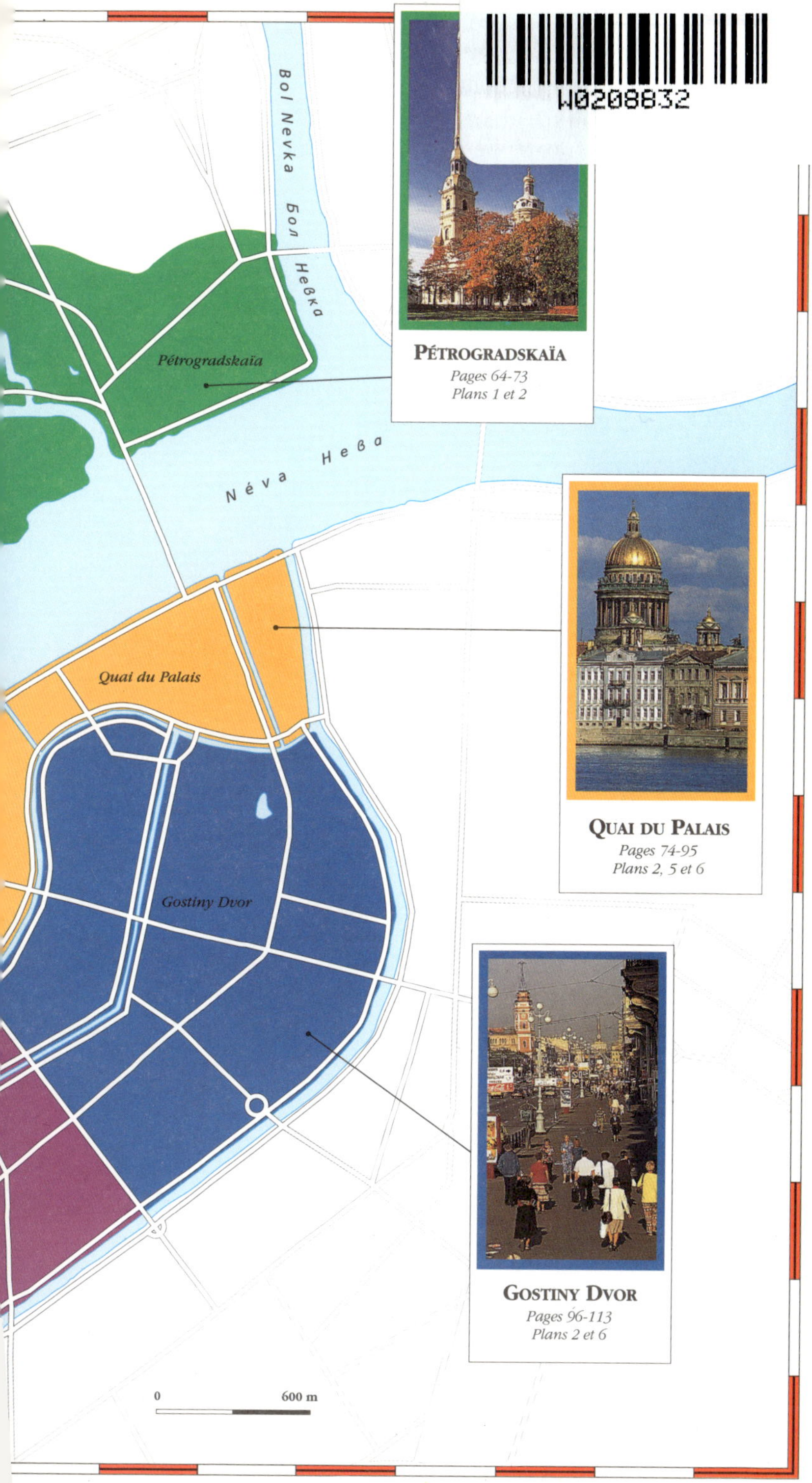
Bol Nevka
Бол Невка
Pétrogradskaïa
PÉTROGRADSKAÏA
Pages 64-73
Plans 1 et 2
Néva Нева
Quai du Palais
QUAI DU PALAIS
Pages 74-95
Plans 2, 5 et 6
Gostiny Dvor
GOSTINY DVOR
Pages 96-113
Plans 2 et 6
0
600 m

GUIDES VOIR

SAINT-PÉTERSBOURG

GUIDES VOIR

SAINT-PÉTERSBOURG

HACHETTE

CE GUIDE VOIR A ÉTÉ ÉTABLI PAR
Catherine Phillips, Christopher Rice et Melanie Rice

HACHETTE TOURISME
43, quai de Grenelle, 75905 Paris Cedex 15

DIRECTION
Cécile Boyer

DIRECTION ÉDITORIALE
Catherine Marquet

ÉDITION
Catherine Laussucq
Camille Marchaut

TRADUIT ET ADAPTÉ DE L'ANGLAIS PAR
Marie-Christine Louis

AVEC LA COLLABORATION DE
Catherine Blanchet-Laussucq et de Janine Lévy

MISE EN PAGES (PAO)
Maogani

Publié pour la première fois en Grande-Bretagne en 1998
sous le titre
Eyewitness Travel Guides : St Petersburg

Imprimé et relié à Hong-Kong par L. Rex Printing Company Limited

DÉPÔT LÉGAL : 21018, mai 2002
ISBN 2-01- 243032-5
ISSN 1246-8134
Collection 32 - Édition 04
N° DE CODIFICATION : 24-3032-0

Aussi soigneusement qu'il ait été établi, ce guide n'est pas à l'abri des changements de dernière heure. Faites-nous part de vos remarques, informez-nous de vos découvertes personnelles : nous accordons la plus grande attention au courrier de nos lecteurs.

SOMMAIRE

Maquette de bateau en bronze, un symbole de Saint-Pétersbourg

PRÉSENTATION DE SAINT-PÉTERSBOURG

Les joies de la neige, devant l'Ermitage

SAINT-PÉTERSBOURG QUARTIER PAR QUARTIER

Le pont des Petites-Écuries enjambe la Moïka

Statues dorées de la Grande cascade de Peterhof

LES BONNES ADRESSES

Pelmeny, des raviolis à la viande ou au poisson, spécialité de Sibérie

RENSEIGNEMENTS PRATIQUES

La cathédrale Saint-Isaac : 40 pierres et minéraux différents ont été utilisés pour sa décoration intérieure

Icône su XVe siècle représentant saint Georges et le dragon, Musée russe

COMMENT UTILISER CE GUIDE

Ce guide a pour but de vous aider à profiter au mieux de votre séjour à Saint-Pétersbourg. L'introduction, *Présentation de Saint-Pétersbourg*, situe la ville dans son contexte géographique, historique et culturel. Dans le chapitre consacré à l'histoire, une chronologie permet de visualiser les principaux événements. *Saint-Pétersbourg d'un coup d'œil* offre un aperçu des visites les plus intéressantes. *Saint-Pétersbourg quartier par quartier* présente les principaux sites et monuments classés en deux groupes : ceux situés dans le centre de Saint-Pétersbourg et ceux des quartiers périphériques. Deux promenades à pied permettent de découvrir les îles et les canaux. *Les environs de Saint-Pétersbourg* décrivent les excursions d'un ou deux jours. Enfin, *Les bonnes adresses* vous fourniront des renseignements sur les hôtels, les restaurants et les boutiques, et les *Renseignements pratiques* vous donneront des conseils utiles, que ce soit pour téléphoner ou utiliser les transports publics.

SAINT-PÉTERSBOURG QUARTIER PAR QUARTIER

Nous avons divisé Saint-Pétersbourg en sept quartiers. Chaque chapitre débute par un portrait du quartier et une liste des monuments présentés, situés clairement par des numéros sur le plan *Le quartier d'un coup d'œil*. Un ou deux plans « pas à pas » développent ensuite la partie du quartier la plus intéressante. La numérotation des monuments reste constante de page en page.

1 Plan général du quartier
Les principaux centres d'intérêt du quartier sont classés par catégories (églises, musées et galeries, places et rues historiques, parcs et jardins) et signalés par des numéros sur le plan Le quartier d'un coup d'œil *qui indique aussi les stations de métro, les gares, les parcs de stationnement et les embarcadères.*

Une carte de situation indique où se trouve le quartier dans la ville.

Des repères de couleur aident à trouver le quartier dans le guide.

Carte de situation

La zone détaillée dans le *Plan pas à pas* est **ombrée de rose.**

2 Plan du quartier pas à pas
Il offre une vue aérienne du cœur du quartier. La numérotation des monuments correspond à celle du plan Le quartier d'un coup d'œil *et à celle des descriptions détaillées des pages suivantes.*

L'itinéraire conseillé est indiqué en rouge

PLAN GÉNÉRAL DE SAINT-PÉTERSBOURG

Chacune des zones colorées de ce plan *(p. 14-15)* correspond à l'un des cinq quartiers principaux décrits dans *Saint-Pétersbourg quartier par quartier (p. 54-131)*. Ces repères de couleur apparaissent sur d'autres plans tout au long de ce guide. Ils permettent ainsi de trouver les monuments les plus importants dans *Saint-Pétersbourg d'un coup d'œil (p. 32-49)*, ou les plus beaux ponts de la villé. Les couleurs des bordures des plans correspondent à celles des onglets colorés situés en haut de chaque page.

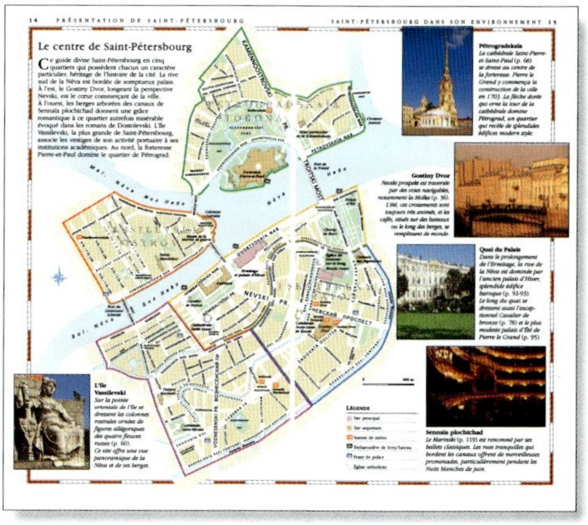

Les numéros renvoient à ceux des plans situant le monument.

Chaque rubrique donne les **informations pratiques** nécessaires à l'organisation d'une visite, ainsi que la référence au plan de l'atlas des rues *(p. 230-237)*.

3 Renseignements détaillés

Les sites importants sont décrits individuellement dans l'ordre correspondant à leur numérotation sur le plan Le quartier d'un coup d'œil. *Un tableau des symboles se trouve sur le rabat de la dernière page.*

Le mode d'emploi vous donne tous les renseignements pratiques pour organiser votre visite.

Des encadrés approfondissent des sujets historiques ou d'intérêt particulier.

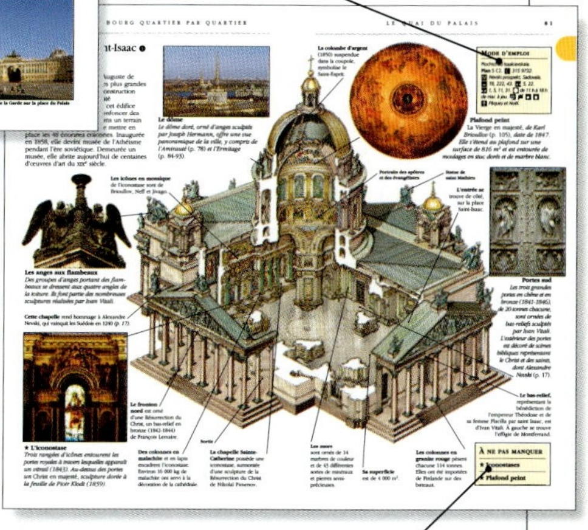

4 Les principaux monuments de Saint-Pétersbourg

Deux pleines pages ou plus leur sont réservées. La représentation des bâtiments historiques en dévoile l'intérieur. Les plans des musées vous aident à y localiser les plus belles expositions.

Des étoiles signalent les œuvres ou éléments remarquables.

Présentation de Saint-Pétersbourg

Saint-Pétersbourg dans son environnement

La Fédération de Russie est le plus grand pays du monde. Il s'étend sur une superficie de 17,4 millions de km². Saint-Pétersbourg, située au nord-ouest du pays, est la deuxième ville, avec une population de près de 5 millions d'habitants. Ancienne capitale de la Russie, cette « fenêtre sur l'Occident » *(p. 20-21)* a été construite sur des terrains marécageux, à l'endroit où la Néva se jette dans le golfe de Finlande. Parmi les treize pays qui bordent la Russie, l'Estonie et la Finlande sont les voisins les plus proches de Saint-Pétersbourg.

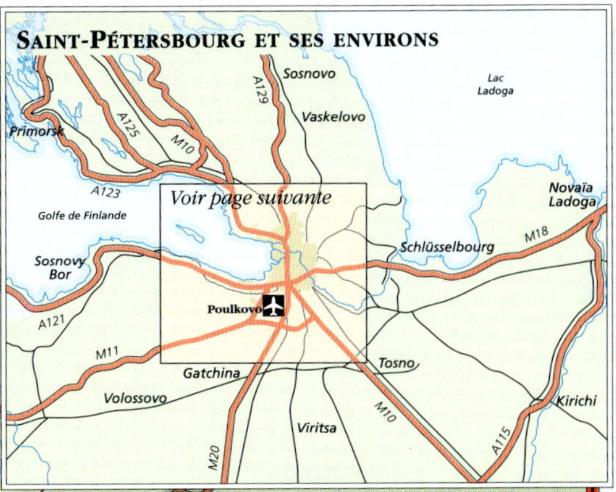

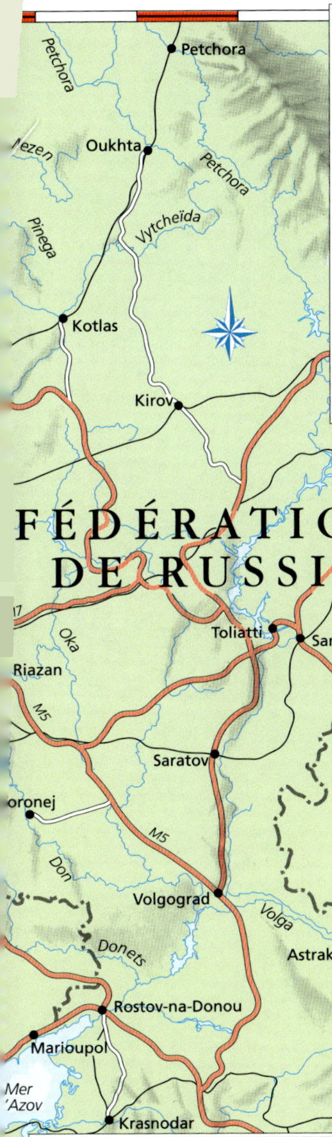

Saint-Pétersbourg et ses environs
Le réseau ferroviaire de Saint-Pétersbourg est excellent (p. 220-221). *Il permet d'accéder facilement à la plupart des sites en dehors du centre.*

Image satellite de Saint-Pétersbourg

Agglomération de Saint-Pétersbourg

Les premiers bâtiments de Saint-Pétersbourg furent édifiés sur les îles de la rive nord de la Néva, puis le centre de la ville s'est peu à peu étiré au sud du fleuve. Aujourd'hui, Saint-Pétersbourg s'étend sur plus de 40 îles, et les hauts immeubles des quartiers périphériques atteignent les palais impériaux des environs *(p. 146-159)*.

Le bon réseau de transports urbains, notamment le métro et les trains de banlieue, permet de joindre aisément les cites plus excentrés *(p. 220-221)*.

Priozersk
Tchernaïa Retchka
Sertolovo
Vartemiagui
Toksovo
Ioukki
Levachovo
A 129
A 122
Kouzmolovski
Borissova Griva
Proba
Rakhia
Pargolovo
Tchernaïa
Kornevo
Ozerki
Mourino
Loubia
A 128
Chtcheglovo
Plintovka
Kolomiagui
Staraïa Derevnia
Grajdanka
Okhta
Vsevolojsk
VSEVOLOJSK
Finliandski
Petrovski Ostrov
Vassilevski Ostrov
Ianino
Voïeïkovo
SAINT-PÉTERSBOURG
Staraïa
Vitebski
Moskovski
Okkervil
Schlüsselbourg
Razmetelevo
Baltiski
Varchavski
Novosserguievka
Néva
M 18
Volkovo
Miaglovo
Avtovo
Novossaratovka
Datchnoïe
Kouptchino
Oust-Ijora
M 20
Petro-Slavianka
Poulkovo
Petro-Slavianka
Chouchary
Chouchary
Metallostroï
Imeni Sverdlova
M 10
Néva
Pavlovo
Slavianka
TSARSKOÏE SELO
Kolpino
KOLPINO
Alexandrovskaïa
Alexandrovskaïa
Tosna
Detskoïe Selo
M 11
Nikolskoïe
PAVLOVSK
Krasny Bor
Krasny Bor
Kommounar
Ijora
Kirovsk
Annolovo
Oulianovka
Oulianovka
Romanovka
Fornosovo
Tosno

Le centre de Saint-Pétersbourg

Ce guide divise Saint-Pétersbourg en cinq quartiers qui possèdent chacun un caractère particulier, héritage de l'histoire de la cité. La rive sud de la Néva est bordée de somptueux palais. À l'est, le Gostiny Dvor, longeant la perspective Nevski, est le cœur commerçant de la ville. À l'ouest, les berges arborées des canaux de Sennaïa plochtchad donnent une grâce romantique à ce quartier autrefois misérable évoqué dans les romans de Dostoïevski. L'île Vassilevski, la plus grande de Saint-Pétersbourg, associe les vestiges de son activité portuaire à ses institutions académiques. Au nord, la forteresse Pierre-et-Paul domine le quartier de Pétrograd.

L'île Vassilevski
Sur la pointe orientale de l'île se dressent les colonnes rostrales ornées de figures allégoriques des quatre fleuves russes (p. 60). *Ce site offre une vue panoramique de la Néva et de ses berges.*

Pétrogradskaïa
La cathédrale Saint-Pierre-et-Saint-Paul (p. 68) *se dresse au centre de la forteresse. Pierre le Grand y commença la construction de la ville en 1703. La flèche dorée qui orne la tour de la cathédrale domine Pétrograd, un quartier qui recèle de splendides édifices modern style.*

Gostiny Dvor
Nevski prospekt est traversée par des voies navigables, notamment la Moïka (p. 36). *L'été, ces croisements sont toujours très animés, et les cafés, situés sur des bateaux ou le long des berges, se remplissent de monde.*

Quai du Palais
Dans le prolongement de l'Ermitage, la rive de la Néva est dominée par l'ancien palais d'Hiver, splendide édifice baroque (p. 92-93). *Le long du quai se dressent aussi l'exceptionnel Cavalier de bronze* (p. 78) *et le plus modeste palais d'Été de Pierre le Grand* (p. 95).

LÉGENDE

- Site principal
- Site important
- Station de métro
- Embarcadère de ferry/bateau
- Poste de police
- Église orthodoxe

Sennaïa plochtchad
Le Marinski (p. 119) *est renommé par ses ballets classiques. Les rues tranquilles qui bordent les canaux offrent de merveilleuses promenades, particulièrement pendant les Nuits blanches de juin.*

1703

HISTOIRE DE SAINT-PÉTERSBOURG

Dix ans après sa fondation en 1703, Saint-Pétersbourg devient la capitale du vaste empire de Russie et l'une des plus belles villes d'Europe. Rebaptisée trois fois au cours du XXe siècle, elle a subi trois révolutions et un siège de 900 jours. Un passé mouvementé pour une ville d'à peine trois siècles.

Ivan IV « le Terrible »

Environ 850 ans avant la fondation de la ville, les tribus slaves de la région choisissent Rourik, un chef varègue, pour les gouverner. Son successeur fonde la principauté de Kiev. En 988, la conversion du grand-prince Vladimir au christianisme orthodoxe fait de cette religion l'un des fondements de l'identité russe. Paradoxalement, l'unité de la Russie ne s'est développée qu'au cours des 250 années de domination mongole. En 1237, ces tribus guerrières, converties à l'islam, ont conquis toutes les principautés à l'exception de Novgorod. Un siècle plus tard, les Mongols confient à Ivan Ier (1325-1340), un grand-prince moscovite, le soin de collecter les tributs des autres principautés. Cette bienveillance à l'égard de Moscou s'avère néfaste pour le pouvoir mongol.

Guerriers mongols, illustration d'un manuscrit du XIVe siècle

En 1380, le grand-prince moscovite Dimitri Donskoï remporte une première victoire décisive qui marque un pas vers l'autonomie de la nation russe.

Ivan III (1462-1505) met définitivement fin à la suzeraineté mongole, ce qui accroît le prestige de Moscou. Le règne d'Ivan le Terrible (1533-1584), le premier « tsar de toutes les Russies », débute dans la prospérité, mais se termine par une période de terreur. Dans un accès de fureur, Ivan tue son fils aîné, inaugurant le « Temps des troubles ». Moscou est envahie par des usurpateurs polonais.

LES PREMIERS ROMANOV

Pour stabiliser le pouvoir, les notables portent Michel Romanov sur le trône en 1613, instaurant trois siècles de domination de cette dynastie. Son fils Alexis, souhaitant moderniser le pays, rédige un code des lois, impose la souveraineté de l'État sur l'Église et fait venir des architectes occidentaux.

CHRONOLOGIE

Boris Godounov

800 – 1000 – 1200 – 1400 – 1600

- **862** Rourik s'établit à Novgorod
- **863** Cyrille et Méthode créent l'alphabet cyrillique
- **988** Le prince Vladimir se convertit au christianisme orthodoxe
- **1108** Fondation de la ville de Vladimir
- **1147** Fondation de Moscou
- **1223** Premier raid mongol
- **1240** Souveraineté mongole en Russie
- **1242** Victoire d'Alexandre Nevski sur les chevaliers Porte-Glaive
- **1462–1505** Règne d'Ivan III
- **1480** Ivan III refuse de payer son tribut aux Mongols
- **1533–1584** Règne d'Ivan IV le Terrible
- **1598** Boris Godounov tsar après 12 ans de régence
- **1605–1613** Temps des troubles
- **1613** Michel Romanov, premier tsar de la dynastie des Romanov

◁ **Pierre le Grand instruisant ses ouvriers lors de la construction de Saint-Pétersbourg (Alexander von Kotzebue, 1862)**

Pierre le Grand

Pierre Ier, le fondateur de Saint-Pétersbourg, inaugure une nouvelle ère de l'histoire de la Russie. Après la mort de son père, le tsar Alexis, l'enfance de Pierre est obscurcie par une terrible rivalité entre les Narychkine (sa famille maternelle) et les Miloslavski (celle de la première femme de son père). Lorsque Pierre est proclamé tsar, à l'âge de dix ans, les gardes streltsy, acquis aux Miloslavski, déclenchent une sanglante révolte. Pierre est alors contraint de partager le trône avec son demi-frère Ivan, et sa demi-sœur Sophie assure la régence. Le souvenir de l'assassinat de sa famille est à l'origine de l'aversion du jeune tsar pour Moscou et sa société conservatrice et intrigante.

Pierre le Grand (1682-1725)

À la mort d'Ivan, en 1696, Pierre a 24 ans. Pendant son enfance, il passait de longs moments à élaborer des tactiques militaires avec ses soldats de plomb. Il tirera profit de cet entraînement pour réformer l'armée russe. Par ailleurs, il rêve de créer une marine russe et, en 1697, part étudier la construction navale en Europe. Travailleur acharné, il passe plus de temps sur les chantiers navals que dans les cours européennes. Dès son retour en Russie, il introduit des réformes influencées par son expérience.

Une nouvelle capitale

Pierre décide d'établir un port septentrional sur la Baltique afin d'assurer la protection de la Néva. Cette initiative déclenche une guerre avec la Suède, l'un des plus puissants royaumes européens de l'époque. Toutefois, la construction d'une forteresse et du chantier naval *(p. 20-21)* commence en 1703. Le site choisi est un terrain marécageux où les matériaux de construction sont

Vue de Saint-Pétersbourg au début du XVIIe siècle et du chantier naval de l'Amirauté, à gauche

Chronologie

1672 Naissance de Pierre le Grand, à Moscou

1680

1682 Révolte des streltsy. Pierre partage le trône avec son demi-frère Ivan V, sous la régence de sa demi-sœur Sophie

Sophie, régente de 1682 à 1689

1689 Pierre exile Sophie au monastère de Novodevitchi

1690

1696 Mort d'Ivan V, Pierre est souverain absolu

1697–1698 Pierre visite l'Europe de l'Ouest

1698 Pierre massacre les gardes streltsy *(p. 20)*

1700

1700 Début de la guerre du Nord contre les Suédois

1703 Fondation de Saint-Pétersbourg

1709 Victoire sur Charles XII de Suède à la bataille de Poltava

1710

1712 Le gouvernement s'installe à Saint-Pétersbourg

1714 Constructions en pierre interdites, sauf à Saint-Pétersbourg

La cour d'Élisabeth

Lorsqu'elle ne surveillait pas les plans d'architecture, Élisabeth recevait ses suivantes dans sa chambre. Allongée sur son lit, celles-ci lui caressaient les pieds et l'instruisaient des derniers potins. Très dynamique, la reine entraîne ses courtisans dans d'inlassables parties de chasse et de patinage. Elle exige qu'ils lui tiennent compagnie à toute heure du jour et de la nuit. Les 15 000 robes que contenait son immense garde-robe sont restées célèbres.

La tsarine Élisabeth entourée de ses courtisans, en promenade à Tsarskoïe Selo

rares, la lumière du jour très réduite et les inondations régulières et désastreuses. Plus de 40 000 ouvriers (prisonniers suédois et paysans) y travaillent jusqu'à l'épuisement.

Il n'est pas certain que le tsar ait eu l'intention d'en faire la nouvelle capitale du pays, mais après la victoire de Poltava en 1709, qui met un terme à la menace suédoise, sa décision est prise. En 1712, Saint-Pétersbourg est proclamée capitale de l'Empire. À la mort de Pierre, en 1725, le centre-ville abrite 40 000 habitants, et les campements de travailleurs situés dans les environs sont tout aussi peuplés.

Élisabeth (1741-1761)

Le règne des femmes

Le reste du XVIIIe siècle, la Russie a été essentiellement gouvernée par des femmes, qui ont donné à Saint-Pétersbourg son style architectural si particulier.

Pendant les courtes périodes du règne de Catherine Ire (1725-1727), la femme de Pierre, et de son petit-fils Pierre II (1727-1730), la cour abandonne cette ville frontière pour s'installer plus confortablement à Moscou. Lorsque Anne, la fille d'Ivan, monte sur le trône, elle décide de revenir à Saint-Pétersbourg et d'européaniser la cour. L'impératrice, âgée de 37 ans, a passé la majeure partie de sa vie en Allemagne, et la plupart des ministres et des favoris qui l'entourent sont allemands. Toutefois, l'élégance vient de Paris, et les opéras à la mode sont italiens. Malgré une personnalité austère, Anne encourage l'épanouissement de la vie culturelle russe et parvient à élever la cour au rang des cours européennes les plus frivoles.

Élisabeth, la fille de Pierre le Grand, est un successeur idéal aux yeux de cette cour superficielle. Attirante, énergique et enjouée, elle parvient à séduire la plupart de ses sujets, en particulier les gardes, qui l'aident à conserver son trône. Elle s'entoure de conseillers habiles à qui elle confie les affaires de l'État. Malgré ses extravagances, la tsarine conserve une piété surprenante qui la mène à se retirer de temps à autre dans un couvent. Elle a laissé de magnifiques édifices baroques, dont la plupart sont dus à Rastrelli, son architecte de prédilection *(p. 93)*.

1717 Voyage de Pierre en Hollande et en France

1721 Paix de Nystad, fin de la guerre avec la Suède

1725 Mort de Pierre le Grand, l'impératrice Catherine monte sur le trône

1727–1730 Règne de Pierre II

1730–1740 Règne d'Anne

1733 Fin de la construction de la cathédrale de Saint-Pierre-et-Saint-Paul

1738 Création du premier ballet russe à Saint-Pétersbourg

1741 Ivan VI est détrôné et Élisabeth prend le pouvoir

1745 Mariage de Pierre III avec la Grande Catherine

1754 Début de la construction du palais d'Hiver de Rastrelli

1757 Fondation de l'Académie des beaux-arts de Saint-Pétersbourg

1720 | 1730 | 1740 | 1750

Anna Ivanovna, fille d'Ivan V

Une fenêtre sur l'Occident

Pressé d'en finir avec le Moyen Âge et influencé par les Occidentaux rencontrés à Moscou, Pierre le Grand est le premier tsar à voyager en Europe. Il en rapporte des idées de réformes et des influences architecturales. En 1710, lorsque la menace suédoise est écartée, la famille impériale et le gouvernement s'installent, à contrecœur, dans cette région humide et glaciale. Pierre fait bâtir de solides édifices en pierre, crée une infrastructure rationnelle et fonde des académies. Saint-Pétersbourg accueille les nouvelles technologies et les modes européennes avant qu'elles ne soient diffusées dans le reste du pays.

AGGLOMÉRATION PÉTERSBOURGEOISE

1712 — *Aujourd'hui*

PLAN DE LA NOUVELLE VILLE

Sur ce plan de 1712, le centre-ville est situé sur l'île Vassilevski. La traversée de la Néva étant périlleuse, il sera transféré autour de l'Amirauté.

Le tsar charpentier
De 1697 à 1698, lors de son voyage en Europe, Pierre (à gauche) passa plusieurs mois aux Deptford Docks. Il y apprit les principes de la construction navale.

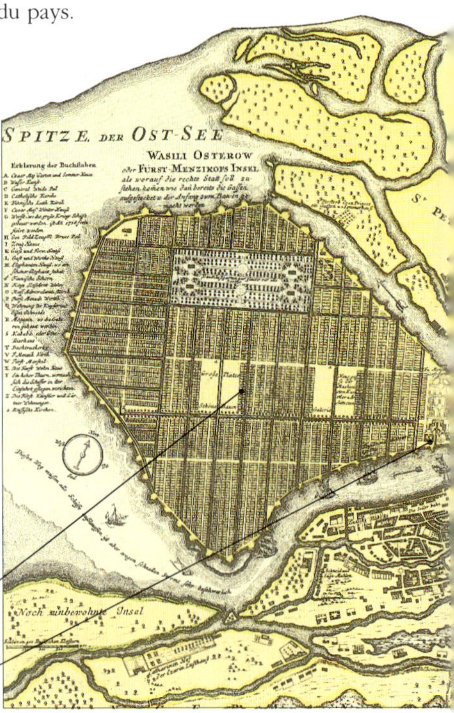

Inspiré du plan d'Amsterdam, le plan originel s'organisait autour d'un lacis de canaux. Il fut modifié par la suite *(p. 57)*.

Le palais Menchikov

Les nouvelles modes
Pierre, qui désirait occidentaliser la Russie, exigea que ses courtisans rasent leurs barbes touffues.

LA RÉVOLTE DES STRELTSY

Les gardes streltsy envahirent le Kremlin en 1682, à la suite d'une rumeur selon laquelle la famille de Pierre avait pour dessein de tuer Ivan, le demi-frère du tsar. Pierre, âgé de 10 ans, assista au massacre de son conseiller et des membres de sa famille. Ce spectacle terrifiant, à cause duquel il garda le tic nerveux qui lui déformait le visage, le poussa à quitter Moscou et à fonder une nouvelle capitale. En 1698, il prit sa revanche en torturant à mort près d'un millier de streltsy.

Massacre au Kremlin, en 1682

La bataille de Poltava
Le contrôle de la Baltique déclencha la grande guerre du Nord contre la Suède. Neuf ans après la défaite de Narva, les réformes militaires de Pierre le Grand portèrent leurs fruits. Sa victoire sur Charles XII, à Poltava (1709), fut la première que la Russie remporta sur une puissance européenne.

Où voir le Saint-Pétersbourg de Pierre le Grand

Certains bâtiments de cette époque subsistent au centre de la ville : la maisonnette de Pierre *(p. 73)*, le palais d'Été *(p. 95)* et le palais Menchikov, de style baroque *(p. 62)*. La forteresse Pierre-et-Paul *(p. 66-67)* date aussi de cette période. La visite de Monplaisir, la première demeure de Pierre à Peterhof *(p. 148)*, est très intéressante.

L'atelier de Pierre le Grand, au palais d'Été

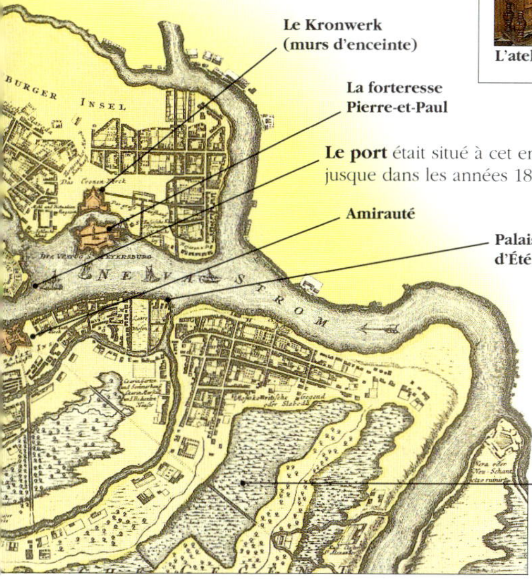

Le Kronwerk (murs d'enceinte)

La forteresse Pierre-et-Paul

Le port était situé à cet endroit jusque dans les années 1880.

Amirauté

Palais d'Été

Le terrain marécageux et le manque de pierres ont rendu le travail difficile. Au début du chantier, des milliers d'ouvriers moururent d'épuisement.

Verre à vin
Le tsar aimait faire boire ses invités jusqu'à ce qu'ils tombent ivres morts. Ce verre à vin en cristal porte le blason d'Alexandre Menchikov, son meilleur ami.

Les souris enterrent le chat
Les loubki, *gravures sur bois, et caricatures politiques représentaient toujours Pierre le Grand sous la forme d'un chat à cause de sa moustache.*

Catherine Ire
Après une première union malheureuse, Pierre rencontra une jeune Lituanienne, qui avait suivi l'armée de retour des guerres de 1704. Elle faisait partie de la maison d'Alexandre Menchikov (p. 62). *Malgré la perte de leurs enfants, à l'exception de deux filles, leur mariage fut heureux, et Catherine succéda à Pierre, devenant ainsi la première tsarine de Russie.*

La Grande Catherine

Élisabeth choisit Catherine, une princesse allemande, pour être la femme de son successeur, Pierre III. Lorsque celui-ci monte sur le trône en 1761, Catherine a passé 18 ans en Russie. Elle se passionne pour la culture du pays et parle couramment le russe. Six mois après le début du règne de Pierre, elle parvient à le détrôner avec l'aide de la garde impériale.

La Grande Catherine, en 1762

Pierre III est assassiné peu de temps après et Catherine proclamée impératrice.

À sa mort, à l'âge de 67 ans, Catherine laisse un pays considérablement agrandi grâce à des campagnes victorieuses menées contre la Turquie et la Pologne. Toutefois, ses dernières aventures amoureuses dégagent un parfum de scandale, et sa réputation de monarque éclairé *(p. 24)* est ternie par sa réaction hostile à l'égard de la Révolution française de 1789.

Guerre et paix

Lorsque éclatent les guerres napoléoniennes, sous le règne d'Alexandre Ier, petit-fils de Catherine, la Russie fait partie des grandes puissances européennes.

Malgré sa participation au meurtre de son père, on attend beaucoup du nouveau jeune et beau tsar, à l'esprit éclairé. La Russie, en particulier sa paysannerie asservie, a désespérément besoin de réformes. Mais les besoins occasionnés par la guerre passent avant tout, et l'autocratie demeure intacte durant le règne d'Alexandre Ier.

Exploitant le patriotisme de ses sujets, Alexandre s'allie aux Britanniques lors de l'invasion de l'Autriche par Napoléon, en 1805. Après une défaite écrasante à Austerlitz, le tsar, qui manque d'expérience, retire son armée, laissant 11 000 morts sur le champ de bataille.

Au traité de Tilsit (1807), Napoléon trace une nouvelle carte de l'Europe, divisée entre la France et la Russie. Trompé par cette alliance, Alexandre laisse envahir le pays en 1812. L'ampleur du territoire à conquérir et la rigueur du climat forcent Napoléon à battre en retraite. Alexandre lance son armée sur les traces de l'envahisseur et le pourchasse jusqu'à Paris. En 1814, la Russie s'allie aux puissances européennes et contraint Napoléon à abdiquer. Pour célébrer cet événement, Alexandre ordonne la construction d'une série d'édifices publics de style Empire.

Assassinat de Paul Ier, en 1801. Malgré toutes ses précautions, le fils de Catherine, personnage instable et paranoïaque, est tué dans son palais fortifié ***(p. 101)***

Chronologie

- **1760**
- **1762** Mort d'Élisabeth. Pierre III monte sur le trône, mais il est assassiné six mois plus tard. Sa femme, Catherine II, lui succède
- **1763** Catherine II correspond avec Voltaire
- **1767** Catherine II publie son *Bolchoï Nakaz*
- **1768-1774** Première guerre russo-turque
- **1773-1775** Rébellion de Pougatchev
- **1780**
- **1782** Falconet termine le *Cavalier de bronze*
- **1783** Annexion de la Crimée
- **1787-1792** 2e guerre russo-turque
- **1796** Mort de Catherine II. Accession au trône de Paul Ier
- **1800**
- **1801** Assassinat de Paul Ier. Alexandre Ier devient tsar
- **1805-1807** Fin de la guerre avec la France. Traité de Tilsit
- **1812** Napoléon envahit la Russie
- **1816** Alexandre Ier est hostile aux réformes

Alexandre Ier (1801-1825)

Défaite des rebelles décembristes, 1825

La rébellion des décembristes

Séduits par les régimes occidentaux plus libres, les officiers de l'armée russe se heurtent au refus d'Alexandre d'envisager des réformes constitutionnelles. Lorsque son frère Nicolas, un homme inflexible, monte sur le trône en 1825, ces officiers libéraux soutiennent Constantin, le frère aîné du tsar, qui avait renoncé à ses droits. Ils déclenchent une insurrection le 14 décembre, sur une place appelée aujourd'hui « place des Décembristes » *(p. 78)*. Les troupes restées fidèles au tsar ouvrent le feu sur les insurgés. Des centaines de rebelles sont tués avant que leurs dirigeants ne se rendent. Nicolas Ier réprime cette insurrection dans le sang. Il fait exécuter cinq décembristes et en exile une centaine en Sibérie.

Les riches et les pauvres

Au cours du XIXe siècle, Nevski prospekt reflète toutes les couches sociales d'une société de plus en plus divisée. On y côtoie des mendiants, des ivrognes et des prostituées, mais aussi des courtisans et de jeunes officiers, des notables et des commerçants. Ce petit monde privilégié vit souvent au-dessus de ses moyens, achetant caviar et champagne chez Eliseev, hypothéquant serfs et domaines pour maintenir un luxueux train de vie. En revanche, le salaire d'un simple fonctionnaire est insuffisant pour nourrir une famille. Dans les campagnes, la misère des serfs appartenant aux grands domaines provoque des tensions. Les réformes politiques et sociales deviennent inévitables.

À la suite à l'autocratie implacable de Nicolas Ier, le « tsar de fer », les libéraux accueillent avec soulagement l'arrivée de son fils, Alexandre II, plus libéral. En 1861, il signe l'édit d'émancipation qui abolit le servage. Cette nouvelle loi oblige toutefois les paysans à acheter leur terre à des prix très élevés. Avec l'industrialisation, la population rurale se rue vers les grandes villes, mais les conditions de vie sont tout aussi difficiles, voire pires, que celles qu'ils fuyaient.

L'invasion napoléonienne

Après la victoire de Borodino, l'armée napoléonienne, qui compte 600 000 hommes, arrive à Moscou en septembre 1812. Dupés par la stratégie de retraite adoptée par le général Koutouzov, ils entrent dans une ville abandonnée par ses dirigeants et incendiée par ses habitants. La rigueur de l'hiver russe force Napoléon et ses troupes à se retirer vers l'ouest. Lorsqu'il atteint la frontière, il ne lui reste que 30 000 hommes.

Retraite de l'armée française en 1812

1818 Début de la construction de la cathédrale St-Isaac

1820

1822 Suppression des sociétés secrètes et maçonniques

1825 Révolte des décembristes. Nicolas Ier devient tsar

1833 Pouchkine publie le *Cavalier de bronze*

1840

1851 Ouverture de la voie ferrée Moscou-Saint-Pétersbourg

1853–1856 Guerre de Crimée

1855 Mort de Nicolas Ier. Alexandre II lui succède

Léon Tolstoï

1860

1861 Émancipation des serfs

1864 Réformes du gouvernement local, des lois et de l'éducation

1865-1869 Tolstoï écrit *Guerre et Paix*

1874 3 000 narodniki (populistes) propagent leurs idéaux parmi les « masses » paysannes

L'impératrice éclairée

Catherine II, originaire d'une famille princière allemande, est une femme énergique et d'une grande érudition, qui s'intéresse vivement à la philosophie des Lumières et entretient une correspondance avec Voltaire et Diderot. Elle achète de nombreuses collections d'art européen pour l'Ermitage *(p. 84-93)*, fonde des bibliothèques et envisage de reconsidérer la condition de vie des serfs. Toutefois, le soulèvement paysan des années 1770 et la nouvelle de la Révolution française de 1789 ont raison de son libéralisme. À sa mort, le niveau de vie du peuple russe ne s'est pas amélioré.

AGGLOMÉRATION PÉTERSBOURGEOISE

1790 *Aujourd'hui*

Les gardes royaux prêtent serment
Lors du coup d'État du 28 juin 1762, Catherine s'empare du trône de son mari, Pierre III. Les régiments de la garde lui apportent leur soutien, et le tsar est assassiné le 6 juillet.

La Grande Catherine

L'expansionnisme territorial de Catherine II se révèle par une première victoire navale qui entraîne l'annexion de la Crimée. Ce tissu commémore cette victoire de façon allégorique.

Le temple évoque la passion de Catherine pour l'architecture néo-classique.

La médaille offerte au comte Orlov pour sa victoire contre les Turcs à Tchesma, en 1770.

Le comte Orlov, frère de Grigori, amant de la reine, a joué un rôle important dans l'usurpation du trône.

L'Instruction de Catherine
En 1767, Catherine, âgée de 36 ans, publie l'Instruction (Bolchoï Nakaz), *un recueil de 22 chapitres sur lequel est fondée la réforme du système législatif de Russie.*

Pougatchev, prétendant au trône
Le cosaque Pougatchev, qui se proclamait tsar sous le nom de Pierre III, représentait une menace pour Catherine. Arrêté, il parvint à s'échapper et prit la tête d'un important soulèvement paysan qui éclata en 1773.

La nouvelle Académie des sciences
Catherine fonda plus de 25 institutions académiques et fit construire de nouveaux bâtiments pour celles qui existaient déjà. Quarenghi construisit l'Académie des sciences, édifice néo-classique (1783-1785).

OÙ VOIR LA VILLE NÉO-CLASSIQUE

Catherine fit ériger le palais de Marbre *(p. 94)* et le palais de Tauride *(p. 128)* pour deux de ses amants. Elle fit ajouter le Petit et le Grand Ermitage et le théâtre *(p. 84)* au palais d'Hiver. Cameron construisit la galerie qui porte son nom, le pavillon d'Agate, à Tsarskoïe Selo *(p. 150)*, et le palais Pavlovsk *(p. 156-159)*.

La Salle grecque à Pavlovsk, créée par Charles Cameron en 1782-1786

Portrait de Catherine en Pallas Athéna, la déesse de la Sagesse et de la Guerre, munie d'un casque et d'un bouclier.

Tissu d'un paravent fabriqué par l'usine Permons, à Lyon, en 1770.

Vase de style Empire (1790)
La porcelaine était très appréciée à la cour. En 1744, la Manufacture de porcelaine impériale est créée à Saint-Pétersbourg.

Mikhaïl Lomonossov
Philosophe, historien, linguiste et savant, Lomonossov (1711-1765) personnifie l'époque des Lumières dans la Russie du XVIIIe *siècle* (p. 61). *Cette sculpture rappelle qu'il était le fils d'un pêcheur.*

Grigori Potemkine (1739-1791)
Le prince Potemkine, l'amant le plus respecté et le plus admiré par l'impératrice, était un grand général et un conseiller influent. Leur amitié dura jusqu'à la mort du prince.

Alexandre II est assassiné par un groupe de révolutionnaires en 1881. Au moment fatal, il aurait eu en poche le projet d'un Parlement russe

Chute de la Russie tsariste

Les revendications sociales créent une tension qui atteint son paroxysme en 1881. Aucun changement radical n'ayant été réalisé, un groupe de révolutionnaires assassine Alexandre II. La situation empire sous le règne d'Alexandre III. La presse est censurée, et la police secrète redouble de vigilance. La classe ouvrière s'organise, et l'opposition au régime s'amplifie. Lorsque Nicolas II monte sur le trône, le pays est au bord de l'effondrement en dépit de l'industrialisation croissante des années 1890. Le désastre de la guerre russo-japonaise (1904-1905) provoque entre autres, le 9 janvier 1905, une manifestation ouvrière non violente ayant pour objectif d'adresser une pétition au tsar, qui réplique par les armes. La nouvelle de ce « Dimanche rouge » entraîne des grèves à travers tout le pays. Pour apaiser les esprits, le gouvernement de Nicolas II promet les libertés fondamentales et instaure la Douma, un Parlement investi d'un pouvoir législatif, que le tsar peut toutefois dissoudre à sa volonté. Mais la tyrannie du pouvoir et l'influence de Raspoutine *(p. 121)* sur la famille royale contribuent à la chute des Romanov.

Lorsque la Première Guerre mondiale éclate, le tsar espère tirer profit du sursaut de patriotisme de son peuple. Trois millions cinq cent mille hommes sont morts pour la patrie, à la fin de 1916.

Insigne de l'Armée rouge

Le Monde de l'art

Costume dessiné par Bakst, 1911

Malgré le climat politique agité de la fin du siècle, l'art prospère. Un petit groupe d'artistes de Saint-Pétersbourg, dont Bakst et Benois, forment un mouvement artistique très influent sous la conduite de Serge Diaghilev. Ils fondent une revue, *Le Monde de l'art,* où ils présentent les dernières créations de l'Occident. Par ailleurs, sur scène, les costumes et les décors des Ballets russes *(p. 118)* font connaître la culture russe dans les pays d'Europe de l'Ouest.

Révolution et guerre civile

En février 1917, des grèves éclatent dans la capitale, rebaptisée Pétrograd. Le tsar est contraint d'abdiquer. La famille royale est arrêtée et un gouvernement provisoire instauré. Les révolutionnaires rentrent d'exil, et en octobre une insurrection armée renverse le gouvernement *(p. 28-29)*. Les bolcheviks tendent à ignorer

Chronologie

1881 Assassinat d'Alexandre II par un groupe terroriste. Alexandre III devient tsar

1898 Fondation du parti social-démocrate de Russie. Création du Musée russe

1902 Lénine publie *Que faire ?*

La famille Romanov en 1913

1913 300e anniversaire du règne des Romanov

1880

1900

1881-1882 Pogroms

1887 Le frère de Lénine est pendu pour avoir attenté à la vie du tsar

1894 Mort d'Alexandre III, Nicolas II accède au pouvoir

1903 Scission entre bolcheviks (dirigés par Lénine) et parti social-démocrate

1904-1905 Guerre russo-japonaise

1905 Révolution de 1905 et instauration de la première Douma, en 1906

1914 Première Guerre mondiale. Saint-Pétersbourg rebaptisée Pétrograd

les principes de la démocratie autant que le tsar, mais en 1918, ce dernier tient sa promesse de soustraire la Russie à la guerre, pour la précipiter toutefois dans la guerre civile.

Les bolcheviks sont alors menacés par une coalition de groupes contre-révolutionnaires, les « Blancs », soutenus, au début de la crise, par les puissances étrangères. La menace d'un rapprochement entre les Blancs et la famille impériale entraînera l'exécution du tsar et de sa famille, en juillet 1918. En novembre 1920, les Blancs, qui sont des forces disparates, quittent la Russie soviétique dévastée. Suivent deux années d'épouvantable famine. Lénine abandonne alors la politique stricte du « communisme de guerre » et met en place la nouvelle politique économique (NEP), légèrement plus souple, qui autorise l'implantation les entreprises privées.

Pavlovsk *(p. 156-157)*, en 1944. Les palais impériaux situés autour de Saint-Pétersbourg furent entièrement détruits par les Allemands pendant la Seconde Guerre mondiale.

Les années Staline

Durant les cinq années qui suivent la mort de Lénine (1924), Joseph Staline profite de son poste de secrétaire général du parti communiste pour éliminer tous ses rivaux et instaurer une dictature absolue.

La collectivisation de l'agriculture, qui contraint les paysans à intégrer les fermes collectives, provoquera une terrible famine faisant dix millions de morts de 1931 à 1932.

Staline sur une affiche de propagande de 1933

De 1928 à 1929, une première purge est dirigée contre les intellectuels. En décembre 1934, Sergueï Kirov, le chef du parti à Léningrad, est assassiné sur un ordre secret de Staline *(p. 72)*. Faussement imputé aux membres d'une cellule anti-staliniste, ce « complot » marque le début d'une épuration du parti qui se poursuivra pendant cinq ans. On compte environ 15 millions de personnes arrêtées, envoyées au goulag, et plus d'un million exécutées. La purge de l'Armée rouge s'avère être une erreur. Peu avant la Seconde Guerre mondiale, les trois quarts des officiers ont été éliminés. Lorsque les Allemands envahissent la Russie en 1941, ils parviennent, en moins de trois mois, à couper Léningrad du reste du pays. La ville est assiégée par l'armée allemande pendant 900 jours *(p. 131)*. Deux millions de personnes, dont la moitié de civils, périssent pendant le siège. Léningrad sera surnommée la « Ville héros ». Après la défaite des Allemands, les Russes comptent 20 millions de morts et seront sujets à de nouvelles vagues de terreur jusqu'à la mort de Staline, en 1953.

1917 Révolution russe *(p. 29)*

1918 Début de la guerre civile. Moscou capitale

1925 Trotski écarté du Politburo

1929 Collectivisation des campagnes

1934 Assassinat de Kirov à Léningrad. Les grandes purges de Staline s'intensifient

1939 Pacte germano-soviétique

1941 Les nazis attaquent la Russie. Début du siège de Léningrad

1947 Début de la « guerre froide »

1920

1940

1921 Révolte de Kronstadt. Lénine bannit toute opposition au régime

1924 Mort de Lénine. Pétrograd rebaptisée Léningrad

1922 Staline secrétaire général du parti communiste

1932 Réalisme socialiste : seul style artistique reconnu

Sergueï Kirov

1944 Fin du siège

1942 Première représentation de la 7e *Symphonie* de Chostakovitch dans Léningrad assiégée

La révolution russe

Saint-Pétersbourg est le berceau de la révolution russe. Après la révolution de février 1917, qui entraîne l'abdication du tsar Nicolas II, le gouvernement provisoire amnistie les révolutionnaires exilés. Lénine et Trotski rentrent aussitôt à Pétrograd. Ils constituent des conseils d'ouvriers et de soldats, les soviets. En octobre, les soldats russes, qui ont peu à peu déserté le front, apportent leur soutien aux dirigeants révolutionnaires, et, finalement, un soulèvement armé amène les communistes au pouvoir.

AGGLOMÉRATION PÉTERSBOURGEOISE

1917 *Aujourd'hui*

L'ex-tsar *Nicolas II, en résidence surveillée, en mars 1917, déblaie la neige à Tsarskoïe Selo. Déporté ensuite à Ekaterinbourg, il y est assassiné avec tous les membres de sa famille.*

Assaut du palais d'Hiver

Le soir du 25 octobre 1917, le croiseur *Aurore* *(p. 73)* tire à blanc sur le palais d'Hiver. Les gardes de l'Armée rouge, entraînés par Trotski à l'institut Smolny, prennent d'assaut le palais, faiblement défendu par 300 cosaques.

Le pillage des palais amène les marins et les soldats à visiter leurs caves à vin bien remplies.

Soldat de la Garde rouge

Les cosaques et les cadets, rejoints par un bataillon féminin, étaient trop peu nombreux pour résister aux révolutionnaires.

Camarade Lénine *Lénine, peint par Victor Ivanov, était un orateur charismatique. De retour d'exil en avril 1917, il prend la tête de la révolution. Les bolcheviks s'emparent du pouvoir dès 1918.*

Assiette révolutionnaire *Des céramiques diverses célébraient, par des sujets révolutionnaires teintés de folklore russe, les grandes occasions. Ici, la IIIe Internationale.*

Léon Trotski
Cet intellectuel va jouer un rôle militaire décisif pendant la révolution. En 1927, durant la lutte pour la succession de Lénine, il est exilé par Staline, qui le fait assassiner par un de ses agents, en 1940, au Mexique.

Propagande
L'un des principes du régime soviétique était une propagande intensive. De nombreux artistes de talent se virent confier la réalisation d'affiches au graphisme percutant pour propager le message socialiste. Durant la guerre civile (1918-1920), des affiches prônaient la « défense des ouvriers et des paysans » pour soutenir le communisme de guerre.

L'art d'avant-garde
Même avant 1917, les artistes russes avaient déjà fait preuve d'un esprit révolutionnaire. On leur doit notamment les premières peintures abstraites, comme ce Supremus n° 56, *de Kazimir Malevitch, peint en 1916.*

Ministres du gouvernement provisoire essayant en vain de résister.

Nouvelles valeurs
La révolution ébranle les traditions. Les mariages religieux sont remplacés par un simple serment devant le drapeau rouge. L'égalité des sexes, hautement proclamée, signifie pour les femmes travailler deux fois plus (à la maison et à l'usine).

CHRONOLOGIE

1917

1917 Révolution de Février

Mars Abdication du tsar. Formation du gouvernement provisoire du prince Lvov

Juillet Kerenski prend la tête du gouvernement provisoire

Croiseur Aurore

Octobre Les bolcheviks prennent d'assaut le palais d'Hiver après le signal de l'*Aurore* et le renvoi du gouvernement provisoire.

Décembre Lénine fonde la Tchéka (police secrète)

1918

Janvier 1918 Trotski devient commissaire du peuple à la guerre

Mars Paix de Brest-Litovsk avec l'Allemagne. Moscou devient la capitale

Juillet Début de la guerre civile. Assassinat du tsar et de la famille royale à Ekaterinbourg

***La Colombe de la paix* de Washington, caricature russe de l'époque de la guerre froide**

Dégel et stagnation

Trois ans après la mort de Staline, Khrouchtchev dénonce les crimes de son prédécesseur lors du XXe congrès du parti inaugurant la période dite du « dégel ». Les prisonniers politiques sont relâchés, et Soljenitsyne publie *Une journée d'Ivan Denissovitch,* sur la vie au goulag. Cependant, par crainte que la Hongrie ne se retire du pacte de Varsovie, les tanks soviétiques envahissent le pays. En 1962, Khrouchtchev décide d'installer des missiles à Cuba. Le monde est au bord de la guerre nucléaire.

Lorsque Brejnev prend le pouvoir en 1964, le climat intellectuel se dégrade et la persécution des dissidents politiques s'intensifie. Les dix premières années de son régime, le niveau de vie s'élève toutefois sensiblement, mais un vaste réseau de marché noir et de corruption se développe. Les apparatchiks, qui profitent de la corruption, n'ont aucun intérêt à ébranler le système. La presse européenne de l'époque ne peut qu'essayer d'imaginer les rouages internes totalement opaques du pouvoir en place. Ainsi, à la mort de Brejnev, en 1982, le Politburo semble empêcher l'accession au pouvoir de la nouvelle génération.

Première nation dans l'espace

***Spoutnik 2* et Laïka, la chienne de l'espace, 1957**

Sous Khrouchtchev, l'Union soviétique parvient à dépasser l'Occident dans la conquête de l'espace, avec le lancement du premier *Spoutnik,* en 1957. La même année, la chienne Laïka est lancée à bord de *Spoutnik 2,* mais ne peut être récupérée. Quatre ans plus tard, Youri Gagarine, le premier homme dans l'espace, est accueilli en héros à son retour sur terre. Bien que les Soviétiques aient perdu la course vers la Lune, leur programme spatial constituait une puissante arme de propagande, en laissant imaginer au peuple que le pays pourrait aussi dépasser le niveau de prospérité occidental.

Glasnost et perestroïka

Mikhaïl Gorbatchev (53 ans) admet ouvertement la faillite du système archaïque et, lorsqu'il arrive au pouvoir en 1985, entreprend une politique de *glasnost* (transparence) et de *perestroïka* (restructuration). Il est loin d'imaginer les conséquences de cette initiative. En décembre 1991, il perd ses fonctions, et l'URSS a fini d'exister.

Mikhaïl Gorbatchev et George Bush

Pour la première fois depuis 1917, les élections de 1989 au congrès du PCUS sont libres. Boris Eltsine, le rebelle, et Andreï Sakharov, le défenseur des droits de l'homme, sont élus députés. En automne, le bloc de

Chronologie

1950-1954 Guerre de Corée

1953 Mort de Staline

1955 Khrouchtchev au pouvoir. Création du pacte de Varsovie

1956 Staline est dénoncé par Khrouchtchev au XXe congrès du parti. Répression de l'insurrection de Budapest

1957 Lancement de *Spoutnik 1*

1960

1961 La momie de Staline est retirée du mausolée de Lénine, sur la place Rouge. Youri Gagarine est le premier homme dans l'espace

1962 Crise de Cuba

1964 Brejnev devient secrétaire général du parti

1968 Invasion soviétique de la Tchécoslovaquie provoquée par le « printemps de Prague »

1969 SALT (Strategic Arms Limitation Talks). Négociations avec les États-Unis

1970 Soljenitsyne obtient le prix Nobel de littérature

Leonide Brejnev (1906-1982)

Manifestations sur la place du Palais, lors du putsch de 1991

l'Est est secoué par un séisme politique qui aboutit à son démantèlement. En 1991, les dirigeants pro-soviétiques sont renversés et remplacés, dans la République, par des candidats nationalistes élus, et démocrates dans les conseils locaux les plus importants de Russie. La Russie et les Républiques baltes se déclarent indépendantes de l'Union. À la suite d'un référendum organisé par son maire réformiste, Anatoli Sobtchak, la population de Léningrad, toujours à l'avant-garde, décide de rebaptiser la ville Saint-Pétersbourg.

En août 1991, un putsch militaire tente de renverser Gorbatchev. Eltsine résiste à l'attaque des chars, gagne une grande popularité auprès des Moscovites et est élu à la présidence de la république de Russie. Saint-Pétersbourg ne sera pas troublée par les chars, mais Sobtchak n'en rassemble pas moins les partisans de la démocratie. Lorsque Gorbatchev est libéré de sa résidence surveillée, Eltsine le contraint à interdire le parti communiste. À la fin de l'année, l'Union soviétique a cessé d'exister.

Nouvel emblème de la Russie

Saint-Pétersbourg aujourd'hui

Les réformes économiques entreprises en Russie depuis 1991 ont creusé le fossé qui sépare les riches des pauvres. Si certains ont su s'adapter à ce nouveau système et apprécient les nouvelles possibilités de travailler et de voyager, d'autres réclament le retour au communisme et à la protection sociale même très médiocre qu'il offrait. La crise financière d'août 1998 a ralenti la résorption des problèmes sociaux. Les investissements ont néanmoins continué et, début 1999, on était parvenu à une stabilité relative. Les élections de décembre 1999 réduisirent considérablement le pouvoir des communistes, amenant au pouvoir de jeunes libéraux réformateurs et rassurant l'opinion sur l'avenir de la Russie. Le renouveau de la foi continue et les églises qui servaient d'entrepôts à l'époque soviétique retrouvent leur fonction initiale.

Les jeunes sont de plus en plus nombreux à revenir au mariage religieux

1979 Invasion de l'Afghanistan

1980 Jeux olympiques à Moscou, boycottés par les États-Unis et leurs alliés

1982 Mort de Brejnev, remplacé par Andropov

1984 Andropov est remplacé par Tchernenko

1985 Gorbatchev est élu secrétaire général du parti

1980 — 1990 — 2000

1990 Indépendance de la Lettonie, de la Lituanie, de l'Estonie. Gorbatchev est élu président de l'URSS et obtient le prix Nobel de la paix

1991 Eltsine devient le secrétaire général du parti. Démantèlement de l'URSS le 25 décembre

Boris Eltsine avec le drapeau russe en 1991

1998 Inhumation de Nicolas II, le dernier tsar de Russie, et de la famille Romanov dans la cathédrale St-Pierre-et-St-Paul

1998 Effondrement du rouble en août

SAINT-PÉTERSBOURG D'UN COUP D'ŒIL

Bâtie sur l'eau, Saint-Pétersbourg offre une grande diversité de paysages et de sites historiques. La forteresse Pierre-et-Paul *(p. 66-67)*, l'un des premiers bâtiments de la ville, contraste avec les monastères baroques et les palais néo-classiques. L'histoire tumultueuse de la cité est retracée dans beaucoup de ses musées, allant de la célèbre collection d'œuvres d'art de l'Ermitage réunie par la Grande Catherine jusqu'aux souvenirs de la révolution, situés dans l'hôtel particulier de la Kchessinskaïa *(p. 72)*.

Pour vous aider à profiter au mieux de votre séjour, les pages qui suivent proposent un aperçu des musées, ponts et canaux les plus intéressants, de même que des grands noms de l'histoire et de la culture russes qui ont contribué à la renommée de la ville. Voici pour commencer, les visites à ne pas manquer.

LES VISITES À NE PAS MANQUER

Musée russe
p. 104-107

Théâtre Marinski
p. 119

Nevski prospekt
p. 46-109

Musée Stieglitz
p. 127

Église de la Résurrection
p. 100

L'Ermitage
p. 84-932

Cathédrale Notre-Dame-de-Kazan
p. 111

Cathédrale Saint-Isaac
p. 80-81

Cathédrale Saint-Pierre-et-Saint-Paul
p. 68

Monastère Alexandre Nevski
p. 130-131

◁ **La cathédrale Notre-Dame-de-Kazan néo-classique, avec son hémicycle de colonnes en granite**

Les plus beaux ponts et canaux de Saint-Pétersbourg

Comme Venise et Amsterdam, Saint-Pétersbourg s'organise autour d'un réseau de canaux et de rivières. L'hiver, le voile de brumes qui s'élève des eaux gelées lui confère une atmosphère surnaturelle. L'été, un miroir de façades brille dans l'eau sous les rayons du soleil couchant, ou dans la clarté des nuits blanches.

Les ponts, qui relient les différentes îles, sont ornementés de sculptures, de réverbères et de décorations en ferronnerie.

Pour apprécier pleinement ce spectacle, vous prendrez un bateau-mouche ou longerez les canaux à pied *(p. 134-135 et 218-219)*.

Le canal d'Hiver
Creusé entre 1718 et 1720, ce canal étroit est enjambé par trois ponts et par le foyer du théâtre Youri Velten (1783-1787) de l'Ermitage.

Le pont du Lieutenant-Schmidt
Reconstruit entre 1936 et 1938, ce pont a gardé l'ancien parapet de Brioullov, orné d'hippocampes en fer forgé.

Le pont aux Lions
Construit en 1825-1826, c'est l'un des plus anciens ponts suspendus. Ses câbles sont tenus par quatre lions en fonte, sculptés par Pavel Sokolov.

Le Pont égyptien
Ce pont qui enjambe la Fontanka est de style égyptien et date de 1826, alors que ce style était très en vogue.

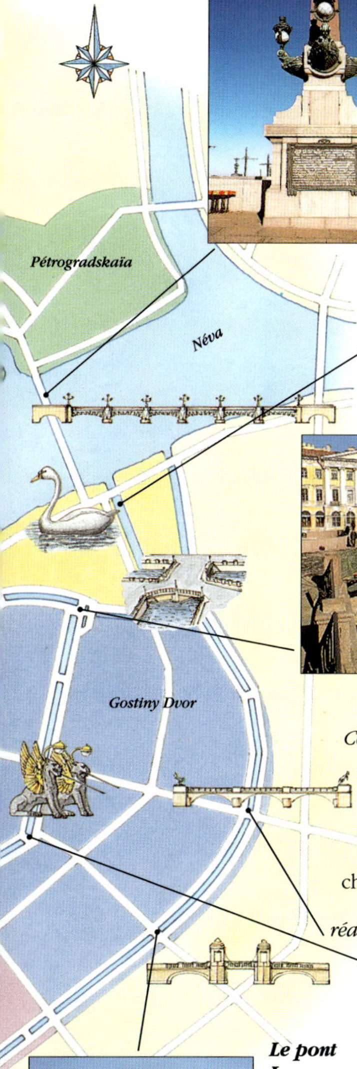

Le pont de la Trinité
Le pont de la Trinité (1897-1903), aux dix arches, est célèbre par ses réverbères modern style et son parapet ouvragé. Il a été construit par deux ingénieurs français : Vincent Chabrol et René Patouillard.

Le canal des Cygnes
Ce canal bordé d'arbres (1711-1719) doit son nom aux cygnes attirés jadis par ses eaux tranquilles.

Les grands ponts
Le pont du Théâtre et celui des Petites - Écuries ont été construits par Traitteur et Adam entre 1829 et 1831. Ils permettent de franchir le confluent de la Moïka et du canal Griboïedov.

Le pont Anitchkov
Ce pont permet à Nevski prospekt d'enjamber la Fontanka. Construit entre 1839 et 1841, il est encadré par les Dompteurs de chevaux, *des groupes de sculptures imposantes réalisées par Pierre Klodt.*

Le pont de la Banque
Ce pont, ornementé de quatre griffons en fonte, a été construit à la même époque que le pont aux Lions, par les mêmes architectes. Il doit son nom à l'ancienne banque située à proximité.

Le pont Lomonossov
Les tourelles en granite surmontées de dômes édifiées entre 1785 et 1787, abritaient le mécanisme d'ouverture du pont. Celui-ci a été reconstruit en 1912, mais les tourelles ont été conservées.

À la découverte des ponts et canaux de Saint-Pétersbourg

Saint-Pétersbourg se découvre agréablement en circulant sur ses nombreux canaux. Prenez un bateau-mouche à l'embarcadère situé près du pont Anitchkov *(p. 218)* pour un circuit le long de la Néva, de la Fontanka et de la Moïka. Vous passerez sous des ponts majestueux et devant des palais imposants. Pour découvrir à votre guise l'architecture, choisissez vous-même l'itinéraire grâce aux bateaux-taxis *(p. 219)*. Vous flânerez ensuite sur les berges du canal Griboïedov, recelant de somptueuses demeures du XIXe siècle en traversant des ponts richement décorés. En hiver, on peut se promener sur les eaux gelées de la Néva.

La Néva gelée face à la forteresse Pierre-et-Paul

La Néva et ses affluents

La Néva, longue de 74 km, est la plus grande rivière de Saint-Pétersbourg. Émissaire du lac Ladoga, à l'est de la ville, elle se jette dans le golfe de Finlande. L'île Vassilevski, qui compte parmi la centaine d'îles du delta ramifié de ce grand fleuve, la divise en deux bras : la Bolchaïa Néva, ou Grande Néva, et la Malaïa Néva ou Petite Néva.

La Néva est gelée au moins quatre mois dans l'année. La période de dégel commence en mars, et la date officielle de l'ouverture de la navigation est annoncée par l'administration portuaire mi-avril. Jusqu'à la révolution, cet événement faisait l'objet d'une grande cérémonie. Le commandant de la forteresse Pierre-et-Paul *(p. 66-67)*, à la tête d'une flottille, recueillait un peu d'eau glacée dans un gobelet en argent. Il allait l'offrir au tsar, qui l'attendait dans son palais d'Hiver *(p. 92-93)*.

Rivières et canaux

Inspiré par la topographie d'Amsterdam, Pierre le Grand canalisa les nombreux cours d'eau du delta pour assécher le terrain marécageux. Avec l'expansion de la ville, on creusa de nouveaux canaux pour améliorer le réseau navigable.

À l'origine, la **Moïka** prenait sa source à un marécage situé près du Champ de Mars *(p. 94)*. Au cours du XIXe siècle, les aristocrates firent construire des demeures néo-classiques le long des quais. Les bateaux et les chalands circulent sur la **Fontanka,** une rivière de 7 km de long. C'est la voie navigable la plus large et la plus animée. Ces deux rivières sont reliées par le **canal Krioukov,** creusé au XVIIIe siècle.

Lors de son inauguration, le **canal Griboïedov** fut baptisé « canal de Catherine » en l'honneur de la Grande Catherine. Très profond, il permettait aux cargos de circuler à partir de Sennaïa plochtchad. La partie la plus pittoresque de ce canal est celle qui part du pont aux Lions et se dirige vers le sud. Le **canal d'Hiver,** à l'est du palais d'Hiver, est le plus étroit. À proximité se trouve le **canal des Cygnes,** qui longe les jardins d'Été *(p. 95)*.

L'Obvodni a été construit en 1834 pour répondre aux besoins de l'expansion industrielle du XIXe siècle. Il permettait d'augmenter la circulation des gros chalands.

Trouver les ponts

Les références cartographiques renvoient aux plans p. 230-237.

Pont Alexandre Nevski **8 F3**
Pont Anitchkov **7 A2**
Pont de la Banque **6 E2**
Pont égyptien **5 B5**
Pont des Lanternes **5 C2**
Pont du Lieutenant-Schmidt **5 B1**
Pont aux Lions **5 C3**
Pont Liteïny **3 A3**
Pont des Petites-Écuries **2 F5**
Pont Lomonossov **6 F3**
Pont du Palais **1 C5**
Pont Pierre-le-Grand **4 F5**
Pont Rouge **6 D2**
Pont Saint-Panteleïmon **2 F5**
Pont des Chantres **2 E5**
Pont du Théâtre **2 F5**
Pont de la Trinité **2 E4**

Ponts sur la Néva

Le **pont du Palais** (Dvortsov most) est le plus central. La structure actuelle, construite au début du XXe siècle, remplace le pont flottant saisonnier qui reliait l'île Vassilevski au continent. Le **pont du Lieutenant-**

Vue de la Moïka et de la rive sud, avec un bateau-taxi

Le pont Pierre-le-Grand, qui enjambe la Néva, près de l'Institut Smolny

Schmidt (Leïtenanta Schmidta most, *p. 63*) rend hommage à l'officier qui organisa une mutinerie sur la mer Noire, en 1905. Le **pont de la Trinité** (Troïtski most) *(p. 73),* construit par la Compagnie des Batignolles à partir de 1897, a été inauguré en 1903 pour célébrer le bicentenaire de Saint-Pétersbourg. C'était le plus long de la Néva avant la construction du **pont Alexandre Nevski** (Aleksandra Nevskovo most) dans les années 60. Entre ces deux ponts se trouve le **pont Liteïny** (Liteïny most) (1874-1879). En 1917, les autorités de la ville tentèrent d'empêcher les ouvriers révolutionnaires de franchir la Néva à partir de Vyborg, en levant sa travée centrale. Peine perdue, puisque le fleuve était gelé !

Soutenu par deux voûtes en acier, le **pont Pierre-le-Grand** (Petra Velikovo most) (1909-1911), connu aussi sous son nom soviétique de Bolcheokhtinski most, est situé près de l'Institut Smolny. Sa travée centrale bascule, et ses deux arches jumelles datent de 1909-1911.

D'avril à novembre, les ponts de la Néva ouvrent leur travée la nuit pour permettre aux bateaux de circuler à partir de la Volga *(p. 201).*

Ponts ornementés

À l'origine, les ponts enjambant les canaux et les rivières de Saint-Pétersbourg étaient en bois. On les nommait selon leur couleur. Ainsi, le **pont Rouge** (Krasny most) (1808-1814), qui permet à oulitsa Gorokhovaïa d'enjamber la Moïka, a gardé son nom. C'est un pont métallique orné d'obélisques en granite portant des lanternes. Le **pont des Lanternes** (Fonarny most) franchit la Moïka près du palais Youssoupov *(p. 120).* Ses réverbères dorés ont la forme de clefs de sol. Le **pont des Chantres** (Pevtchevski most), à l'autre extrémité de la Moïka, doit son nom à la chorale de la Capella Glinka, située à proximité. L'ingénieur Adam, qui l'érigea, dessina aussi les garde-fous.

À l'endroit où le canal Griboïedov rejoint la Moïka, on trouve un intéressant ensemble formé par le large **pont du Théâtre** (Teatralny most) et le **pont des Petites-Écuries** (Malo-Koniouchenny most), qui semble être partagé en deux.

Le **pont de la Banque** (Bankovski most), construit par Traitteur, enjambe le canal Griboïedov. Ses câbles sont tenus par deux couples de griffons aux ailes dorées. Le **pont aux Lions** (Lviny most), que l'on doit au même ingénieur, est soutenu par des câbles fixés dans la gueule de quatre superbes lions.

Le **pont Saint-Panteleïmon** (Panteleïmonovski most, *p. 99*), le premier pont à chaîne de Russie (1823-1824), enjambe la Fontanka, près des jardins d'Été. Sa décoration de style Empire, avec ses dorures et ses aigles bicéphales perchés sur des couronnes de laurier, a été conservée. Dans l'alignement de Nevski prospekt, le **pont Anitchkov** (Anitchkovki most) est célèbre par ses quatre sculptures de dompteurs de chevaux, tous dans des poses différentes, dessinés par Pierre Klodt. En remontant la Fontanka, on arrive au **pont Lomonossov** (Lomonossova most), orné d'inhabituelles tourelles. En continuant jusqu'au canal Krioukov, on atteint le **Pont égyptien** (Eguipetski most), orné de sphinx en bronze. Les têtes du pont évoquent l'entrée d'un temple égyptien. Érigé en 1826, il s'est écroulé sous le poids d'un escadron de cavalerie, puis a été reconstruit en 1955.

Réverbère du pont Panteleïmon

Illustration du XIXe siècle représentant une des nombreuses inondations

Inondations

Comme l'indiquent les repères du canal d'Hiver et de la forteresse Pierre-et-Paul, la ville de Pierre le Grand est souvent inondée. Le tsar a dû comprendre très vite son erreur, car en 1703, trois mois après le début des travaux, tous les matériaux furent emportés par les eaux. La ville a été submergée en 1777, 1924 et 1955, mais l'inondation de 1824, évoquée dans le *Cavalier de bronze,* de Pouchkine *(p. 78),* fut particulièrement désastreuse. Elle détruisit 462 bâtiments. Un barrage, commencé en 1989, permet de contrôler ce fléau qui affecte la ville une fois par an en moyenne.

Les plus beaux musées et palais de Saint-Pétersbourg

Saint-Pétersbourg compte plus de 90 musées, installés pour la plupart dans d'anciens palais ou des bâtiments historiques. Certains ont une réputation mondiale, comme celui de l'Ermitage, où la Grande Catherine exposa ses premières collections privées d'art européen. D'autres, comme le Musée russe et le palais d'Été, déploient une richesse d'informations sur l'art, l'histoire et la culture du pays. Il existe aussi de nombreux petits musées qui retracent la vie et l'œuvre d'artistes, d'écrivains et de musiciens célèbres. Cette carte en situe les plus remarquables, selon leur spécificité.

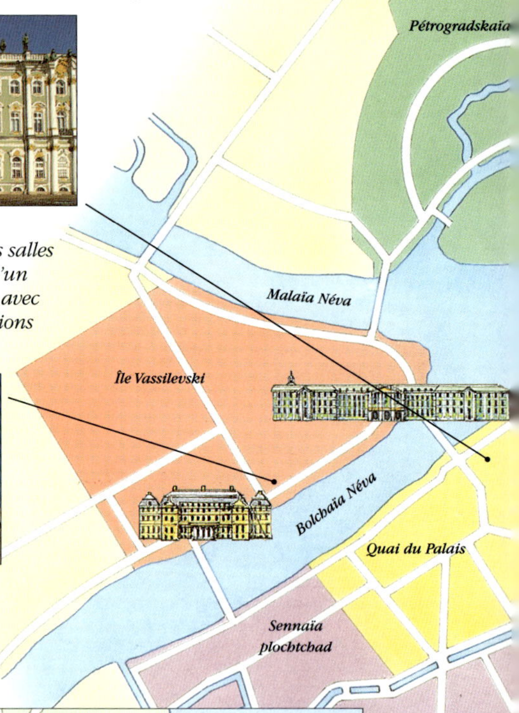

L'Ermitage
Englobant aujourd'hui les grandes salles d'apparat du palais d'Hiver, c'est l'un des plus beaux musées du monde, avec une collection de plus de trois millions d'objets d'art et d'antiquité.

Palais Menchikov
Situé sur l'île Vassilevski, ce palais baroque témoigne de la puissance du prince Menchikov, ami et conseiller de Pierre le Grand.

Les résidences de la cour impériale

Pour échapper aux contraintes de la vie politique, les tsars firent construire des demeures somptueuses dans l'arrière-pays. Ces résidences offrent un aperçu fascinant du style de vie des Romanov.

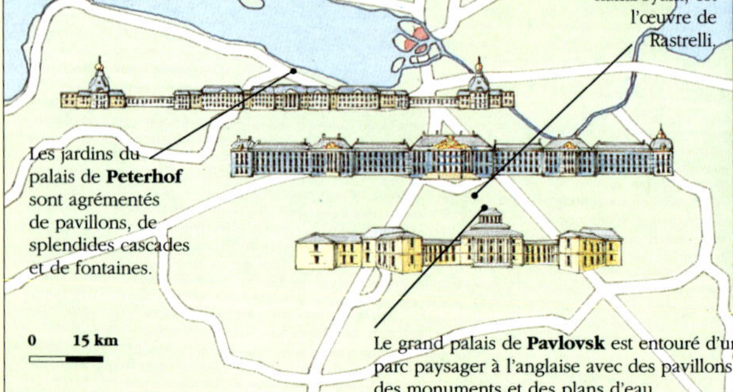

Tsarskoïe Selo
Le palais Catherine, de style baroque flamboyant, est l'œuvre de Rastrelli.

Les jardins du palais de **Peterhof** sont agrémentés de pavillons, de splendides cascades et de fontaines.

Le grand palais de **Pavlovsk** est entouré d'un parc paysager à l'anglaise avec des pavillons, des monuments et des plans d'eau.

Hôtel de la Kchessinskaïa
Construite pour une danseuse étoile du théâtre Marinski, cette demeure modern style abrite aujourd'hui le musée d'Histoire politique, avec des documents sur la révolution.

Palais d'Été
L'intérieur et le mobilier de ce modeste palais, notamment le lit à baldaquin de Pierre le Grand, témoignent de la relative simplicité du tsar.

Musée Stieglitz
Inspiré par la Renaissance italienne, Meschmaker construisit ce musée, qui abrite une très belle collection d'objets d'art décoratif.

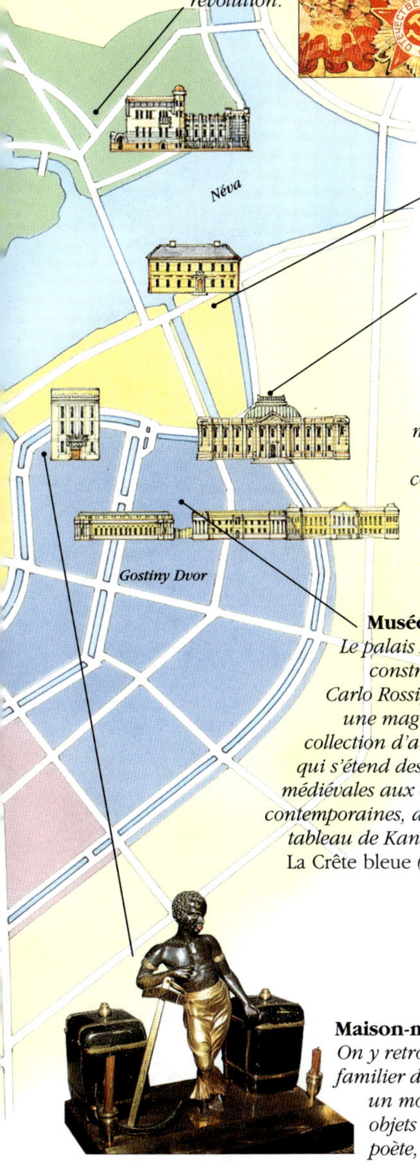

Musée russe
Le palais Michel, construit par Carlo Rossi, abrite une magnifique collection d'art russe qui s'étend des icônes médiévales aux œuvres contemporaines, avec un tableau de Kandinsky, La Crête bleue *(1917).*

Maison-musée Pouchkine
On y retrouve l'environnement familier de Pouchkine, avec un mobilier d'époque et des objets ayant appartenu au poète, comme son encrier.

À la découverte des palais et musées de Saint-Pétersbourg

Si Pierre le Grand tenait à ouvrir une fenêtre sur l'Occident, Lénine et ses révolutionnaires en feront le berceau de la révolution. Cette histoire riche et mouvementée est illustrée dans les nombreux musées de la ville. Musiciens, écrivains et artistes hantent encore les lieux, dans ces appartements-musées qui vous feront découvrir la culture russe sous tous ses aspects. Quant aux amateurs de locomotives, d'attirail militaire, d'insectes ou de baleines, ils trouveront leur bonheur dans une quantité de petits musées fascinants.

Le palais d'Été de Pierre le Grand domine la Fontanka

Palais

Les somptueux palais de Saint-Pétersbourg évoquent les fastes de l'époque impériale, mais la découverte ne serait pas complète sans la visite d'une des résidences d'été de la famille impériale, situées en dehors de la ville : **Peterhof** *(p. 146-149)*, **Pavlovsk** *(p. 156-159)* ou le palais Catherine *(p. 150-151)* à **Tsarskoïe Selo.** Ces demeures luxueuses illustrent l'extravagance de la cour et montrent l'abondance des ressources naturelles de l'Empire. L'or, la lazurite, la malachite, le marbre et autres précieux matériaux ornent l'intérieur de ces palais grandioses. Monuments et folies agrémentent les jardins paysagers qui les entourent.

Au centre de la ville, le **palais d'Hiver** *(p. 92-93)*, qui abrite l'Ermitage, révèle le faste du règne de Pierre le Grand. En revanche, le **palais d'Été** *(p. 95)* est beaucoup plus intime. L'ami et conseiller de Pierre, le prince Alexandre Menchikov, se fit construire deux somptueuses résidences : le **palais Menchikov** *(p. 62)*, sur l'île Vassilevski, et une résidence d'été à **Oranienbaum** *(p. 144)*.

Le **palais Ioussoupov** *(p. 120)*, qui domine la Moïka, fut le théâtre du meurtre de Raspoutine, ce paysan doté de pouvoirs singuliers qui exerça une influence néfaste sur Nicolas II.

Si vous êtes à la recherche d'un endroit tranquille, partez découvrir le **palais Elaguine** *(p. 126)* et l'île du même nom. Vous pouvez réserver une journée à la découverte de l'île entière, dotée de charmants pavillons.

Musées d'art

L'**Ermitage** *(p. 84-93)* est le cadre de l'une des plus belles collections d'art occidental du monde, avec 2,8 millions de pièces. On peut y voir des momies égyptiennes, des collections d'art scythe, des vases grecs,

Chambre du Palais chinois (1760), à Oranienbaum

des émeraudes colombiennes et d'éblouissantes peintures de vieux maîtres européens, impressionnistes et post-impressionnistes.

Le **Musée russe** *(p. 104-107)* abrite des œuvres d'art russes, y compris l'avant-garde du XXe siècle et l'artisanat populaire qui l'a influencée. Des expositions temporaires ont également lieu au **château Mikhaïlovski** *(p. 101)*, au **palais de Marbre** *(p. 94)* et au **palais Stroganov** *(p. 112)*.

L'**Académie des beaux-arts** *(p. 63)* expose des œuvres de ses anciens étudiants ainsi que des maquettes des grandes demeures des notables de la ville.

Le **musée Stieglitz** *(p. 127)* abrite une importante collection d'arts décoratifs du monde entier (objets en céramique, en bois sculpté, broderies…).

***Le Cycliste* (1913) par Natalia Goncharova, Musée russe**

Musées historiques

De nombreux musées retracent les trois siècles d'histoire mouvementée de Saint-Pétersbourg. La **maisonnette de Pierre le Grand** *(p. 73)*, le plus ancien bâtiment de la ville, témoigne de la simplicité surprenante du mode de vie de Pierre Ier.

La forteresse Pierre-et-Paul réunit des édifices d'une grande importance historique. La **cathédrale Saint-Pierre-et-Saint-Paul** *(p. 68)* abrite les sépultures des tsars, à l'exception de deux, depuis Pierre le Grand. Les cellules de la prison du **bastion Troubetskoï** *(p. 69)* rappellent les conditions terribles dans lesquelles des centaines de prisonniers politiques ont été incarcérés. La **maison des Commandants** *(p. 69)*, ancienne cour de justice, a été aménagée en musée qui présente une exposition sur les premiers villages médiévaux de la région. La collection d'objets de la **maison des Ingénieurs** *(p. 68)* est consacrée à la vie quotidienne à Saint-Pétersbourg avant la révolution.

Le musée d'Histoire politique présente une riche collection, notamment des affiches de l'époque de Staline et un immense panneau de propagande en vitrail. C'est dans ce musée, installé dans l'ancien hôtel particulier de la Kchessinskaïa *(p. 72)*, que les autorités bolcheviques siégèrent en 1917. Le **croiseur *Aurore*** *(p. 73)* a joué un grand rôle dans la révolution lorsque son canon tira à blanc, peu avant l'assaut du palais d'Hiver, en octobre 1917.

Les salles de classe du **lycée impérial** de Tsarskoïe Selo *(p. 153)*, où Pouchkine fit ses études, ont été restaurées pour retrouver leur aspect du XIXe siècle.

Au sud de la ville se dresse le **monument aux Défenseurs héroïques de Léningrad,** sur la place de la Victoire *(p. 131)*, qui évoque le terrible siège de la ville.

Bureau de Sergueï Kirov, secrétaire du parti de Léningrad, musée Kirov

Musées spécialisés

Le **Kounstkamera** *(p. 60)* – nom donné au cabinet des curiosités de Pierre le Grand – est le plus ancien musée de Russie. Installé sous le même toit, le **musée d'Anthropologie et d'Ethnographie** abrite une collection d'objets provenant du monde entier. Le **musée de Zoologie** *(p. 60)* inclut toutes les formes de vie connues et possède entre autres une collection unique de mollusques et de coraux bleus.

Le **musée de la Marine** *(p. 60)* permet de découvrir des maquettes de bateaux, de petites embarcations, des figures de proue et des drapeaux. Le **musée de l'Artillerie** *(p. 70)* abrite des armes de toutes les époques, des piques aux engins balistiques. Le **musée des Transports** *(p. 123)* possède la première locomotive russe du chemin de fer de Tsarskoïe Selo.

Le **musée de la Vie musicale,** installé dans le palais Cheremetev, expose d'anciens instruments de musique et évoque le rôle de cette famille de généreux mécènes à Saint-Pétersbourg au XIXe siècle. Le **musée du Théâtre** *(p. 110)*, sur la place Ostrovski, abrite une collection de photographies, des maquettes de décors de théâtre et des costumes de scène.

Violon et partitions du XVIIIe siècle au musée de la Vie musicale, dans le palais Cheremetev

Maisons-musées

Quelques musées évoquent la vie de célèbres pétersbourgeois. Le **musée Pouchkine** *(p. 113)* et le **musée Dostoïevski** *(p. 130)* recréent avec fidélité l'atmosphère du XIXe siècle et la vie de leurs anciens occupants.

Le musée **Anna Akhmatova,** installé dans un pavillon de jardin du **palais Cheremetev** *(p. 129)*, retrace la vie de la poétesse, qui y passa de nombreuses années.

Pour avoir un aperçu de la vie d'un fonctionnaire communiste des années 30, vous visiterez le **musée Kirov** *(p. 72)*. Il est consacré à l'un des leaders du parti dont l'assassinat ordonné par Staline fut à l'origine de la **Grande Terreur** *(p. 27)*.

À l'extérieur de Saint-Pétersbourg, la maison du peintre Ilia Repine se trouve à **Repino** *(p. 144)*, dans une région boisée du golfe de Finlande.

Les hôtes célèbres

Lieu de résidence de la famille impériale et de la cour à partir du XVIIIe siècle, Saint-Pétersbourg fut une ville prospère. Un mécénat généreux favorisa l'essor de la création artistique et l'épanouissement d'idées nouvelles. Des institutions, telles que l'Académie des beaux-arts, l'Université, le Kounstkamera et l'École impériale de danse, ont donné des générations d'artistes et de savants du plus haut niveau. À l'aube du XXe siècle, Saint-Pétersbourg était devenue un des centres culturels les plus importants d'Europe.

Grigori Kozintsev
Le réalisateur Kosintsev fut découvert à l'Ouest grâce à son interprétation du Hamlet *de Shakespeare en 1964, réalisée à Lenfilm* (p. 70).

Nicolas Gogol
Satiriste acerbe de la société pétersbourgeoise, Gogol habita trois ans oulitsa Malaïa Morskaïa (p. 82).

Ilia Repine
Cours de dessin du brillant peintre réaliste qui enseignait à l'Académie des beaux-arts (p. 63).

Piotr Tchaïkovski
Tchaïkovski obtint le prix du Conservatoire (p. 120) *en 1865, avant de composer ses opéras et ses ballets mondialement célèbres.*

Anna Pavlova
La Pavlova, danseuse étoile du théâtre Marinski (p. 119), *conquit la scène parisienne en 1909 grâce à son interprétation des* Sylphides *avec les Ballets russes.*

Alexandre Pouchkine
Cet autoportrait sur une page de manuscrit est celui du grand poète. Son appartement est aujourd'hui aménagé en musée (p. 113).

Serge Diaghilev
Animateur prodigieux des Ballets russes, Diaghilev a aussi fondé la revue Le Monde de l'art *dans son appartement situé 45 Liteïni prospekt. Sur cette photo, il est accompagné de Jean Cocteau* (à gauche).

Anna Akhmatova
Portrait d'A. Akhmatova par Nathan Altman. Elle habitait dans un pavillon du jardin du palais de Cheremetev (p. 129). *Dans* Requiem, *son poème le plus célèbre, la poétesse condamne le régime staliniste avec force et émotion.*

Dimitri Chostakovitch
La Septième Symphonie *de Chostakovitch a été diffusée en direct à la radio* (p. 98) *en août 1942, lors du siège de la ville contribuant, a-t-on dit, à soutenir le moral des citoyens assiégés.*

Fiodor Dostoïevski
Le célèbre romancier a vécu de nombreuses années dans le bas quartier de Sennaïa plochtchad (p. 122), *qui lui fournit le décor de son chef-d'œuvre* Crime et Châtiment.

Les hôtes célèbres

Les rues de Saint-Pétersbourg sont émaillées d'institutions artistiques et littéraires. Des galeries d'art fascinantes, des musées-appartements, des théâtres et des salles de concert évoquent la mémoire des célébrités de la ville. L'ombre de Lomonossov hante les lieux avec celles de Pouchkine et de Dostoïevski, et le théâtre Marinski retentit encore des applaudissements du public qui acclamait les danseurs Anna Pavlova et Vaslav Nijinski. À l'époque des Ballets russes, écrivains, musiciens et peintres accouraient vers Saint-Pétersbourg pour donner libre cours à leur talent et à leur créativité.

Le poète symboliste de l'Âge d'argent, Andreï Bely (1880-1934)

LITTÉRATURE

Considéré comme le fondateur de la littérature russe moderne, **Alexandre Pouchkine** (1799-1837) fut séduit par la beauté de Saint-Pétersbourg, tout en connaissant le climat d'intolérance et de méfiance qui réprimait les écrivains à la veille de la rébellion des décembristes de 1825 *(p. 23)*. **Nicolas Gogol** (1809-1852) répondait à cette oppression par des satires. Dans *Le Nez,* il caricature la suffisance et le conformisme des fonctionnaires russes.

Fiodor Dostoïevski (1821-1881) dépeint un autre aspect de la ville. Dans *Crime et Châtiment,* qui fait partie de la trentaine de ses romans qui ont la ville pour décor, il prend comme toile de fond les quartiers sordides de Sennaïa plochtchad *(p. 122)*. Cette histoire de meurtre d'une vieille usurière est tirée d'un fait divers. Le roman, publié en 1866, aurait inspiré une série de crimes semblables.

La poésie, florissante à « l'Âge d'or » de Pouchkine, reprit son ascendant sur le roman à « l'Âge d'argent » au début du XXe siècle. **Alexandre Blok** (1880-1921), **Andreï Bely** (1880-1934) et **Anna Akhmatova** (1880-1966) se réunissaient à cette époque à « La Tour », un appartement qui donnait sur les jardins de Tauride *(p. 128)*. *Pétersbourg* de Bely inaugure le roman du « Stream-of-Consciousness ».

Le musée du palais de Cheremetev *(p. 129)* rend hommage à la poétesse **Anna Akhmatova** (1886-1966), réhabilitée après la mort de Staline. **Joseph Brodsky** (1940-1996), l'un de ses protégés, reçut le prix Nobel de littérature en 1987. Brodsky était la bête noire des écrivains officiels de Léningrad à la solde de l'État, dans les années 60. Le refus obstiné des autorités à publier son œuvre, considérée comme « pessimiste et décadente »,le contraignit finalement à émigrer en 1972.

MUSIQUE

Mikhaïl Glinka (1804-1857), compositeur des premiers opéras russes, est l'un des principaux musiciens issus du mouvement nationaliste. **Anton Rubinstein** (1829-1894) fonda le conservatoire en 1862, qui devint le centre de la vie musicale de Saint-Pétersbourg. **Rimsky-Korsakov** (1844-1908) y enseigna pendant 37 ans. **Moussorgski** (1839-1881) et **Borodine** (1834-1887) se joignirent à lui pour former le groupe des Cinq. Ces autodidactes, pour la plupart, cherchaient à développer un langage musical puisant ses sources dans la musique populaire russe. Les premières représentations de leurs opéras eurent souvent lieu au Marinski *(p. 119)*.

Igor Stravinski (1882-1971) passa beaucoup de temps à l'étranger, mais, comme le montrent des œuvres comme le *Sacre du printemps,* ses racines culturelles étaient essentiellement russes.

La Grande Philarmonie *(p. 194)* connut ses heures de gloire lorsque **Piotr Tchaïkovski** (1840-1893) y dirigea sa *Sixième Symphonie* en 1893 et **Dimitri Chostakovitch** (1906-1975) sa *Septième Symphonie* en 1942.

Le compositeur Mikhaïl Glinka, peint par Ilyia Repine en 1887

***Le Cirque* (1919) de Marc Chagall**

BEAUX-ARTS

À partir du XVIIIe siècle, l'Académie des beaux-arts *(p. 63)* fut le centre de la vie artistique de Saint-Pétersbourg. **Dimitri Levitski** (1735-1836), **Orest Kiprenski** (1782-1836), **Semion Chetchedrin** (1791-1830) et **Karl Brioullov** (1799-1852), le premier peintre russe de réputation internationale, y firent leurs études.

En 1863, des étudiants se rebellèrent contre l'Académie et formèrent le groupe des Ambulants *(p. 106)*. Ils se réconcilièrent toutefois avec l'institution, quand **Ilia Repine,** le plus doué d'entre eux, y fut nommé professeur en 1893.

Cinq ans plus tard, **Serge de Diaghilev** (1872-1929) et le peintre **Alexandre Benois** (1870-1960) fondèrent la revue *Le Monde de l'art* *(p. 107),* dont la devise était « l'art pour l'art ». **Léon Bakst** (1866-1924) dessina les plus célèbres costumes des Ballets russes. Bakst fut aussi le maître de **Marc Chagall** (1889-1985), qui s'installa plus tard en France et exerça une profonde influence sur l'art russe et occidental. Les célèbres peintres **Kazimir Malevitch** (1878-1935) et **Pavel Filonov** (1883-1941) font également partie des éminents instigateurs de l'avant-garde russe.

Des œuvres de ces artistes sont exposées au Musée russe *(p. 104-107).*

DANSE ET CHORÉGRAPHIE

La technique des danseurs russes est légendaire. Les représentations de la Compagnie des ballets Marinski (Kirov) continuent aujourd'hui à enthousiasmer le public du monde entier. Depuis 1836, l'ancienne École impériale de ballet *(p. 110)* a formé de nombreux artistes. Le Marseillais **Marius Petipa,** brillant chorégraphe du Marinski de 1869 à 1903, a inspiré toute une génération de danseurs, notamment **Mathilde Kchessinskaïa** *(p. 72),* **Vaslav Nijinski** (1890-1950) et **Anna Pavlova** (1885-1931).

Michel Fokine (1880-1942) succéda à Petipa et fut le chorégraphe principal des Ballets russes *(p. 119).* Après la révolution, **Agrippina Vaganova** (1878-1951), diplômée de l'École impériale, relança la tradition du Marinski et ouvrit la voie à des générations de danseurs tels que **Rudolf Noureev** (1938-1993) et, plus récemment, **Galina Mezentseva** et **Emil Faskhoutdinov.**

CINÉMA

Les studios Lenfilm *(p. 70)* ont été fondés en 1918 sur le site où l'on projeta le premier film réalisé en Russie, en 1896. À son apogée, Lenfilm produisait 15 films par an. Ses deux plus brillants metteurs en scène, **Grigori Kozintsev** (1905-1973) et **Leonide Trauberg** (1902-1990), y travaillèrent ensemble à des films expérimentaux avant de réaliser *La Nouvelle Babylone* (1929), dont le montage et les effets de lumière sont remarquables, et la trilogie *Maxime* (1935-1939). Kozintsev réalisa les adaptations cinématographiques de *Hamlet* (1964) et du *Roi Lear* (1970).

Affiche du film *La Jeunesse de Maxime* (1935), dirigé par Kozintsev

SCIENCES

Le mathématicien Mikhaïl Lomonossov

Mikhaïl Lomonossov (1711-1765) *(p. 61)* est le père de la science moderne en Russie. Il travailla pendant plus de 20 ans au Kounstkamera *(p. 60)* et publia en 1741 *Éléments de chimie mathématique,* un traité qui anticipe les études de Dalton sur la structure de la matière.

En 1869, **Dimitri Mendeleev** (1834-1907), professeur et botaniste, dressa la classification périodique des éléments chimiques.

La première transmission d'un message radio serait due à **Alexandre Popov** (1859-1936). Elle fut réalisée dans les laboratoires de l'université de Saint-Pétersbourg le 24 mars 1896.

En 1904, **Ivan Pavlov** (1849-1936), physiologiste de réputation mondiale, reçut le prix Nobel de médecine pour sa théorie sur les réflexes conditionnés qu'il démontra à partir d'expériences sur les chiens.

Nevski prospekt

De l'Amirauté au canal Griboïedov

Artère principale de Saint-Pétersbourg, la perspective (ou prospekt) Nevski est jalonnée d'édifices somptueux qui affichent une profusion de styles architecturaux : du néo-classicisme de la cathédrale Notre-Dame-de-Kazan au style baroque du palais Stroganov, en passant par la maison du Livre modern style. Les nombreuses églises de confessions différentes, érigées au XVIIIe et au XIXe siècles lui ont valu son surnom de « rue de la Tolérance » *(voir aussi p. 108).*

Le Café Littéraire
Appelé jadis le Wolf et Béranger, ce café était fréquenté par des célébrités. En 1837, Pouchkine y but son dernier café avant le duel fatal (p. 83).

Amirauté ***(p. 78)***

Place du Palais ***(p. 83)*** **et l'Ermitage** ***(p. 84-93)***

Les bâtiments néo-classiques datant de 1760, situés aux n°s 8 et 10, sont les plus anciens de la perspective.

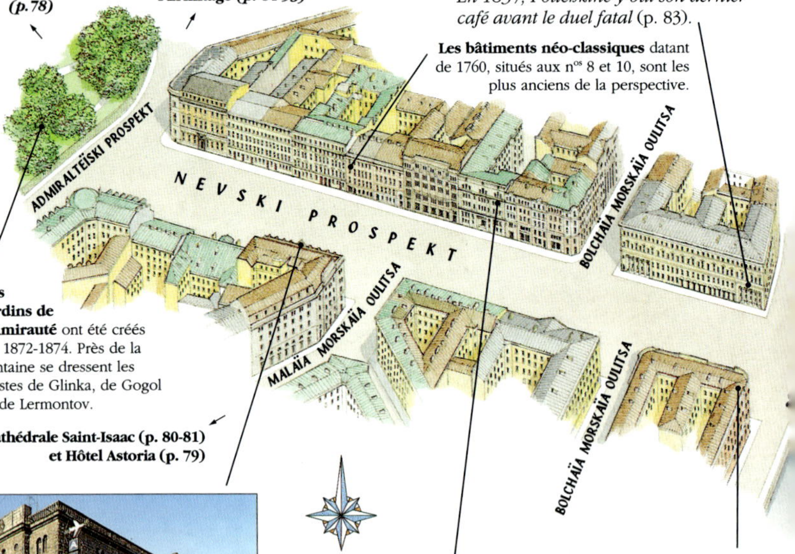

Les jardins de l'Amirauté ont été créés en 1872-1874. Près de la fontaine se dressent les bustes de Glinka, de Gogol et de Lermontov.

Cathédrale Saint-Isaac (p. 80-81) et Hôtel Astoria (p. 79)

Le bâtiment d'Aeroflot
Ce bâtiment en granite austère de Marian Peretiatkovitch (1912) présente une architecture inhabituelle à Saint-Pétersbourg. Les étages supérieurs ont été inspirés par le palais Médicis de Florence et les arcades par le palais des Doges de Venise.

L'inscription sur l'école au n° 210
Elle date du siège de la ville : « Citoyens ! Ce côté de l'avenue est plus risqué pendant les tirs d'artillerie. »

Le cinéma Barrikada
Aujourd'hui un cinéma, cet élégant édifice a été construit en 1768-1771 pour Tchitcherine, le chef de la police.

À NE PAS MANQUER

★ Notre-Dame-de-Kazan

0 100 m

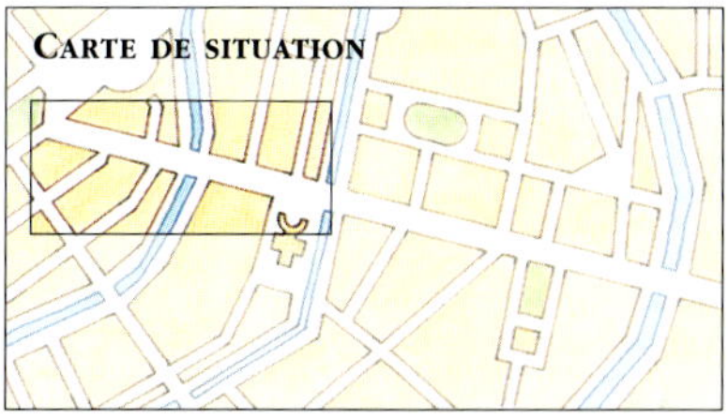

L'Église hollandaise
Le sanctuaire est situé derrière le portique néo-classique de Paul Jacot (1831-1837). Les ailes du bâtiment abritent encore des bureaux et des boutiques.

Le palais Stroganov
La façade de ce palais baroque, l'un des plus anciens édifices de l'avenue (1753), est ornée de sculptures et du blason des Stroganov (p. 112)

La maison de la Mode
Marian Lialevitch dessina cette boutique pour le fourreur Mertens en 1911-1912. La belle façade en verre présente des arches néo-classiques.

La maison du Livre (Dom knigui), bâtie en 1902-1904 pour la société Singer, abrite une librairie dominée par un globe terrestre en verre.

Suite pages *48-49*

Le temple luthérien (1833) accueillait une importante communauté évangéliste. Converti en piscine pendant l'ère soviétique, le bâtiment a aujourd'hui retrouvé sa fonction *(p. 112)*.

Le canal Griboïedov, anciennement canal Catherine, prit en 1923 le nom du dramaturge Alexandre Griboïedov.

★ **_La cathédrale Notre-Dame-de-Kazan_**
96 colonnes corinthiennes disposées en 4 rangées s'organisent en hémicycle qui s'ouvre largement sur Nevski prospekt. L'architecte Voronikhine s'est inspiré de la colonnade de Saint-Pierre de Rome (p. 111).

Nevski prospekt

Du canal de Griboïedov à la Fontanka

Depuis le milieu du XVIIIe siècle, c'est autour de Nevski prospekt (ou perspective Nevski) que se concentre la vie commerçante et culturelle. À l'approche du pont Anitchkov, qui enjambe la Fontanka, les cafés et restaurants se font encore plus nombreux, et on découvre trois galeries marchandes historiques : Gostiny Dvor, les Arcades d'Argent et Passage. L'avenue est aussi bordée de nombreux bâtiments historiques comme le palais Anitchkov.

Le Passage
Cette galerie de 180 m de long est couverte d'un toit en verre. Inaugurée en 1848, elle a été reconstruite en 1900. Elle est toujours très animée.

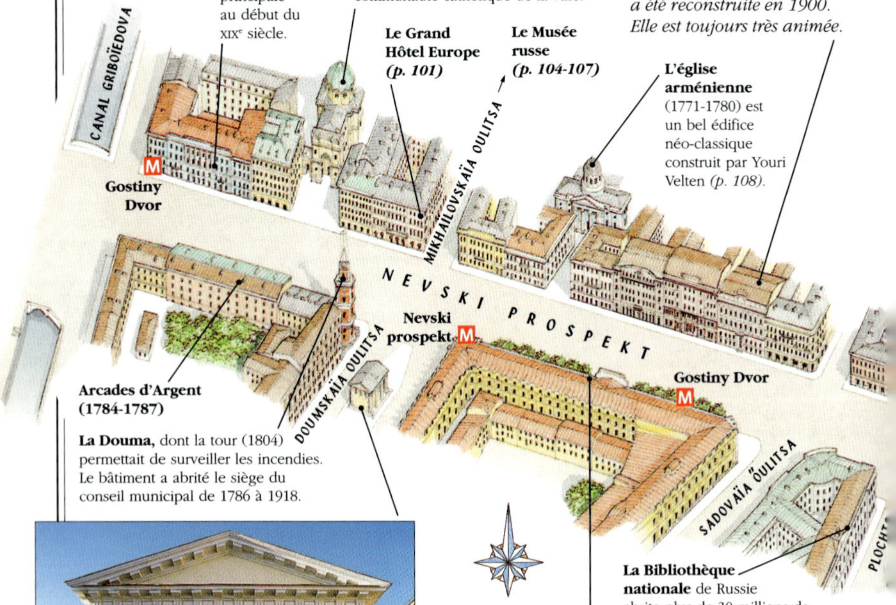

Église du Sauveur-sur-le-Sang *(p. 100)*

La Petite Philarmonie était la salle de concert principale au début du XIXe siècle.

L'église Sainte-Catherine (1762-1782) offre un mélange de style baroque et néo-classique. Elle accueillait jadis toute la communauté catholique de la ville.

Le Grand Hôtel Europe *(p. 101)*

Le Musée russe *(p. 104-107)*

L'église arménienne (1771-1780) est un bel édifice néo-classique construit par Youri Velten *(p. 108)*.

Arcades d'Argent (1784-1787)

La Douma, dont la tour (1804) permettait de surveiller les incendies. Le bâtiment a abrité le siège du conseil municipal de 1786 à 1918.

La Bibliothèque nationale de Russie abrite plus de 30 millions de volumes, dont le plus ancien est un manuscrit russe de 1057.

Portik Rusca
Ce portique de six colonnes, construit par Luigi Rusca, servait jadis d'entrée à une galerie de boutiques. Démantelé pendant la construction du métro, il fut reconstruit en 1972.

0 100 m

★ Gostiny Dvor
Cette arcade majestueuse date du milieu du XVIIIe siècle (p. 108). *La galerie marchande abrite 300 boutiques proposant toutes sortes de produits : des vêtements à la parfumerie, et des souvenirs aux chocolats…*

★ ***Elisseev***
Célèbre par sa décoration modern style, ce bâtiment abrite au rez-de-chaussée le magasin d'alimentation Elisseev (p. 109).

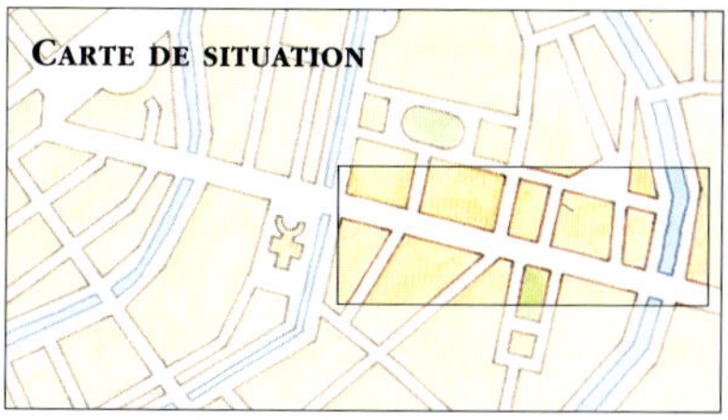

Le palais Belosselski-Belozerski
Somptueux bâtiment baroque construit d'après les plans d'Andreï Stakenschneider en 1847-1848, le palais est devenu centre culturel et commercial. La façade rouge est décorée de pilastres corinthiens et de balcons soutenus par des atlantes.

À NE PAS MANQUER

★ Elisseev

★ Gostiny Dvor

Les étals de Quarenghi ont été construits en 1803-1806. Le bâtiment fut cédé à la chancellerie impériale et rebaptisé le Cabinet.

Au n° 66 se trouvaient au XIXe siècle les bureaux de Bessel and Co, des éditeurs musicaux avec lesquels Tchaïkovski fut en rapport.

Les bâtiments du Trésor public sont d'aspect néo-classique bien que construit dans les années 40.

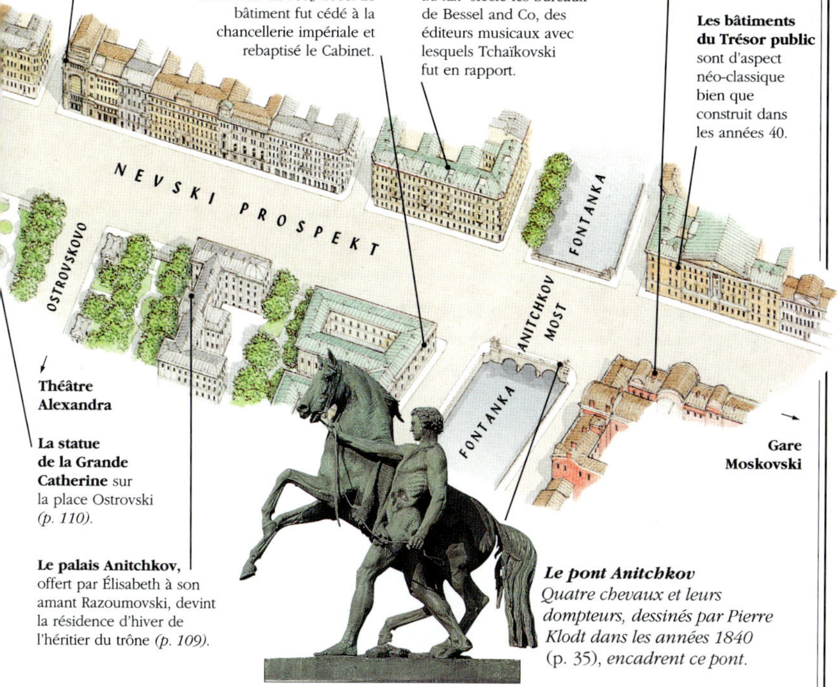

Théâtre Alexandra

Gare Moskovski

La statue de la Grande Catherine sur la place Ostrovski *(p. 110)*.

Le palais Anitchkov, offert par Élisabeth à son amant Razoumovski, devint la résidence d'hiver de l'héritier du trône *(p. 109)*.

Le pont Anitchkov
Quatre chevaux et leurs dompteurs, dessinés par Pierre Klodt dans les années 1840 (p. 35), *encadrent ce pont.*

Saint-Pétersbourg au jour le jour

Pour les Pétersbourgeois, toutes les saisons sont propices aux réjouissances et permettent de profiter des moments de liberté. Les fleurs ont une grande valeur symbolique, on offre ainsi du mimosa pour la Journée internationale des femmes ou du lilas pour fêter le début de l'été. On célèbre partout dans la cité les fêtes nationales ou locales comme la fête de la Ville. Ces jours-là, on assiste à des régates, des vols en ballon et des feux d'artifice, alors que, le soir, les colonnes rostrales *(p. 60)* sont allumées. La musique classique est à l'honneur dans de nombreux festivals annuels qui attirent des artistes internationaux. Mais, même sans prétexte officiel, toutes sortes de réjouissances ponctuent les saisons : les Russes aiment sortir et aller skier en hiver ou cueillir des champignons en automne.

Le lilas, symbole de l'été

Printemps

Le printemps est là lorsque le soleil attire ses premiers fidèles sur les plages situées près de la forteresse Pierre-et-Paul *(p. 66-67)*.
Au début du mois d'avril, rivières et canaux dégèlent et les ponts de la ville
se lèvent pour laisser passer les gros bateaux.

Pour se réchauffer après les mois de grand froid, les Pétersbourgeois fêtent *maslennitsa,* la préparation des crêpes (blinis) avant le carême. Puis on cueille des branches de saule pour célébrer le dimanche des Rameaux. À la veille du carême, le dimanche de la Miséricorde, on demande pardon à ceux qu'on a offensés.

Lorsque la neige a fondu, les citadins se rendent dans leur datcha.

Bain de soleil près de la forteresse Pierre-et-Paul

Mars

Journée internationale des femmes *(Mejdounarodny den jenchtchin),* le 8 mars. Les hommes offrent des fleurs aux femmes, et chacun se souhaite une bonne fête *(s prazdnikom).* On assiste à des représentations théâtrales ou à des concerts spécialement programmés pour l'occasion. Aussi sexiste que cela puisse paraître à des non-Russes, c'est un jour très populaire.

Bougies allumées dans une église orthodoxe pour la messe de Pâques

De l'avant-garde à nos jours *(Ot avangarda do segodnia),* mi-mars. On célèbre l'art et la musique du XXe siècle dans toute la ville.

Virtuosi 2000, fin mars, début avr. De jeunes musiciens du monde entier viennent jouer et concourir à Saint-Pétersbourg.

Dimanche de Pâques *(Paskha).* La date du carême et de Pâques varie tous les ans. Le dimanche de Pâques, les églises de la ville se remplissent de fidèles. Ce jour-là, on se salue par *Khristos voskres* (« Christ est ressuscité ») et l'on répond *Voistine voskres* (« Il est vraiment ressuscité »).

Avril

Printemps musical de Saint-Pétersbourg *(Muzikalnaïa Vesna v Sankt-Peterbourgue),* mi-avr. Après les longs mois d'hiver, on range les manteaux chauds et les grosses bottes, et l'on se rue vers les salles de concert de la ville. Des concerts de musique classique célèbrent la fonte des neiges.

Jour des cosmonautes *(Den Kosmonavtiki),* 12 avr. Des feux d'artifice célèbrent l'exploration de l'espace, à dix heures du soir, qui était la fierté de l'Union soviétique.

Mai

Les **fontaines de Peterhof** *(Fontany v Petergofe),* 1er week-end de mai. Fanfares et orchestres accompagnent la mise en route des fontaines *(p. 149).*

Fête de la Victoire *(Den pobedy),* 9 mai. Une cérémonie solennelle au cimetière de Piskarevskoïe *(p. 126)* commémore la capitulation des nazis en 1945. Les vétérans, qui arborent fièrement leurs médailles, défilent ensuite sur Nevski pr. *(p. 46-49)* et place du Palais *(p. 83).*

La fête de la Ville *(Den goroda),* dern. sem. de mai. Cette fête célèbre la fondation de la ville, le 27 mai 1703. De nombreuses festivités ont lieu près de la forteresse Pierre-et-Paul *(p. 66-67).*

Vétéran à la fête de la Victoire

Ensoleillement
Le climat de Saint-Pétersbourg est très contrasté. Les jours d'été peuvent être très chauds, avec parfois de fortes averses, alors qu'en hiver il neige, et la température descend bien au-dessous de zéro. De mi-juin à mi-juillet, la nuit ne tombe pas. En revanche, pendant les mois d'hiver, les jours sont très courts, mais souvent ensoleillés.

ÉTÉ

La floraison du lilas annonce les beaux jours, et quand le Champ de Mars *(p. 94)* se couvre de fleurs règne une sorte d'euphorie. Pendant les mois les plus chauds, les citadins désertent la ville pour passer le week-end dans leurs datchas situées près des forêts de pins, au nord-ouest de la ville.

Le mois de juin, avec son Festival des nuits blanches, est une grande période de fête. Quand le soleil ne se couche pratiquement pas et qu'il ne fait jamais vraiment nuit, des concerts, des ballets et de nombreux spectacles ont lieu un peu partout dans la ville. Ne manquez pas de vous joindre aux milliers de spectateurs *(p. 193)* réunis sur les rives de la Néva pour assister à la levée des ponts, à 2 h du matin.

JUIN

Jour de l'indépendance *(Den nezavissimosti),* 12 juin. Des feux d'artifice célèbrent l'indépendance de la Russie.

Dimanche de la Trinité *(Troïtsa),* 50 jours après Pâques. Fidèles et athées vont fleurir les tombes de leurs parents et lever un verre de vodka à la paix de leur âme. Un service de bus spécial permet d'accéder aux cimetières hors de la ville.

Festival de jazz des nuits blanches, mi-juin. Il réunit de nombreux musiciens russes ou étrangers.

Les Étoiles des nuits blanches, festival de musique classique *(Zvezdy Belykh notcheï),* fin juin. Ce festival traditionnel est consacré à l'opéra, à la musique et à la danse classiques, et des représentations de premier ordre ont lieu dans toutes les plus grandes salles de la ville.

Festival de rock des nuits blanches *(Belye notchi),* fin juin. De nombreux concerts de rock en plein air ont lieu à la forteresse Pierre-et-Paul *(p. 66-67).*

Festival des festivals *(Festival-festivaleï),* dern. sem. de juin. C'est un festival international de films non compétitif, où l'on peut voir les plus grands films de l'année précédente. De nombreuses vedettes du monde entier assistent à cet événement.

Bateaux de guerre sur la Néva, le jour de la fête de la Marine

Tsarskoïe Selo Carnival *(Tsarskoselskiy karnaval),* dern. week-end de juin. De drôles de costumes, de la musique et une grande agitation sont au cœur de Tsarskoïe Selo *(p. 150-153).* La bière locale y est abondamment consommée.

JUILLET

Compétitions sportives. On peut assiter à des tournois de tennis et à des régates sur la Néva et dans le golfe de Finlande.

Fête de la Marine *(Den Voïenno-morskovo Flota),* 1er dimanche après le 22 juil. La Néva prend l'allure d'un vaste chantier naval, avec des sous-marins et des torpilleurs.

AOÛT

C'est le mois des vacances scolaires où les températures sont au plus haut. Les Pétersbourgeois se réfugient dans leurs datchas, dans les forêts de pins des environs de la ville. La plupart des théâtres sont fermés.

Levée d'un pont en face de la forteresse, pendant les nuits blanches

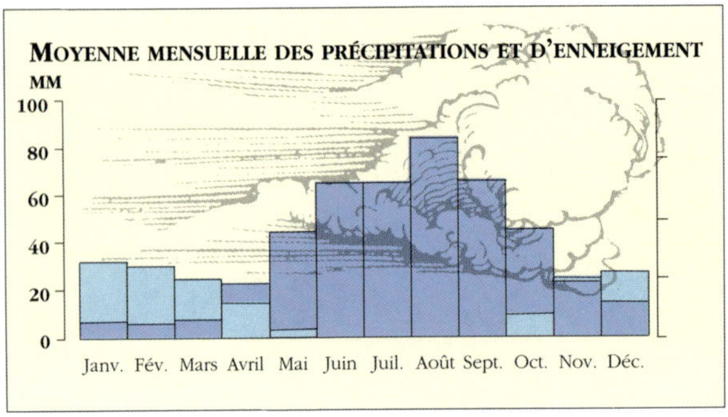

Précipitations et enneigement
À Saint-Pétersbourg, les étés sont humides, mais les averses apportent un peu de fraîcheur. En hiver, les tempêtes de neige sont fréquentes. La neige, tombant abondamment, ne fond qu'à la fin mars.

Précipitations

Enneigement

AUTOMNE

Les vacanciers rentrent de leurs datchas et les enfants retournent à l'école. Dans les dernières semaines du mois d'août, les boutiques se remplissent de parents achetant frénétiquement des vêtements pour la rentrée et des fournitures scolaires.

En septembre, lorsque les théâtres rouvrent leurs portes, la vie culturelle de la ville reprend son cour. Le Marinski (Kirov) rentre de tournée et présente ses dernières pièces de théâtre et ses nouveaux opéras. Le mois d'octobre inaugure la saison des festivals. Des musiciens et des compagnies théâtrales arrivent du monde entier pour y participer.

L'automne, frais et humide, est la saison idéale pour cueillir les champignons. Les gens de la région se rendent au nord-ouest de la ville, près de Zelenogorsk et Repino *(p.144)*, pour trouver des chanterelles, des champignons bruns *(podberyozoviki)* et des bolets à chapeau orange *(podosinoviki)*. Si vous n'êtes pas un expert, contentez-vous d'une excursion en hydrofoil vers Peterhof *(p. 146-149)*, c'est moins risqué. Vous y verrez de magnifiques jets d'eau avant qu'ils ne soient fermés pour l'hiver.

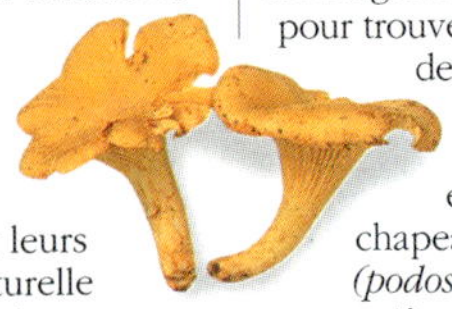

Chanterelles, ou girolles

Enfants habillés pour la Journée des maîtres

Couleurs automnales dans le parc de Tsarskoïe Selo

SEPTEMBRE

Journée des maîtres *(Den ouchiteleï)*, 1er sept. C'est la rentrée des classes, et les enfants apportent des brassées de fleurs et des cadeaux à leurs instituteurs.

OCTOBRE

Festival de théâtre des pays Baltes *(Teatralny festival Baltiskikh stran)*. Pendant deux semaines, acteurs, clowns et pantomimes originaires des pays Baltes viennent se produire dans quelques théâtres et dans les rues de la ville.
De nombreux musiciens étrangers et la plupart des interprètes russes de renommée internationale refusent des propositions à l'étranger afin de pouvoir participer à ce festival du cru.

NOVEMBRE

Festival de musique contemporaine *(Svoukovïe pouti)*, mi-nov. Festival de l'avant-garde russe et européen du jazz et de la musique contemporaine.

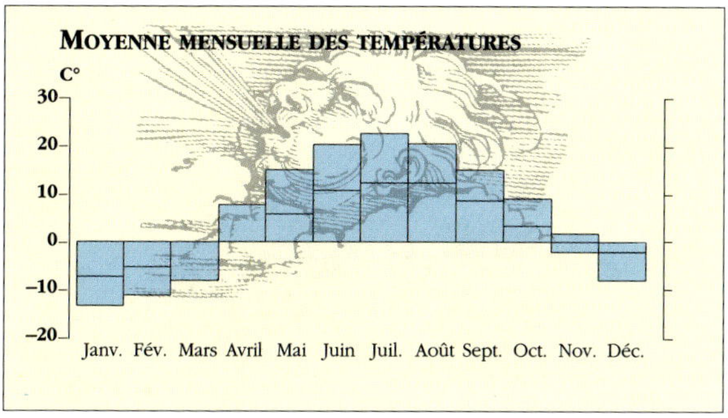

Températures
Le climat maritime de Saint-Pétersbourg n'est pas aussi froid qu'on peut le croire. Les étés sont doux mais souvent ponctués de journées très chaudes dès le mois de mai. L'hiver, la température descend bien au-dessous de zéro. Le diagramme ci-contre indique une moyenne des températures minimales et maximales.

Hiver

Les rivières et canaux sont gelés et la neige tombe à gros flocons. C'est un moment fort apprécié par les Pétersbourgeois, qui emmènent leurs enfants faire de la luge (la location de luges et autres équipements est bon marché). Dans les parcs de Tsarskoïe Selo *(p. 150-153),* et de Pavlovsk *(p. 156-159),* on peut louer skis et luges à la *lyjnaïa baza,* au pied des pistes. Les patins à glace se louent à la patinoire du parc Moskovski, près de la station de métro Moskovskaïa.

Le matin de bonne heure, les membres du club de natation brisent la glace près de la forteresse Pierre-et-Paul *(p. 66-67)* pour se baigner dans l'eau glacée. Les « Morses », comme on les appelle, ne se vexeront pas si vous décidez de ne pas vous joindre à eux.

Noël est fêté le 7 janvier, selon le calendrier orthodoxe. Le Nouvel An est une grande période de festivités au milieu de l'hiver, et beaucoup de Russes célèbrent aussi l'ancienne date du Nouvel An, le 14 janvier. La saison des fêtes est ponctuée par la traditionnelle représentation du ballet *Casse-Noisette* au théâtre Marinski *(p. 119).*

Pour pêcher, il faut percer un trou dans la glace

Lugeurs sur la Néva prise par les glaces, près de l'Ermitage *(p. 84-93)*

Décembre

Fête de la Constitution *(Den konstitoutsi),* 12 déc. Sa date a changé lorsque la nouvelle constitution de Boris Eltsine a remplacé celle de Brejnev. Des feux d'artifice ont lieu à différents endroits de la ville.

Rencontres musicales de Palmyre *(Mouzikalnye vstretchi v Severnoï Palmire),* déc.-janv. Ce festival de musique classique est le dernier de l'année. Le cadre est féerique, avec les rues enneigées et les rivières glacées.

La veille du Nouvel An *(Novy god),* 31 déc. C'est la plus grande fête de l'année, et le *champanskoïe (p. 179),* le « champagne » russe, coule à flots. Traditionnellement, certains membres de la famille se déguisent en Père Gel (équivalent de notre Père Noël) et Fille des Neiges pour apporter les cadeaux.

Janvier

Noël orthodoxe russe *(Rojdestvo),* 7 janv. Cette fête est célébrée de façon plus modérée que Pâques. La nuit de Noël, les cloches retentissent dans la ville pour appeler les fidèles.

Février

Fête des Défenseurs de la mère patrie *(Den zachtchitnikov rodiny),* 23 fév. C'est l'équivalent de la Journée des femmes, mais cette fois, on offre des fleurs et des cadeaux aux hommes.

Jours fériés

Nouvel An (1er janv.)
Noël orthodoxe russe (7 janv.)
Journée internationale des femmes (8 mars)
Pâques orthodoxe russe (mars/avr.)
Fête du Travail (1er mai)
Fête de la Victoire (9 mai)
Jour de l'Indépendance (12 juin)
Fête de la Constitution (12 déc.)

46
P
TAXI

SAINT-PÉTERSBOURG QUARTIER PAR QUARTIER

L'ÎLE VASSILEVSKI

C'est sur l'île Vassilevski (Vassilevski ostrov), la plus grande île du delta de la Néva, que Pierre le Grand avait envisagé d'installer le siège du pouvoir de sa nouvelle capitale. Il abandonna ce projet initial à cause des difficultés d'accès (le premier pont permanent fut construit en 1850), des inondations et de la traversée souvent houleuse de la Néva. La ville se développa alors de l'autre côté de la rivière, autour de l'Amirauté *(p. 78)*. Sur le plan d'origine, les rues ou lignes *(lini)* numérotées, qui ont gardé leur appellation, orientées nord-sud, s'alignaient sur un réseau de canaux qui, pour la plupart, n'allaient jamais être creusés *(p. 20)*. Les premiers bâtiments officiels furent construits à la pointe est de l'île, endroit appelé Strelka. Au XIXe siècle, le développement des quartiers alentour a suivi l'industrialisation et une classe moyenne s'y est installée, ainsi qu'une communauté allemande florissante comme le rappellent plusieurs églises luthériennes. Aujourd'hui, l'île est paisible, avec ses larges avenues bordées d'arbres et ses nombreux musées.

Sculpture de Neptune sur le musée de la Marine

LE QUARTIER D'UN COUP D'ŒIL

Musées
Kounstkamera 4
Palais Menchikov 6
Musée de la Marine 2
Musée de Zoologie 3

Bâtiments historiques et monuments
Académie des beaux-arts 9
Colonnes rostrales 1
Les Douze Collèges 5

Église
Cathédrale Saint-André 8

Rues et ponts
Bolchoï prospekt 7
Pont du Lieutenant-Schmidt 10

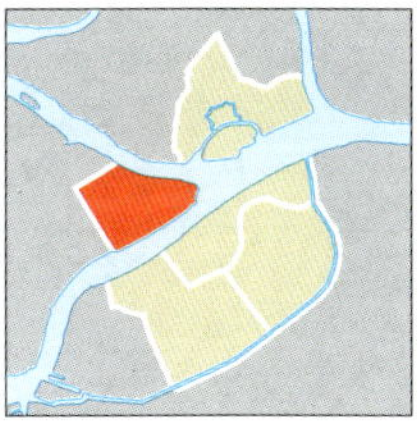

◁ **Un des deux sphinx imposants (XIVe siècle av. J.-C.) situés en face de l'Académie des beaux-arts**

La Strelka pas à pas

La Strelka, la pointe orientale de l'île Vassilevski, était l'ancien pôle du commerce à Saint-Pétersbourg. Aujourd'hui, elle rassemble de nombreuses institutions académiques comme l'Académie des sciences et l'université de Saint-Pétersbourg, des musées, des instituts et des bibliothèques aménagés dans d'anciens entrepôts et bâtiments des douanes. Le musée de la Marine et les deux colonnes rostrales rappellent toutefois l'ancienne vocation de cette partie de la ville, et, de cet endroit, on a une vue magnifique de la forteresse Pierre-et-Paul *(p. 66-67)* et de l'Ermitage *(p. 84-93)*.

Vue du musée de la Marine et des colonnes rostrales

Les Douze Collèges
À l'origine, ces bâtiments furent érigés pour abriter les 12 départements ministériels institués par Pierre le Grand. ❺

Le monument Lomonossov célèbre la mémoire du savant (1711-1765), qui enseigna à l'Académie des sciences.

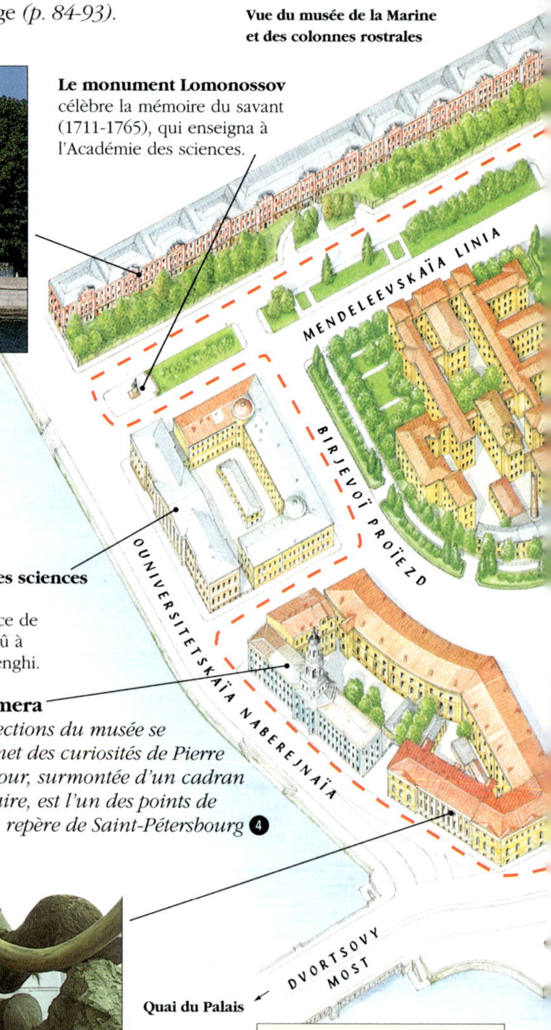

Quai du Palais

L'Académie des sciences a été fondée en 1724. L'édifice de 1783-1785 est dû à Giacomo Quarenghi.

★ Kounstkamera
Parmi les collections du musée se trouve le cabinet des curiosités de Pierre le Grand. Sa tour, surmontée d'un cadran solaire, est l'un des points de repère de Saint-Pétersbourg ❹

Musée de Zoologie
Ce musée, qui possède plus de 100 000 pièces, est l'un des plus importants du monde. On y trouve aussi les animaux empaillés de Pierre le Grand et une célèbre collection de mammouths ❸

À NE PAS MANQUER

★ Musée de la Marine

★ Kounstkamera

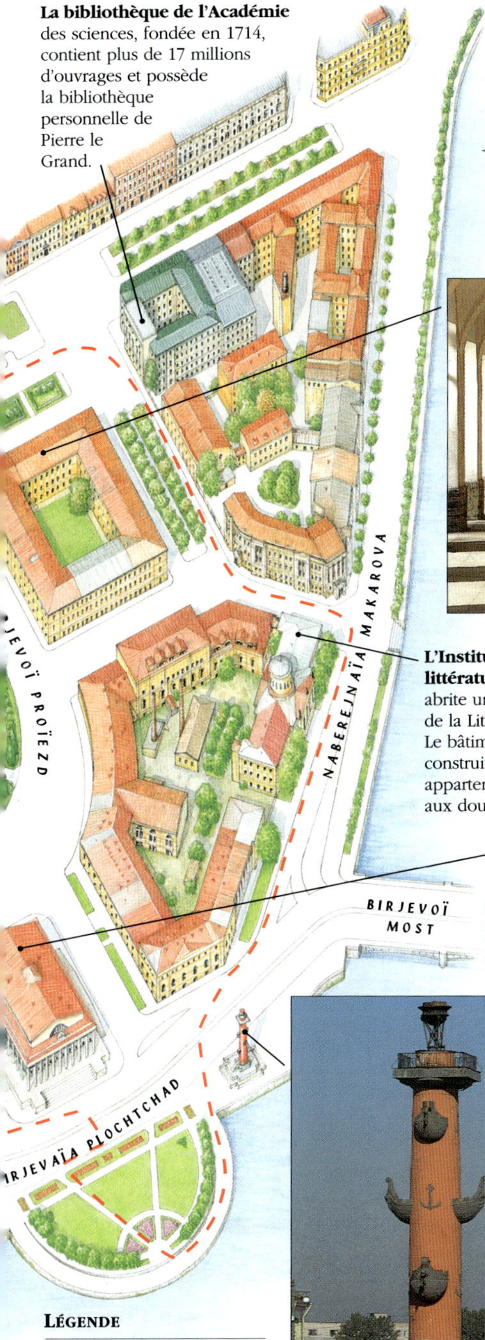

La bibliothèque de l'Académie des sciences, fondée en 1714, contient plus de 17 millions d'ouvrages et possède la bibliothèque personnelle de Pierre le Grand.

CARTE DE SITUATION
Voir Atlas des rues, plan 1

Le Nouveau Bazar, construit au début du XIXe siècle par Quarenghi, était un marché très animé. Les étudiants ont aujourd'hui remplacé les marchands, puisque ce bâtiment de style néo-classique abrite les départements de l'université.

L'Institut de littérature russe abrite un musée de la Littérature. Le bâtiment, construit en 1832, appartenait aux douanes.

★ Le musée de la Marine
Parmi les nombreuses maquettes de bateaux exposées se trouve le botik *sur lequel Pierre le Grand apprit à naviguer* ❷

Les colonnes rostrales
À l'origine, elles servaient de phares aux bateaux qui entraient dans le port de Saint-Pétersbourg. Ces imposantes colonnes de 32 m de haut sont des repères dans le paysage de la ville. Elles sont notamment allumées le jour de la fête de la Marine (p. 51) ❶

LÉGENDE

- - - Itinéraire conseillé

0 — 400 m

Colonnes rostrales ❶

Ростральные колонны

Rostralnïe kolonny

Plochtchad Birjevaïa. **Plan** 1 C5. *7, 10, 47, Э47, T129. 1, 7, 10.*

Situées sur la Strelka, devant le musée de la Marine de guerre, ces deux colonnes de granite ont été érigées en 1810 sur les plans de Thomas de Thomon. Au XIXe siècle, les torches à huile qu'elles portaient ont été remplacées par des lampes à gaz que l'on allume encore lors de la fête de la Marine *(p. 51)*. Suivant une tradition romaine, elles sont ornées de proues de navire (*rostra* en latin), à la gloire des victoires. Chacun des piédestaux porte les figures allégoriques des quatre grands fleuves russes : la Néva, la Volga, le Dniepr et le Volkhov.

Colonnes rostrales sur la Strelka

Musée de la Marine de guerre ❷

Центральный Военно-Морской музей

Tsentralny Voïenno-Morskoï mouzeï

Plochtchad Birjevaïa 4. **Plan** 1 C5. *328 2502. 7, 10, 47, Э47, T129. 1, 7, 10. 11 h à 18 h, du mer. au dim.*

L'ancienne Bourse *(birja)*, construite en 1805-1810 par l'architecte suisse Thomas de Thomon, inspirée du temple grec de Paestum, en Italie, était le bâtiment central de la Strelka. À l'est, au-dessus de la façade à colonnades, une sculpture allégorique représentant le dieu Neptune dans un char tiré par des hippocampes, est là pour rappeler que le commerce maritime était l'élément vital de cette ville tournée vers la mer. La Bourse ayant perdu sa raison d'être après la révolution, elle fut transformée en musée en 1940. Sous le magnifique plafond à caissons de la grande salle principale, une collection d'objets retrace l'histoire de la marine russe et soviétique, de l'époque de Pierre le Grand à nos jours. Parmi les maquettes de bateaux, les figures de proue, les uniformes, les drapeaux et les sous-marins se trouve le *botik*, un petit bateau en bois sur lequel le tsar apprit à naviguer. Au second étage, un superbe diorama présente l'assaut du palais d'Hiver *(p. 28-29)*.

Les collections de photographies situées autour de la grande salle retracent surtout la période révolutionnaire. Elles ont été réorganisées en 1995 pour donner une idée plus juste des événements historiques comme par exemple la participation des puissances occidentales à la Seconde Guerre mondiale.

La façade néo-classique du musée de la Marine de guerre

Musée de Zoologie ❸

Зоологический музей

Zoologvitcheski mouzeï

1/3 Ouniversiteskaïa nab. **Plan** 1 C5. *328 0112. 7, 10, Э47, 47, T129. 1, 7, 10. de 11 h à 19 h, du sam. au jeu. (gratuit le jeu.)*

Aménagé dans l'ancien entrepôt des douanes, bâti par Giovanni Lucchini en 1826, ce musée possède l'une des plus grandes collections d'histoire naturelle du monde. Elle comprend plus de 100 000 pièces dont les animaux empaillés de la *Kounstkamera* de Pierre le Grand, notamment le cheval que le tsar monta lors de la bataille de Poltava *(p. 18)*.

Les dioramas illustrent bien les habitats naturels des grands crabes, des fouines, des ours polaires et des baleines bleues. Le musée est célèbre par sa collection de mammouths. Le squelette le plus précieux a été découvert dans les glaces sibériennes en 1902 et aurait près de 44 000 ans.

Fouine au musée de Zoologie

Kounstkamera ❹

Кунсткамера

Kounstkamera

3 Ouniversitetskaïa nab. **Plan** 1 C5. *328 1412. 7, 10, 47, Э47, T129. 1, 7, 10. de 11 h à 18 h, du mar. au dim.*

La tour lanterne vert d'eau qui surmonte cet édifice baroque domine cette partie de l'île Vassilevski. Le bâtiment, construit par Mattarnovy en 1718-1738, abritait le Kounstkamera de Pierre le Grand. Au cours de son voyage en Hollande en 1697, le tsar avait assisté aux conférences de Frédéric Ruysch (1638-1731), l'anatomiste le plus célèbre de l'époque. Impressionné par la

Façade baroque du Kounstkamera (1718-1734), le premier musée de Saint-Pétersbourg

collection de Ruysch, il en fit l'acquisition en 1717 et exposa ces 2 000 « préparations anatomiques » à Saint-Pétersbourg. Le public, déconcerté par cet étrange spectacle, se voyait réconforté par un verre de vodka. Parmi cette étonnante collection se trouvaient des êtres difformes ou insolites, dont un hermaphrodite. Ce premier musée de Russie abritait aussi une bibliothèque, une salle d'anatomie et un observatoire.

Aujourd'hui, le Kounstkamera, devenu le musée d'Anthropologie et d'Ethnographie, a conservé une partie de cette étrange collection, exposée dans la rotonde centrale. Elle comprend le cœur et le squelette du serviteur personnel du tsar, « Bourgeois », un géant de 2,27 m. Les dents qui se trouvent aussi dans le musée ont été extraites par le tsar lui-même, dentiste amateur enthousiaste. Les âmes sensibles éviteront les cabinets de monstruosités conservées dans du formol, entre autres des siamois et un mouton à deux têtes.

Les salles qui entourent le Kounstkamera contiennent des objets concernant la vie quotidienne des peuples du monde entier. Injustement négligés par la plupart des visiteurs, les objets exposés, depuis le kayak inuit jusqu'aux marionnettes du théâtre d'ombres javanais, sont une merveilleuse source d'enseignement.

Douze Collèges ❺

Двенадцать коллегий

Dvenadtsat kollegui

7 Ouniversitetskaïa nab.
Plan 1 C5. 🚌 *7, 47, Э47, T129.*
🚎 *10.* ● *au public.*

Ce gracieux bâtiment baroque en briques rouges et blanches est recouvert de stuc. À l'origine, il accueillait les 12 départements ministériels institués par Pierre le Grand. L'unité architecturale de la façade symbolisait l'unification du gouvernement. L'alignement perpendiculaire aux quais devait ouvrir sur une grande place qui aurait bénéficié d'une vue dégagée de la Strelka. On pense que le prince Menchikov, craignant que ce projet n'empiète sur son domaine, profita de l'absence du tsar pour en changer les plans. Domenico Trezzini fut sélectionné par concours en 1723, mais son projet ne vit le jour que 20 ans plus tard en raison des querelles administratives qu'il suscita. Après avoir rempli diverses fonctions, l'édifice fut attribué à l'Académie de Saint-Pétersbourg en 1819. Lénine y fit ses études en 1891, ainsi que de nombreux révolutionnaires. D'illustres professeurs russes y ont enseigné, notamment Dimitri Mendeleev (1834-1907) *(p. 45)* et le physiologiste Ivan Pavlov (1849-1936) *(p. 45)*.

Mikhaïl Lomonossov (1711-1765)

Détail de la façade orientale des Douze Collèges de Trezzini

Une statue en bronze de Mikhaïl Lomonossov (dévoilée en 1986), située près des Douze Collèges, domine la Néva. Ce grand savant du XVIIIe siècle, à la fois écrivain et chimiste, issu d'une famille de pêcheurs, fut le premier membre russe de l'Académie des sciences de Saint-Pétersbourg (1741). « Génie universel », il écrivait de la poésie, a systématisé la grammaire russe et a été le pionnier de la recherche mathématique et scientifique. C'est grâce à ses découvertes que la production de porcelaine, de verre et de mosaïque se développa en Russie.

Façade sud du palais du prince Menchikov (XVIIIe siècle)

Palais Menchikov ❻

Меншиковский дворец

Menchikovski dvorets

15 Ouniversitetskaïa nab. **Plan** 5 B1. *323 1112.* *7, 47, Э47, T129.* *10.* *11.* *de 10 h 30 à 17 h 30, du mar. au dim.* *obligatoire.*

Avec ses pilastres sculptés, le palais Menchikov, de style baroque, est l'un des premiers bâtiments en pierre de Saint-Pétersbourg. Sa construction, réalisée selon les plans de Giovanni Fontana et de Gottfried Schädel pour le prince Menchikov, date de 1720. Le parc du palais s'étendait jusqu'à la Malaïa Néva, au nord.

Le prince Menchikov y recevait ses visiteurs dans un luxe éblouissant, souvent sur le compte du tsar, qui adopta ce palais comme pied-à-terre. Les hôtes traversaient la Néva en bateau avant d'être accueillis avec faste par un orchestre en uniforme.

Aujourd'hui, le palais fait partie de l'Ermitage *(p. 84-93)*. Il propose des expositions sur la culture russe du début du XVIIIe siècle, qui évoquent l'esprit de l'époque et l'influence de la mode occidentale à la cour de Pierre le Grand.

La visite guidée du palais commence au rez-de-chaussée. À côté des cuisines se trouvent l'atelier de tournage du tsar, des costumes d'époque, des coffres en chêne et des compas marins. Des statues en marbre, importées d'Italie, ornent le magnifique vestibule au plafond voûté. L'une d'entre elles est un Apollon romain qui date du IIe siècle av. J.-C.

À l'étage, les bureaux du secrétaire sont décorés de gravures hollandaises de Leyde, d'Utrecht et de Cracovie, qui datent du XVIIe siècle. Une suite de pièces à couper le souffle sont revêtues de carreaux de Delft bleu et blanc peints à la main, datant du XVIIIe siècle. Outre leur fonction décorative, ces carreaux permettaient de détecter facilement les mouches et la poussière. Dans la chambre de Varvara (belle-sœur et confidente de Menchikov) se trouve un lit à baldaquin fabriqué en Allemagne. Il est recouvert d'un couvre-lit turc en coton et en soie brodée de fils d'argent. La tapisserie flamande suspendue au mur date du XVIIe siècle.

Menchikov et le tsar recevaient leurs hôtes dans la salle d'apparat, une pièce entièrement lambrissée d'une boiserie en noyer persan, avec vue de la Néva. Parmi les tableaux accrochés par des rubans de couleur, selon l'usage au XVIIe siècle, se trouve un portrait de Pierre le Grand peint par Jan Venichs, un artiste hollandais. Les miroirs étaient une nouveauté à l'époque, et l'Église orthodoxe jetait l'anathème sur un tel étalage de vanité.

Les bals et banquets se tenaient dans le Grand Hall.

LE PRINCE MENCHIKOV

D'origine modeste, le conseiller, compagnon d'armes et ami de Pierre le Grand, Alexandre Menchikov (1673-1729), fut le premier gouverneur de Saint-Pétersbourg. Après la mort du tsar en 1725, Menchikov favorisa l'accession au trône de Catherine (la femme de Pierre et ancienne maîtresse de Menchikov), ce qui lui permit de conserver son pouvoir jusqu'à la mort de la tsarine. Son extravagance et sa vénalité lui porteront préjudice. Accusé de trahison, il mourra en exil en 1729.

Pharmacie modern style près de Bolchoï prospekt

Bolchoï prospekt ❼

Большой проспект

Bolchoï Prospekt

Plan 1 A5. *Vassileostrovskaïa.* *7, Э47, 128, T129.* *10.*

Percée au début du XVIIIe s. pour relier le domaine de Menchikov au golfe de Finlande, cette perspective fut élargie dans les années 1930.

Elle offre une grande diversité de styles architecturaux : du néo-classicisme de l'église luthérienne de Sainte-Catherine (1768-1771), située au n° 1, au style baroque du XVIIe s. de la maison Troïekourov (n° 13, 6-ïa linia).

À remarquer, le marché Saint-André (1789-1790), avec ses arcades, et les deux édifices modern style. L'un d'eux abritait une pharmacie (1907-1910) sur 7 ïa-linia, décorée de mosaïques et de carreaux de céramique, l'autre, au n° 55, l'orphelinat luthérien Adolphe Gaveman.

L'Académie des beaux-arts (1764-1788) sur les rives de la Néva, un premier exemple du néo-classicisme russe

Cathédrale Saint-André ❽

Андреевский собор

Andreevski sobor

6-ïa liniya 11. **Plan** 5 B1. *7, Э47, 128, T129. 10. 1, 5, 31.*

Érigée en bois, sur l'initiative de Catherine Ire, la seconde femme de Pierre le Grand *(p. 21)*, qui donna 3 000 roubles pour sa construction, elle fut détruite par un incendie.

L'église baroque surmontée d'un clocher qui la remplace a été construite par Alexandre Vist en 1764-1780. Elle abrite une iconostase du XVIIIe siècle, en bois sculpté, décorée d'icônes provenant de l'ancienne église.

À côté se trouve la petite église des Trois-Saints, bâtie par Giuseppe Trezzini (1740-1760), dédiée à Basile le Grand, Jean Chrysostome et Grégoire de Nazianze.

L'iconostase baroque de Saint-André, joyau de la cathédrale

Académie des beaux-arts ❾

Академия Художеств

Akademia Khoudojestv

17 Ouniversitetskaïa nab. **Plan** 5 B1. *323 3578. 7, Э47, T129. 10. 11. de 11 h à 18 h, du mer. au dim.*

L'Académie, fondée en 1757, était destinée à enseigner aux artistes russes les techniques et le style occidental en faveur à cette époque. Le célèbre peintre Ilia Repine *(p. 42)* et les architectes Andreï Zakharov (1761-1811) et Andreï Voronikhin (1759-1814) ont fait partie de ses illustres élèves.

Le conservatisme de l'Académie tendait à décourager toute innovation, si bien qu'en 1863 un groupe d'étudiants refusèrent de passer leur examen final en signe de protestation et fondèrent un mouvement d'art réaliste, le groupe des Ambulants *(peredvijniki)* *(p. 106-107)*.

L'imposant bâtiment, construit entre 1764 et 1788 par Alexandre Kokorinov et Vallin de la Mothe, est un bel exemple architectural de transition entre l'époque baroque et le style néo-classique. L'Académie expose le travail de ses anciens étudiants et de ceux qui y étudient aujourd'hui. On y verra des tableaux, des moules en plâtre de célèbres sculptures, des plans d'architecture et des maquettes de célèbres bâtiments de la ville comme le couvent Smolny *(p. 128)*.

Les grandes salles et les galeries néo-classiques ont perdu leur lustre tout en conservant leur grandeur du passé. Ne manquez pas de visiter la salle de conférence, au premier étage, avec son plafond peint par Vassili Chebouev, et les galeries Raphaël et Titien, ornées de copies de fresques du Vatican.

Deux sphinx du XIVe siècle av. J.-C. flanquent l'escalier du débarcadère. Découverts dans les ruines de Thèbes, la capitale de l'ancienne Égypte, ils furent installés sur ce site en 1832. Le pharaon Aménophis III aurait servi de modèle pour la tête de ces deux sculptures.

Pont du Lieutenant-Schmidt ❿

Мост Лейтенанта Шмидта

Most Leïtenanta Schmidta

Plan 5 B2. *1, 11, 31.*

L'ancien pont Nicolas, construit en 1850, fut le premier à enjamber la Néva. Lorsqu'il fut reconstruit en 1936-1938, Alexandre Brioullov lui ajouta des parapets pleins de fantaisie décorés d'hippocampes et de tridents.

Il rend hommage au lieutenant Piotr Schmidt, un marin du croiseur *Otchakov*, qui dirigea le soulèvement de la flotte de la mer Noire en 1905 et fut exécuté peu de temps après.

PÉTROGRADSKAÏA

La ville a été fondée sur la rive septentrionale de la Néva en 1703, pendant la grande guerre du Nord *(p. 18)*. Le quartier de Pétrogradskaïa se développa avec la construction de la première forteresse en bois et devint vite un faubourg marécageux de cabanes, occupées par les ouvriers travaillant à la ville de Pierre le Grand.

Non loin, le quartier de la place de la Trinité était un petit bourg commerçant blotti autour d'une église qui a été démolie et de la première Bourse de Saint-Pétersbourg.

Détail du pont vers la forteresse Pierre-et-Paul

Pétrogradskaïa est restée peu peuplée jusqu'à la fin du XIXe siècle, quand la construction du pont de la Trinité rendit ce quartier accessible à partir du centre-ville. Les constructions se développèrent au moment où le modern style était en vogue. La population quadrupla et Pétrogradskaïa devint un endroit à la mode, fréquenté par les artistes et les professions libérales. La forteresse Pierre-et-Paul, avec sa cathédrale, ses musées et sa sombre histoire, reste le principal attrait de ce quartier essentiellement résidentiel.

LE QUARTIER D'UN COUP D'ŒIL

Musées
- Musée de l'Artillerie 7
- Maisonnette de Pierre le Grand 13
- Maison des Commandants 4
- Croiseur Aurore 12
- Maison des Ingénieurs 2
- Musée Kirov 10
- Maison de la Kchessinskaïa 11
- Bastion Troubetskoï 6

Portes
- Porte de la Néva 5
- Porte Saint-Pierre 1

Cathédrale
- Cathédrale Saint-Pierre-et-Saint-Paul 3

Rues, places et parcs
- Parc Alexandrovski 8
- Kamennoostrovski Prospekt 9
- Place de la Trinité 14

La cathédrale baroque Saint-Pierre-et-Saint-Paul dans la forteresse Pierre-et-Paul

La forteresse Pierre-et-Paul pas à pas

La construction de la forteresse, en 1703, sur décision de Pierre le Grand, constitue l'acte de naissance de Saint-Pétersbourg. La première citadelle en bois fut remplacée, section par section, par de la pierre, selon les plans de Domenico Trezzini. L'histoire de cet imposant édifice est funeste. Des centaines d'ouvriers, contraints de travailler dans de terribles conditions, périrent sur ce chantier. Dans ses bastions, d'innombrables conjurés furent torturés et emprisonnés à vie. L'un des premiers prisonniers fut le propre fils du tsar, le tsarévitch Alexis. Aujourd'hui, les cellules sont ouvertes au public, ainsi que plusieurs musées et la cathédrale qui abrite les tombeaux des Romanov.

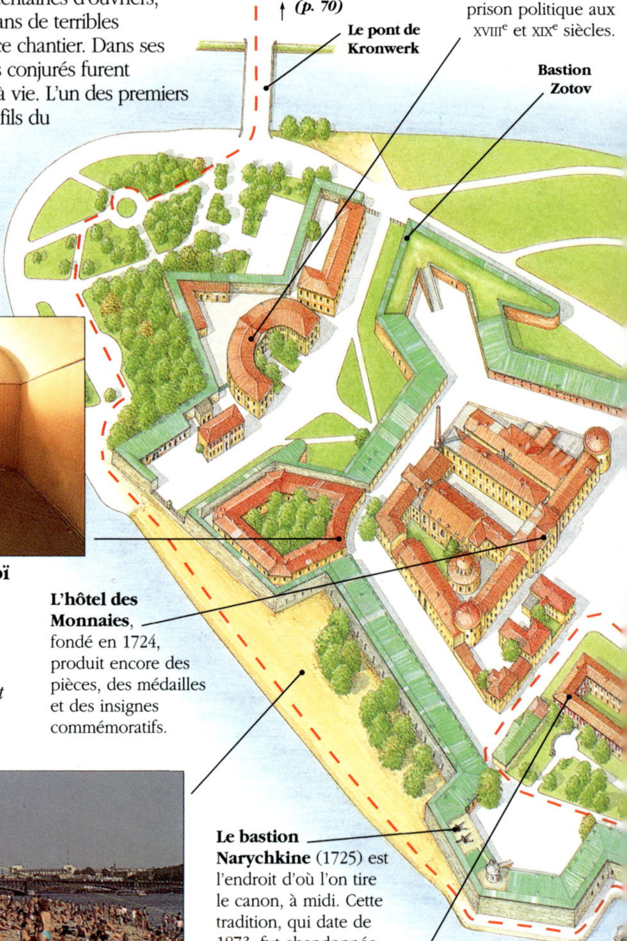

Musée de l'Artillerie
↑ ***(p. 70)***

Le pont de Kronwerk

Les archives du ministère de la Guerre occupent le site de la « maison des Secrets », une prison politique aux XVIIIe et XIXe siècles.

Bastion Zotov

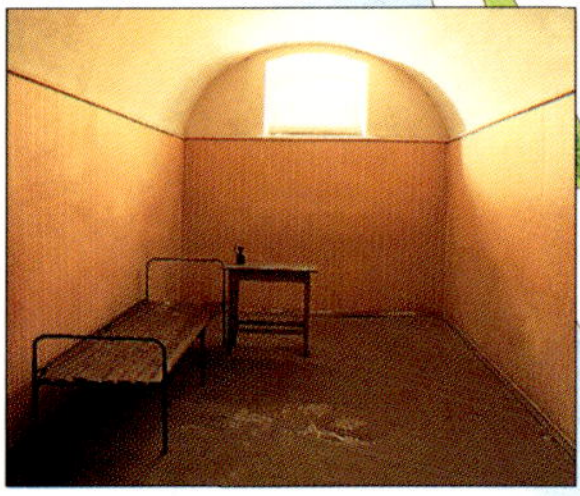

Le bastion Troubetskoï
De 1872 à 1921, les ennemis de l'État étaient incarcérés dans ces cellules sombres et humides que l'on peut visiter aujourd'hui ❻

L'hôtel des Monnaies, fondé en 1724, produit encore des pièces, des médailles et des insignes commémoratifs.

La plage est fréquentée été comme hiver, lorsque les membres du club de natation, « les Morses », brisent la glace pour un plongeon revigorant.

Le bastion Narychkine (1725) est l'endroit d'où l'on tire le canon, à midi. Cette tradition, qui date de 1873, fut abandonnée après la Révolution et reprise en 1957.

La porte de la Néva
L'entrée située du côté de la rivière porte aussi le nom de « porte de la Mort ». Elle donne accès au débarcadère du Commandant, d'où les prisonniers partaient pour être exécutés ou exilés. Les niveaux des crues de la Néva sont indiqués sous la voûte ❿

La maison des Commandants
Pendant 150 ans, cette belle maison baroque fut le théâtre d'interrogatoires et de procès de prisonniers politiques. Aujourd'hui, elle abrite un musée ❹

★ La cathédrale Saint-Pierre-et-Saint-Paul
Ses colonnes en marbre, ses chandeliers étincelants, ses peintures et son iconostase dorée et sculptée par Ivan Zaroudny offrent un décor magnifique aux tombeaux des Romanov ❸

CARTE DE SITUATION
Voir Atlas des rues, plan 2

La porte Saint-Pierre
À l'entrée de la forteresse de Domenico Trezzini, achevée en 1718, figure l'aigle bicéphale des Romanov, avec Saint-Georges et le dragon ❶

À NE PAS MANQUER

★ Cathédrale Saint-Pierre-et-Saint-Paul

Le hangar à bateaux abrite une boutique de souvenirs.

Bastion Golovkine

La sépulture des grands-ducs fut la dernière demeure des grands-ducs assassinés par les Bolcheviks en 1919 et du grand-duc Vladimir, mort en exil en 1992.

0 100 m

Billeterie

La porte d'Ivan, dans le mur d'enceinte, a été construite entre 1731 et 1740.

Ioïannovski most

Prospekt Kamennoostrovski, station de métro Gorkovskaïa et pont de la Trinité

Statue de Pierre le Grand par Mikhaïl Tchemiakine (1991).

Bastion de Pierre Ier

La maison des Ingénieurs
Ce bâtiment date de 1748-1749. Il abrite des expositions temporaires d'objets en usage à Saint-Pétersbourg avant la Révolution ❷

LÉGENDE

– – – Itinéraire conseillé

Porte Saint-Pierre ❶
Петровские ворота
Petrovskie vorota

Petropavlovskaïa krepost.
Plan 2 E3. Ⓜ *Gorkovskaïa.*

On accède à l'entrée principale de la forteresse Pierre-et-Paul par deux arches très contrastées. La porte Saint-Jean (1730), d'une sobriété néo-classique, mène à l'imposante porte Saint-Pierre. Construite en 1717-1718, cette structure baroque est un arc de triomphe surmonté d'un fronton aux pignons arrondis. Domenico Trezzini, qui modifia son architecture, conserva les bas-reliefs de Karl Osner où l'on voit saint Pierre aux prises avec Simon, le magicien ailé. Cette figure allégorique illustre la victoire de Pierre le Grand sur Charles XII de Suède *(p. 18)*.

La porte Saint-Pierre, entrée de la forteresse

Maison des Ingénieurs ❷
Инженерный дом
Injenerny dom

Petropavlovskaïa krepost. **Plan** 2 D3.
238 4540. Ⓜ *Gorkovskaïa.*
de 11 h à 18 h du mar. au jeu.
anglais.

La maison des Ingénieurs, construite en 1748-1749, abrite des expositions temporaires sur la vie à Saint-Pétersbourg avant la Révolution. Peintures historiques et toiles de fonds architecturales mettent en valeur une collection qui va de vues de façades d'anciennes boutiques jusqu'à des maquettes de bateaux, de pistolets, de costumes de cour et de masques de bal.
En 1915, Saint-Pétersbourg

Un accordéon, un orgue et des meubles Art nouveau dans la maison des Ingénieurs

comptait plus d'une centaine de magasins de musique. Le musée possède une excellente collection de phonographes, de gramophones, de symphoniums et d'accordéons de l'époque. Machines à coudre Singer, machines à écrire, téléphones en bakelite et appareils box illustrent les anciennes technologies.

Cathédrale Saint-Pierre-et-Saint-Paul ❸
Петропавловский собор
Petropavlovski sobor

Petropavlovskaïa krepost. **Plan** 2 D4.
238 4540. Ⓜ *Gorkovskaïa.*
de 11 h à 18 h du mar. au jeu.
anglais.

Domenico Trezzini dessina les plans de cette imposante église érigée dans la forteresse en 1712. Employé par Pierre le Grand, qui désirait rompre avec l'architecture traditionnelle russe, Trezzini a conçu un édifice baroque d'une grande élégance. Le clocher, achevé le premier afin d'éprouver les fondations, offrait à Pierre le Grand un excellent poste d'observation pour surveiller la construction de sa nouvelle capitale. La cathédrale, terminée en 1733, fut gravement endommagée par un incendie en 1756, lorsque la foudre tomba sur la flèche, qui s'élève à 122 m. Dorée et surmontée d'un ange-girouette, elle a dominé Saint-Pétersbourg jusqu'à la construction d'un émetteur de télévision dans les années 60.

L'intérieur, avec ses chandeliers étincelants, ses colonnes corinthiennes roses et vertes et ses voussures est aussi très éloigné de l'architecture traditionnelle des églises russes. Même l'iconostase en bois, qui culmine en arc de triomphe, doré, réalisé par des artisans moscovites en 1720 d'après les plans de Zaroudny, est une fantaisie baroque.

Après la mort de Pierre en 1725, la cathédrale est devenue le lieu où reposent les Romanov. Leurs sarcophages sont en marbre de Carrare, à l'exception de ceux d'Alexandre

La cathédrale Saint-Pierre-et-Saint-Paul et le pont Dvortsovy au premier plan

II et de sa femme Maria Alexandrovna, en jaspe vert de l'Altaï et en rhodonite rose de l'Oural. Celui de Pierre le Grand est situé à droite de l'iconostase.

Seuls, Pierre II et Ivan VI n'y ont pas été inhumés. En 1998, un décret très controversé a autorisé que l'on y transporte les dépouilles de Nicolas II, de sa femme et de ses enfants, ainsi que celles des serviteurs morts avec eux, dans une chapelle à l'entrée de la cathédrale.

Une chapelle annexe, située au nord-est de la cathédrale, a été ajoutée à la fin du XIXe siècle pour abriter la sépulture des grands-ducs et autres princes de la dynastie.

Maison des Commandants ❹

Комендантский дом

Komendantski dom

Petropavlovskaïa krepost. **Plan** 2 D4. 238 4540. M *Gorkovskaïa.* *de 11 h à 18 h du mar. au jeu.* *anglais.*

La maison des Commandants date de 1740. Cet édifice en brique d'un étage servait à la fois de résidence au commandant de la forteresse et de cour de justice. C'est ici que l'on interrogeait et condamnait les prisonniers politiques, dont les décembristes *(p. 23)*.

Aujourd'hui, elle abrite un musée. Au rez-de-chaussée, on y expose la vie de la région à l'époque médiévale. Au premier étage ont lieu des expositions temporaires.

Porte de la Néva ❺

Невские ворота

Nevskie vorota

Petropavlovskaïa krepost. **Plan** 2 E4. M *Gorkovskaïa.*

Cette porte, située près de la rivière, s'appelait aussi la porte de la Mort. Les prisonniers descendaient ses marches de granite avant de prendre le bateau qui les emportaient vers la sinistre forteresse de Schlüsselburg (à l'est de Saint-Pétersbourg). Ils y étaient exécutés ou emprisonnés à vie dans de terribles conditions. La porte de la Néva, grise et austère, date de 1784-1787. Elle ne porte aucun ornement à l'exception d'une ancre. À l'intérieur de l'arche sont indiqués les niveaux des grandes crues de la Néva. La terrible inondation qui eut lieu en novembre 1924 est évoquée dans le *Cavalier de bronze*, un célèbre poème de Pouchkine *(p. 78)*.

La porte de la Néva, entrée de la forteresse Pierre-et-Paul à partir du fleuve

Bastion Troubetskoï ❻

Трубецкой бастион

Troubetskoï bastion

Petropavlovskaïa krepost. **Plan** 2 D4. 238 4540. M *Gorkovskaïa.* *de 11 h à 18 h du mar. au jeu.* *anglais.*

Le fils de Pierre le Grand, le tsarévitch Alexis, fut le premier prisonnier politique a y avoir été détenu. Injustement accusé de trahison en 1718 son autocrate de père, Alexis se sauva à l'étranger. Mais endormi par de fausses promesses, il rentra en Russie où il fut torturé à mort, sans doute avec le consentement et la participation de Pierre. Au cours du siècle suivant, les prisonniers furent incarcérés dans l'épouvantable « maison du Secret », démolie depuis. En 1872, on construisit une nouvelle prison, le bastion Troubetskoï, aménagé en musée en 1924. Au rez-de-chaussée, on expose des photographies anciennes, des uniformes de prisonniers et une maquette de corps de garde. Au premier étage, 69 cellules ont été restaurées. Les prisonniers récalcitrants étaient enfermés 48 heures dans les deux cachots du rez-de-chaussée, sans lumière ni chauffage. Lorsqu'ils n'étaient pas mis au fer et déportés en Sibérie, les détenus étaient envoyés aux bains tous les quinze jours pour y être épouillés.

PRISONNIERS POLITIQUES

La forteresse a servi de prison politique bien après la Révolution. Des générations de rebelles et d'anarchistes y ont été interrogés et emprisonnés, parmi lesquels Léon Trotski, au début de la révolution de 1905, les décembristes, en 1825 *(p. 23)*, Dostoïevski en 1849 *(p. 123)* et, en 1874-1876, le prince anarchiste Piotr Kropotkine. En 1917, ce fut le tour des ministres du tsar, puis des membres du gouvernement provisoire. Pendant la guerre civile *(p. 27)*, les Bolcheviks y ont emprisonné les quatre grands-ducs Romanov avant de les exécuter en 1919.

Léon Trotski (1879-1940) au bastion Troubetskoï

Lance-roquettes dans la cour du musée d'Histoire de l'artillerie

Musée d'Histoire de l'artillerie ❼

Музей Артиллерии

Mouzeï Artilleri

Kronwerk. **Plan** 2 D3. *232 0296.* *Gorkovskaïa.* *de 11 h à 17 h du mer. au dim.*

Ce vaste bâtiment en brique rouge, en forme de fer à cheval, s'élève sur le site du Kronwerk, les fortifications extérieures de la forteresse Pierre-et-Paul *(p. 66-67).* Construit en 1849-1860 suivant les plans de Piotr Tamanski, c'était à l'origine un arsenal. Le musée possède plus de 600 pièces d'artillerie et véhicules militaires. On peut y voir des uniformes, des drapeaux de régiments, des mousquets. Plusieurs salles sont réservées à l'histoire de la Seconde Guerre mondiale. La voiture blindée que Lénine conduisit triomphalement de la gare de Finlande *(p. 120)* jusqu'à la demeure de la Kchessinskaïa *(p. 72)*, le 3 avril 1917, est le « clou » du musée.

Parc Alexandrovski ❽

Александровский парк

Alexandrovski park

Kronwerkski prospekt. **Plan** 2 D3. *Gorkovskaïa.*

Ce parc est un centre de divertissement et de culture populaire depuis 1900, lors de l'inauguration de la maison du Peuple par Nicolas II. On y assistait à des spectacles de pantomime et de magie. Dompteurs d'animaux sauvages et magiciens attiraient les foules, tandis que les esprits plus sérieux fréquentaient salles de conférence, salles de lecture et salons de thé. L'opéra (1911) surmonté d'un superbe dôme est le bijou architectural du parc. La célèbre basse Fiodor Chaliapine y a donné quelques représentations.

Transformé en music-hall, il propose aujourd'hui des spectacles plus populaires. Parmi les bâtiments adjacents, érigés à la fin des années 30, on compte le théâtre Baltique et le planétarium. Le parc attire encore beaucoup de monde le week-end et les jours fériés d'été, même si certaines attractions, comme le zoo, sont assez médiocres.

Griffon, n° 1-3 Kamennoostrovski

Kamennoostrovski prospekt ❾

Каменноостровский проспект

Kamennoostrovski prospekt

Plan 2 D2. *Gorkovskaïa ou Petrogradskaïa.* *46.*

Cette avenue éclatante, développée pendant la grand boom de la construction à la fin du XIXe siècle, est remarquable par son architecture modern style. La première maison, au n° 1-3 (1899-1904), a été conçue par Fiodor Lidval. Les multiples matériaux de la façade, les différentes formes et dimensions des fenêtres, les balcons en ferronnerie ouvragée et les sculptures pleine de fantaisie sont caractéristiques de l'Art nouveau russe. La maison voisine (n° 5) était autrefois occupée par le comte Sergueï Witte, un industriel qui négocia le traité de paix avec le Japon en 1905 *(p. 26).*

À l'entrée de l'avenue se dresse la seule mosquée de la ville (1910-1914). Les architectes russes qui l'ont dessinée y ont intégré des minarets, des carreaux en majolique et des surfaces en granite rouge non poli en harmonie avec l'architecture environnante. En fait, ils se sont inspirés du mausolée de Tamerlan, à Samarkand, et ont fait participer à sa construction des artisans d'Asie centrale.

Au n° 10 se trouve le grand portique des studios cinématographiques de Léningrad (Lenfilm). Les frères Lumière y ont projeté le premier film montré en Russie, en mai 1896. Depuis sa fondation en 1918, quelques-uns réalisateurs soviétiques les plus novateurs, tels Leonid Trauberg et Grigori Kozintsev *(p. 45)* y ont travaillé.

À l'intersection de la rue Mira, tourelles, flèches, sculptures et balcons en ferronnerie forment un ensemble très Art nouveau. La façade du n° 24 (1896-1912) est en brique rouge, en majolique et en terre cuite. La maison de Sergueï Kirov *(p. 72),* au n° 26-28, et la maison aux tourelles avec son portail néogothique au coin de l'avenue Bolchoï font partie des plus intéressantes.

Maison à tourelles (1913-1915) sur Kamennoostrovski prospekt

L'Art nouveau à Saint-Pétersbourg

Le style Art nouveau, qui a pris le nom de modern style en Russie, s'impose en Europe entre les années 1890 et 1900. Il marque une rupture avec le passé. Introduit d'abord dans les arts décoratifs, puis dans l'architecture, le modern style implique une abondante ornementation. Inspirés par les nouvelles techniques industrielles, les artistes utilisent à profusion la pierre, la brique, le fer forgé, le stuc, le verre de couleur et la céramique.

Détail d'une balustrade de l'hôtel particulier de la Kchessinskaïa

Dominées par les lignes arrondies et sinueuses, avec une prédominance de motifs floraux et végétaux, même les formes les plus traditionnelles, comme les fenêtres et les portes, sont brisées ou arrondies de façon surprenante. En cette fin de siècle, en plein *boom* de la construction, le modern style est florissant, en particulier dans le quartier de Petrograf. La ville devient la vitrine du talent des plus grands architectes comme Fiodor Lidval et Alexandre von Gogen.

L'Hôtel particulier de la Kchessinskaïa *est une version relativement sévère du travail de von Gogen. Sa composition asymétrique est animée par le fer forgé et les carreaux de céramique* (p. 72).

L'immeuble du 28 oulitsa Bolchaïa Zelenina *(1904-1905), œuvre de Fiodor von Postel, rappelle celle de son contemporain, l'architecte catalan Gaudi. Il est le plus bel exemple d'utilisation des différentes techniques de décoration de surface de motifs d'animaux et de poissons stylisés.*

Le magasin Elisseev *reflète le talent de Gavril Baramovski, qui utilise les nouvelles techniques industrielles pour réaliser de grandes vitrines. L'architecture très élaborée du bâtiment s'harmonise avec l'élégance de la décoration intérieure* (p. 109).

L'immeuble au n°1-3 Kamennoostrovski prospekt *est l'œuvre de Fiodor Lidval, un des maîtres de l'Art nouveau pétersbourgeois. Les motifs en relief de fleurs ou d'animaux se détachent sur un fond d'éléments architecturaux subtilement disproportionnés.*

La maison du Livre *(1910-1914) révèle l'éclectisme de Pavel Swizer dans le choix de styles architecturaux. Ses balcons en fer forgé modern style et ses châssis de fenêtres en bois combinent style renaissance et renouveau baroque.*

Portrait de Sergueï Kirov (v. 1930) au musée Kirov

Musée Kirov ⑩

Музей С. М. Кирова

Mouzeï S.M. Kirova

Kamennoostrovskiy prospekt 26–28, 4e étage. **Plan** 2 D1. 346 0217. *Petrogradskaïa.* *de 11 h à 18 h le jeu et du sam. au lun., de 11 h à 17 h le mar. et le ven.*

Sergueï Kirov, un des collaborateurs les plus proches de Staline, a habité cet appartement de 1926 à 1936. En tant que premier secrétaire du parti communiste de Léningrad, Kirov acquit bientôt une importance nationale, si bien que Staline vint a le considérer comme un rival potentiel. Staline profita de l'assassinat de ce dernier, le 1er décembre 1934, par Leonid Nikolaïev, dans son bureau de l'institut Smolny *(p. 128)*, pour lancer les grandes purges. Pour la plupart des historiens, cependant, Staline était, en fait, l'instigateur du meurtre.

Après sa mort, Kirov devint un martyr et d'innombrables édifices portent son nom. Son appartement, devenu un musée, a été conservé tel qu'il était lorsqu'il l'habitait. C est un véritable temple dédié à la mémoire d'un leader vénéré du Parti, avec des documents et des photos illustrant sa carrière, ses livres préférés et des objets-souvenirs, notamment le costume qu'il portait quand il fut assassiné.

Hôtel particulier de la Kchessinskaïa ⑪

Особняк М. Кшесинской

Osobniak M. Kchessinskoï

Oulitsa Kouibycheva 4. **Plan** 2 E3. 233 7052. *Gorkovskaïa.* *de 10 h à 18 h du ven. au mer.*

Ce remarquable exemple d'Art nouveau fut commandé pour la danseuse étoile Mathilde Kchessinskaïa. A. von Gogen, architecte de la cour, en réalisa les plans en 1914. La tour octogonale donne une plaisante asymétrie à cette construction, mais c'est le contraste entre les matériaux qui fascine le plus, avec ses bandes de granite rose et gris associées à des briques de couleur crème, ses balustrades en fer forgé et ses carreaux en majolique.

Le salon de musique, avec ses voûtes soutenues par des piliers et ses palmiers est la pièce la plus impressionnante. Une autre, à côté, est consacrée aux souvenirs de la danseuse, avec ses objets familiers et des dessins de Nicolas II.

En mars 1917, les bolcheviks en firent leur quartier général, et lorsque Lénine rentra en Russie *(p. 126)*, il s'adressa à la foule massée sur la place du haut de son balcon. Cette maison, d'abord musée à la gloire de la révolution d'octobre, est aujourd'hui le musée d'Histoire politique de la Russie. Au premier étage, le secrétariat du parti bolchevique et le bureau de Lénine ont été fidèlement restaurés. En haut se trouve une collection intéressante de souvenirs de l'époque révolutionnaire, des affiches de propagande communiste, des tasses en l'honneur du couronnement de Nicolas II et même un fichier de la police sur le meurtre de Raspoutine *(p. 121)*. Des expositions temporaires ayant trait à l'histoire politique récente (mentionnant notamment la pérestroïka et les nouveaux partis politiques) permettent au musée d'être à jour.

Le salon de musique d'A. von Gogen, dans l'hôtel de la Kchessinskaïa

Mathilde Kchessinskaïa

Diplômée de l'École impériale de ballet *(p. 118)* en 1890, Mathilde Kchessinskaïa (1872-1971), l'une des plus grandes ballerines de la scène du Théâtre Marinski *(p. 119)*, est également célèbre par sa liaison avec le futur tsar Nicolas II, commencée peu après l'obtention de son diplôme. En 1920, elle émigre à Paris, où elle épouse le grand-duc André Vladimirovitch, autre membre de la famille impériale et le père de son petit garçon alors âgé de 11 ans. Dans les mémoires controversées, *Danse à Saint-Pétersbourg*, qu'elle rédigea à Paris, elle relate l'histoire de sa liaison avec le dernier tsar de Russie.

Le croiseur Aurore (1900) amarré en face de l'académie navale Nakhimov, de style néo-baroque (1912)

Croiseur Aurore ⓬

Крейсер Аврора

Kreïsser Avrora

Petrogradskaïa nab. 4.
Plan 2 F3. *230 8440.* *6, 30, 54, 63.* *de 10 h 30 à 16 h du jeu. au mar., sam. & dim.* *Payant. Réserver par téléphone.*

Selon les annales de la Révolution, l'attaque du palais d'Hiver, le 25 octobre 1917, à 21 h 40 *(p. 28)*, a été annoncée par un coup de canon tiré à blanc à partir du croiseur Aurore.

Achevé en 1900, ce grand croiseur fut mis en service en 1903. Transformé ensuite en bateau-école, il a été coulé volontairement au début du siège de Léningrad *(p. 27)* pour échapper aux forces allemandes. En 1944, 950 jours plus tard, il fut remis à flot. Il est devenu un musée en 1956. À bord, vous verrez le célèbre canon, la cloche, les quartiers de l'équipage et une exposition sur son histoire

Maisonnette de Pierre ⓭

Музей-домик Петра I

Mouzeï-domik Petra 1

Petrovskaïa naberejnaïa 6. **Plan** 2 F3. *232 4576.* *Gorkovskaïa.* *mai-oct. de 10 h à 18 h, nov.-avr. de 10 h à 16 h du merc. au lun.*

En 1703, les charpentiers-soldats de Pierre le Grand construisirent cette cabane en bois en trois jours. Pierre y vécut six ans, pendant lesquels il surveilla la construction de sa nouvelle capitale *(p. 20-21)*. Catherine II la fit entourer d'un mur en brique.

Cette maison évoque la simplicité du mode de vie de Pierre le Grand. Elle ne comporte que deux pièces et une entrée qui pouvait servir de chambre. On y trouve un mobilier d'époque et quelques objets personnels du tsar, dont une boussole, une redingote et son canot.

Deux lions chinois Shih Tze, rapportés de Mandchourie pendant la guerre russo-japonaise (1904-1905) encadrent l'escalier extérieur.

Place de la Trinité ⓮

Троицкая площадь

Plochtchad Troitskaïa

Plan 2 E3. *Gorkovskaïa.*

Au début du XVIIIe siècle, l'ensemble de Petrogradskaïa était connu sous le nom d'île de la Trinité. Cette appellation dérivait de l'église de la Trinité édifiée en 1710 et démolie dans les années 30, qui se trouvait sur la place de la Trinité. Bien que sans accès direct au continent jusqu'au début du XXe siècle, l'endroit comptait quelques boutiques, une imprimerie et la première Bourse de la ville.

Pendant la révolution de 1905 *(p. 26)*, cette place fut le théâtre d'un « dimanche rouge ». 48 ouvriers y furent massacrés par les troupes du gouvernement. Les autorités soviétiques la rebaptisèrent place de la Révolution en mémoire des victimes de cette insurrection.

Le pont de la Trinité *(p. 35)*, de style Art nouveau, enjambe la Néva à son endroit le plus large. Il a près de 600 m de long. Sa construction favorisa un développement immobilier sur Petrogradskaïa *(p. 65)*. Il a été terminé pour le bicentenaire de la ville en 1903.

Le pont de la Trinité qui enjambe la Néva depuis la place de la Trinité

LE QUAI DU PALAIS

Il existe peu de villes maritimes qui possèdent des quais de granite d'une dimension et d'une splendeur comparables à ceux de Saint-Pétersbourg. Ils s'étendent sur près de 2 km, du Sénat, à l'ouest, au palais d'Été, à l'est. Ses palais princiers et ses ponts ornementés sont justement célèbres dans le monde entier.

Toute l'histoire de la ville s'y reflète. La statue de Pierre le Grand, *Le Cavalier de bronze* œuvre d'Étienne Falconet, témoignages des ambitions du tasr, domine la place des Décembristes, du nom des officiers rebelles durement réprimés en 1825. Le palais d'Hiver de Rastrelli, qui abrite l'Ermitage, évoque l'opulence de la Russie impériale, tandis que sur le Champ de Mars brûle la flamme éternelle, triste rappel du sacrifice révolutionnaire.

Colonne Alexandre, place du Palais

Saint-Pétersbourg est dominée par le splendide dôme de la cathédrale de Saint-Isaac et la flèche dorée de l'Amirauté.

Pour apprécier quelques-unes des plus belles vues de la ville, faites une promenade en bateau sur les canaux *(p. 218-219)* ou promenez-vous dans les jardins d'Été.

LE QUARTIER D'UN COUP D'ŒIL

Palais et jardins
Le palais de marbre 14
Les jardins d'été 16
Le palais d'été 17

Musée
L'Ermitage p. 84-93 12 12

Bâtiments historiques et monuments
L'Amirauté 1
Le Cavalier de bronze 3
Le manège des Chevaliers-Gardes 4
La maison de Fabergé 9

Églises
La cathédrale Saint-Isaac p. 80-81 5

Rues et places
La place des Décembristes 2
Le Champ de Mars 15
Oulitsa Malaïa Morskaïa 8
La rue des Millionaires 13
La place du Palais 11
La place Saint-Isaac 6

Hôtels et cafés
L'hôtel Astoria 7
Le café littéraire 10

◁ Le dôme doré de la cathédrale Saint-Isaac surplombe les façades élégantes qui bordent la Néva

Place Saint-Isaac pas à pas

Détail d'une frise de la porte de la tour de l'Amirauté

Au centre de la place Saint-Isaac se dresse l'imposante cathédrale inaugurée en 1858, quatrième église construite sur ce site. La cathédrale et la place portent le nom de saint Isaac de Dalmatie, car Pierre le Grand est né le jour de sa fête. Sur cette place très animée s'est tenu un marché pendant toute la première moitié du XIXe siècle. Aujourd'hui, elle est la centre d'intérêt historique et architectural de la ville, avec notamment l'Amirauté, le palais Marinski et *Le Cavalier de bronze*.

Le manège des Chevaliers-Gardes
Construit par Giacomo Quarenghi en 1804-1807, il abritait le régiment de la garde montée ❹

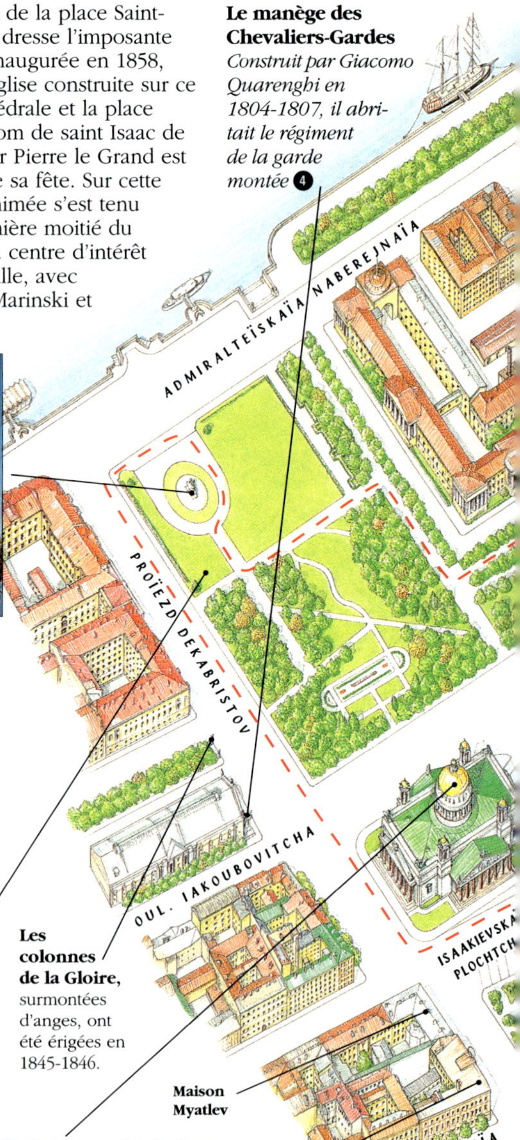

Le Cavalier de bronze
Cette statue équestre de Falconet, qui représente Pierre le Grand à cheval piétinant le serpent de la trahison, illustre l'esprit volontaire et intransigeant du fondateur de la ville ❸

La place des Décembristes
L'ouest de la place est dominé par l'Ancien Sénat et le Synode, construits par Carlo Rossi. Ces deux bâtiments sont reliés par un arc de triomphe ❷

Les colonnes de la Gloire, surmontées d'anges, ont été érigées en 1845-1846.

Maison Myatlev

★ La cathédrale Saint-Isaac
Le dôme doré de la cathédrale est visible de toute la ville. 100 kg de feuilles d'or ont été nécessaires pour le recouvrir ❺

L'ancienne ambassade allemande a été conçue par Peter Behrens en 1911-1912.

0 100 m

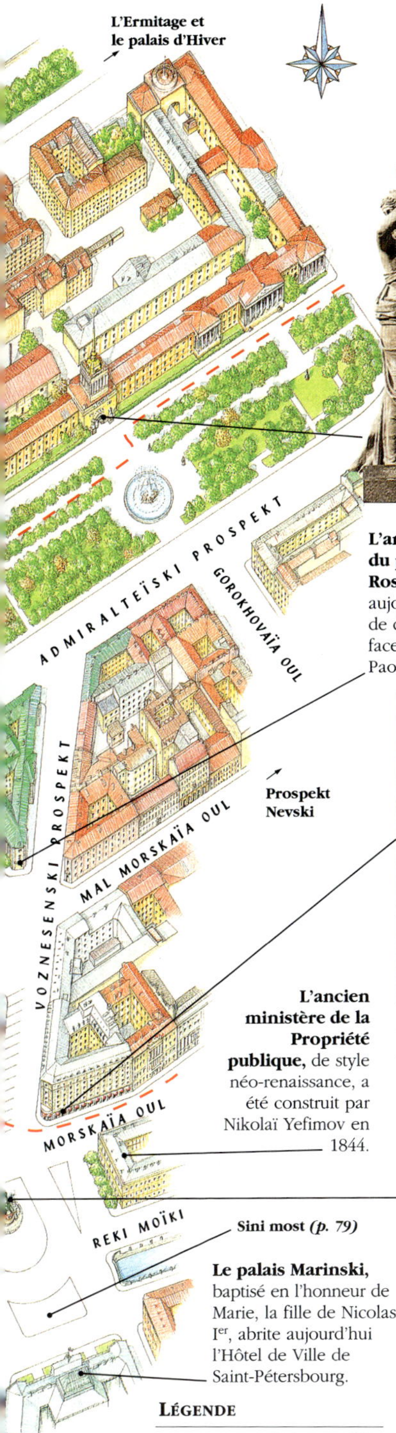

CARTE DE SITUATION
Voir Atlas des rues p. 2, 5 et 6

L'Amirauté
Les sculptures et les bas-reliefs allégoriques qui ornent la façade de l'Amirauté symbolisaient la puissance de la marine russe. L'entrée principale voûtée est flanquée de nymphes portant un globe sur leurs épaules ❶

L'ancienne demeure du prince Lobanov-Rostovski abrite aujourd'hui un institut de design. Les lions, face à l'arche, sont de Paolo Triscorni.

À NE PAS MANQUER

★ **La cathédrale Saint-Isaac**

L'hôtel Astoria
L'élégant rez-de-chaussée de l'aile Angleterre de cet hôtel historique (p. 173) *a été rénové au début des années 90. L'Astoria, qui a maintenant une nouvelle direction, bénéficie d'un emplacement idéal au cœur de la ville* ❼

L'ancien ministère de la Propriété publique, de style néo-renaissance, a été construit par Nikolaï Yefimov en 1844.

La place Saint-Isaac *La statue du tsar Nicolas Ier, de Piotr Klodt, domine la place. Les bas-reliefs du socle illustrent certains épisodes de son règne, dont la répression d'insurrections pour deux d'entre eux* ❻

Le palais Marinski, baptisé en l'honneur de Marie, la fille de Nicolas Ier, abrite aujourd'hui l'Hôtel de Ville de Saint-Pétersbourg.

LÉGENDE

– – – Itinéraire conseillé

Amirauté ❶

Адмиралтейство
Admiralteïstvo

Admiralteïstvo naberejnaïa 2.
Plan 5 C1 🚌 *7, 10, 47, Э47, T129.*
🚎 *1, 7, 10, 17, 22.*

Après avoir fondé sa ville et construit sa forteresse, Pierre le Grand constitua une marine nationale afin de se garantir un accès vers la mer et la prédominance sur la Suède.

Le premier bâtiment de l'Amirauté, qui date de 1704-1711, était un chantier naval fortifié. Deux ans plus tard, plus de 10 000 ouvriers travaillaient à la construction de la première flotte de guerre russe.

Andrei Zakharov, un des plus grands architectes russes, entreprit la reconstruction de l'Amirauté en 1806. Sa façade de 407 m de long est ornementée de nombreuses sculptures et de bas-reliefs à la gloire de la flotte russe. Zakharov conserva certains aspects du bâtiment d'origine. Il remodela la porte de la Tour et la flèche dans le style néo-classique en ajoutant des portiques à colonnes et des pavillons. La flèche dorée, surmontée d'une caravelle, et les deux anges sonnant trompette du portail face à la Néva sont devenus les symboles de la ville.

Dans les années 1840, le chantier naval fut déplacé en aval du fleuve, et l'Amirauté cédée à la marine russe. Elle est occupée depuis 1925 par l'École navale d'ingénieurs.

Tour et flèche de l'Amirauté (1806-1823)

Place des Décembristes ❷

Площадь Декабристов
Plochtchad Dekabristov

Map 5 C1. 🚌 *3, T8, 10, 22, T167.*
🚎 *5, 22.*

Le nom de cette place commémore un événement qui eut lieu le 14 décembre 1825 *(p. 23)*. Lors de son inauguration par Nicolas Ier, des officiers libéraux revendiquèrent une monarchie constitutionnelle et tentèrent un coup d'État sur la place. Quelques heures plus tard, le tsar faisait mitrailler les insurgés par les troupes loyalistes. Les cinq chefs du mouvement furent exécutés et 121 condamnés furent déportés en Sibérie.

La première révolution russe avait échoué. Les imposants bâtiments néo-classiques (1829-1834) à l'ouest de la place ont été bâtis par Carlo Rossi de façon à former un ensemble architectural équilibré avec l'Amirauté. Ils abritaient deux importantes institutions créées par Pierre le Grand : la Cour suprême ou Sénat, et le Synode, responsable de l'administration de l'église orthodoxe. Aujourd'hui, ces deux bâtiments abritent les archives historiques de la ville. Ils sont reliés par un arc de triomphe soutenu par des colonnes corinthiennes et sont décorés d'une frise néo-classique et de nombreuses statues.

Le Cavalier de Bronze (1766-1778)

Le Cavalier de bronze, de Pouchkine

Timbre avec Pouchkine et la statue qui inspira son poème (1956)

Alexandre Pouchkine a donné vie à la statue de Pierre le Grand dans son célèbre poème épique : *Le Cavalier de bronze* (1833). Il décrit la grande inondation de 1824 *(p. 37)* de façon allégorique, et met en scène un homme poursuivit par la terrifiante statue à travers les rues de Saint-Pétersbourg. Pouchkine évoque le caractère impitoyable du tsar en ce mots : « Terrible, auréolé par l'ombre ! ... la force qui s'y dissimule ! Et la fougue de ce cheval ! Où bondis-tu, fier étalon ? »

Cavalier de bronze ❸

Медный Всадник
Medny Vsadnik

Plochtchad Dekabristov. **Plan** 5 C1.
🚌 *3, T8, 10, 22, T167.* 🚎 *5, 22.*

La splendide statue équestre de Pierre le Grand qui s'élève sur la place des Décembristes a été inaugurée en 1782. Connue sous le nom de Cavalier de bronze, elle inspira le célèbre poème de Pouchkine.
Elle a été érigée sur l'ordre de Catherine II par le sculpteur français Étienne Falconet qui passa plus de douze ans sur son ambitieux projet. Le socle de 1 625

tonnes a été taillé dans un seul bloc de granite transporté du golfe de Finlande. Il porte la simple inscription : « À Pierre II, Catherine II » en latin et en russe. Un serpent, symbole de la trahison, est écrasé par les sabots du cheval.
Les nouveaux mariés posent souvent au pied de la statue, supposée porter bonheur.

Place Saint-Isaac : la cathédrale Saint-Isaac, la statue de Nicolas Ier et l'hôtel Astoria

Manège des Chevaliers-Gardes ❹

Конногвардейский манеж
Konnogvardeïski manej

Plochtchad Isaakievskaïa 1. **Plan** 5 C2. *314 8253. de 11 h à 19 h du ven. au mer. 3, T8, 10, 22, T167.* *5, 22.*

L'immense manège du régiment de la garde montée a été conçu en 1804-1807 par Giacomo Quarenghi pour ressembler à une basilique romane. Deux ornements rappellent la fonction initiale du bâtiment : la frise sous le fronton, qui représente une course de chevaux, et les statues de chaque côté du portique. Ce sont les fils jumeaux de Zeus, dans leur plus simple appareil, tenant les chevaux sauvages en bride. L'original de ces statues se trouve au palais Quirinale, à Rome. Les membres du Synode, scandalisés par l'étalage de ces nudités à proximité de la cathédrale, ordonnèrent que les statues soient déplacées. Elles retrouvèrent leur emplacement d'origine en 1954.

Cathédrale Saint-Isaac ❺

(p. 80-81).

Place Saint-Isaac ❻

Исаакиевская площадь
Plochtchad Isaakievskaïa

Plan 5 C2. *3, T8, 10, 22, T167.* *5, 22.*

Dominée par l'imposante cathédrale Saint-Isaac d'Auguste de Montferrant, cette place date du règne de Nicolas Ier, mais quelques bâtiments datent du XVIIe siècle. Le monument de Nicolas Ier, au centre, a été dessiné par Montferrant et sculpté par Piotr Klodt.
Il représente le tsar revêtu de l'uniforme des gardes Kavalergadski, l'un des plus prestigieux régiments de Russie. Ses filles et sa femme ont servi de modèles pour les figures allégoriques qui ornent le socle (la foi, la sagesse, la justice et la force).

À l'ouest de la place, au n° 9, se trouve la maison Myatlev (1760), d'architecture néo-classique. Elle a appartenu à une grande famille de Russie.
L'encyclopédiste français Denis Diderot y a séjourné entre 1773 et 1774, sur invitation de la Grande Catherine. Dans les années 20, elle est devenue l'Institut de culture artistique, où de grands artistes d'avant-garde comme Casimir Malevitch et Vladimir Tatline *(p. 107)* ont travaillé.

À côté se trouve l'ancienne ambassade d'Allemagne, un bâtiment en granite, très austère, dessiné par l'architecte allemand Pierre Behrens, en 1911-1912.

De l'autre côté du pont Bleu (Sini most), de 100 m de long, avait lieu le marché aux serfs jusqu'en 1861.
Le palais Mariinski *(p. 77)* domine la limite sud de la place.

Hôtel Astoria ❼

Гостиница Астория
Gostinitsa Astoria

39 Oulitsa Bolchaïa Morskaïa. **Plan** 6 D2. *210 5757. 3, T8, 10, 22, T167.* *5, 22.*
(Voir Hébergement, p. 173)

Ce bâtiment modern style *(p. 71)* de six étages, réalisé par Fiodor Lidval, est actuellement le plus grand hôtel de Saint-Pétersbourg.
Il date de 1910-1912.
L'écrivain américain John Reed, auteur de *Dix jours qui ébranlèrent le monde,* y séjournait lors de la prise de pouvoir par les Bolcheviks.

En 1925, le poète Sergueï Essenine, le mari d'Isadora Duncan, s'est pendu dans l'annexe de l'hôtel. Sur les murs de sa chambre, il avait laissé un poème d'adieu, écrit de son sang : « Mourir n'est pas inédit - mais vivre ne l'est pas plus ».

Certain de conquérir la ville, Hitler avait prématurément prévu de célébrer sa victoire de la ville dans la salle de banquet de cet hôtel.

Le hall de l'hôtel Astoria, rénové modern style, à l'est de la place Saint-Isaac

La cathédrale Saint-Isaac ❺

Исаакиевский собор
Isaakievski sobor

Saint-Isaac, dessinée par Auguste de Montferrand, est l'une des plus grandes cathédrales du monde. Sa construction exigea une grande ingéniosité technologique. Pour asseoir cet édifice de 300 000 tonnes, il fallut enfoncer des milliers de pilotis en bois dans un terrain marécageux du site avant de mettre en place les 48 énormes colonnes. Inaugurée en 1858, elle devint musée de l'Athéisme pendant l'ère soviétique. Demeurée un musée, elle abrite aujourd'hui de centaines d'œuvres d'art du XIXe siècle.

Le dôme
Le dôme doré, orné d'anges sculptés par Joseph Hermann, offre une vue panoramique de la ville, y compris de l'Amirauté (p. 78) *et l'Ermitage* (p. 84-93).

Les anges aux flambeaux
Des groupes d'anges portant des flambeaux se dressent aux quatre angles de la toiture. Ils font partie des nombreuses sculptures réalisées par Ivan Vitali.

Les icônes en mosaïque de l'iconostase sont de Brioullov, Neff et Jivago.

Cette chapelle rend hommage à Alexandre Nevski, qui vainquit les Suédois en 1240 *(p. 17)*.

Le fronton nord est orné d'une Résurrection du Christ, un bas-relief en bronze (1842-1844) de François Lemaire.

Sortie

Des colonnes en malachite et en lapis encadrent l'iconostase. Environ 16 000 kg de malachite ont servi à la décoration de la cathédrale.

La chapelle Sainte-Catherine possède une iconostase, surmontée d'une sculpture de la Résurrection du Christ de Nikolaï Pimenov.

★ L'iconostase
Trois rangées d'icônes entourent les portes royales à travers lesquelles apparaît un vitrail (1843). Au-dessus des portes un Christ en majesté, *sculpture dorée à la feuille de Piotr Klodt (1859).*

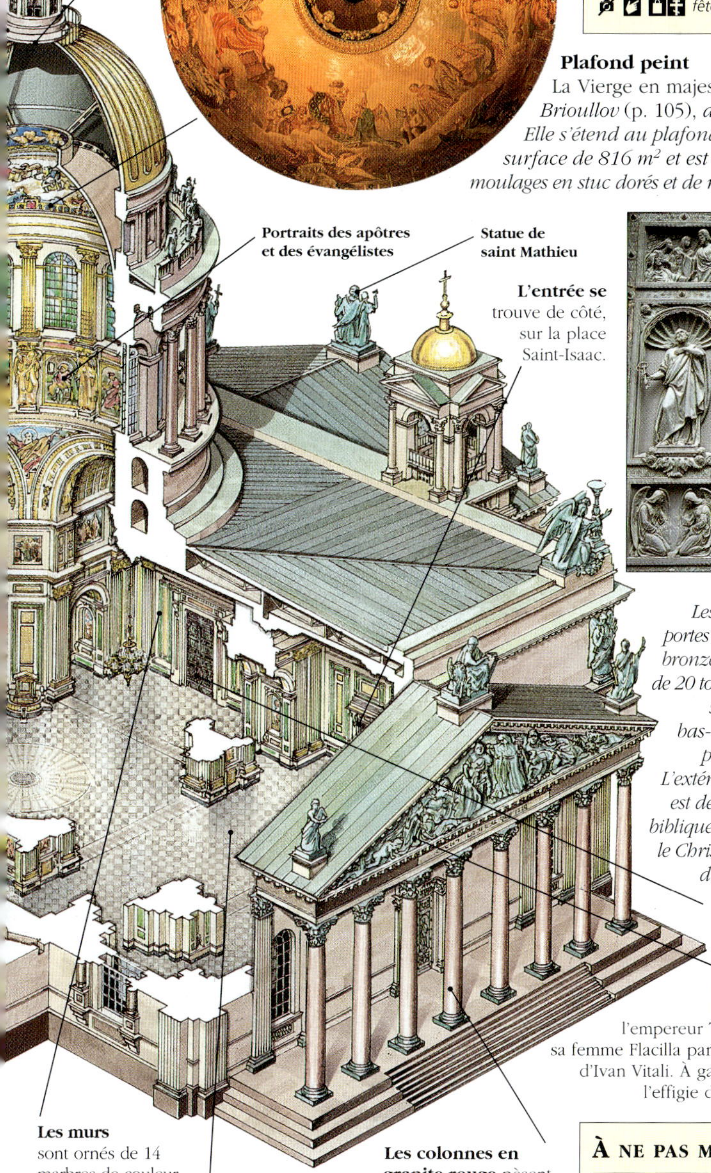

La colombe d'argent (1850) suspendue dans la coupole, symbolise le Saint-Esprit.

Mode d'emploi

Plochtchad Isaakievskaïa.
Plan 5 C2. *315 9732.*
Nevski prospekt, Sadovaïa.
3, T8, 10, 22, T167. *5, 22.* *de 11 h à 19 h du jeu. au mar. (oct.-avr. : 11 h à 18 h)* *fête religieuses.*

Plafond peint
La Vierge en majesté, *de Karl Brioullov* (p. 105), *date de 1847. Elle s'étend au plafond sur une surface de 816 m*^{2} *et est entourée de moulages en stuc dorés et de marbre blanc.*

Portraits des apôtres et des évangélistes

Statue de saint Mathieu

L'entrée se trouve de côté, sur la place Saint-Isaac.

Portes sud
Les trois grandes portes en chêne et en bronze (1841-1846), de 20 tonnes chacune, sont ornées de bas-reliefs sculptés par Ivan Vitali. L'extérieur des portes est décoré de scènes bibliques représentant le Christ et des saints, dont Alexandre Nevski (p. 17).

Le bas-relief, représentant la bénédiction de l'empereur Théodose et de sa femme Flacilla par saint Isaac, est d'Ivan Vitali. À gauche se trouve l'effigie de Montferrand.

Les murs sont ornés de 14 marbres de couleur et de 43 différentes sortes de minéraux et pierres semi-précieuses.

Sa superficie est de 4 000 m^2.

Les colonnes en granite rouge pèsent chacune 114 tonnes. Elles ont été importées de Finlande sur des bateaux.

À ne pas manquer

★ **Iconostases**

★ **Plafond peint**

Oulitsa Malaïa Morskaïa. Le n° 13 est situé au milieu de l'avenue

Oulitsa Malaïa Morskaïa ❽

Малая Морская улица

Oulitsa Malaïa Morskaïa

Plan 6 D1. *3, T8, 10, 22, T167. 5, 22.*

Oulitsa Malaïa Morskaïa ou oulitsa Gogolïa, du nom du grand écrivain Gogol (1809-1852) qui habita au n° 17, de 1833 à 1836. Il y écrivit *Le Journal d'un fou* et *Le Nez,* satires acerbes des bureaucrates de Saint-Pétersbourg, archétypes des petits fonctionnaires « submergés par des tâches dérisoires auxquelles ils consacrent une vie inutile ». Les vues pessimistes de Gogol s'expriment à travers son humour grotesque.

Le compositeur Tchaïkovski *(p. 42)* est mort au dernier étage de l'immeuble du n° 13, peu après avoir terminé sa *Symphonie pathétique,* en novembre 1893. Officiellement, il serait mort du choléra, mais il est possible qu'il ait été poussé au suicide, sous la pression exercée par ses collègues du conservatoire désireux d'éviter le scandale que l'homosexualité dont il était soupçonné aurait provoqué.

La maison du n° 23 était occupée par le romancier Fiodor Dostoïevski *(p. 123)* de 1838 à 1849. C'est ici qu'il fut arrêté et accusé de conspiration politique en raison de sa participation au cercle socialiste Petrachevski *(p. 123).* Malgré les nombreux magasins et les bureaux qui la bordent, cette rue a gardé son âme du XIXe siècle.

Maison de Fabergé ❾

Дом Фаберже

Dom Faberje

24 Oulitsa Bolchaïa Morskaïa.

Plan 6 D1. *au public. 3, T8, 10, 22, T167. 5, 22.*

Gustave Fabergé, un huguenot français, ouvrit une bijouterie sur oulitsa Bolchaïa Morskaïa en 1842. À la fin des années 1880, ses fils Carl et Agathon abandonnèrent la bijouterie conventionnelle pour fabriquer d'élégants objets d'art aux formes novatrices. Leurs créations les plus célèbres sont les œufs de Pâques commandés par les tsars.

En 1900, Carl quitta le N° 16-18 pour emménager au n° 24. Il y resta jusqu'à la Révolution. Le bâtiment, construit par Karl Schmidt, un de ses parents, a de frappants pignons triangulaires et une texture des plus diverses. La salle d'exposition, avec ses piliers épais en granite rose, se trouvait au rez-de-chaussée. Elle est encore occupée par un bijoutier. Au-dessus, dans les ateliers situés de la boutique, un maître joaillier enseignait à de jeunes apprentis l'émaillage, la gravure, la taille de la pierre et la bijouterie.

En 1996, lors du 150e anniversaire de la naissance de Carl Fabergé, on inaugura une plaque à sa mémoire, au n° 24, ainsi qu'un monument réalisé par différents sculpteurs, notamment Léonide Aristov, au coin de Zamnevski prospekt et de Energuetikov prospekt.

LES ŒUFS FABERGÉ

La bonbonnière de Kelch

En 1885, Alexandre III commanda aux frères Fabergé un œuf de Pâques pour la tsarine Marie Fiodorovna. À l'intérieur de la coquille en or et en émail blanc se trouvait une poule en or finement ciselée. La tradition se perpétua et à la révolution les frères Fabergé avaient créé 54 œufs, tous différents. Celui que Nicolas II fit réaliser en 1900 contenait une copie miniature du train impérial, avec des phares en rubis, des fenêtres en cristal de roche et une petite locomotive mécanique. L'œuf-bonbonnière est une commande de Kelch, un riche industriel, pour sa femme Varvara en 1903.

Mort d'un poète

En novembre 1836, Alexandre Pouchkine reçut une lettre anonyme dans laquelle on lui attribuait le titre de « Grand Maître de l'Ordre des Cocus ». Elle venait de Georges d'Anthès, un officier de cavalerie qui avait fait des avances à la belle Natalia Goncharova, l'épouse de l'écrivain. Pouchkine provoqua l'officier en duel et le rencontra dans un champ recouvert de neige, au nord de la ville, l'après-midi du 27 janvier 1837. Mortellement blessé, il mourut deux jours plus tard, à l'âge de 38 ans. D'Anthès fut dégradé et interdit de séjour en Russie.

Pouchkine, mortellement blessé après son duel, de Naumov

Enseigne du Café littéraire

Café littéraire ⑩

Литературное кафе
Literatournoïe kafe

18 prospekt Nevski. **Plan** 6 E1. *312 6057.* *de 11 h à 1 h du matin.* *Nevski prospekt.* Voir *Restaurants et cafés* p. 180.

Il occupe l'ancienne boutique de Wolf et Béranger. C'est ici qu'Alexandre Pouchkine *(p. 43)* retrouva son témoin et ami, Constantin Danzas, avant de rejoindre le baron d'Anthès pour le duel qui lui coûta la vie. Ce café était fréquenté par des écrivains comme Fiodor Dostoïevski et le poète Mikhaïl Lermontov (1814-1841).

En dépit de son aura littéraire et de son élégant emplacement dans un bâtiment construit par Vassili Stassov en 1815, les prix élevés pratiqués par le café ne sont pas justifiés.

La place du Palais ⑪

Дворцовая площадь
Dvortsovaïa plochtchad

Plan 6 D1 *7, 10, 47, T129.* *1, 7, 10.*

Carlo Rossi *(p. 110)* est le brillant architecte à qui l'on doit cette place imposante. Au cours de l'histoire de la Russie, la place du Palais a été le théâtre d'importants événements. Avant la Révolution, les militaires y défilaient, en grande pompe, souvent derrière le tsar à cheval.
En janvier 1905, la troupe fit feu sur des milliers de manifestants non armés lors du fameux « dimanche rouge » *(p. 26)*. Le 17 novembre 1917, c'est de là que Lénine et les bolcheviks attaquèrent le palais d'Hiver *(p. 28-29)*. La place est encore un lieu privilégié pour les rassemblements politiques et les divertissements populaires, comme les concerts de rock *(p. 51)*.
En face du palais d'Hiver, du côté sud, se trouve le magnifique bâtiment de l'état-major général de l'armée russe (1819-1829). Rossi démolit une rangée entière de maisons pour lui faire place. Ses deux ailes en hémicycle (l'aile est fait maintenant partie de l'Ermitage) sont reliées par un arc de triomphe qui s'ouvre sur oulitsa Bolchaïa Morskaïa. Cet arc est surmonté d'une sculpture représentant la Victoire sur son char (1829), réalisée par Stepan Pimenov et Vassili Demout-Malinovski. L'état-major de la garde (1837-1843), d'Alexandre Brioullov, occupe l'est de l'ensemble, et l'Amirauté, l'ouest *(p. 78)*.

La colonne Alexandre (érigée en 1830-1834), située au centre de la place, a été dessinée par Auguste de Montferrand en 1829. Elle commémore la victoire d'Alexandre Ier sur Napoléon *(p. 22-23)*.

Sur le socle sont inscrits les mots suivants : « À Alexandre Ier, la Russie reconnaissante ». Ce monolithe de granite rose de 600 tonnes et de 47 m de hauteur a été transporté et taillé par une équipe de 2 400 ouvriers et artisans. C'est la plus grande colonne du monde. Elle est surmontée d'un ange en bronze tenant une croix.

La colonne Alexandre et l'état-major de la Garde sur la place du Palais

L'Ermitage ⓬

Эрмитаж
Ermitaj

Les collections de l'Ermitage, un des plus célèbres musées du monde, occupent un grand ensemble de bâtiments. Le plus imposant d'entre-eux est le palais d'Hiver, un édifice baroque construit par Rastrelli *(p. 92-93)* auquel la Grande Catherine fit ajouter le Petit Ermitage. En 1771-1787, elle fit bâtir le Grand Ermitage afin d'y installer ses collections d'art, de plus en plus importantes. Le théâtre a été construit en 1785-1787 et le Nouvel Ermitage en 1839-1851. Nicolas Ier fit du Nouvel et du Grand Ermitage un musée a ouvert au public en 1852. Entre 1918 et 1939, après l'instauration du pouvoir soviétique, le palais d'Hiver fut lentement absorbé par le musée.

Le Nouvel Ermitage (1839-1851), a été conçu par Leo von Klenze pour former un ensemble cohérent avec le Grand Ermitage. C'est le seul bâtiment du site conçu dès l'origine pour être un musée.

Les ministères y étaient intallés jusque dans les années 1880.

Des atlantes *en granite, de 5 m de hauteur, soutiennent cette ancienne entrée principale du musée de l'Ermitage de 1852 jusque après la Révolution.*

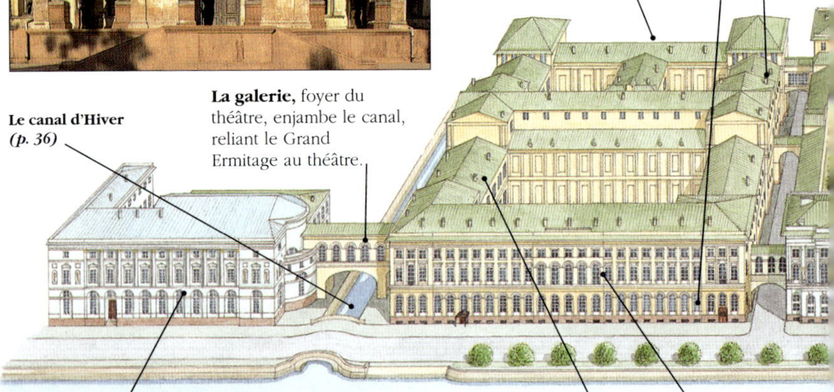

La galerie, foyer du théâtre, enjambe le canal, reliant le Grand Ermitage au théâtre.

Le canal d'Hiver ***(p. 36)***

Le Grand Ermitage a été bâti par Youri Vekten pour la collection de peintures de Catherine.

Le théâtre
Sous le règne de Catherine, le théâtre de Quarenghi (p. 194) *donnait des spectacles. Aujourd'hui, c'est une salle d'exposition et de concert* (p. 194).

★ Les loges de Raphaël
Catherine avait été si impressionnée par les gravures des fresques de Raphaël au Vatican, que, en 1787, elle en commanda des copies sur toile, avec cependant quelques modifications, dont la substitution du blason du pape pour l'aigle bicéphale des Romanov.

Le jardin suspendu
Ce jardin remarquable est orné de statues et de fontaines. Pendant le siège de Léningrad (p. 27)*, les conservateurs de l'Ermitage y firent pousser des légumes.*

MODE D'EMPLOI

Dvortsovaïa nab. 34-36. **Plan** 2 D5. *110 9070. 7, 10, Э47, T129. 1, 7, 10. de 10 h 30 à 18 h du mar. au sam. ; de 10 h 30 à 17 h le dim. Dern. adm. 1 h avant la ferm. en anglais (rés. : 219 4751).*

La façade du palais d'Hiver
Rastrelli ajouta 400 colonnes et des fenêtres de 16 formes différentes aux façades du palais.

Le Petit Ermitage (1764-1775) par Vallin de la Mothe et Youri Velten. Catherine s'y réfugiait pour échapper à l'agitation de la cour.

À NE PAS MANQUER

- ★ **Salles de réception du palais d'Hiver**
- ★ **Salle du Pavillon**
- ★ **Loges de Raphaël**

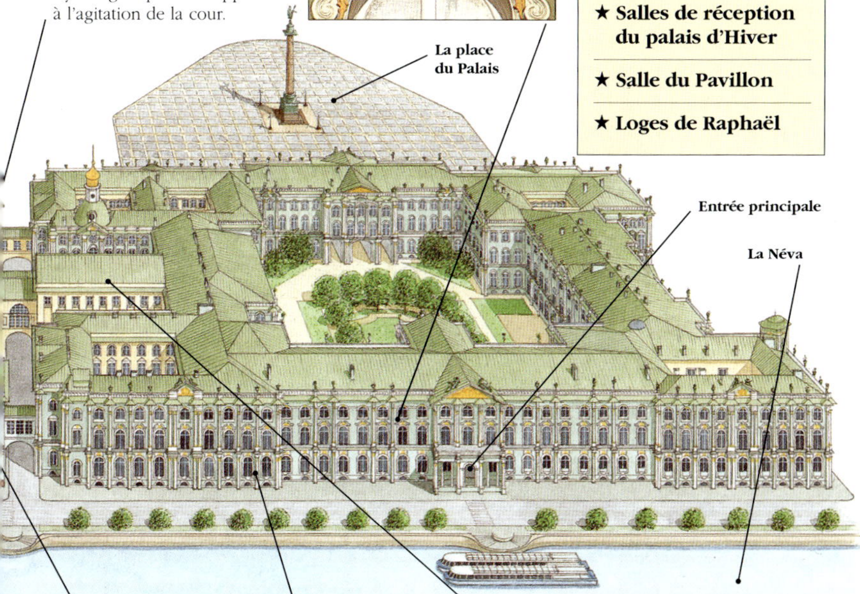

Le palais d'Hiver (1754-1762) était la résidence officielle de la famille impériale jusqu'à la Révolution.

★ La salle du Pavillon (1850-1858)
Andreï Stakenschneider remplaça par des dorures et un extraordinaire marbre blanc la décoration primitive de cette salle. On y verra l'horloge-paon de James Cox (1772), cadeau de Catherine II à son favori, le prince Potemkine.

★ Salles d'apparat du palais d'Hiver *Les tsars ne regardaient pas à la dépense pour décorer les salles d'apparat (comme la salle Saint-Georges). Elles étaient le symbole de la puissance et de la richesse de la Russie impériale.*

Les collections de l'Ermitage

Entre 1764 et 1774, la Grande Catherine acheta quelques-unes des plus belles collections d'œuvres d'art de l'Europe de l'Ouest. Elle acquit plus de 2 500 tableaux, de 10 000 pierres précieuses gravées, de 10 000 dessins, et de nombreux objets d'argent et de porcelaine. Aucun de ses successeurs ne fit autant d'acquisitions remarquables. Après la Révolution, la nationalisation des biens de l'empire comme de ceux des personnes privées amena encore beaucoup d'objets d'art à l'Ermitage, devenu l'un des plus grands musées du monde.

La Madone Litta (vers 1491). *L'un des deux tableaux de Léonard de Vinci du musée. Admiré par ses contemporains, ce chef-d'œuvre a très souvent été copié.*

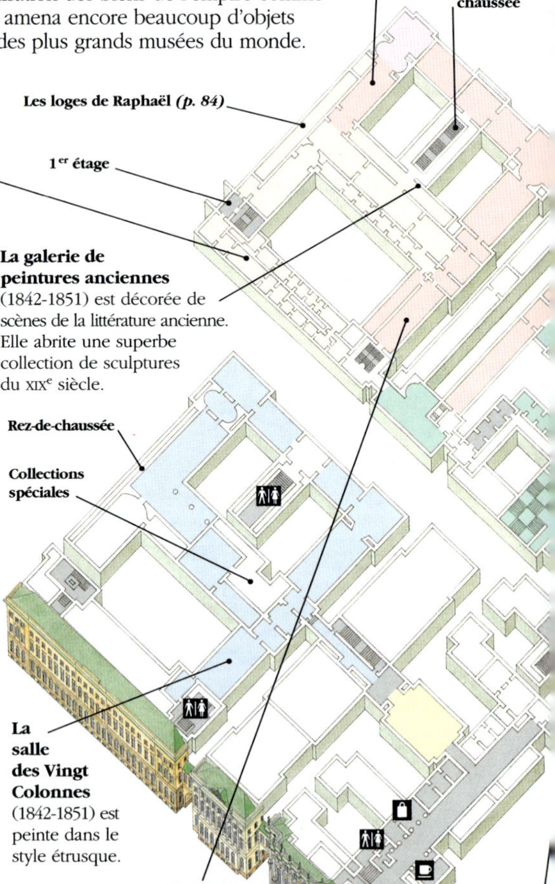

À NE PAS MANQUER

★ ***Le Sacrifice d'Abraham* de Rembrandt**

★ ***Ea Haere Ia Oe* de Gauguin**

★ ***La Danse* de Matisse**

SUIVEZ LE GUIDE !
Les visiteurs individuels entrent par l'entrée principale, du côté du quai, les groupes du côté de la place du Palais. Commencez la visite par les salles d'apparat du palais d'Hiver, au premier étage, pour avoir une vue d'ensemble du musée. Se limiter de préférence à un ou deux centres d'intérêt. Pour accéder aux collections d'art européen du XIXe et du XXe siècle, prendre un des escaliers du palais d'Hiver du côté de la place du Palais.

★ Le Sacrifice d'Abraham (1635)
Dans les années 1630, Rembrandt peignait des scènes religieuses de style baroque, se servant de grands gestes théâtraux plutôt que de détails pour transmettre son message

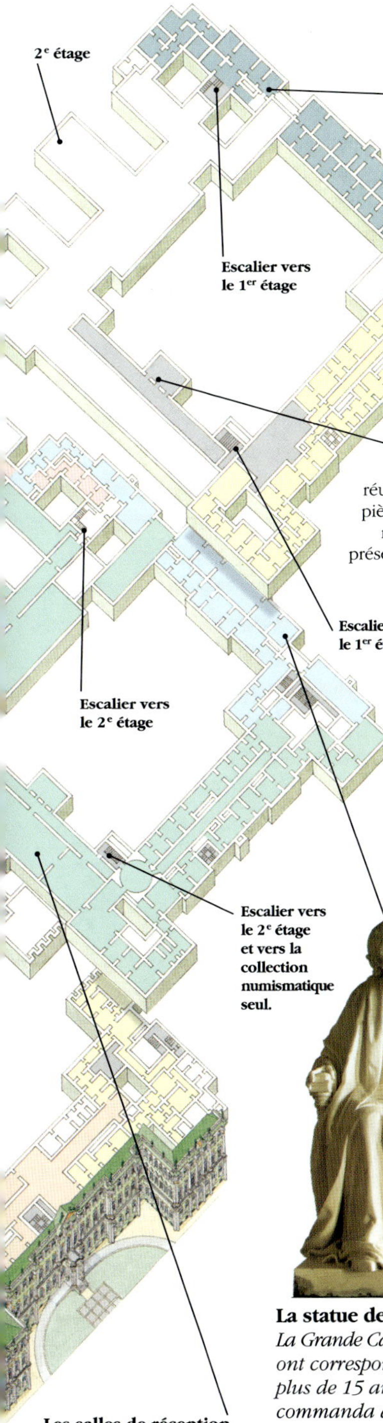

La collection numismatique réunit plus de 90 000 pièces de monnaie et médailles. On n'en présente qu'une partie.

Les salles de réception du palais d'Hiver *(p. 92-93)* contiennent des objets d'art russes et européens.

★ Ea Haere Ia Oe (1895)
C'est l'une des premières peintures de Paul Gauguin à Tahiti. Son désir d'échapper à la convention et à l'artifice s'exprime dans la façon innovatrice dont il s'inspira de l'art primitif.

★ La Danse (1910)
Henri Matisse utilise trois couleurs fortes – bleu, vert et rouge – pour intensifier la gestuelle et la concentration des personnages absorbés par leur danse.

La statue de Voltaire (1781)
La Grande Catherine et Voltaire ont correspondu pendant plus de 15 ans. La tsarine commanda à Jean Houdon cette statue en marbre qui représente l'écrivain français habillé en philosophe grec.

Plan des étages

- **Préhistoire :** salles 11-24, 26, 33
- **Antiquités classiques :** 102, 107-117, 121, 127-131
- **Antiquités orientales :** 34-47, 55-66, 69, 100, 351-371, 381-397
- **Histoire russe :** 147-152, 155-189, 190-198, 204, 260, 269-271, 282, 304-307
- **Art italien et espagnol :** 207-223, 226-242
- **Art flamand, hollandais et allemand :** 243, 245-254, 258, 261-268
- **Art français et anglais :** 272-281, 283-287, 290-302
- **XIXe et XXe siècle européen :** 314-325, 328-350
- **Expositions temporaires**
- **Espace libre**
- **Entrée interdite**

À la découverte des collections de l'Ermitage

Il est impossible d'absorber toute l'immense collection de l'Ermitage en une ou deux visites. Que cela soit l'or scythe, les vases et les camées antiques ou les objets en argent d'Iran, dans chaque salle de nombreuses pièces sont dignes d'attention. Mobilier, objets décoratifs, portraits et vêtements somptueux ayant appartenu à la famille impériale composent le département russe, qui comprend aussi les salles d'apparat. Les tableaux européens ont été choisis par la famille impériale. Cependant, nombre de ceux des XIXe et XXe siècles, en particuliers les œuvres des impressionnistes, de Matisse et de Picasso proviennent de collection privées après la Révolution. Ce sont les salles les plus visitées.

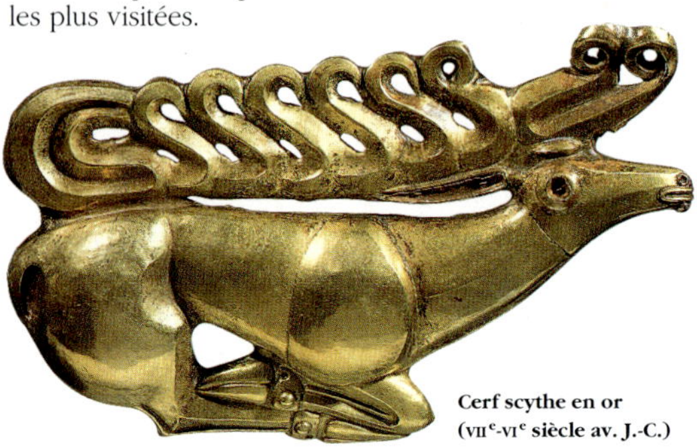

Cerf scythe en or (VIIe-VIe siècle av. J.-C.)

Art préhistorique

Des fouilles pratiquées dans l'ancienne Russie impériale ont permis de découvrir des pots, des pointes de flèches et des sculptures sur des sites paléontologiques de près de 24 000 ans et des objets en or de l'époque des Scythes nomades du VIIe au IIIe siècle av. J.-C.

La fameuse collection de Pierre le Grand d'objets en or sibériens comprend des broches scythes aux motifs animaliers, des poignées d'épées et des boucles. Les fouilles se sont poursuivies en Sibérie au cours des siècles suivants, et, en 1897, un grand cerf stylisé, ornement de bouclier, fut découvert à Kostromskaïa. C'est l'un des objets en or exposé à la Trésorerie. On peut en voir une copie dans les salles scythes.

Les grands maîtres grecs travaillaient aussi pour les Scythes. Dans la région du Dniepr, on a découvert un peigne du Ve siècle, orné de guerriers scythes, stupéfiants de réalisme, et une amphore de Tchertomlyk (IVe siècle) ornée de scènes de domptage.

Des fouilles effectuées dans l'Altaï ont permis de découvrir des sépultures de près de 2 500 ans. La terre gelée a conservé intact des objets périssables, un char funéraire en bois et même une peau d'homme entièrement tatouée.

Camée des Gonzague (285-246 av. J.-C.), fait à Alexandrie

Art classique

Les nombreuses sculptures gréco-romaines en marbre vont de la célèbre Vénus de Tauride (IIIe siècle av. J.-C.) que Pierre le Grand acquit en 1720, jusqu'à des bustes romains. Mais ce sont les petits objets qui font l'intérêt et la fierté de ce département.

La collection de vases attiques à figures rouges du VIe et du IVe siècle av. J.-C. est unique au monde. Merveilleusement proportionnés et d'un lustre brillant, ils sont ornés de scènes de libations pendant la guerre de Troie. Le vase à l'Hirondelle date du début du VIe siècle av. J.-C.

Les petites et élégantes statuettes en terre cuite de Tanagra (IVe et IIIe siècle av. J.-C.) découvertes au XIXe siècle eurent un tel succès que l'on en fit des copies en quantité industrielle. L'ambassadeur de Russie à Athènes, Piotr Sabourov, rassembla sa collection, vers 1880, avant que les faux n'apparaissent, ce qui lui confère une valeur inestimable.

La Grande Catherine avait une véritable passion des pierres gravées qu'elle achetait en quantité. Elle fit l'acquisition d'environ 10 000 pièces en dix ans. La plus grosse et la plus étonnante d'entre elles est le camée des Gonzague, que Joséphine de Beauharnais offrit à Alexandre Ier en 1814.

La Trésorerie renferme des bijoux en or d'artisans athéniens du Ve siècle si finement travaillés qu'il faut une loupe pour en distinguer les détails.

Art oriental

Les pièces viennent d'Égypte, d'Assyrie, de Byzance, d'Inde, d'Iran, de Chine, du Japon, d'Ouzbékistan et du Tadjiskistan. Les départements les plus complets rassemblent des objets découverts dans les fouilles conduites par l'Ermitage en Chine et en Mongolie avant la Révolution, et en Asie centrale pendant le régime soviétique.

La statue monumentale d'Amenemhat III, en granite noir, date du XIXe siècle av. J.-C (Moyen Empire). La vedette de la collection

Le Guerrier blessé, fresque du Tadjikistan, VIIIe siècle

égyptienne est une petite statuette en bois du XVe siècle av. J.-C. représentant un homme debout.

Une grande variété d'objets (sculptures bouddhistes, tissus et netsukés ou boutons en ivoire) proviennent d'Extrême-Orient, du Japon, d'Inde, d'Indonésie, de Chine et de Mongolie. De la grotte des Mille Bouddhas, près de Dun Huan, en Chine occidentale, on a rapporté des icônes des VIe et Xe siècles, des peintures murales et des sculptures en plâtre comme les lions qui gardaient la grotte. Après sa destruction au XIIIe siècle par l'armée mongole, Khara-Khoto fut envahie par le désert. Des objets périssables, notamment des soieries et des gravures sur bois du XIIe siècle, furent ainsi conservés par le sable.

De Byzance, on rapporta des icônes, des objets de culte et un diptyque en ivoire du Ve siècle, avec des scènes de cirque romain.

Beaucoup de vases iraniens en argent et en bronze iraniens, qui avaient été transportés au Moyen Âge par des marchands vers la Sibérie et l'Oural, ont été redécouverts par des spécialistes au XIXe siècle.

On trouve également une importante collection de miniatures persanes traditionnelles et de portraits de la cour du XIXe siècle. Ces derniers combinent des éléments traditionnels avec les techniques de peinture à l'huile occidentales, comme celui du shah Fatkh-Ali (1813-1814).

Des tapis, des bronzes et de superbes céramiques ont été découverts en Asie centrale. De Varakcha, d'Adjina-Tepe et de Pendjikent en Ouzbékistan et au Tadjiskistan, on a rapporté de belles fresques, comme celle du guerrier blessé.

ART RUSSE

La majeure partie des œuvres d'art russe a été transférée du palais d'Hiver au Musée russe *(p. 104-107)* en 1898. Les autres possessions de la famille impériale ont été nationalisées après la Révolution, des trônes aux portraits officiels jusqu'aux miroirs et aux jupons. Plus de 300 vêtements du seul Pierre le Grand ont été conservés. À cela se sont ajoutées par la suite des œuvres d'art de la Russie médiévale (icônes et objets de culte).

À partir de Pierre le Grand, tous les tsars ont invité des artisans et des artistes étrangers à former les leurs. Pierre, fasciné par la technique, étudiait avec eux et réunit une belle collection d'instruments de toutes sortes, dont des cadrans solaires (en particulier celui de John Rowley) et des tours à bois. Le buste de Pierre sculpté par Bartolomeo Carlo Rastrelli (1723-1730) évoque cependant plus l'empereur puissant et cruel que le rude ouvrier.

Accessoires pour coiffeuse de Toula, de 1801

Cadran solaire (1714-1719), collection de Pierre le Grand

Les artistes russes ont très vite adapté les techniques européennes à l'art traditionnel. Le vase à jours en ivoire de morse de Nikolaï Verechtchaguine (1798), le grand sarcophage et le mémorial d'Alexandre Nevski en argent massif (1747-1752) en sont les meilleures preuves.

Les armuriers de Toula (au sud de Moscou) ont perfectionné leur technique au point de fabriquer des meubles exceptionnels en métal incrusté de bronze doré, comme des accessoires pour coiffeuse de style empire (1801).

La décoration intérieure des salles d'apparat *(p. 92-93)*, orgueil du département russe, montre le travail des artisans russes et étrangers du XVIIIe siècle au début du XXe siècle. Les pierres de couleur découvertes dans l'Oural ont donné l'idée aux artistes russes d'utiliser la malachite et de remplir tous les recoins du palais d'Hiver de vases en marbre. C'est dans ces salles que, lors des cérémonies officielles, les membres de la famille impériale recevaient les courtisans et les ambassadeurs avant de se rendre dans la salle des feld-maréchaux.

ART ITALIEN ET ESPAGNOL

La remarquable collection d'art italien commence par des œuvres annonçant la Renaissance (du XIVe et du XVe siècle). L'austère *Madone* de Simone Martini (1340-1344) contraste avec la *Vierge à l'Enfant,* fresque plus humaine de Fra Angelico (1424-1430).

À la fin du XVe et au début du XVIe siècle, la peinture s'orientait vers deux tendances : l'école florentine, qui mettait l'accent sur le trait et les Vénitiens qui faisaient prévaloir la couleur. L'art florentin est illustré par la *Madone Litta* (vers 1491) et la *Madone Benois* (1478) de Léonard de Vinci, le *Tireur d'épine*, un marbre de Michel-Ange (vers 1530) et deux portraits de la Vierge par Raphaël (1502 et 1506). L'école vénitienne culmine avec la *Judith* de Giorgione (1478-1510) et par une belle collection des œuvres de Titien, depuis le *Portrait de Jeune Femme* (vers 1530) jusqu'à des œuvres plus sombres comme le *Saint Sébastien* (1570). *Le Joueur de luth* (1598) du Caravage représente les écoles du nord.

Les siècles suivants sont illustrés par des objets d'arts décoratifs en majolique et le verre de Venise. *L'Amour et Psyché, les Trois Grâces* d'Antonio Canova occupent également une place d'honneur.

La collection espagnole est plus modeste, mais les grands noms de l'Âge d'or sont aussi présents : *Les Apôtres Pierre et Paul* (1587-1592) du Greco, des toiles de Ribera, de Murillo et le *Saint Laurent* (1636) de Zurbarán. *Le Portrait du comte Olivares* de Vélasquez (vers 1640) contraste avec des scènes de genre de ses débuts comme *Le Déjeuner du paysan* (1617-1618).

Vénus et l'Amour **(1509) de Lucas Cranach l'Ancien**

ART FLAMAND, HOLLANDAIS ET ALLEMAND

Le musée possède une petite collection de peintures anciennes néerlandaises, notamment *La Madone à l'Enfant* (1430) par le maître de Flémalle, supposé avoir eu pour élève Rogier van der Weyden qui figure avec *Saint Luc peignant la Vierge* (1435).

La quarantaine de tableaux de Rubens comprend des peintures religieuses, comme *La Descente de Croix* (1617-1618), des scènes de la mythologie (*Persée et Andromède*, 1620-1621), son *Bacchus* obèse (1636-1640) et des paysages. Certains portraits, notamment celui de *La camériste d'Isabelle d'Espagne* (1625) dénoncent l'héritage flamand qu'il a en commun avec Van Dyck, dont peut voir des portraits en pied et un autoportrait romantique des années 1620.

La section hollandaise est riche en Rembrandt. En peu de temps il peignit le théâtral *Sacrifice d'Abraham* (1635), la douce *Saskia en Flore* (1634) et *La Descente de croix* (1634). L'un de ses derniers tableaux, *Le Retour de l'enfant prodigue* (1668-1669) exprime pour la première fois une émotion profonde.

Les sujets des petites peintures de genre du milieu du XVIIe siècle, comme *Le Verre de limonade* de Gérard Terborch, sont l'expresssion d'une tension psychologique et d'un lourd symbolisme.

De Lucas Cranach l'Ancien, dans la collection allemande, *La Vénus et l'Amour* (1509), *Le portrait de la dame au chapeau* (1526) et *La Vierge à l'Enfant* montrent la richesse de son talent.

Jeune homme au luth **du Caravage (1573-1610)**

ART FRANÇAIS ET ANGLAIS

L'art français, très en vogue au XVIIIe siècle, est bien représenté par Louis le Nain, Claude Le Lorrain et Nicolas Poussin. *La Proposition embarrassante* (vers 1716) d'Antoine Watteau, *Le Baiser à la dérobée* (années 1780) de Jean Honoré Fragonard et les héroïnes bien en chair de François Boucher faisaient partie de la collection de la Grande Catherine, qui avait un faible pour ces peintures. À la même époque, elle

***Les Attributs des Arts* (1766) de Jean-Baptiste Chardin**

acheta *Les Attributs des Arts* (1766) de Chardin et, sur les conseils de Denis Diderot, les moralisateurs *Fruits d'une bonne éducation* de J. B. Greuze (1763). La tsarine protégeait aussi les sculpteurs et fit l'acquisition de *L'Hiver* (1771) d'Étienne-Maurice Falconet et du *Voltaire* (1781) de Jean-Antoine Houdon.

Catherine acheta aussi quelques œuvres d'art anglaises, notamment le portrait du philosophe John Locke (1697) réalisé par Sir Godfrey Kneller, également l'auteur du portrait de Piotr Potemkine (1682) en habit de cour du XVIIe siècle. *Hercule enfant étranglant les serpents* (1788) est une commande de Catherine à Sir Joshua Reynolds. Son acquisition la plus audacieuse fut celle d'un peintre inconnu, Joseph Wright de Derby avec *La Forge* (1773), chef-d'œuvre de lumière artificielle, et *Feux d'artifice au château de Saint-Angelo* (1774-1775), ouvrage réellement plein de feu et de romantisme. Elle donna beaucoup à faire aux ébénistes anglais et aux graveurs de camées, et fut la cliente la plus prestigieuse de Josiah Wedgwood auquel elle commanda le célèbre service *à la Grenouille verte* (1773-1774) pour son palais de Tchesma *(p. 130)*.

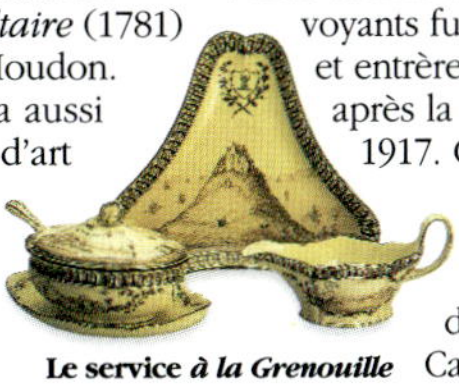

Le service *à la Grenouille verte*, de Wedgwood

Art européen du XIXe et du XXe siècle

Les nouveaux mouvements artistiques du XIXe siècle cessèrent d'intéresser la famille impériale, mais les tableaux de collectionneurs privés clairvoyants furent nationalisés et entrèrent à l'Ermitage après la révolution de 1917. Grâce à eux, l'école de Barbizon est représentée par des œuvres de Camille Corot, notamment *Le Paysage au lac,* le romantisme français par deux scènes marocaines hautes en couleurs, que Delacroix a peintes en 1850 et le romantisme allemand par *La Proue du bateau* (1818-1820) de Caspard David Friedrich.

Les collections d'Ivan Morozov et de Sergueï Chtchoukine ont fourni à l'Ermitage leurs superbes toiles impressionnistes et post-impressionnistes. On admirera *La Femme au jardin* (1860) l'un des premiers tableaux de Monet et, plus tardifs, *Le Pont de Waterloo* et *Effet de brume* (1903). *Le Portrait de l'actrice Jeanne Samary* (1878) de Renoir et les pastels de Degas représentant des femmes à leur toilette (1880 et 1890) illustrent leur intérêt commun pour les sujets féminins. Alors que Pissaro peint des paysages urbains notamment *Le Boulevard Montmartre à Paris* (1897), Alfred Sisley étudie les effets de lumière sur la campagne française.

Une évolution dans le travail de la couleur et de la technique ouvrit de nouvelles perspectives. Van Gogh usa de tons plus intenses dans *Les Dames d'Arles* (1888) et de forts coups de brosse dans *Les Chaumières* (1890). L'énigmatique *Ea Haere Ia Œ* (1893) illustre la période tahitienne de Gauguin. Avec *Le Fumeur* (vers 1890-1892) et *La Montagne Sainte-Victoire* (1896-1898), Cézanne introduisit un nouveau traitement des plans qui influençea la génération de peintres suivante.

Matisse joue à la fois avec la surface et la couleur dans *La Chambre rouge* (1908-1909) et avec les aplats dans *La Danse et la Musique* (1909-1910). Son voyage au Maroc lui inspira de nouveaux effets de lumière comme dans *Le Café arabe* (1913). Mais c'est Picasso qui approfondit les recherches de Cézanne. Dans *La Visite* (1902), de la période bleue, il se concentre sur l'esprit. Mais la période cubiste (1907-1912), avec sa destruction des formes, comme *L'Homme aux bras croisés* remplit toute une salle.

***L'Homme aux bras croisés* (1909) de Pablo Picasso**

Le palais d'Hiver

Trois palais ont été successivement construits sur le même site. Le palais d'Hiver (1754-1762) actuel est un suberpe exemple de baroque russe. Construit pour la tsarine Élisabeth, cette somptueuse résidence d'hiver est l'une des plus belles réalisations de Bartolomeo Rastrelli. L'architecture extérieure a peu changé, mais l'intérieur a été transformé par plusieurs architectes, puis restauré, après avoir été détruit par un incendie, en 1837. Après le meurtre d'Alexandre II en 1881, la famille impériale vint rarement l'habiter. Pendant la Première Guerre mondiale, la salle Nicolas et d'autres salles d'apparat furent aménagées en salles d'hôpital. Le palais fut le quartier général du gouvernement provisoire en juillet 1917, ce qui provoqua l'assaut des bolcheviks *(p. 28-29)*.

La galerie de 1812 (1826) abrite des portraits des héros militaires russes de la guerre napoléonienne, dus pour la plupart au peintre anglais George Dawe.

La salle des Blasons (1839), avec ses grandes colonnes dorées, couvre plus de 800 m^2. Elle abrite la collection d'argenterie européenne et un carrosse impérial restauré.

★ La petite salle du trône
Dédiée à la mémoire de Pierre le Grand en 1833. Il s'y trouve un trône argenté anglais (1731).

La salle des feld-maréchaux (1833) est la salle de réception où éclata l'incendie qui dévasta le palais en 1837.

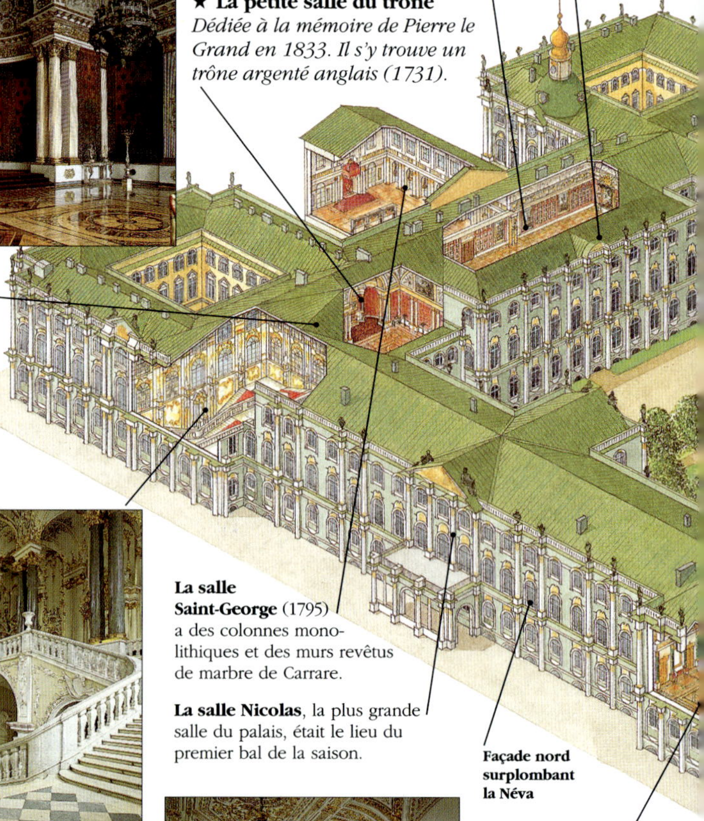

La salle Saint-George (1795) a des colonnes monolithiques et des murs revêtus de marbre de Carrare.

La salle Nicolas, la plus grande salle du palais, était le lieu du premier bal de la saison.

Façade nord surplombant la Néva

★ L'escalier Jourdain
Vaste escalier circulaire (1762) de Rastrelli, d'où la famille impériale assistait, le jour de l'Épiphanie, à la cérémonie du baptême dans la Néva qui symbolisait celui du Christ dans le Jourdain.

★ Salle de malachite
(1839) Plus de deux tonnes de pierres de couleur ont servi à la décoration faite de colonnes, de vases en malachite, de portes et d'un plafond dorés à la feuille et d'un parquet marqueté.

Salle Alexandre (1837)
Alexandre Brioullov réalisa des voûtes néo-gothiques et des bas-reliefs en stuc qui évoquent des thèmes militaires.

Bartolomeo Rastrelli

En 1716, l'architecte italien Rastrelli (1700-1771) suivit son père qui allait se mettre au service de Pierre le Grand. Il introduisit le style baroque flamboyant qui devint très en vogue. Nommé architecte en chef de la cour en 1738, il réalisa les plans du grandiose palais d'Hiver, du couvent Smolny *(p. 128)* et de nombreux autres bâtiments, pendant le règne d'Élisabeth. La Grande Catherine préférait la simplicité classique au baroque de Rastrelli, qui se retira en 1763.

Les salles françaises, réalisées par Brioullov en 1839, abritent une collection de peintures françaises du XVIIIe siècle.

Le grand vestibule d'honneur a été décoré pour le mariage du futur tsar Alexandre II, en 1841.

Le corridor obscur
Il est tendu tapisseries françaises et flamandes, dont Le Mariage de l'empereur Constantin, *à Paris, d'après des dessins de Rubens réalisés au XVIIe siècle.*

Façade sud, sur la place du Palais

La Rotonde (1830) relie les appartements privés de l'aile occidentale et les salles d'apparat au nord.

Aile occidentale

La bibliothèque néo-gothique et les autres salles au nord-ouest du palais ont été adaptées au style de vie bourgeois de Nicolas II. La bibliothèque lambrissée de bois a été réalisée par Meltzer en 1894.

Le salon doré
Créé dans les années 1850, ses murs et son plafond ont été recouverts de dorures extravagantes dans les années 1870. Il s'y trouve une collection de pierres précieuses gravées provenant d'Europe occidentale.

À ne pas manquer

- ★ **Petite salle du trône**
- ★ **Salle de malachite**
- ★ **Escalier Jourdain**

Rue des Millionnaires 13

Миллионная улица
Millionnaïa oulitsa

Plan 2 E5.

Cette rue tient son nom des aristocrates et membres de la famille impériale qui habitaient autrefois les luxueuses résidences de ce quartier. Certaines maisons sont numérotées du côté du quai, car les façades et entrées principales donnent sur la rivière.

À la veille de la Révolution, c'est le grand-duc Vladimir Alexandrovitch, qui habitait au n° 26 (côté quai), qui fit ouvrir le feu sur les ouvriers lors du « Dimanche sanglant » *(p. 26)*. Sa femme, Maria Pavlovna donnait des bals somptueux qui éclipsaient même ceux de la cour impériale.

Ce bâtiment (1876-1872), construit par Alexandre Rezanov dans le style Renaissance florentine, est aujourd'hui la Maison des savants.

La maison Poutiatine, au n° 12, fut témoin de la fin des Romanov. C'est ici que le grand-duc Mikhaïl Alexandrovitch, le frère de Nicolas II, signa le décret d'abdication en mars 1917. Balzac, qui courtisait sa future femme, la comtesse Eveline Hanska, fit un séjour en 1843 dans la maison voisine, au n° 10. Andreï Stakenschneider en avait dessiné les plans pour son propre usage, au milieu du XIXe siècle.

La façade sculptée du n° 10 de la rue des Millionnaires

Le grand escalier du palais de Marbre

Palais de Marbre 14

Мраморный дворец
Mramorny dvorets

Millionnaïa oulitsa 5 (entrée par le Champ de Mars). **Plan** 2 E4. *314 3448.* *46, 100, 134.* *2, 34, 53, 54.* *du mer. au dim. de 10 h à 18 h, lun. de 10 h à 17 h* *anglais.*

Le palais de Marbre est un cadeau de la Grande Catherine à son amant, Grigori Orlov qui l'avait aidée à prendre le pouvoir en 1762 *(p. 22)*. Considéré comme le chef-d'œuvre d'Antonio Rinaldi (1768-1785), il est l'un des premiers exemples d'architecture néo-classique. Le palais doit son nom à la variété de marbres utilisés pour sa construction. Alexandre Brioullov en refit presque tout l'intérieur dans les années 1840, mais le grand escalier et la salle de Marbre de Rinaldi, ont été conservés. Les murs de cette salle sont en marbre gris, vert, blanc, jaune, rose et lapis et au plafond, *Le Triomphe de Vénus* (v. 1780), est l'œuvre de Stefano Torelli.

Le palais, musée Lénine pendant 55 ans, fait partie maintenant du Musée russe *(p. 105-107)*. On y expose des œuvres d'artistes étrangers qui ont travaillé en Russie et des peintures contemporaines rassemblées par les collectionneurs allemands Peter et Irene Ludwig, dont un Picasso, *Grandes têtes* (1969), et des artistes d'après-guerre tels qu'Andy Warhol, Ilia Kabakov, Roy Lichtenstein et Jean-Michel Basquiat.

L'étrange statue équestre d'Alexandre III, du prince Pavel Troubetskoï se dresse devant le palais. Inauguré en 1911 sur plochtchad Vosstanïa, cette sculpture ridicule a été installée sur ce nouveau site en 1937.

Champ de Mars 15

Марсово Поле
Marsovo Pole

Plan 2 F5. *46, 100, 134.* *2, 34, 53, 54.*

Ce vaste marécage a été asséché au XIXe siècle. Baptisé du nom du dieu romain de la Guerre, le Champ de Mars était un lieu réservé aux manœuvres militaires, aux défilés, aux foires et autres festivités. Entre 1917 et 1923, ce grand terrain sablonneux fut surnommé le « Sahara pétersbourgeois ». Il a été aménagé et transformé en mémorial de guerre. Le *Monument aux Combattants de la Révolution* (1917-1919) en granite, de Led Roudnev, et la Flamme éternelle (1957) commémorent les victimes de la révolution de 1917 et de la guerre civile *(p. 27)*.

La flamme éternelle du Champ de Mars

À l'ouest de la place se dresse un imposant bâtiment néo-classique construit par Vassili Stassov en 1817-1719. Ces anciennes casernes, qui abritaient le régiment Pavlovski, ont été fondées par Paul Ier en 1796. On dit que le tsar, obsédé par l'armée, ne recrutait que des gardes au nez camus, comme le sien. Les officiers du régiment Pavlovski furent les premiers à rallier les insurgés pendant la révolution de 1917 *(p. 28-29)*.

Aujourd'hui, cette place gigantesque est un agréable endroit de promenade pour les Pétersbourgeois, lorsque les lilas en fleurs embaument les soirées printanières.

Jardins d'Été ⓰

Летний сад

Letni sad

Letni sad. **Plan** 2 F4. 🚌 *46, 134.* 🚎 *2, 34, 53, 54.* ○ *t.l.j. de 8 h à 20 h (de mai à oct. : de 8 h à 22 h).* ● *de mi à fin avril.* ♿ *mai à oct.*

Pierre le Grand fit appel à un paysagiste français pour créer ces premiers jardins de la ville, en 1704. Comme à Versailles, celui-ci dessina des allées bordées d'ormes et de chênes importés, y ajouta des fontaines, des pavillons et quelque 250 statues italiennes des XVIIe et XVIIIe siècles. Inondé en 1777, le jardin actuel, de style anglais est le résultat des goûts plus sobres de la Grande Catherine. Le long de la Néva, la splendide grille en fer forgé (1771-1784), est l'œuvre de Iouri Velten et Piotr Egorov.

Durant un siècle, ces jardins d'Été ont été exclusivement réservés à la noblesse. Lorsque Nicolas Ier les fit ouvrir aux « membres correctement vêtus » du public, on y ajouta deux pavillons néo-classiques, la Maison du Thé et la Maison du Café, donnant sur la Fontanka. On y organise aujourd'hui des expositions temporaires d'artistes contemporains pétersbourgeois.

Non loin de là, la statue en bronze d'Ivan Krylov, le plus célèbre fabuliste russe, adoré des enfants, a été sculptée en 1854 par Piotr Klodt, avec des bas-reliefs où figurent les animaux de ses fables.

La statue d'Ivan Krylov et les couleurs automnales du Jardin d'Été

Palais d'Été ⓱

Летний дворец

Letni dvorets

Naberejnaïa Koutouzova. **Plan** 2 F4. ☎ *314 0456.* ○ *du mer. au lun. de 11 h à 19 h.* ● *du 11 nov. au 30 avr.* 🚌 *46, 134.* 🚎 *2, 34, 53, 54.*

Destiné à Pierre le Grand, le palais d'Été (1714), modeste bâtiment d'un étage, est la plus ancienne construction en pierre de la ville. Il a été édifié sur les plans de Domenico Trezzini. Le célèbre sculpteur prussien, Andreas Schlüter, lui ajouta un bas-relief (1713) à la gloire des victoires navales russes remportées par Pierre le Grand.

Plus grande que sa maisonnette en bois *(p. 73)*, cette deuxième résidence de Pierre le Grand à Saint-Pétersbourg n'est cependant pas comparable aux somptueux palais construits par ses successeurs.

Au rez-de-chaussée, la salle de réception est ornée de portraits du tsar et de ses ministres. Elle contient le fauteuil en chêne de l'Amirauté. Dans la chambre à coucher, le lit à baldaquin recouvert d'une courtepointe en soie de chine est d'origine ainsi que le plafond peint représentant Morphée, le dieu du Sommeil. À côté se trouve l'atelier du tsar, où l'on verra d'authentiques tours russes ainsi qu'un instrument météorologique en bois très ouvragé, fabriqué à Dresde en 1714.

Le palais est équipé du premier système de plomberie de la ville, où l'eau était amenée directement dans la cuisine. On peut voir encore son évier en marbre noir, son magnifique fourneau carrelé et ses ustensiles de cuisine du XVIIIe siècle. La salle à manger a été arrangée de façon à évoquer l'atmosphère de l'époque. Elle ne servait qu'aux petites réunions familiales, les grands banquets étant tenus au palais Menchikov *(p. 62)*.

L'escalier d'origine conduit au premier étage et aux appartements plus luxueux de Catherine, la deuxième femme de Pierre. Dans la Salle du Trône se trouve un trône ornementé de Néréides et autres divinités de la mer. Les vitrines de la Chambre Verte contenaient la fascinante collection de curiosités de Pierre, maintenant transférée à la Kounstkamera *(p.60)*.

Le remarquable fourneau du palais d'Été

КАРАВАННАЯ
улица
ELECTRONICS
RESTAURANT
CAT

GOSTINY DVOR

Au début du XVIIIe siècle, le Grand Bazar ou Gostiny Dvor, était le centre de l'activité commerciale de Saint-Pétersbourg. Aujourd'hui encore, c'est un endroit très animé, et de nombreuses petites échoppes sont apparues sur Nevski prospekt et aux alentours. Des marchands prospères et des hommes d'affaires étrangers se sont également installés dans les environs.

Jusqu'au milieu du XIXe siècle, on ne trouvait dans ces boutiques que bijoux et vêtements de haute couture pour répondre aux désirs jamais assouvis des maisons impériales et aristocratiques. L'expansion de cette activité commerciale et financière engendra une nouvelle classe moyenne d'entrepreneurs. À la Révolution, les banques s'étaient multipliées aux alentours de Nevski prospekt dans d'imposants bureaux à l'architecture diverse où dominait toutefois le style néo-classique. Avec le retour de l'économie capitaliste, Nevski prospekt attire à nouveau une riche clientèle. Contrastant avec cette animation commerciale, la place des Arts, avec le Musée russe entre autres, est une oasis de calme, et le reflet de la vie culturelle de la ville.

Statues de la façade du Musée russe

LE QUARTIER D'UN COUP D'ŒIL

Églises
Église arménienne ❼
Église du Sauveur-sur-le-Sang p. 100 ❶
Notre-Dame-de-Kazan ⓯
Église luthérienne ⓱

Musées
Château Mikhaïlovski ❷
Maison-musée Pouchkine ⓳
Musée russe p. 104-107 ❸

Rues et places
Place des Arts ❹
Prospekt Nevski ❻
Place Ostrovski ⓫
Oulitsa Zodtchevo Rossi ⓬

Marchés et boutiques
Marché Apraksine ⓮
Gostiny Dvor ❽
Magasin Elisseev ❾

Palais
Palais Anitchkov ❿
Palais Stroganov ⓰
Palais Vorontsov ⓭

Hôtels
Grand Hôtel Europe ❺

Bâtiments historiques
Kapella Glinka ⓲
Écuries impériales ⓴

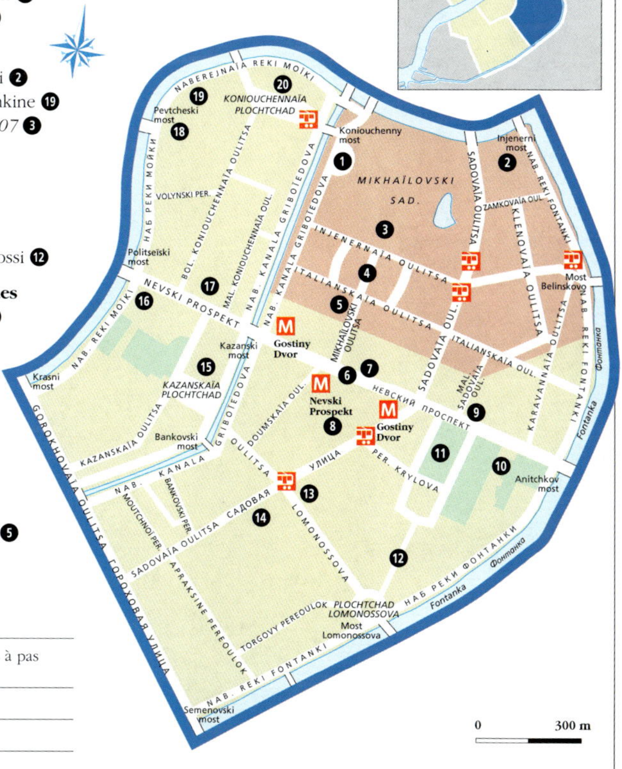

LÉGENDE
Plan du quartier pas à pas *Voir p. 98-99*
Station de métro
Tramway

◁ **La perspective Nevski, très animée, avec la tour de la Douma à gauche et l'Amirauté en arrière plan**

La place des Arts pas à pas

Statue de Pierre le Grand

La place des Arts, une des plus belles réalisations de Carlo Rossi, est entourée de bâtiments qui révèlent l'impressionnant patrimoine culturel de la ville. Près du palais Mikhaïlovsi, qui abrite le Musée russe, se trouvent des théâtres et la Philharmonie. Derrière cette salle de concert, le jardin Mikhaïlovski est un lieu fréquenté par les intellectuels. Il s'étend jusqu'aux magnifiques berges de la Moïka qui, avec le canal Griboïedov et la Fontanka, forme un cadre miroitant à ce quartier pittoresque.

★ L'église du Sauveur-sur-le-Sang
Avec ses mosaïques de couleurs et sa pierre sculptée, cette église tente de retrouver l'architecture traditionnelle russe du XVIIe siècle ❶

★ Le Musée russe
Situé dans le palais Mikhaïlovski, construit par Rossi, ce musée abrite une fabuleuse collection de tableaux, sculptures et objets d'arts décoratifs russes. Le grand escalier et la salle de réception sont d'origine ❸

Place des Arts
Les nombreuses institutions culturelles qui la bordent lui ont valu son nom. À l'ouest, le théâtre académique d'opéra et de ballet Moussorgski, inauguré en 1833 ❹

La Grande Salle de la Philharmonie est l'une des plus importantes salles de concert de Saint-Pétersbourg *(p. 194).*

Le Grand Hôtel Europe
Ce célèbre hôtel de Saint-Pétersbourg a été construit par Ludwig Fontana en 1873-1875. De puissants atlantes ornent sa façade qui s'étire jusqu'à Nevski prospekt ❺

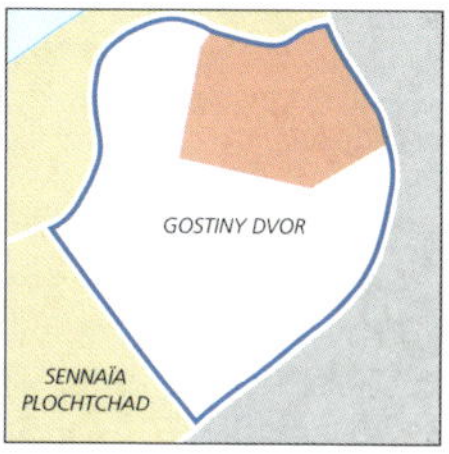

CARTE DE SITUATION
Voir Atlas des rues, plan 6

Le pont Panteleïmon a été reconstruit en 1907-1908 pour permettre le passage d'un nouveau tramway, mais il a conservé le style empire de son architecture initiale, conçue par Lev Ilïn *(p. 37).*

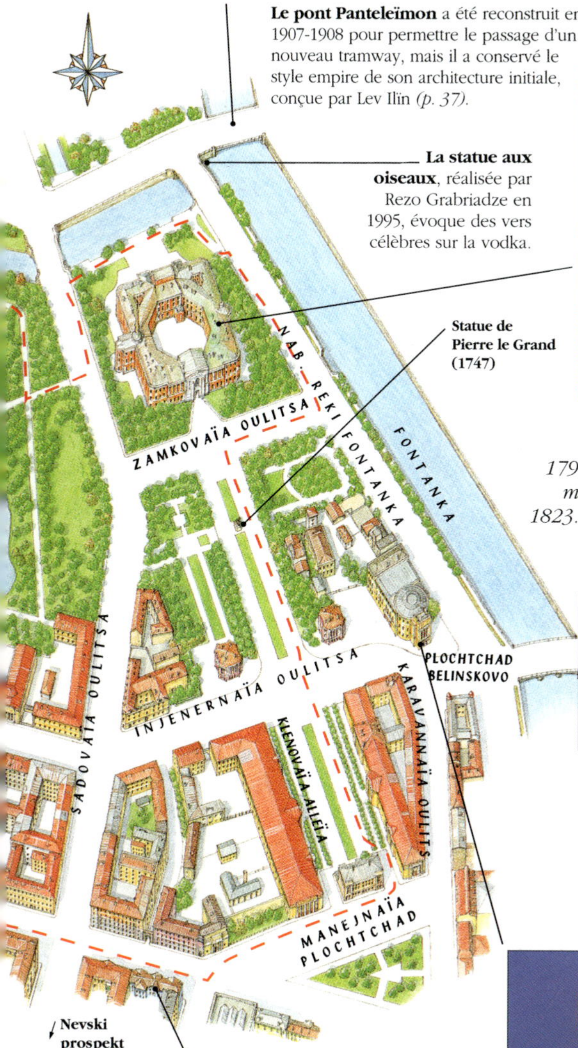

La statue aux oiseaux, réalisée par Rezo Grabriadze en 1995, évoque des vers célèbres sur la vodka.

Statue de Pierre le Grand (1747)

Le château Mikhaïlovski
Construit pour Paul Ier en 1797-1801, l'Académie du génie militaire en fit l'acquisition en 1823. Il fait partie aujourd'hui du Musée russe et expose des portraits historiques ❷

À NE PAS MANQUER

★ **Musée russe**

★ **Église du Sauveur-sur-le-Sang**

LÉGENDE

– – – Itinéraire conseillé

0 100 m

Le musée de l'Hygiène, avec sa macabre exposition d'organes humains a été créé en 1919 pour enseigner au public les règles d'hygiène.

Le Cirque que l'on remarque par son enseigne au néon, ouvrit ses portes au XIXe siècle sous le nom de Cirque Ciniselli. Il présente encore des spectacles traditionnels au même endroit, près de la Fontanka.

L'église du Sauveur-sur-le-Sang ❶

Храм Спаса-на-Крови

Khram Spasa-na-Krovi

MODE D'EMPLOI

Koniouchennaïa pl. **Plan** 2 E5. 📞 *315 1636.* Ⓜ *Nevski pr., Gostiny Dvor.* 🚎 *12, 53.* ◯ *mai-sept. : jeu.-mar. 11 h-19 h (oct.-avr. jusqu'à 17 h)*

Cette église a été construite sur le lieu où le tsar Alexandre II fut assassiné, le 1er mars 1881 *(p. 26)*. Son successeur, Alexandre III, organisa un concours en 1883 en vue de la construction d'un mémorial. Le dessin vainqueur, dans le style du Renouveau russe d'Alfred Parland et Ignace Malichev fut celui que le tsar affectionnait. La première pierre fut posée en octobre 1883, mais il fallut un quart de siècle pour l'achever.

L'intérieur est une débauche de couleurs et de matériaux. Plus d'une vingtaine de pierres différentes, porphyre, jaspe et marbre italien entre autres, ont été utilisées pour les mosaïques de l'iconostase, le cadre des icônes, les marquises et le sol. L'église a réouvert en 1998 après plus de vingt ans de restauration.

Le tympan en mosaïque
L'extérieur de l'église est ornée de panneaux en mosaïque, réalisés d'après les dessins de Victor Vasnetsov et de Mikhaïl Nesterov. Ils illustrent des scènes du Nouveau Testament.

Blason
Les 144 blasons en mosaïques du clocher, représentent les régions, les villes et les provinces de l'Empire russe. Ils sont censés refléter la douleur du peuple russe à l'annonce de l'assassinat d'Alexandre.

Le clocher en pyramide de 81 m de hauteur

Complexité des détails
Son style Renouveau russe flamboyant, contraste radicalement avec l'architecture néo-classique et baroque qui domine le centre de Saint-Pétersbourg.

De l'émail de bijoutier recouvre les 1 000 m² des cinq dômes.

Des carreaux en céramique animent la façade.

Des portraits de saints en mosaïque sont encastrés dans des superpositions de kokochniki. Près de 7 000 m² de mosaïques recouvrent la façade exhubérante de cette église.

Sur les vingt plaques en granite brun importé de Norvège, sont gravées en lettres d'or les hauts faits du règne d'Alexandre II (1855-1881), dont l'émancipation des serfs en 1861 et la conquête de l'Asie centrale (1860-1881).

Cadres des vitraux
Des colonnes de marbre estonien encadrent les vitraux. Les chambranles sont en forme de doubles ou triples kokochniki *(arcs décoratifs superposés).*

La façade sud du château Mikhaïlovski et la statue de Pierre le Grand

Château Mikhaïlovski ❷

Михайловский замок

Mikhaïlovski zamok

Sadovaïa oulitsa 2. **Plan** 2 F5. *210 4173. 46, 134. 2, 34, 53, 54. de 10 h à 18 h du mer. au dim. (lun. jusqu'à 17 h). anglais.*

L'imposant château en brique rouge qui surplombe la Moïka et la Fontanka est aussi connu sous le nom de château des Ingénieurs. Il fut érigé en 1797-1801 par Vassili Bajenov et Vicenzo Brenna pour le tsar Paul Ier. Obsédé par la crainte d'être assassiné, celui-ci fit construire des douves, des ponts-levis et un passage secret menant du château au Champ de Mars *(p. 94)*. Toutes ces précautions furent vaines. Paul ne vécut que 40 jours dans ce château et fut victime d'une conspiration militaire qui conduisit à son assassinat *(p. 22)*. En 1823, ce château fort fut acheté par l'Académie du génie militaire. Dostoïevski fut son plus célèbre élève *(p. 123)*. Le château fait partie aujourd'hui du Musée russe.

La galerie expose des portraits de personnages qui ont joué un rôle important dans l'histoire de la ville et retrace le passé militaire du château. De la salle d'exposition on accède à l'église de l'Archange-Michel, un bel exemple de style néo-classique de Brenna.

En face du château se dresse une statue équestre en bronze de Pierre le Grand, conçue par Bartolomeo Carlo Rastrelli et fondue en 1747.

Musée russe ❸

Voir p. 104-107.

Place des Arts ❹

Площадь Искусств

Plochtchad Iskousstv

Plan 6 F1. *Nevski prospekt, Gostiny Dvor.*

Plusieurs des principales institutions culturelles de la ville sont situées sur cette impressionnante place néo-classique, d'où son nom. Au début du XIXe siècle, elle a été conçue par l'architecte Carlo Rossi pour entrer en harmonie avec le magnifique palais Mikhaïlovski (le Musée russe), au nord. De l'autre côté de la place se trouve la Philharmonie de Saint-Pétersbourg, connue aussi sous le nom de Salle Chostakovitch *(p. 43)*. Construite par Paul Jacot en 1834-1939, c'était à l'origine un club de la noblesse où avaient lieu des concerts. Parmi les œuvres jouées en première audition, citons la *Messe solennelle* de Beethoven en 1824 et la *Symphonie pathétique* de Tchaïkovski *(p. 42)* en 1893.

À l'ouest se trouve le Théâtre Moussorgski (ou Théâtre académique d'opéra et de ballet) *(p. 194)*, reconstruit par Albert Kavos au milieu du XIXe siècle. Au centre de la place se dresse la statue d'Alexandre Pouchkine *(p. 43)* réalisée par Mikhaïl Anikouchine, sculpteur d'après-guerre de premier plan.

L'élégant restaurant modern style du Grand Hôtel Europe *(p. 181)*

Grand Hôtel Europe ❺

Гранд Отель Европа

Grand Otel Evropa

Mikhaïlovskaïa oulitsa 17. **Plan** 6 F1. *329 6000. Nevski prospekt, Gostiny Dvor. Voir Hébergement, page 173.*

Le Grand Hôtel Europe (1873-1875), dessiné par Ludwig Fontana, est l'un des plus célèbres de Russie. Il doit son caractère Art déco à l'architecte Fiodor Lidval qui le restaura vers 1910.

Avant la Révolution, les membres du corps diplomatique et de la police secrète se retrouvaient dans son magnifique restaurant. Dans les années 70, le café de l'hôtel est devenu le lieu de rendez-vous des jeunes intellectuels et des artistes.

La statue de Pouchkine en face du Musée russe, sur la place des Arts

L'église du Sauveur-sur-le-Sang, un rappel magique de la vieille Russie ▷

Musée russe ❸

Русский Музей
Rousski Mouzeï

Le musée se trouve dans le palais Mikhaïlovski (1819-1825), l'une des plus belles réalisations néo-classiques de Carlo Rossi pour le grand-duc Mikhaïl Pavlovitch. Nicolas II y créa un musée public en 1898, suivant le projet de son père, Alexandre III. Aujourd'hui, il possède l'une des plus importantes collections d'art russe du monde.

★ **La Mère** (1915)
Sur cette toile de Kouzma Petrov-Vodkine, la paysanne représente l'avenir et sa pose de madonne est un rappel de la Renaissance italienne.

Escalier vers le rez-de-chaussée

L'aile Benois, du nom de l'architecte Leonty Benois, a été ajoutée en 1913-1919.

Escalier vers le rez-de-chaussée

La salle 79 expose généralement des d'artistes d'avant-garde comme Chagall, Malevitch et Kandinsky.

Entrée des expositions temporaires

Caisse

Le Portrait de Serge Diaghilev (1906) *de Léon Bakst, exprime la détermination et la vitalité de ce célèbre impresario et fondateur des Ballets russes. Bakst dessina aussi les costumes de ces ballets* (p. 119).

Escalier vers le 1er étage de l'aile Benois

À NE PAS MANQUER

- ★ **Le Dernier Jour de Pompeï, de Brioullov**
- ★ **La Mère, de Petrov-Vodkine**
- ★ **Les Haleurs de la Volga, de Repine**

SUIVEZ LE GUIDE !

L'entrée principale, place des Arts, conduit à la caisse. La visite commence au 1er étage. Les tableaux sont accrochés par ordre chronologique, en commençant salle 1 par les icônes. La visite continue au rez-de-chaussée du bâtiment principal, puis par l'aile Rossi, ensuite au 1er étage dans l'aile Benois. Nombreuses expositions temporaires.

Arts populaires (vers 1930)
Ce jouet en terre fait partie de la collection des objets d'art populaire, qui comprend également des boîtes en bois laquées, des céramiques peintes et des tissus.

★ Les Derniers Jours de Pompeï (1833)
Les sujets classiques de Karl Brioullov illustrent les principes esthétiques de l'Académie des arts. Cette peinture frappante de l'éruption du Vésuve lui valut le Grand prix au Salon de Paris.

MODE D'EMPLOI

Injenernaïa oulitsa 4. **Plan** 6 F1.
219 1608. *Nevski prospekt, Gostiny Dvor.* *3, 7, T8, 22, T129.* *1, 5, 7, 10, 22.* *lun. de 10 h à 17 h ; du mer. au dim. de 10 h à 18 h (dern. entrée 1 h avant la fermeture).* *Ascenseurs / rampes.* *anglais (tél. : 314 3448).* *anglais.*

★ Les Haleurs de la Volga (1870-1873)
Ilia Repine est le membre le plus célèbre du groupe des Ambulants, artistes adonnés au réalisme socialiste et aux sujets russes. Sa violente mise en accusation du travail forcé confère à ses victimes une sombre dignité.

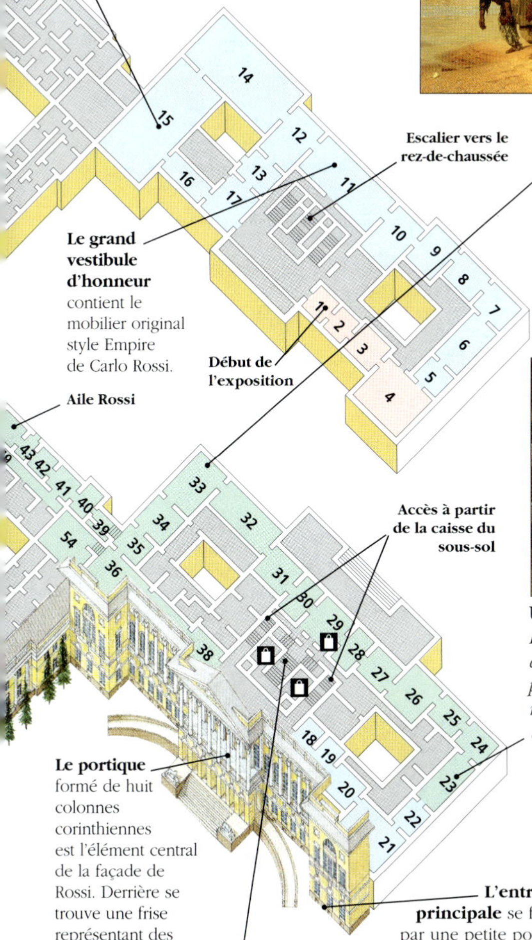

Escalier vers le rez-de-chaussée

Le grand vestibule d'honneur contient le mobilier original style Empire de Carlo Rossi.

Début de l'exposition

Aile Rossi

Accès à partir de la caisse du sous-sol

Le portique formé de huit colonnes corinthiennes est l'élément central de la façade de Rossi. Derrière se trouve une frise représentant des figures classiques dessinées par Rossi et réalisées par Demout-Malinovski.

Escalier vers le 1er étage

L'entrée principale se fait par une petite porte qui mène au sous-sol, où se trouvent la caisse, le vestiaire, les toilettes et un café.

Un Repas au Monastère (1865-1876)
Les toiles de Vassili Perov témoignent de l'hypocrisie du clergé orthodoxe par la confrontation du bien et du mal, de l'opulence et de la pauvreté, de la fausse dévotion et de la vraie foi.

LÉGENDE

- Icônes
- 1700-1860
- Les Ambulants et l'art « fin de siècle »
- Art du XXe siècle
- Arts populaires
- Expositions temporaires
- Circulations et services

À la découverte du Musée russe

Ce musée abrite une des collections d'art russe les plus importantes du monde. Lors de sa fondation, seules les œuvres approuvées par l'Académie des arts *(p. 63)* y étaient exposées. Après la Révolution, le musée fut nationalisé et l'on y rassembla toutes les œuvres des palais, églises, musées et collections particulières. Dans les années 30, le réalisme socialiste devint l'art officiel et les œuvres d'avant-garde furent mises de côté pour ne réapparaître que dans les années 80.

***L'Ange aux cheveux d'or*, icône du début du XIIe siècle**

LES ICÔNES

La visite du musée commence par les icônes russes, du XIIe au XVIIe siècles, nées de la tradition orthodoxe. Comme les icônes byzantines, elles se caractérisent par des couleurs sombres et une une représentation statique mystique et distante des saints. L'une des plus anciennes, *L'Ange aux cheveux blonds*, représentant l'archange Gabriel, auquel ses grands yeux expressifs et le modelé délicat du visage donnent une grâce éthérée, en est un suberbe exemple.

L'école de Novgorod *(p. 163)* encouragea un style plus vif et plus brillant, et une science du mouvement plus théatrâle. L'œuvre d'Andréï Roublev (vers 1340-1430) poétique et d'une technique plus raffinée, est considérée comme l'expression la plus accomplie de la peinture d'icônes russe.

1700-1860

Les premiers portraits profanes, qui doivent aux icônes leur aspect statique, apparurent dans la seconde moitié du XVIIe siècle. Toutefois, pendant le règne de Pierre le Grand, la peinture russe se libéra de ses attaches byzantines. Le tsar lui-même fut le premier mécène qui permit à de jeunes artistes, souvent des serfs, de partir étudier à l'étranger. L'Académie des beaux-arts *(p. 63)*, fondée en 1757, engagea les artistes à se tourner vers des sujets mythologiques et classiques.

La peinture européenne influença les premiers portraitistes russes, notamment Ivan Nikitine (1688-1741) et Andreï Matveev (1701-1739). L'art du portrait se développa avec Dimitri Levitski (1735-1822), dont les peintures de jeunes filles nobles de l'Institut Smolny sont les plus connues.

Les paysagistes russes furent stimulés par le romantisme, en particulier ceux qui, comme Silvestre Chtchedrine (1791-1830), Fiodor Matveev (1758-1826) ou Ivan Aïvazovski (1817-1900) puisèrent leur inspiration à l'étranger.

***Portrait de E. I. Nelidova* (1773), de Dimitri Levitski**

Toutefois, les grandes marines sont purement russes par leur climat et leur échelle. Le romantisme influença de nombreux peintres d'histoire tels que Karl Brioullov (1799-1852), dans *le Dernier Jour de Pompeï* par exemple.

LES AMBULANTS ET LES PEINTRES « FIN DE SIÈCLE »

En 1863, un groupe d'étudiants menés par Ivan Kramskoï (1835-1887) se rebellèrent contre l'Académie des beaux-arts. Sept ans plus tard, ils s'organisèrent en Société d'expositions ambulantes et devinrent célèbres sous le nom d'Ambulants (*Peredvijniki)* ou d'Itinérants. Ils exigeaient que l'art ait un caractère plus social et qu'il se consacre essentiellement des thèmes russes.

Ilia Repine *(p. 43)* fut le plus éclectique des Ambulants. Dans

***Preux à la croisée des chemins* (1882), de Victor Vasnetsov**

***Le Séraphin aux six ailes* (1904), de Mikhaïl Vroubel**

Les Haleurs de la Volga, il combine la dénonciation du travail forcé avec une vue romantique du peuple russe. *Un Repas au Monastère*, de Vassili Perov (1833-1882) est également une charge contre l'injustice sociale.

Des peintres nationalistes comme Nikolaï Gay (1831-1894) et Vassili Sourikov (1848-1916) allèrent chercher leur inspiration dans l'histoire de la Russie, traitant leurs sujets avec une nouvelle acuité psychologique, comme dans le tableau de Gay *Pierre Ier interrogeant son fils à Peterhof* (1871-1872) où l'on voit Pierre le Grand interrogeant son fils, obstinément dressé contre lui.

La renaissance slave donna aussi une nouvelle vie à la peinture de paysages qui se concentra sur les beautés de la campagne russe. *Village d'automne* (1889) d'Isaac Levitan (1860-1900), le maître du genre, tableau presque impressionniste, annonce peut-être déjà le déclin des Ambulants.

Victor Vasnetsov (1848-1926) s'intéressa au passé héroïque, souvent légendaire, de la Russie pré-européenne, dans des peintures réalistes telles que *Le Preux à la croisée des chemins*. Métaphore de l'avenir de la Russie, ce tableau est empreint de la mélancolie fin-de-siècle et du mysticisme que la génération suivante, en particulier les symbolistes, allaient exprimer avec tant de force.

Art du XXe siècle

Les œuvres sombres et rêveuses du symboliste Mikhaïl Vroubel (1856-1910), associent les thèmes russes et religieux, dans une vision plus internationale. Il utilise formes et couleurs pour décrire des émotions, et dans *le Séraphin aux six ailes*, il emploie une surface brisée et vibrante pour exprimer la tension du sujet.

Le Monde de l'Art, mouvement fondé par Alexandre Benois et Serge Diaghilev dans les années 1890 *(p. 26)* a également considérablement influencé l'art du XXe siècle. Il rejetait la notion d'« art utile à la société » en faveur de l'« art pur et sans entraves » et ouvrit aussi la peinture russe aux influences occidentales. Il permit d'introduire en Russie les derniers courants artistiques occidentaux.

***Portrait du directeur Vsevolod Meyerhold* (1916), de Boris Grigorev**

Benois, Léon Bakst, entre autres membres du groupe, dessinèrent les costumes et les décors des Ballets russes de Diaghilev *(p. 119)*.

L'avant-garde russe est née de ces influences locales, sans oublier celles de Cézanne, Picasso et Matisse. Mikhaïl Larionov (1881-1964) et Natalia Gontcharova (1881-1962), firent usage du folklore russe dans des œuvres d'inspiration primitiviste comme le *Tableau décoloré* (1908) de Gontcharova. Ils changèrent souvent de style et adhérèrent au culte futuriste de la machine, comme dans *Le Cycliste* (1913) *(p. 40)*, de Gontcharova.

Le lien entre l'innovation en peinture et les arts de l'époque en général s'exprime de façon frappante dans le portrait anguleux que fit Boris Grigorev de Meyerhold, lui-même célèbre par son approche révolutionnaire du théâtre.

La fascination de Kazimir Malevitch (1878-1935) pour la juxtaposition de simples formes géométriques inspira les suprématistes. Vassili Kandinsky (1866-1944), chef de file du Blau Reiter (« Cavalier Bleu ») de Munich, fut aussi la figure de proue de l'art abstrait russe.

Marc Chagall (1887-1941), El Lissitski (1890-1941) et Alexandre Rodtchenko (1891-1956) figurent aussi parmi les œuvres exposées.

Art populaire

L'art populaire eut une grande influence sur le développement de l'art moderne russe dans les années 1860. Quand le riche industriel et mécène Savva Mamontov établit une colonie d'artistes à Abramtsevo, près de Moscou, Vassili Polenov (1844-1927), Ilia Répine et Victor Vasnetsov furent parmi les peintres encouragés à travailler avec et à tirer des leçons des artisans serfs qui vivaient sur le domaine. La collection d'art populaire du musée renferme de superbes tapisseries brodées, des coiffes traditionnelles, des carreaux peints, des jouets en porcelaine, des cuillères et des plats en bois laqués.

Nevski prospekt ❻

Невский проспект

Nevski prospekt

Plan 6 D1–8 D3. Ⓜ *Nevski prospekt, Gostiny Dvor. Voir aussi p. 46-49.*

Nevski prospekt, l'avenue la plus célèbre de Russie, est l'artère principale de Saint-Pétersbourg. Dans les années 1830, l'écrivain Nicolas Gogol *(p. 42)* déclarait fièrement : « Il n'y a rien de plus beau que l'avenue Nevski... C'est tout Saint-Pétersbourg... existe-t-il quelque chose de plus gai, de plus brillant, de plus resplendissant que cette rue de notre capitale ? ».

De ce point de vue, peu de choses ont changé car la perspective Nevski n'a rien perdu aujourd'hui de sa suprématie.

Tracée dès la fondation de la ville, elle porta d'abord le nom de « route de la Grande Perspective » et s'étendait sur 4,5 km, de l'Amirauté *(p. 78)* au monastère Alexandre-Nevski *(p. 130-131)*. Malgré les loups errants et les inondations incontrôlables de la Néva *(p. 37)*, qui rendit l'avenue navigable en 1721, de belles demeures, notamment le palais Stroganov *(p. 112)* ne tardèrent pas à apparaître. Magasins, marchés, restaurants pour les nobles et auberges pour les voyageurs suivirent, et au milieu du XVIIIe siècle, attirant les riches comme les pauvres, la perspective était devenue l'endroit d'où voir et être vu, le rendez-vous des affaires et des plaisirs.

Aujourd'hui, cette artère reste animée tard dans la nuit, toute l'année. La plupart des sites à visiter sont à proximité, entre l'Amirauté et le pont Anitchkov *(p. 46-47)*. On trouve quelques-uns des meilleurs magasins *(p. 186-187)*, autour de Gostiny Dvor et du Passage.

Nevski prospekt est riche aussi de lieux culturels qui lui attirent du monde de toute la ville : la petite Philarmonie *(p. 194)*, salle de concert, le Grand Hôtel Europe *(p. 110)*, la Bibliothèque nationale, et des musées, églises, cinémas et restaurants en grand nombre.

Nevski prospekt, le cœur de Saint-Pétersbourg

Portique de l'église arménienne (1771-1779)

Église arménienne ❼

Армянская церковь

Armianskaïa tserkov

Nevski prospekt 40–42. **Plan** 6 F1. Ⓜ *Gostiny Dvor.* ◯ *de 9 h à 22 h.*

Iouri Velten fit les plans de Sainte-Catherine, la belle église arménienne bleue et blanche, au portique néo-classique et surmontée d'un seul dôme. Ouverte en 1780, sa construction fut financée par Joachim Lazarev, riche homme d'affaires arménien, avec la vente d'un diamant perse que le comte Grigori Orlov *(p. 22)* avait acheté pour la Grande Catherine.

Fermée en 1930, l'église a été rendue à la communauté arménienne et les visiteurs peuvent assister à un service ou aux travaux de restauration en cours.

Gostiny Dvor ❽

Гостиный двор

Gostiny dvor

Nevski pr. 35. **Plan** 6 F2. ☎ *312 4165.* Ⓜ *Gostiny Dvor.* ◯ *de 9 h à 21 h, t.l.j.*

Gostiny dvor signifiait autrefois « relais de diligence », mais lorsque le commerce se développa autour des auberges, avec des marchands itinérants qui y installaient leurs étals, il devint la « cour des Marchands ». Sa structure originale fut détruite par un incendie en 1736. Vingt ans plus tard, Bartolomeo Rastrelli

Vitraux modern style du magasin Elisseev

dessina un nouveau bâtiment, mais le projet s'avéra trop ambitieux. On reprit sa construction en 1761 et elle se poursuivit jusqu'en 1785. Vallin de la Mothe lui ajouta ses impressionnantes colonnes et ses portiques massifs. Ce bâtiment jaune a une forme de trapèze, bordé sur un côté par la perspective Nevski. Ses façades font près d'un kilomètre de longueur.

Au XIXe siècle, c'était une promenade à la mode où travaillaient plus de 5 000 personnes. Sévèrement endommagé pendant le siège de Léningrad *(p. 27)*, le Gostiny Dvor a été reconstruit en grand magasin plus moderne, mais il a conservé ses rangées de stands individuels. Aujourd'hui, s'y sont ajoutés des boutiques étrangères et un grand choix de marchandises qui en ont fait le plus grand centre commercial de la ville *(p. 187)*.

Arcades et colonnes, Gostiny Dvor

Elisseev ❾

Елисеевский гастроном

Elisseevski gastronom

Nevski prospekt 56. **Plan** 6 F1.
311 9323. M *Gostiny Dvor.*
○ *lun. au ven. de 9 h à 21 h, sam. de 10 h à 21 h, dim. de 11 h à 20 h.*
● *1er janvier.*

Le fondateur de la dynastie Elisseev, Piotr Elisseev, était un paysan ambitieux qui, en 1813, ouvrit une boutique de vins sur Nevski prospekt. Au début du siècle, ses petits-fils possédaient une chocolaterie, de nombreuses maisons, des auberges et ce célèbre magasin d'alimentation. Installé dans le bâtiment modern style le plus riche de la ville, il a été conçu par Gavril Baranovski en 1901-1903, avec des sculptures en bronze et d'immenses vitrines. L'intérieur, tout aussi impressionnant avec ses vitraux, ses comptoirs en marbre et ses lustres en cristal, attire le regard au détriment des produits raffinés exposés *(p. 190)*. Une plaque sur la porte principale rend hommage aux petits-fils Elisseev.

Palais Anitchkov ❿

Аничков дворец

Anitchkov dvorets

Nevski prospekt 39. **Plan** 7 A2.
M *Gostiny Dvor.* ● *au public sauf manifestations spéciales.*

Le palais Anitchkov (1741-1750) fait partie des nombreux palais qui bordaient la Fontanka et n'étaient seulement accessibles qu'en bateau. Élisabeth II l'avait offert à son favori, Alexis Razoumovski, qui le fit remanier dans le style baroque en 1754. Il porte le nom du lieutenant colonel Mikhaïl Anitchkov, qui installa son campement sur ce site au moment de la fondation de la ville. Ce palais a été reconstruit et modifié plusieurs fois, selon le goût des propriétaires successifs. À la mort de Razoumovski, la Grande Catherine l'offrit à son amant, le prince Potemkine *(p. 25)*. Au début du XIXe siècle, Carlo Rossi y ajouta des motifs décoratifs néo-classiques.

Le palais devint ensuite la résidence d'Hiver de l'héritier impérial. Après son accession au trône en 1881, Alexandre III préféra ce palais au palais d'Hiver, résidence habituelle du tsar. Après sa mort, sa veuve Maria Fiodorovna, y resta jusqu'à la Révolution.

À l'ouest du palais, le grand parc fut tronqué en 1816, lors de la construction de la place Ostrovski *(p. 110)* et de deux pavillons néo-classiques. L'élégant bâtiment à colonnes qui surplombe la Fontanka, à l'est, a été ajouté par Giacomo Quarenghi en 1803-1805. Les produits des fabriques impériales y étaient entreposés, avant d'être distribués dans les différents palais. Plus tard, le gouvernement le convertit en bureaux à son usage.

Vue du bâtiment de Quarenghi, annexé au palais Anitchkov, sur Nevski prospekt

Le Théâtre Alexandra (1828-1832), orné d'un portique, place Ostrovski

Place Ostrovski ⓫

Площадь Островского
Ostrovskovo plochtchad

Plan 6 F2. Ⓜ *Gostiny Dvor.* **Bibliothèque nationale** ● *aux étrangers sauf autorisation spéciale.* **Musée du Théâtre** ○ *jeu. au lun. de 11 h à 18 h ; mer. de 13 h à 19 h* ● *jours fériés.*

Carlo Rossi, l'un des architectes de Russie les plus brillants et les plus productifs, créa cette place au début du XIXe siècle. Elle porte aujourd'hui le nom du grand dramaturge Alexandre Ostrovki (1823-1886).

L'élégant théâtre Alexandra *(p. 194)* est un édifice néo-classique, style cher à Rossi. Le portique de six colonnes corinthiennes est surmonté du char d'Apollon sculpté par Stepan Pimenov.

Ce bâtiment fut le siège de la plus ancienne compagnie théâtrale russe, fondée en 1756. On y donna la première de la pièce de Nicolas Gogol, *Le Revizor* (1836) et *La Mouette* (1901) de Tchekhov. À l'époque soviétique, il fut rebaptisé Théâtre Pouchkine.

Dans le jardin devant le théâtre se trouve la statue de la Grande Catherine, la seule de Saint-Pétersbourg. Mikhaïl Mikechine fut le principal concepteur de ce monument, inauguré en 1873. La tsarine est représentée entourée d'hommes d'État et autres célébrités, parmi lesquelles la présidente (1783-1796) de l'Académie des sciences, la princesse Ekaterina Dachkova.

En été, joueurs d'échec et spectateurs prennent d'assaut les bancs situés derrière le théâtre. À l'ouest de la place, en face du palais Anitchkov *(p. 106)*, se dresse le prolongement de la bibliothèque nationale de Russie, avec sa colonnade (1828-1834) ornée de sculptures néo-classiques. Fondée en 1795, la bibliothèque contient plus de 28 millions d'ouvrages. Parmi les plus précieux, les livres de la bibliothèque personnelle de Voltaire, dont la Grande Catherine fit l'acquisition en souvenir de son illustre correspondant.

Au sud-est de la place, au n° 6, se trouve le musée du Théâtre, qui retrace l'évolution de la scène russe, de ses origines au milieu du XVIIIe siècle. On y trouve des collections d'affiches, de photos, de décors et de costumes, des décors dessinés par Meyerhold, un des grands innovateurs du théâtre (1874-1940).

Oulitsa Zodtchevo Rossi ⓬

Улица Зодчего Росси
Zodtchevo Rossi oulitsa

Plan 6 F2. Ⓜ *Gostiny Dvor.*

Cet ensemble architectural de colonnades et d'arcades identiques qui forment la « rue de l'Architecte Rossi » est le mémorial idéal de l'œuvre de Carlo Rossi. Ces bâtiments de 22 m de hauteur et de 220 m de longueur sont situés à exactement 22 m l'un de l'autre. De la place Lomonossov, l'œil est invinciblement attiré par la perspective qui s'ouvre sur le Théâtre Alexandra.

Au n° 2 se trouve l'ancienne École impériale de ballet, rebaptisée École Agrippina Vaganova (1879-1951), une des rares danseuses à ne pas avoir émigré après la Révolution. L'école fut fondée en 1738 par Jean-Baptiste Landé, qui faisait répéter des orphelins et des enfants de domestiques des palais pour qu'ils participent aux représentations données à la cour. Elle a été transférée dans les locaux qu'elle occupe actuellement en 1836 *(p. 118)* et a formé depuis beaucoup de célèbres danseurs, dont Anna Pavlova et Rudolf Noureev.

Photo de oulitsa Zodtchevo Rossi (1828-1834) au XIXe siècle

L'architecte Carlo Rossi

Carlo Rossi (1775-1849), est l'un des derniers grands représentants du néo-classicisme à Saint-Pétersbourg. Alexandre Ier fut pour lui un client idéal, convaincu comme lui que l'architecture devait exprimer la puissance de l'autocratie au pouvoir. À sa mort, Rossi avait créé pas moins d'une douzaine de rues imposantes et treize places, notamment la place du Palais *(p 83)*. La rumeur avait couru à l'époque qu'il était le fruit d'une liaison que le tsar Paul Ier aurait eu avec sa mère, une ballerine italienne.

Bâtiment central du palais Vorontsov

Palais Vorontsov ⓭

Воронцовский дворец

Vorontsovski dvorets

Sadovaïa oulitsa 26. **Plan** 6 F2. au public. *Gostiny Dvor, Sennaïa Plochtchad.*

Le corps des Pages, l'école militaire la plus prestigieuse de l'empire de Russie, occupa le palais Vorontsov de 1810 à 1918. De nombreux décembristes *(p. 22-23)* ainsi que le prince Felix Ioussoupov *(p. 121)* eurent le privilège de faire partie de ses élèves. Aujourd'hui, il est le siège de l'académie militaire Souvorov.

Situé à l'origine au milieu d'un grand parc, ce beau palais dessiné par Bartolomeo Rastrelli *(p. 93)* a été construit en 1749-1757 pour le prince Mikhaïl Vorontsov, ministre de la tsarine Élisabeth. Les gracieuses balustrades en fer forgé de Rastrelli sont parmi les plus anciennes de leur genre Russie.

Marché Apraksine ⓮

Апраксин двор

Apraksine dvor

Sadovaïa oulitsa. **Plan** 6 E2. *Gostiny Dvor, Plochtchad Sennaïa. de 9 h à 17 h.*

Fondé vers la fin du XVIIIe siècle, ce marché tient son nom de la famille Apraskine, propriétaire du terrain sur lequel il a été construit. Le premier bâtiment en bois fut détruit par un incendie en 1862 et remplacé par une galerie marchande. En 1900, on trouvait de tout sur ses quelque 600 stands : des produits alimentaires, du vin, des épices comme des meubles, des fourrures ou de la mercerie. Aujourd'hui, le marché déborde sur Apraksine pereoulok et dans la cour derrière les arcades *(p. 187)*.

Notre-Dame-de-Kazan ⓯

Казанский собор

Kazanski sobor

Kazanskaïa plochtchad 2. **Plan** 6 E1. *311 0495. Nevski prospekt. de 9 h à 19 h 30 t.l.j.*

Notre-Dame-de-Kazan est l'une des églises les plus imposantes de la ville. Sa construction, commandée par Paul Ier, dura plus de dix ans (1801-1811). Elle a été conçue par l'architecte serf Andreï Voronikhine, qui s'inspira de Saint-Pierre-de-Rome. Sa colonnade en hémicycle de 111 m de long dissimule l'orientation de l'édifice, parallèle à Nevski prospekt, conformément aux prescriptions religieuses qui exigent que l'autel principal soit orienté vers l'est. Le projet initial prévoyait une colonnade symétrique côté sud.

La cathédrale doit son nom à l'icône miraculeuse de Kazan, *Mère de Dieu*, qui s'y trouvait alors. Désormais abritée par la cathédrale du prince Vladimir à Petrograd, l'icône est censée avoir délivré Moscou des Polonais en 1612.

La décoration intérieure est plus épurée. Son dôme haut de 80 m et ses colonnes en granite rose de Finlande couronnées de chapiteaux en bronze sont ses traits les plus marquants. Le bâtiment, occupé du temps des communistes par un musée de l'Athéïsme a retrouvé depuis 1999 son usage religieux initial.

La construction de la cathédrale s'acheva au moment de la guerre contre Napoléon *(p. 22)*. Le maréchal Mikhaïl Koutouzov (1745-1813), qui organisa habilement la retraite de Moscou, a été inhumé dans la chapelle nord de l'église avec les honneurs militaires. Koutouzov été immortalisé par Tolstoï, dans *Guerre et Paix* (1865-1869). Sa statue et celle de son compagnon d'armes, Mikhaïl Barclay de Tolly (1761-1818), toutes deux de Boris Orlovski, se trouvent sur Kazanskaïa plochtchad, devant la cathédrale, depuis 1837.

La nef principale de Notre-Dame-de-Kazan

Palais Stroganov ⓰

Строгановский дворец
Stroganovski dvorets

Nevski prospekt 17. **Plan** 6 E1. Ⓜ *Nevski prospekt.* ☎ *311 2360.* ◯ *du mer. au dim. de 10 h à 18 h le lun. de 10 h à 17 h.*

Ce chef-d'œuvre baroque a été dessiné en 1752-1754 par Rastrelli *(p. 93)*. Commandé par le richissime comte Stroganov, le palais a été occupé par ses descendants jusqu'à la Révolution. Les Stroganov avaient fait fortune grâce à leur monopole sur le sel des mines de leurs vastes domaines du Nord.

Le palais vert et blanc, qui domine Nevski prospekt et la Moïka, est l'une des résidences privées les plus imposantes de la ville. Sa façade, qui longe la rivière, est ornée de colonnes doriques, de corniches, de frontons et d'encadrements de fenêtres typiquement baroques.

Les Stroganov collectionnaient toutes sortes d'objets d'art (antiquités égyptiennes et romaines, monnaies anciennes, icônes et tableaux de maîtres). Nationalisé après la Révolution, ce palais fut préservé pendant dix ans comme un témoin de la vie de l'aristocratie décadente. Lorsque le musée ferma ses portes, une partie de sa collection fut vendue aux enchères en Occident et le reste transféré à l'Ermitage *(p. 84-93)*.

Portail néo-roman de l'église luthérienne (1832-1838)

Le bâtiment appartient aujourd'hui au musée Russe *(p. 104-107)*. Il présente des expositions temporaires et abrite également, de façon permanente, un musée de cire où sont montrés des personnages historiques.

Église luthérienne ⓱

Лютеранская церковь
Liouteranskaïa tserkov

Nevski prospekt 22–24. **Plan** 6 E1. Ⓜ *Nevski prospekt.*

En retrait de Nevski prospekt se trouve le temple Saint-Pierre, une église luthérienne surmontée de deux tours identiques. Sa construction actuelle terminée dans les années 1830, ce temple accueillit la communauté germanique grandissante de Saint-Pétersbourg *(p. 57)*. Le projet néo-roman d'Alexandre Brioullov qui fut choisi est d'un style néo-roman inhabituel.

De 1936 jusque dans les années 50, elle servit d'entrepôt à légumes, puis fut convertie en piscine. Le bassin fut creusé dans le sol de la nef, on installa des bancs dans la galerie et un plongeoir sous l'abside. Le temple a maintenant été rendu à la communauté luthérienne allemande de Russie. L'église est ouverte et le culte y est célébré régulièrement pendant la restauration.

Salle de concert de la Kapella Glinka

Academic Capella ⓲

Академиуеская камелла
Akademicheskaya kapella

Naberejnaia reki Moïki 20. **Plan** 2 E5. ☎ *314 1058.* Ⓜ *Nevski prospekt.* ◯ *concerts seul.* *Voir Se distraire à St-Pétersbourg, p. 194.*

Cette grande salle de concert de couleur jaune d'ocre, à la façade néo-classique de style Louis XV, se trouve dans une cour près de la Moïka. Réalisée par Leonty Benois en 1887-1889, elle abritait la chorale de la cour impériale, qui, fondée pendant le règne de Pierre le Grand, est née avec la ville, et a été dirigée par d'illustres musiciens, notamment les compositeurs Mikhaïl Glinka (1804-1857) et Nikolaï Rimski-Korsakov (1844-1908) *(voir p. 44)*.

Dotée d'une excellente acoustique, l'Academic Capella est l'une des meilleures salles de concert du monde. Elle est située face au pont des Chantres *(Pevtcheski most)*, le bien nommé, conçu par Egor Adam 1837-1840.

La façade occidentale du palais Stroganov

Effets personnels de Pouchkine, dans son bureau

Maison-musée Pouchkine ⓳

Музей-квартира А. С. Пушкина

Mouzeï-kvartira A.S. Pouchkina

Naberejnaia reki Moïki 12.
Plan 2 E5. ☎ *311 3531.* 🚌 *12, 53.*
○ *mer. à lun. de 11 h à 17 h.*
● *jours fériés.*

Le 29 janvier, jour anniversaire de sa mort, les admirateurs de Pouchkine viennent déposer des fleurs devant son appartement. Ce grand poète est né à Moscou en 1799, mais il passa de nombreuses années à Saint-Pétersbourg.

De 1836 à sa mort, il vécut dans ce luxueux appartement surplombant la Moïka, avec sa femme Natalia, leurs quatre enfants et les deux sœurs de Natalia. Ce fut là, sur le canapé du bureau, qu'il se vida de son sang, au retour de son duel fatal avec d'Anthès *(p. 81)*.

Six pièces au premier étage ont été réaménagées dans le style Empire. Le bureau de Pouchkine est resté tel qu'il était lors de sa mort. Sur sa table de travail, sont posés le coupe-papier en ivoire offert par sa sœur, une petite cloche en bronze et un encrier, orné d'un jeune Éthiopien, auquel l'écrivain attachait beaucoup de prix *(p. 39)*, car il lui venait de son arrière-grand-père, Abram Hannibal. Esclave acheté par l'ambassadeur de Russie à Constantinople en 1706, Hannibal servit comme général sous les ordres de Pierre le Grand. Au moment de sa mort, Pouchkine travaillait à un roman inspiré de sa vie, *Le Nègre de Pierre le Grand*.

Le sabre turc accroché au mur en face du bureau a été offert à Pouchkine lors de son séjour dans le Caucase où il fut exilé en 1820, en raison de ses positions radicales. Paradoxalement, c'est là-bas qu'il passa quelques-unes des plus heureuses années de sa vie. C'est là aussi qu'il commença la rédaction de son ouvrage le plus célèbre, *Eugène Oneguine* (1823-1830).

La pièce la plus impressionnante de cet appartement est la bibliothèque du poète, qui contient plus de 4 500 volumes en 14 langues européennes et orientales. Parmi ceux-ci, les œuvres des écrivains que Pouchkine admirait le plus : Shakespeare, Byron, Heine, Dante et Voltaire.

Écuries impériales ⓴

Конюшенное Ведомство

Koniouchennoïe Vedomstvo

Koniouchennoïe plochtchad 1.
Plan 2 E5. 🚌 *12, 53.*
Église ○ *t.l.j.*

Le long bâtiment rose saumon parallèle à la Moïka abritait les écuries impériales, Bâti au cours de la première moitié du XVIIIe siècle, il fut reconstruit par Vassili Stassov en 1817-1823.

La seule partie ouverte au public est située derrière le bâtiment central de la longue façade sud, couronnée d'un dôme en argent et d'une croix. C'est l'église où furent célébrées les funérailles d'Alexandre Pouchkine, le 1er février 1837. Son intérieur néo-classique, orné de piliers en marbre jaune, rappelle celui d'une basilique. L'iconostase en bois blanc doré date du début du XIXe siècle.

Les Écuries impériales (à gauche) et le pont des Petites-Écuries

SENNAÏA PLOCHTCHAD

L'ouest de Saint-Pétersbourg est un quartier très contrasté où les riches palais du quai des Anglais côtoient les maisons délabrées de la place Sennaïa (Sennaïa plochtchad), encore relativement conformes aux descriptions de Dostoïevski *(p. 123)*. Entre ces deux mondes se trouve l'ancien quartier maritime où habitaient les constructeurs de navires, anglais pour la plupart, à l'époque de Pierre le Grand. Il s'étend des entrepôts de la Nouvelle Hollande jusqu'à la cathédrale Saint-Nicolas d'où l'on voyait défiler la flotte impériale. Le prestigieux théâtre Marinski et le conservatoire Rimski-Korsakov, d'où sont sortis tant de grands artistes russes, dominent la place des Théâtres, centre de la vie culturelle de la ville depuis le milieu du XVIIIe siècle. Avant 1917, metteurs en scène, acteurs, ballerines, artistes et musiciens habitaient les rues adjacentes à la place des Théâtres. Aujourd'hui, les gens du spectacle, attirés par le calme des canaux ombragés, sont revenus vivre dans ce quartier tranquille.

Blason du palais Ioussoupov

LE QUARTIER D'UN COUP D'ŒIL

Cathédrales
Saint-Nicolas-des-Marins 2

Théâtres
Théâtre Marinski p. 119 1

Bâtiments historiques
Poste centrale 7
Nouvelle Hollande 5
Conservatoire Rimski-Korsakov 3

Palais
Palais Ioussoupov 4

Rues et places
Bolchaïa Morskaïa oulitsa 8
Quai des Anglais 6
Sennaïa plochtchad 9

Musée
Musée des Transports ferroviaires 10

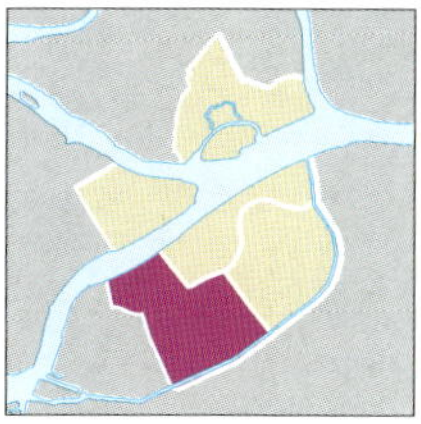

LÉGENDE

Plan du quartier pas à pas *Voir p. 116-117*

Station de métro

Arrêt du tramway

◁ **Intérieur baroque de la haute église de Saint-Nicolas**

Place des Théâtres pas à pas

Atlas sur Rimskovo-Korsakova prospekt

Sur la place des Théâtres, anciennement place du Carrousel, avaient lieu des fêtes et des festivals. Le théâtre Marinski et le conservatoire Rimski-Korsakov furent construits au XIXe siècle, lorsque Saint-Pétersbourg devint la capitale culturelle du pays, et de nombreux artistes vinrent s'installer dans les environs. Cette place est toujours le cœur de la vie musicale et théâtrale de la ville *(p. 194)*. À proximité, les quais du canal bordé d'arbres et les jardins qui entourent la cathédrale Saint-Nicolas sont d'agréables lieux de promenades.

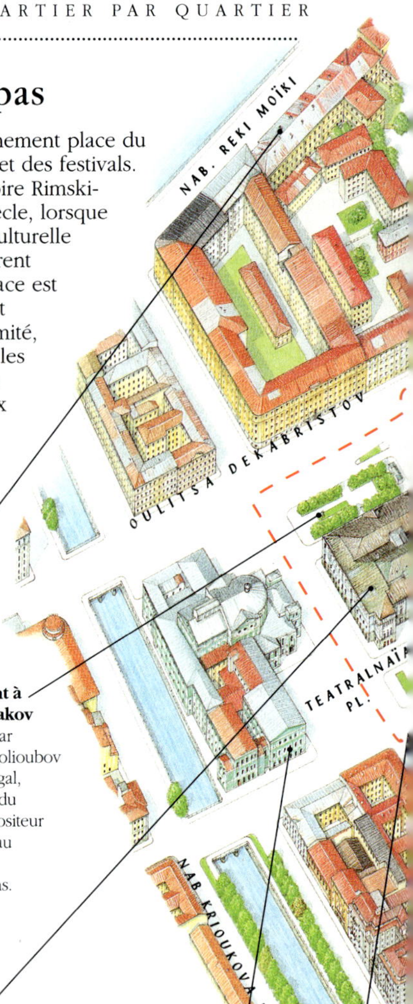

Le palais Ioussoupov
Site historique où Raspoutine fut assassiné (p. 121), *ce grand palais appartenait à la riche famille Ioussoupov. L'intérieur, somptueux, comprend un escalier en marbre italien et un petit théâtre rococo* ❹

Le monument à Rimski-Korsakov
(1952) érigé par Venjamin Bogolioubov et Vladimir Ingal, à la mémoire du célèbre compositeur qui enseigna au conservatoire pendant 37 ans.

Le conservatoire Rimski-Korsakov
Fondé par le pianiste et compositeur Anton Rubinstein, c'est le premier conservatoire de Russie qui compta de prestigieux élèves, notamment Tchaïkovski, Prokofiev et Chostakovitch (p. 43) ❸

Monument à Mikhaïl Glinka *(p. 44)*

★ Le théâtre Marinski
Il abrite la Compagnie de ballet et d'opéra du Marinski (Kirov) depuis 1860. Derrière son imposante façade se trouve le somptueux auditorium où les plus grands danseurs russes ont donné des représentations ❶

Le pont des Lions *(Lviny most)* est l'un des nombreux ponts suspendus qui enjambent l'étroit canal Griboïedov *(p. 36, 47)*, bordé d'arbres. Ces ponts étranges et très gracieux sont des lieux de rendez-vous, en particulier pour les amoureux.

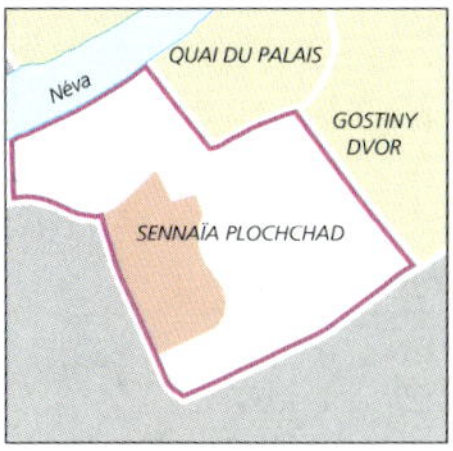

CARTE DE SITUATION
Voir l'Atlas des rues, plan 5

À NE PAS MANQUER

★ **Théâtre Marinski**

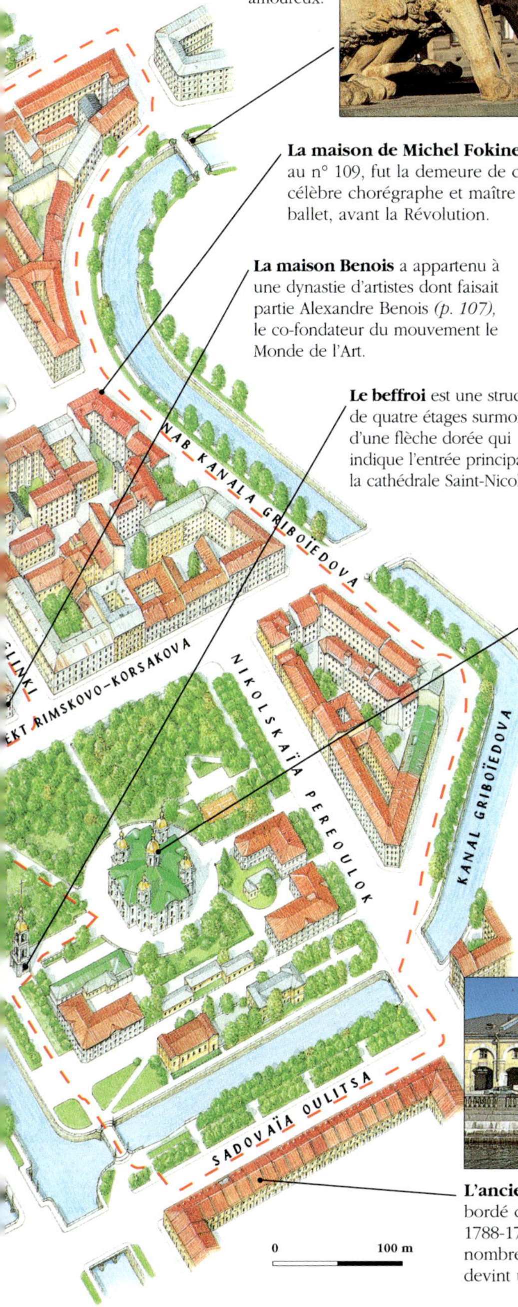

La maison de Michel Fokine, au n° 109, fut la demeure de ce célèbre chorégraphe et maître de ballet, avant la Révolution.

La maison Benois a appartenu à une dynastie d'artistes dont faisait partie Alexandre Benois *(p. 107)*, le co-fondateur du mouvement le Monde de l'Art.

Le beffroi est une structure de quatre étages surmontée d'une flèche dorée qui indique l'entrée principale de la cathédrale Saint-Nicolas.

La cathédrale Saint-Nicolas
C'est un bel exemple du XVIIIe *siècle russe baroque. L'église haute est somptueusement décorée d'icônes, de dorures et d'une iconostase sculptée. L'église basse, illuminée par des cierges, est aussi ouverte aux fidèles* ❷

LÉGENDE

– – – Itinéraire conseillé

L'ancien marché Nicolas, au toit très incliné, bordé d'une longue arcade, a été construit en 1788-1789. Au XIXe siècle, comme de nombreux sans-emploi s'y rassemblaient, il devint une bourse de l'emploi non officielle.

Les ballets à Saint-Pétersbourg

L'origine des célèbres Ballets russes remonte au XVIIIe siècle, lorsque, en 1738, Jean-Baptiste Landé, un maître de ballet français, fonda une école de danse pour les enfants des serviteurs du palais. Très vite connue, cette École impériale de ballet s'épanouit sous la houlette de maîtres de danse étrangers, dont Marius Petipa (1818-1910) fut le principal. Arrivé en 1847 comme premier danseur, il composa ensuite la chorégraphie de plus de 60 ballets, inspirant de prestigieux danseurs tels que Matilda Kchessinskaïa *(p. 72)*.

Les chaussons de Matilda Kchessinskaïa

La révolution de 1905 entraîna un rejet du classicisme, et le public délaissa les théâtres impériaux pour s'intéresser aux nouvelles troupes privées comme les Ballets russes de Diaghilev. L'arrivée au pouvoir des bolcheviks en 1917 accentua cet éclatement et contraignit de nombreux artistes à l'exil. Par bonheur pour la Russie soviétique, la première ballerine Agrippina Vaganova resta pour former une nouvelle génération de danseur. L'Académie des ballets russes porte aujourd'hui son nom *(p. 110)*.

Anna Pavlova *(1885-1931). Son rôle dans* La Mort du cygne *a été spécialement créé pour elle par Michel Forkine. En 1912, Pavlova quitta la Russie pour fonder sa propre compagnie, communiquant son enthousiasme à toute l'Europe.*

Vaslav Nijinski *(1890-1950) dans son grand rôle de l'esclave doré, dans* Shéhérazade, *qui souleva une tempête à Paris en 1910. Premier danseur des Ballets russes avant la Première Guerre mondiale, il révolutionna les rôle masculins. Sa technique incomparable et son talent expressif ont influencé des générations de danseurs.*

Rudolf Noureev *(1938-1993) dans la* Belle au bois dormant, *au Marinski. Il émigra en Occident en 1961. Chorégraphe et danseur, Noureev ne cessa d'ensorceler son public pendant plus de 30 ans.*

Les ballets Marinski*, plus connus à l'étranger sous le nom de Kirov, ressucitent aujourd'hui quelques-unes des productions des Ballets russes, notamment leur version de* Giselle, *qui n'avait jamais été représentée en Russie.*

LES BALLETS RUSSES

Serge Diaghilev *(p. 43)* est le fondateur de cette compagnie légendaire qui révolutionna la danse entre 1909 et 1929. Imprésario et critique d'art, il partageait avec le chorégraphe Michel Fokine sa conception d'un spectacle qui associait la danse, la musique et les décors dans un tout homogène.

Diaghilev choisit les meilleurs danseurs du Marinski et emmena sa nouvelle troupe à Paris en 1909. Les Ballets russes allèrent de succès en succès dans le monde entier.

Cette compagnie eut une influence considérable sur l'art moderne. Les chorégraphies de Fokine en particulier annonçaient de grandes innovations. Léon Bakst, et Alexandre Benois qui apportèrent leur contribution aux costumes et aux décors, le compositeur Igor Stravinski, les danseurs Vaslav Nijinski, Anna Pavlova et Tamara Karsavina firent ensemble reculer les frontières artistiques. Après la mort de Diaghilev en 1929, la troupe se dissocia, mais l'esprit des Ballets russes se perpétue à travers la plupart des grandes compagnies contemporaines.

Programme des Ballets russes datant du début du XXe siècle

Le théâtre Marinski, institution culturelle de premier plan

Théâtre Marinski ❶

Мариинский Театр
Marinski teatra

Teatralnaïa plochtchad. **Plan** 5 B3. *114 4344.* *3, 22, T167.* *1, 11, 31, 42.* *Spectacles seul.* (p. 194-195).

Connu à l'étranger sous son nom soviétique de Kirov, il a retrouvé le nom initial qui lui avait été attribué en l'honneur de la tsarine Maria Alexandrovna, l'épouse d'Alexandre II. Ce bâtiment a été construit en 1860 sur le site d'un ancien théâtre détruit par un incendie. Albert Kavos, l'architecte du Bolchoï de Moscou, en dressa les plans.

De 1883 à 1896, la façade fut remodelée par Victor Schröter, qui lui ajouta la plupart des détails ornementaux. La salle de concert bleu pâle et dorée, où tant de danseurs célèbres ont fait leur débuts, est particulièrement luxueuse. L'architecture intérieure, faite de colonnes, d'atlantes, de chérubins et de camées a été conservée, et les aigles impériaux ont récemment retrouvé leurs niches royales. Le plafond, peint par l'artiste italien Enrico Franchioli (1856), représente des jeunes filles et des chérubins. Le rideau de scène a été ajouté pendant l'âge d'or des Ballets russes, en 1914. Le foyer est également remarquable avec ses pilastres cannelés, ses bas-reliefs représentant des compositeurs russes et ses portes miroirs.

À l'étranger, le Marinski est spécialement réputé pour ses spectacles de danse, mais c'est aussi l'une des plus grandes scènes d'opéras du pays. La plupart des grandes œuvres russes du XIXe siècle y ont été inaugurées, notamment *Boris Godounov* (1874) de Moussorgski, *La Dame de Pique* (1890) de Tchaïkovski et *Lady Macbeth de Mtsensk* (1934), l'opéra très controversé de Chostakovitch. Acclamé à Saint-Pétersbourg, il fut condamné par Staline et aussitôt exclu du répertoire après une attaque dans la *Pravda* intitulée : « De la cacophonie en fait de musique ».

Aigle impérial dans sa niche

Le luxuriant rideau de scène du théâtre Marinski, dessiné par Alexandre Golovine en 1914

Cathédrale Saint-Nicolas ❷

Никольский собор

Nikolski sobor

Nikolskaïa plochtchad. **Plan** 5 C4. *3, 22.* *1, 11, 42.* *t.l.j. de 7 h à midi et de 16 h à 19 h.*

Cette superbe cathédrale baroque a été construite en 1752-1762 par Savva Tchevakinski, l'un des grands architectes russes du XVIIIe siècle. Fondée pour les marins et les employés sous le nom du saint patron des marins, elle a été surnommée l'« église des Marins ».

Elle est ornementée de pilastres corinthiens blancs et couronnée de cinq dômes dorés. L'élégant campanile à quatre niveaux surmonté d'une flèche se dresse à l'écart, dans le jardin arboré de la cathédrale, et surplombe l'intersection des canaux Krioukov et Griboïedov.

Selon la tradition russe, deux églises cohabitent dans la cathédrale. L'église basse, pour les services quotidiens, est éclairée par des veilleuses, des cierges et des lustres du plus magique effet. Les icônes (1755-1767) sont l'œuvre des frères Fiodor et Menas Kolokoknikov. L'église haute, en service surtout les dimanches et les jours de fête, est plus lumineuse, plus aérée et foisonne de dorures, de stucs et de peintures italiennes typiquement baroques. La magnifique iconostase en bois doré (1755-1760) en est l'élément le plus remarquable.

La façade baroque, bleue et blanche de Saint-Nicolas-des-Marins

Arcades et plafond à caissons de la salle mauresque du palais Ioussoupov

Conservatoire Rimski-Korsakov ❸

Консерватория имени Римского-Корсакова

Konservatoria imeni Rimskovo-Korsakova

Teatralnaïa plochtchad 3. **Plan** 5 B3. *312 2519.* *3, 22.* *1, 11, 31, 42.* *représentations seul.* *Sur r.-v.*

Le conservatoire, la plus ancienne école de musique de Russie, a été fondé en 1862 par le pianiste virtuose Anton Rubinstein (1829-1894). Le bâtiment actuel a été dessiné en 1896 par Vladimir Nicolas.

Tchaïkovski *(p. 42)* et Prokoviev ont fait partie de ses lauréats avant la Révolution. Sous le régime soviétique, l'école a continué à prospérer, et le compositeur Dimitri Chostakovitch (1906-1975) *(p. 43)* est la personnalité la plus notoire qui en soit sortie durant cette période.

Devant le conservatoire, deux statues se dressent sur la place. À gauche, un mémorial à la gloire de Rimski-Korsakov (1952), éminent professeur de l'école qui porte son nom. À droite, la statue de Mikhaïl Glinka, œuvre sculptée par Robert Bach (1906), rappelle que le premier opéra russe, *La Vie pour le tsar*, de Glinka, inauguré en 1836 au Vieux Théâtre, a été joué sur cette place.

Palais Ioussoupov ❹

Юсуповский дворец

Ioussoupov dvorets

Naberejnaia reki Moïki 94. **Plan** 5 B3. *314 8893.* *3, 22.* *1, 11, 31.* *t.l.j. de midi à 15 h.*

Conçu par Vallin de la Mothe en 1760, ce bâtiment jaune à colonnes surplombe la Moïka. Acquis en 1830 par l'aristocratique famille Ioussoupov pour abriter sa superbe collection de peintures, il fut réaménagé par Andreï Mikhaïlov et Ippolito Monighetti.

L'intérieur, avec son exotique salle mauresque, ses fontaines, ses mosaïques multicolores et ses arcs outrepassés ne peut se visiter qu'avec avec un guide. La visite des caves nécessite un billet séparé. Elles abritent une exposition qui évoque Grigori Raspoutine, l'infâme « saint homme » assassiné ici par le prince Félix Ioussoupov. L'élégant petit théâtre familial de style rococo contient 180 places. Y assister à un concert sera un souvenir inoubliable *(p. 194)*.

La mort violente de Raspoutine

Paysan mystique, Grigori Raspoutine (1869-1916) exerça une extraordinaire influence sur la cour et le gouvernement de la Russie *(p. 26)*. Les mystérieuses circonstances de sa mort, le 17 décembre 1916, sont légendaires. Invité par Félix Ioussoupov sous prétexte d'une fête, il fut empoisonné, puis tué à coups de pistolet par le prince qui le laissa pour mort. En revenant sur les lieux, il trouva Raspoutine toujours en vie. S'ensuivit une lutte, puis Raspoutine s'enfuit par le jardin, poursuivi par les conjurés. On tira sur lui encore à trois reprises avant de le jeter dans le canal. Lorsque l'on découvrit son cadavre, trois jours plus tard, l'eau qu'il avait dans ses poumons indiqua qu'il était mort noyé.

Nouvelle Hollande ❺

Новая Голландия

Novaïa Gollandia

Naberejnaia reki Moïki 103. **Plan** 5 B3. *3, 22.* *1, 11, 31, 42.*

Cette île triangulaire, formée lorsque l'on creusa le canal Krioukov qui relie la Moïka à la Néva, en 1719, doit son nom aux constructeurs de bateaux hollandais qui donnèrent à Pierre le Grand l'idée de développer sa puissance navale.

En 1765, les entrepôts d'origine, en bois, furent reconstruits en brique rouge par Savva Tchevakinski. Vallin de la Mothe dessina en même temps l'arche d'un romantisme austère située à l'entrée de la Moïka. Les péniches passaient dessous pour atteindre le bassin d'où, chargées de leur cargaison de bois, elle retournaient par les canaux vers le chantier naval de l'amirauté. Aujourd'hui l'île est envahie par la végétation et difficilement accessible, mais ne manque pas de charme dans son isolement.

L'arc imposant de Vallin de la Mothe, sur la Moïka, s'ouvre sur le bassin de la Nouvelle Hollande

Quai des Anglais ❻

Английская набережная

Angliïskaïa naberejnaïa

Plan 5 A2. *1, 11, 31.*

Les premiers commerçants anglais s'y installèrent dans les années 1730, suivis par un nombre important d'artisans, d'architectes, d'artistes, d'aubergistes et de propriétaires d'usines. La première église anglicane ouvrit dans les années 1760 et, au XIXe siècle, le quai pris le nom de « quai des Anglais ». À la fin du XIXe siècle, le quartier abritait de belles demeures au bord de l'eau et était devenu l'une des meilleures adresses de la ville, avec ses belles vues sur le fleuve et ses impressionnants bâtiments. Pendant les fêtes, de grands bateaux décorés de drapeaux s'alignaient le long de la côte.

Le manoir de style néo-classique (1770), au n° 10, inspira Tolstoï pour le décor du bal des débutantes auquel prit part Natacha Rostova, l'héroïne de *Guerre et Paix*. Il contraste vivement avec la façade rustique du n° 28, de style Renaissance florentine. Construite dans les années 1890 pour les barons von Derviz, une famille de banquiers, cette demeure fut occupée ensuite le grand-duc Andreï Vladimirovitch, l'amant de la ballerine Matilda Kchessinskaïa *(p. 72)*. En 1917, il devint le siège du Parti socialiste-révolutionnaire et fini de façon curieuse en « palais des Mariages », ou bureau de l'Enregistrement. Au n° 32, se trouve un bel édifice construit par Quarenghi en 1782-1783.

En retrait, sur plochtchad Trouda se trouve le palais du grand-duc Nikolaï Nikolaïevitch (le fils de Nicolas Ier), construit en 1853-1861 par Andreï Stakenschneider. En 1894, il devint une école pour jeunes filles de la noblesse jusqu'à ce qu'une des premières mesures du gouvernement bolchevique, en 1917, l'attribue aux syndicats, qui l'occupent encore en partie.

Au n° 4 du quai se trouve la maison Roumiantsev, construite en 1826-1827. Elle avait été conçue pour être un musée consacré à la collection particulière que Nikolaï Roumiantsev avait léguée à la nation. Celle-ci fut envoyée à Moscou en 1861 et fut intégrée à la Bibliothèque nationale russe dont elle constitue aujourd'hui l'essentiel du fonds. L'église anglicane (1814), située au n° 56, est un bâtiment néo-classique bâti par Quarenghi.

La façade de Quarenghi, ornée d'un portique, quai des Anglais

Poste centrale ❼

Главпочтамт

Glavpochtamt

Pochtamtskaïa oulitsa 9. **Plan** 5 C2. *312 8302.* *3, 22, T167.* *5, 22.* *lun. à sam de 9 h à 19 h 45 ; dim. de 10 h à 17 h 45.* *jours fériés.*

Albert Kavos a ajouté la superbe arcade qui longe Potchtamtskaïa oulitsa à l'édifice principal de Nikolaï Lvov. Sous l'enseigne *Potchtamt* (Poste), située en haut de l'arche, une horloge indique l'heure dans les plus grandes villes du monde.

À l'intérieur de la poste, derrière le portique néo-classique de la façade construite par Lvov en 1782-1789, se trouve une grande salle de style Art nouveau, caractérisée par ses ornements en fer forgé, un plafond en verre et un sol carrelé, qui n'est autre que la cour des anciennes écuries, recouverte d'un toit au début du XXe siècle.

Façade à portique de la poste centrale

Bolchaïa Morskaïa oulitsa ❽

Большая Морская улица

Bolchaïa Morskaïa oulitsa

Plan 5 C2. *3, 22, T167.*

Bolchaïa Morskaïa oulitsa est une rue ombragée qui attire depuis toujours l'élite artistique pétersbourgeoise. De superbes demeures du XIXe siècle se cachent entre la place Saint-Isaac *(p. 79)* et Potchtamtski most. La maison située au n° 61 a été construite par Albert

Atlas en pierre (1840), Bolchaïa Morskaïa oulitsa 43

Kavos, dans les années 1840, pour la compagnie de diligences de Saint-Pétersbourg. Celle du n° 52 a été achetée par l'Union des architectes russes en 1932. Construite par Alexandre Pel en 1835-1836, elle appartenait au célèbre mécène Alexandre Polovtsov qui développa l'importante collection du musée Stieglitz *(p. 127)*. L'aménagement intérieur date du XIXe siècle. Les panneaux d'acajou, les tapisseries et les plafonds sculptés ont été dessinés par Maximilien Mesmacher et Nikolaï Broullo. On peut les contempler depuis le restaurant Nikolaï, situé à l'intérieur *(p. 180)*.

De l'autre côté de la rue, au n° 47, se trouve un très bel exemple d'architecture Art nouveau, œuvre de Mikhaïl Geisler et de Boris Gouslisti (1901-1902), avec des rosettes sculptées dans la pierre, de la dentelle de fer forgé et une belle frise en mosaïques de fleurs roses. C'est dans cette maison qu'a grandi le célèbre romancier Vladimir Nabokov (1899-1977) jusqu'à son émigration, et on projette d'y aménager un musée en son honneur. Admiré pour son écriture bilingue anglaise et russe, Nabokov a obtenu en 1959 un succès controversé dans le monde entier avec son roman *Lolita*.

Au n° 45 se trouve l'Union des compositeurs, où habita la princesse Gagarina dans les années 1870. Auguste-Ricard de Montferrand travailla à sa reconstruction dans les années 1840 en conservant quelques éléments du bâtiment du XVIIIe siècle.

Montferrand construisit aussi l'ancienne résidence d'un riche industriel, Piotr Demidov, au n° 43. Cet ensemble d'éléments baroques, décoré d'atlantes, de vases, d'anges et de saints, porte aussi le blason des Demidov sur sa façade.

Sennaïa plochtchad ❾

Сенная площадь

Sennaïa plochtchad

Plan 6 D3. *Sennaïa plochtchad, Sadovaïa.*

De nombreux kiosques remplissent l'immense place, la plus ancienne de la ville. Considérés par les uns comme les gardiens de la *perestroïka*, par d'autres comme des taches dans le paysage, les marchands y vendent de tout : du chocolat, des boissons, des fleurs, des articles de toilette, de la vodka. Le nom de cette place, qui signifie « marché aux foins », vient du marché au bétail et au fourrage qui s'y

Frise en mosaïque Art nouveau, 47 Bolchaïa Morskaïa oulitsa

Fiodor Dostoïevski

Fiodor Dostoïevski *(p. 43-44)* est né à Moscou en 1821 mais a passé toute sa vie d'adulte à Saint-Pétersbourg où il a situé la plupart de ses romans et de ses nouvelles. Arrêté en 1848 et accusé de conspiration, il passa huit mois dans une cellule de la forteresse Pierre-et-Paul *(p 66-67)*. Dostoïevski et 21 autres « conjurés » du groupe libéral de Petrachevski furent soumis à un simulacre d'exécution, puis graciés et déportés en Sibérie. Dostoïevski y resta jusqu'en 1859. Dans *L'Idiot* (1868), il rappelle cette sinistre aventure. Il meurt en 1881.

Corps de garde et immeubles des années 50, sur la place Sennaïa

tenait dans les années 1730.

Au centre de la place se trouve l'ancien corps de garde, un petit bâtiment néo-classique de plain-pied, orné d'un portique à colonnes qui date de 1818-1820. Les gardes étaient chargés aussi bien de surveiller les commerçants de la halle que de fouetter les serfs le plus souvent pour des délits mineurs. Les environs étaient devenus synonyme de crasse, de misère noire, de crime et de vice. Au n° 3 se trouvait le « monastère Viazemski », surnom d'un célèbre lieu plein de tavernes, de maisons de jeux et de lupanars, dans les années 1850 et 1860 – monde décrit de façon si vivante dans par Fiodor Dostoïevski dans *Crime et Châtiment*. Tandis que le héros du roman, Raskolnikov, erre, méprisant, sur le marché, la « chaleur de la rue... le manque d'air, l'agitation, le plâtre, les échafaudages, les briques et la poussière... cette puanteur propre à Saint-Pétersbourg... et ces nombreux ivrognes… » qui « complètent le tableau » d'une misère révoltante le pénètrent. Dostoïevski termina son roman en 1866 dans la maison Alonkine (Prjevalskovo oulitsa, n°7), à l'ouest de la place.

Les petits commerces étant interdits sous le régime soviétique, on planta des arbres sur la place qui fut rebaptisée « place de la Paix » *(plochtchad Mira)*. La façade jaune et blanche de l'immeuble de cinq étages, de style néo-classique stalinien, a été aussi construite à cette époque. L'église baroque de l'Assomption (1767), le plus beau bâtiment de toute la place, fut malheureusement démolie en 1961 pour faire place à l'une des premières stations de métro de la ville.

Musée des Transports ferroviaires ⑩

Музей железнодорожного транспорта

Mouzeï jeleznodorojnovo transporta

Sadovaya ulitsa 50. **Plan** 6 D4. *315 1476.* *Sennaya Ploshchad, Sadovaya.* *dim. à jeu. de 11 h à 17 h 30.* *anglais.*

Plus de 6 000 pièces illustrent l'histoire des transports ferroviaires russes depuis 1813. Les sections les plus intéressantes du musée concernent les plus anciens chemins de fer – dont le premier, ouvert en 1837, reliait Tsarskoïe Selo à Saint-Pétersbourg – et la ligne de Moscou à Saint-Pétersbourg (650 km), ouverte en 1851.

On y verra aussi des maquettes de la première locomotive à vapeur russe construite par les Tcherepanov en 1834 et le train blindé utilisé par Trotski lors de guerre civile *(p. 27)*. Pour avoir une idée du luxe des transports pendant le règne du dernier tsar, vous visiterez le compartiment couchette de première classe modern style, tendu de velours.

Maquette de locomotive (1830) du chemin de fer de Tsarskoïe Selo

34

En dehors du centre

Tandis que la plupart des attractions touristiques de Saint-Pétersbourg sont localisés au centre, les environs de la ville sont riches de sites architecturaux, culturels et historiques d'importance.

À l'est, le quartier de Smolny tient son nom (*smola* : « goudron ») du dépôt de goudron qui approvisionnait, au XVIIIe siècle, l'embryonnaire industrie navale. Le couvent baroque de Rastrelli en est le fleuron. À proximité se trouve l'Institut Smolny, quartier général des bolcheviks pendant la révolution d'octobre *(p. 28-29)*.

Carreau de céramique d'un poêle des années 1770

Dans le monastère Alexandre Nevski, au sud-est du centre-ville, reposent nombre d'artistes, d'architectes et de compositeurs célèbres.

Dans les faubourgs du sud, les rangées de maisons pompeuses des années 30-50, qui contrastent de façon frappante avec avec le reste de la ville, rappellent que Staline projetait de détruire le cœur historique de la ville et d'en déplacer le centre vers la place Moskovskaïa. Au sud se trouvent l'église de Tchesma et le monument à la Victoire (1970), mémorial aux souffrances des Pétersbourgeois pendant le siège de Léningrad.

À ne pas manquer

Palais

Palais Cheremetev 9
Palais Tauride 6
Palais Élaguine 1

Musées

Maison-musée Dostoïevski 10
Musée Stieglitz 4

Églises

Monastère Alexandre-Nevski 11
Cathédrale de la Transfiguration 5
Église de Tchesma 12
Couvent Smolny 7

Bâtiments historiques et monuments

Gare de Finlande 3
Cimetière du mémorial Piskarevskoïe 2
Institut Smolny 8
Monument à la Victoire 13

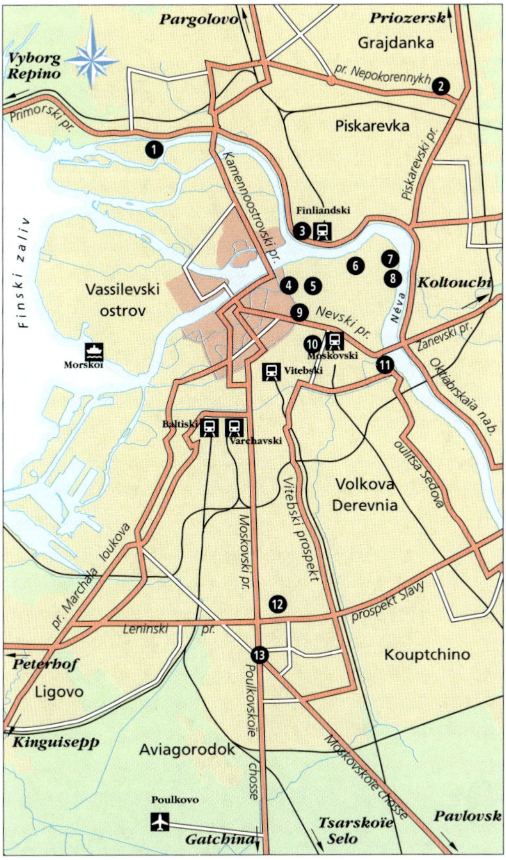

Légende

- Centre de Saint-Pétersbourg
- Agglomération pétersbourgeoise
- Aéroport
- Gare ferroviaire
- Embarcadère de ferry
- Route principale
- Route secondaire

0 — 3 km

◁ **Le palais Cheremetev sur la rive orientale de la Fontanka**

Palais Élaguine, au bord de la Srednaïa Nevka

Palais Élaguine ❶

Елагин дворец

Elaguine dvorets

Elaguine ostrov 1. *430 1131.* *Krestovski ostrov.* *mer. à dim. de 10 h à 18 h* *vers le r-d-c.*

L'île Élaguine, l'une des plus nordiques, doit son nom à un dignitaire de la cour qui y fit bâtir son palais, à la fin du XVIIIe siècle. En 1817, Alexandre Ier acheta l'île pour sa mère Maria Fiodorovna, et demanda à Carlo Rossi de reconstruire le palais. Ce magnifique bâtiment néo-classique (1818-1822) animé par un hémicycle flanqué de portiques corinthiens sur sa façade orientale, fait partie d'un ensemble qui comprend une orangerie, une écurie en forme de fer à cheval et des cuisines à portiques.

L'intérieur du palais, détruit par un incendie pendant la Seconde Guerre mondiale, est en cours de restauration. La salle d'apparat ovale resplendissante est ornée de statues et de peintures en trompe-l'œil. Les autres pièces sont délicieusement décorées de stucs, de faux marbre et de frises. Sous les Soviets, l'île boisée devint un Parc de culture et de repos *(p. 136-137)*. Festivals et spectacles sont donnés régulièrement, et des expositions ont lieu dans les anciennes écuries du palais.

Statue de la Mère Patrie (1956-1960), au cimetière de Piskarevskoïe

Cimetière mémorial de Piskarevskoïe ❷

Пискаревское мемориальное кладбище

Piskarevskoïe memorialnoïe kladbichtche

Prospekt Nepokorennykh 74. *247 5716.* *Akademitcheskaïa.* *Э71, Т94, 123, 178, Э178.* *t.l.j. 24 h sur 24.* **Salles du mémorial** *10 h à 18 h t.l.j.*

Ce vaste cimetière est un impressionnant mémorial aux deux millions de personnes mortes durant le siège de la ville de 1941- 1944 *(p. 27)*. La population fut décimée par la famine, le manque d'eau, le froid et la maladie. Des traîneaux emportaient des milliers de cadavres à l'extérieur de la ville, vers des fosses communes, comme celle de Piskarevskoïe, où sont enterrées 490 000 personnes.

Aujourd'hui, ce cimetière est un lieu de pèlerinage pour ceux qui ont perdu des amis ou des membres de leur famille pendant cette terrible période. Le complexe, dessiné par Evgueni Levinson et Alexandre Vassilev, a été inauguré en 1960, 15 ans après la fin de la guerre. Deux salles - avec dans l'une une exposition sur le blocus - encadrent un escalier qui descend vers une avenue de 300 m de long. Celle-ci aboutit à une très grande statue en bronze de Vera Issaïeva et Robert Taurit représentant la Mère Patrie. Sur le mur arrière sont inscrits des vers d'Olga Bergolz, elle-même survivante du siège. Une musique diffusée dans tout le cimetière, ajoute à sa funèbre atmosphère.

De chaque côté de l'avenue, 186 monticules recouverts de gazon portent chacun une plaque de granite avec l'année, et indiquant, par une étoile rouge ou une faucille et un marteau, si le défunt était un soldat ou un civil.

La locomotive 293, gare de Finlande

Gare de Finlande ❸

Финляндский вокзал

Finliandski vokzal

Ploshchad Lenina 6. **Plan** 3 B3. *Lenina plochtchad. Voir aussi p. 221*

Le 3 avril 1917, Vladimir Lénine et ses compagnons bolcheviks quittèrent secrètement leur exil suisse et arrivèrent en gare de Finlande, dans un wagon plombé. Une réception triomphale les attendait et en quittant la gare, Lénine s'adressa aux soldats, marins et ouvriers qui l'acclamaient. Une statue du révolutionnaire, érigée en 1926 devant la gare, le représente haranguant la foule.

Une gare plus moderne a été inaugurée dans les années 60. Sur le quai n° 5 une gigantesque vitrine en verre contient la locomotive 293 qui emporta Lénine vers l'exil pour la seconde fois, en juillet 1917. Après avoir passé l'été en Finlande russe, Lénine rentra par le même train pour lancer la révolution d'Octobre *(p. 28-29)*.

Musée Stieglitz ❹

Музей Штиглица

Mouzeï Chtiglitsa

Solianoï pereoulok 13. **Plan** 3 A5. *273 3258.* *46, 134.* *2, 34, 53, 54.* *mar. à sam. de 11 h à 17 h (oct. à mai : de 11 h à 16 h 30).*

Le baron Alexandre Stieglitz, un riche industriel, fonda en 1876 l'École centrale du dessin industriel, afin d'offrir aux étudiants les plus beaux ouvrages d'art appliqués pour modèle.

Grâce à ses libéralités et au bon goût de son gendre, Alexandre Polovtsov *(p. 122)*, la collection, qui couvrait aussi bien l'art occidental qu'oriental, déborda de l'école, et, en 1896, on inaugura le musée des Arts appliqués adjacent. Ce magnifique édifice de Maximilien Mesmacher s'inspirait des palais de la Renaissance italienne. À l'intérieur, les salles et les galeries était décorées dans une variété de styles nationaux et d'époques, rappelant le baroque français et allemand et surtout la Renaissance italienne, comme la bibliothèque Saint-Marc de Venise, les Loges du Vatican de Raphaël, et, le palais Madame, de Rome.

Vase en cristal (XIXe siècle), musée Stieglitz

L'école fut fermée à la Révolution et le musée annexé à l'Ermitage *(p. 84-93)*. Le bâtiment subit de graves détériorations pendant le siège de Léningrad *(p. 27)*. Il est actuellement en cours de restauration. À la fin de la guerre, l'école reprit ses activités afin de former des doreurs et des sculpteurs pour les gigantesques travaux de restauration de la ville. Une grande collection d'objets en verre, en céramique et majolique, ainsi que des porcelaines provenant des plus grandes manufactures européennes, est exposée au rez-de-chaussée. Une des salles, dont la décoration évoque le style médiéval du palais des Terems, au Kremlin, offre une superbe toile de fond à une série de vêtements brodés et de coiffes paysannes russes.

Certains objets en métal (serrures, clefs et outils artisanaux) remontent au Moyen Âge. Le travail d'ébénisterie est à couper le souffle, notamment celui du placard néo-gothique, dont les portes, finement marquetées, représentant des nefs d'églises en perpective, s'ouvrent sur des scènes bibliques en bois sculpté.

Vous pouvez terminer votre visite par l'étonnante grande salle d'exposition, avec son escalier tournant en marbre italien et sa superbe verrière.

Cathédrale de la Transfiguration ❺

Спасо-Преображенский собор

Spasso-Preobrajenski sobor

Preobrajenskaïa plochtchad 1. **Plan** 3 B5. *272 3662.* **M** *Chernyshevskaya.* *46, T46, 134, 136.* *3, 8, 15.* *14, 90, 25.* *t.l.j. de 8 h à 20 h.*

L'église de Vassili Stassov, blottie au sein d'une petite place arborée, paraît très intime malgré son style monumental néo-classique et les canons des guerres russo-turques *(p. 22)* qui l'entourent. L'église originale avait été construite en l'honneur des *Preobrajenski* (un corps de garde) par la tsarine Élisabeth, mais reconstruite après l'incendie de 1825. L'église actuelle possède un excellent chœur, le deuxième après celui du monastère Alexandre-Nevski *(p. 130-131)*.

Poupées en costumes traditionnels (XVIIe-XIXe siècle) devant la salle des Terems, au musée Stieglitz

Palais de Tauride ❻

Таврический дворец
Tavritcheski dvorets

Chpalernaïa oul. 47. **Plan** 4 D4. Ⓜ *Tchernychevskaïa.* 🚌 *46, 134, 136.* ● *au public.*

Ce palais d'Ivan Starov (1783-1789), aux proportions harmonieuses, fut commandé par la Grande Catherine pour son favori, le prince Grigori Potemkine *(p. 25)* qui venait d'annexer la Crimée (Tauride), ce qui lui valut le titre de prince de Tauride.

Sans ornementation extérieure, ce long bâtiment jaune, avec son portique de six colonnes est un des premiers édifices néo-classiques de Russie. Malheureusement, l'intérieur somptueux a été gravement endommagé par Paul Ier, le fils de Catherine, qui en avait fait une caserne, et par de nombreuses reconstructions.

Au cours du XXe siècle, le palais de Tauride a joué un rôle important dans la vie politique et culturelle. En 1905, Serge Diaghilev *(p. 43)* y organisa la première exposition de portraits russes du XVIIIe siècle. L'année suivante, la Douma, premier parlement de Russie, s'y installa. Après la révolution de février 1917, ce fut le siège du gouvernement provisoire puis celui du Soviet des députés des ouvriers et des soldats de Pétrograd. Aujourd'hui encore il appartient au gouvernement.

Les charmants jardins qui l'entourent, avec des petits ruisseaux qui serpentent sous des ponts et son lac artificiel, sont parmi les plus fréquentés de la ville.

La cathédrale de Smolny et les bâtiments du couvent

Couvent Smolny ❼

Смольный монастырь
Smolny monastyr

Rastrelli plochtchad 3/1. **Plan** 4 F4. ☎ *271 9421.* 🚌 *46, 58, 134, 136.* ○ *ven. à mer. de 11 h à 17 h 30.* ♿ *anglais.*

L'étonnante cathédrale de Smolny, avec ses dômes et ses quatre coupoles à bulbes dorées, est le couronnement de ce magnifique ensemble architectural.

Fondé par la tsarine Élisabeth, le couvent était destiné à l'éducation des jeunes filles de la noblesse. L'architecte Bartolomeo Rastrelli en dessina le plans en 1748 *(p. 93)*, associant avec bonheur les baroques occidental et russe. Les travaux furent longs et complexes car le terrain était marécageux. 50 000 piliers en bois furent utilisés pour soutenir les fondations. Il ne fallut pas moins de sept ans à l'architecte rien que pour en réaliser la maquette qui se trouve aujourd'hui à l'Académie des beaux-arts *(p. 63)*.

La Grande Catherine, qui n'aimait pas le travail de Rastrelli et avait peu de sympathie pour Élisabeth, fit arrêter les travaux dès son accession au trône en 1762. C est seulement en 1835, que Nicolas Ier fit appel à Vassili Stassov pour terminer la construction de la cathédrale. Son intérieur blanc austère contraste violemment avec l'exubérance de son architecture extérieure.

Des expositions et des concerts hebdomadaires *(p. 194)* ont lieu dans la cathédrale. Du haut de la tour, la vue sur la ville est spectaculaire.

Le palais et les jardins de Tauride

Institut Smolny ❽

Смольный Институт
Smolny institout

Proletarskoï diktatoury plochtchad. **Plan** 4 F4. ☎ *276 1461.* 🚌 *T8, 22, T26, 46, 134, 136.* 🚎 *5, 7, 11, 15, 16, 49.* **Musée Smolny** ○ *lun. à ven. de 10 h à 17 h sur r.-v. seul.* ♿ *anglais.*

Giacomo Quarenghi considérait cet édifice néo-classique comme son chef-d'œuvre. Conçu en 1806-1808 pour accueillir les jeunes filles de la noblesse, il est resté célèbre par le rôle qu'il a joué dans la révolution d'Octobre *(p. 28-29)*.

C'est de là que Lénine dirigea le coup d'État bolchevik du 25 octobre 1917, au moment où le IIe Congrès panrusse des soviets était rassemblé. Par la suite, le congrès confirma Lénine dans ses pouvoirs et L'Institut devint le siège du gouvernement jusqu'en 1918. Devant l'avance des Allemands et l'éclatement de la guerre civile *(p. 27)*, le gouvernement partit pour Moscou et l'Institut devint le siège du parti communiste de Léningrad.

Portrait de Lénine, d'Isaak Brodski (1927), à l'Institut Smolny

Le 1er décembre 1934, le premier secrétaire du parti, Sergueï Kirov *(p. 72)*, y fut assassiné, événement qui fut l'amorce des premières purges staliniennes des années 30 *(p. 27)*.

Le reste de l'Institut est occupé aujourd'hui par le maire. À l'extérieur du bâtiment, l'aigle impérial a remplacé la faucille et le marteau, mais la statue de Lénine installée depuis 1927 se maintient sur son socle.

Palais Cheremetev ❾

Шереметевский дворец

Cheremetevski dvorets

Naberejnaïa reki Fontanki 34. **Plan** 7 A1. **Musée Anna Akhmatova** *272 2211.* *Mayakovskaïa.* *3, 8, 15.* *28, 90.* *10 h 30 à 18 h 30 du mar. au dim.* *excursions.* **Musée de la musique** *272 4441.* *Gostiny Dvor.* *3, 8, 15.* *5, 12, 14, 28, 34, 90.* *de midi à 18 h du mer. au dim.*

La famille Cheremetev habita cet endroit de 1712 à la Révolution. Depuis la construction du premier palais par le feld-maréchal Boris Cheremetev, il a été surnommé aussi *Fontanny dom la* « maison des fontaines », en raison des nombreuses fontaines qui, à une époque, ornaient le parc et a subi depuis de nombreuses modifications.

En 1750, il fut remplacé par le palais baroque de Savva Tchevalinski et de Fiodor Argounov.

Immensément riches, (ils ont possédé jusqu'à 200 000 serfs) les descendants des Cheremetev ont été aussi d'importants mécènes et le musée de la Musique, qui occupe aujourd'hui le palais, est là pour rappeler leur contribution à la vie musicale de Saint-Pétersbourg. Au XVIIIe et au XIXe siècle, des compositeurs, des musiciens et des acteurs serfs, ont donné au palais de nombreux concerts et pièces de théâtre. Franz Liszt compte parmi ceux qui ont apprécié le ch admirateurs de la chorale Cheremetev. On y verra aussi une grande variété d'instruments anciens et des partitions de musique, dont certaines écrites par les Cheremetev.

De 1933 à 1941, puis de 1944 à 1954, Anna Akhmatova, célèbre poétesse russe du XXe siècle, a habité le bâtiment de service du palais divisé en lugubres appartements communautaires. On accède au musée (*Mouzeï Anny Akhmatovoï*), aménagé dans les pièces qu'elle occupait et où elle travaillait, par la cour située 53 Liteïny prospekt. Une collection de ses affaires personnelles retrace sa vie étonnante. On peut également entendre des enregistrements de ses poèmes lus par elle-même.

Le palais Cheremetev, sur le quai de la Fontanka

ANNA AKHMATOVA

En 1914, Anna Akhmatova (1889-1966) était le flambeau de l'Âge d'argent de la poésie russe *(p. 44)*. Sa vie tragique a donné à son œuvre une nouvelle dimension avec son mari, fusillé par les bolcheviks puis, dans les années 30, l'arrestation de son fils et de son ami. Anna fut placée sous surveillance policière, et réduite au silence pendant plus de 15 ans. Son plus célèbre poème, *Requiem* (1935-1961), inspiré par l'arrestation de son fils, a été écrit par fragments et distribué à ses amis pour qu'ils se le rappellent. Anna fut partiellement réhabilitée vers la fin de sa vie et reçut des titres honorifiques à l'étranger, en 1965.

Maison-musée Dostoïevski ⑩

Музей Достоевского

Mouzeï Dostoïevskovo

Kouznetchny pereoulok 5/2. **Plan** 7 B3. *311 4031.* M *Vladimirskaïa.* *3, 8, 15.* *28, 34.* *mar. à dim. de 11 h à 18 h.*

Fiodor Dostoïevski *(p. 44)* habita cet appartement de cinq pièces, de 1878 jusqu'à sa mort en 1881. Alors au faîte de sa renommée, le grand romancier y écrivit sa dernière œuvre *Les Frères Karamazov* en 1880. Toutefois, le jeu et les dettes qu'il contractait le contraignaient à vivre de façon assez modeste.

Si Dostoïevski était en public un homme austère, il savait être un mari et un père affectueux et dévoué. La nursery est adorable avec son cheval à bascule, les silhouettes de ses enfants, et les livres de contes qu'il leur lisait. Dans le bureau de l'écrivain se trouve sa table d'écriture et une reproduction de son tableau préféré, la *Madone Sixtine* de Raphaël.

L'église de Tchesma (1770-1780), une des premières églises néo-gothiques de Russie

Église de Tchesma ⑫

Чесменская церковь

Tchesmenskaïa tserkov

Oulitsa Lensoveta 12. M *Moskovskaïa.* *16.* *29, 45.* *t.l.j. de 10 h à 19 h.*

Cette église inhabituelle, au plan en trèfle, construite par Iouri Velten en 1777-1780, présente peu d'influences russes. Sa façade ocre est ornée de fins pilastres blancs, reliés à mi-hauteur et au couronnement par une série de petites arcatures et des dômes néo-gothiques.

Son nom commémore la grande victoire navale que la Russie remporta sur les Turcs à Tchesma, dans la mer Égée, en 1770. À l'ère communiste, l'église abrita le musée de la Bataille de Tchesma, mais elle est aujourd'hui de nouveau ouverte au culte.

De l'autre côté d'oulitsa Lensoveta se dresse le palais néo-gothique de Tchesma (1774-1777), appelé autrefois *Kekerekeksinen,* ou palais de la Grenouille des Marais. Également dessiné par Velten, il servait de relais de diligence lorsque la Grande Catherine se rendait à Tsarskoïe Selo *(p. 150-153).* Le célèbre service en Wedgwood *La Grenouille,* qui se trouve aujourd'hui à l'Ermitage *(p. 91),* fut spécialement fabriqué pour ce palais.

Ce dernier devint célèbre lorsque le corps de Raspoutine y fut déposé, peu après son assassinat en 1916 *(p. 121).* Aujourd'hui très endommagé, il sert de maison de retraite.

Monastère Alexandre-Nevski ⑪

Александро-Невская лавра

Alexandro-Nevskaïa lavra

Plochtchad Alexandra Nevskovo. **Plan** 8 E4. *274 2635.* M *Plochtchad Alexandra Nevskovo.* *58.* *1, 11, 14, 16, 22, 33.* *7, 39, 44, 65.* **Cimetières** *ven. à mer. de 10 h à 19 h. (de 10 h à 16 h de déc. à avril).* **Église de l'Annonciation** *mar., mer., ven.-dim. de 11 h à 17 h.* *cimetières et église de l'Annonciation.*

Fondé par Pierre le Grand en 1710, ce monastère a été édifié en l'honneur d'Alexandre Nevski, prince de Novgorod, qui vainquit les Suédois sur la Néva en 1240. Pierre le Grand avait lui-même remporté sur eux une victoire en 1709 *(p. 18).*

Pierre tombale de Dostoïevski

L'allée qui part de l'entrée passe par deux grands cimetières entourés de murs et traverse un ruisseau avant d'atteindre l'ensemble monastique. À gauche de la porte, l'église de l'Annonciation (1717-1722) de Domenico Trezzini, dont le rez-de-chaussée vient d'être réouvert au public, est le bâtiment le plus ancien. C'est là que les membres non régnants de la famille impériale étaient inhumés. Plusieurs bâtiments ecclésiastiques rouge et blanc, du milieu du XVIIIe siècle, dont la résidence du métropolite (1755-1758), entoure la cour.

Parmi les arbres sont disséminées les tombes d'intellectuels soviétiques et de dirigeants communistes. L'ensemble baroque est dominé par la cathédrale de la Sainte-Trinité néo-classique (1776-1790), à dôme unique flanqué de deux tours, due à Ivan Starov. La large nef est bordée de colonnes corinthiennes et de statues de Fedot Choubine. Elle mène à une imposante iconostase en agate rouge et en marbre blanc, où l'on peut voir des copies de tableaux de Van Dyck et de Rubens. À droite de l'iconostase, un

Le reliquaire des restes d'Alexandre Nevski, cathédrale de la Sainte-Trinité

Monument à la Victoire ⓭

Монумент Защитникам Ленинграда

Monoument Zachtchitnikam Leningrada

Plochtchad Pobedy. Ⓜ *Moskovskaïa.* **Mémorial** *jeu., sam.-lun. 10 h à 18 h, mar. et ven. 10 h à 17 h.*

Cet austère mémorial, édifié en 1975 lors du 30e anniversaire de la fin de la Seconde Guerre mondiale, se trouve sur le site d'un ancien arc de triomphe élevé temporairement pour saluer le retour des troupes. Commémorant non seulement les 670 000 victimes du siège *(p. 27)*, mais aussi ses survivants, il a été sculpté par Mikhaïl Anikouchine d'après les plans de Sergueï Speranski et de Valentin Kamenski. Un obélisque en granite rouge de 48 m de haut se dresse près d'un hémicycle qui symbolise la ville assiégée. Des statues de soldats en posture de héros, de marins et de mères affligées entourent le monument.

Un passage souterrain qui part de Moskovski prospekt mène au sombre mémorial du sous-sol. On y est accueilli par une musique solennelle, ponctuée par les battements d'un métronome, le signal radio utilisé en temps de guerre, symbolisant les battements de cœur de la cité qui résistait au siège. L'éclairage tamisé est diffusé par 900 lampes oranges, une pour chaque jour du blocus. Au mur sont inscrits les noms de 650 personnages récompensés après la guerre par le titre de héros de l'Union soviétique. Sur le mur opposé, une mosaïque représente les femmes de la ville accueillant les soldats à la fin du terrible conflit.

Dans la petite vitrine de la salle d'exposition, on peut voir le violon de Chostakovitch *(p. 43)* et des objets rappelant la contribution des différentes communautés à l'effort de guerre. Plus troublant, le minuscule morceau de pain qui était la ration quotidienne de bon nombre de personnes.

Les héros du siège de Léningrad font face à l'ennemi, détail du monument à la Victoire

reliquaire en argent renferme les restes d'Alexandre Nevski, transférés ici en 1724. Un tableau le représentant est accroché à droite du reliquaire.

De nombreux illustres personnages russes sont enterrés dans les deux cimetières du monastère près de l'entrée principale. À gauche, le cimetière Saint-Lazare est le plus ancien de Saint-Pétersbourg. On peut y voir les tombes de Mikhaïl Lomonossov *(p. 45)* et celles d'un grand nombre d'éminents architectes, dont Andreï Zakharov, Thomas de Thomon, Giacomo Quarenghi, Carlo Rossi *(p. 110)* et Andreï Voronikhine. À droite, dans le cimetière de Tikhvine, on trouve les tombes de quelques-uns des plus célèbres compositeurs russes. Beaucoup de pierres tombales sont ornées de motifs évoquant la musique. La tombe de Dostoïevski *(p. 44)* se trouve à droite de l'entrée.

Personnages célèbres enterrés à Tikhvine

1 Mikhaïl Glinka (compositeur, 1804-1857)
2 Ivan Krylov (poète, 1768-1844)
3 Marius Petipa (chorégraphe, 1818-1910)
4 Piotr Klodt (sculpteur, 1805-1867)
5 Ivan Kramskoï (peintre, 1837-1887)
6 Piotr Tchaïkovski (compositeur, 1840-1893)
7 Modest Moussorgski (compositeur, 1839-1881)
8 Nikolaï Rimski-Korsakov (compositeur, 1844-1908)
9 Fiodor Dostoïevski (écrivain, 1821-1881)

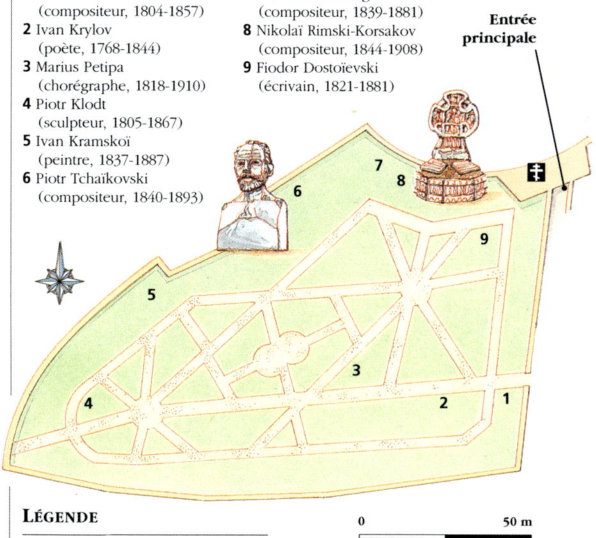

Légende

Église-porche

DEUX PROMENADES À PIED

Saint-Pétersbourg peut se visiter aisément à pied, et c'est peut-être de cette façon que l'on peut vraiment l'apprécier. Les deux promenades choisies permettent de la ville sous des aspects différents, mais comme elle est située sur un groupe d'îles, à l'embouchure de la Néva, l'eau joue un rôle essentiel dans les deux.

Urne du XIXe siècle, palais Élaguine

Le premier itinéraire suit deux des innombrables cours d'eau qui traversent le cœur de la ville : la Moïka et le canal Griboïedov. Il montre comment Saint-Pétersbourg s'est graduellement bâti au XVIIIe et au XIXe siècle et le contraste entre riches palais et bâtiments surpeuplés, et entre les ponts ornementés et les quartiers délabrés autour de Sennaïa plochtchad. Pour apprécier les canaux, on peut aussi prendre un bateau *(p. 218-219)* qui permet de découvrir un autre aspect de ces demeures historiques.

La seconde promenade explore le monde où les Pétersbourgeois passent leurs moments de liberté depuis le XVIIIe siècle. Les famille riches allaient l'été se rafraîchir sur les îles Élaguine et Kamenny, au nord du centre-ville, dans leurs datchas à l'architecture extrêmement variée, que l'on peut encore admirer aujourd'hui. L'atmosphère y est encore très paisible et les gens des environs viennent s'y promener, canoter en été, ramasser des feuilles en automne, faire du ski ou du patin à glace en hiver ou simplement y respirer l'air frais du printemps.

La façade sud du palais Élaguine

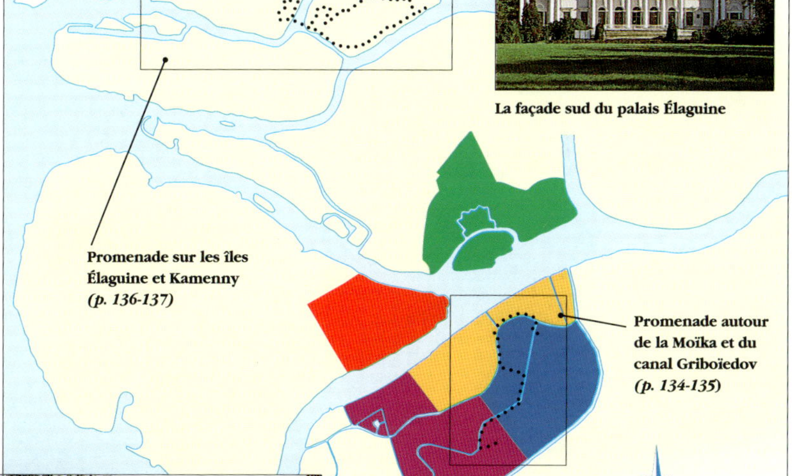

Un pont piéton sur le canal Griboïedov, près de Sennaïa plochtchad

◁ **Moments paisibles sur un lac de l'île Élaguine**

Le long des voies d'eau de Saint-Pétersbourg

En longeant les quais de la Moïka et du canal Griboïedov, on découvre l'histoire et la splendide architecture de Saint-Pétersbourg. Ces deux voies d'eau offrent des contrastes intéressants. La Moïka passe en sinuant devant les palais d'Été et d'Hiver et les somptueuses demeures aristocratiques, tandis que le canal Griboïedov est bordé d'immeubles du XIXe siècle, jadis habités par des commerçants et des fonctionnaires, et s'en va vers Sennaïa plochtchad *(p. 122)*, quartier de la classe ouvrière. Cette promenade inclue également une petite partie de Nevski prospekt.

MODE D'EMPLOI

Départ *: église du Sauveur-sur-le-Sang.* ***Longueur*** *: 5,8 km.* ***Comment y aller*** *: en métro, jusqu'à la station Nevski Prospekt.* ***Haltes*** *: Café Minoutka, Nevski Prospekt 20 ; Bistro Laïma, nab. kanala Griboïedova 16.*

L'église du Sauveur-sur-le-Sang et le canal Griboïedov

La Moïka

Cet itinéraire commence à l'église du Sauveur-sur-le-Sang ①, récemment restaurée *(p. 100)*, bâtie à l'endroit où Alexandre II fut assassiné, en 1881 *(p. 26)*. Contournez l'église, du côté du jardin, traversez le pont sur le canal et dirigez-vous vers Koniouchennaïa plochtchad. La place est englobée par la longue façade des Écuries impériales ② *(p. 113)*. Deux ponts ingénieusement reliés entre eux enjambent le canal Griboïedov et la Moïka : le Malo-Koniouchenny most (pont des Petites Écuries) et le Teatralny most (pont du Théâtre) *(p. 37)*. Traversez-les pour atteindre la rive nord de la Moïka et la façade très étendue de la maison Adamini ③, conçue par Domenico Adamini en 1823-1827. Entre 1916 et 1919, le « Bivouac des comédiens », un club d'artistes et d'écrivains, s'installa au sous-sol. Le metteur en scène d'avant-garde, Vsevolod Meyerhold et les poètes Alexandre Blok et Anna Akhmatova *(p. 44)* firent partie des habitués.

Tournez à gauche vers le quai de la Moïka et passez devant le marché circulaire et ses galeries marchandes (1790) ④, construit par Giacomo Quarenghi. Continuez le long du quai, traversez le Bolchoï Koniouchenny most (pont des Grandes Écuries) pour atteindre l'ancienne maison du prince Abamelek-Lazarev ⑤, bâtie en 1913-1915. Sa façade, ornée de pilastres corinthiens et de délicats bas-reliefs représentant des personnages dansants est d'Ivan Fomine. Sur la rive opposée se trouve l'immeuble du XVIIe siècle où Pouchkine habita les derniers mois de sa vie. Son appartement abrite aujourd'hui un musée ⑥ *(p. 113)*.

À l'intersection de Millionaïa oulitsa et du magnifique canal d'Hiver (Zimnaïa Kanavka) se dressent les anciennes casernes du Premier Régiment des gardes Preobrajenski, corps d'armes prestigieux, formé par Pierre le Grand dans les années 1690.

De l'autre côté du canal d'Hiver, on trouve

Le marché circulaire (1790), avec ses galeries marchandes, sur les quais de la Moïka

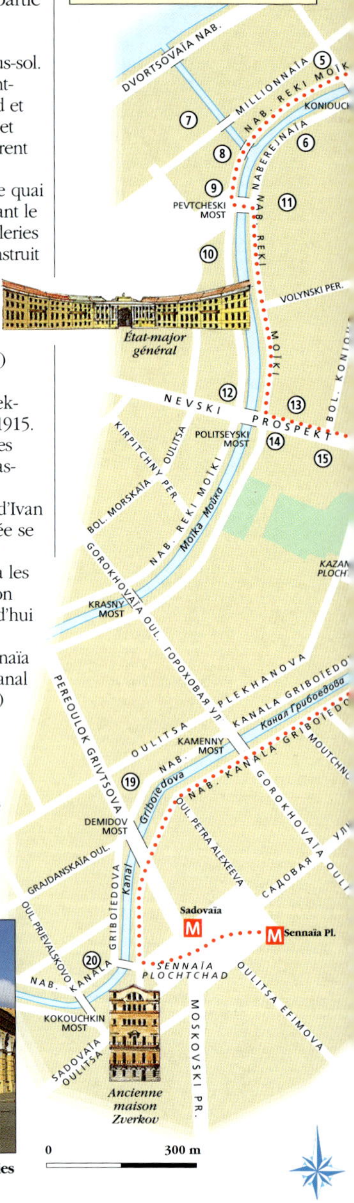

LÉGENDE

••• Itinéraire

M Station de métro

Le canal Griboïedov, bordé d'arbres

le Nouvel Ermitage ⑦ *(p. 84)*. Dix atlantes en granite soutiennent son porche ouvragé. Retournez vers la Moïka et passez devant l'immeuble vert de trois étages ⑧, construit par F. Demertsov pour le conseiller militaire et premier ministre d'Alexandre Ier, le comte Alexseï Araktcheev. La Moïka fait un coude derrière le majestueux édifice de la place du Palais *(p. 83)* qui comprend l'État-major de la garde ⑨ et le grand hémicycle de l'État-major général ⑩ de Carlo Rossi.

Traversez le Pevtcheski most ⑪ (« pont des Chantres ») *(p. 37)* et descendez le long de la Moïka vers le Politseïski most (« pont de la Police »). L'édifice jaune qui se dresse sur la rive opposée de la Moïka est le Café littéraire ⑫, célèbre pour avoir été le rendez-vous des écrivains du temps de Pouchkine *(p. 83)*.

Nevski prospekt

Tournez à gauche et prenez l'artère principale de Saint-Pétersbourg où vous découvrirez toute une variété de styles architecturaux. À gauche, la gracieuse façade de l'église hollandaise de Paul Jacot ⑬ *(p. 112)* cache une série de boutiques. De l'autre côté de la rue, la façade baroque du palais Stroganov ⑭ *(p. 47)* contraste avec le style Art nouveau de la Maison de la mode ⑮, avec sa devanture à trois arches en verre. Un peu plus loin, on peut voir la magnifique colonnade du parvis de Notre-Dame-de-Kazan ⑯ *(p. 111)*.

Le canal Griboïedov

Traversez Nevski prospekt près de Dom Knigui *(p. 47)* et suivez le canal, vers le sud. Traversez le pont Bankovski orné de griffons, construit par Georg von Traitteur *(p. 35)* ⑰ et passez devant les grilles en fer forgé qui se trouvent derrière l'ancienne Banque nationale ⑱, occupée actuellement par l'Institut des finances et de l'économie. Continuez vers le sud, jusqu'à Kamenny most (« le pont de pierre ») (1776), en dos d'âne, qu'un groupe de révolutionnaires, la Volonté du peuple, avaient tenté de faire sauter au moment où le carosse d'Alexandre II franchissait le canal. De l'autre côté de Demidov most, au coin de Kaznatcheïskaïa oulitsa ⑲ (n° 1), se trouve l'appartement où Dostoïevski écrivit *Souvenirs de la maison des morts* (1861). Il vivait dans cette même rue lorsqu'il rédigea *Crime et Châtiment*. Autre souvenir littéraire : Nicolas Gogol *(p. 44)* qui a habité l'ancienne maison Zverkov ⑳, dans les années 1830. La promenade se termine Sennaïa plochtchad *(p. 122)* où vous trouverez deux stations de métro.

Griffons du pont de la Banque (1826), canal Griboïedov

Immeuble où habita Dostoïevski, canal Griboïedov

Promenades sur les îles Kamenny et Élaguine

Les îles septentrionales du delta de la Neva sont le refuge idéal du citadin, avec leurs parcs vallonnés, leurs bouleaux, leurs tilleuls et leurs belles rivières. À la fin du XVIIIe siècle, la famille impériale et les riches familles aristocratiques construisirent des palais sur les îles Kamenny et Élaguine. Avant la Révolution, bien des ministres, magnats de l'industrie et célébrités s'y étaient fait bâtir leur *datcha*. Longtemps laissées à l'abandon, une nouvelle catégorie d'hommes d'affaires est en train de redonner leur splendeur passée à ces demeures néo-gothiques, néo-classiques ou Art nouveau, intimes ou seigneuriales.

La résidence en bois des Dolgoroukov

Le sud de l'île Kamenny

Sortez de la station de métro Tchernaïa Retchka et dirigez-vous vers le sud, jusqu'à la Bolchaïa Nevka. Traversez cette rivière pour atteindre l'île Kamenny, un endroit de détente et de loisirs. Juste de l'autre côté de la rue principale, se trouve la petite église en brique rouge néo-gothique Saint-Jean-Baptiste ①, conçue par Iouri Velten en 1776-1778. À côté, une porte jaune mène aux jardins du palais Kamennoostrovski ② (actuellement une maison de retraite), d'où Alexandre Ier mena sa campagne contre Napoléon *(p. 126)*, en 1812.

Suivez Kamennoostrovski prospekt vers la Malaïa Nevka, puis tournez à droite jusqu'à naberejnaïa Maloï Nevki, où, au n° 11, se trouve une imposante maison en bois ③ avec un portique à colonnes blanches. Construite en 1831-1832 par Smaragd Choustov, cette demeure appartenait aux Dolgoroukov, l'une des plus anciennes familles aristocratiques de Russie. Les deux sphinx qui gardent l'embarcadère en granite datent de 1824. De là, vous apercevrez l'île Aptekarski ou île de l'Apothicaire, qui doit son nom aux jardins d'herbes médicinales créés par Pierre le Grand, qui sont aujourd'hui les jardins botaniques de Saint-Pétersbourg. Continuez le long de l'allée qui tourne vers naberejnaïa reki Krestovki. À mi-chemin se trouvent les restes du chêne que Pierre le Grand ④ aurait planté en 1718. La maison située à gauche, vers Malo-krestovski most, est l'ancienne demeure de Sergueï Tchaïev ⑤, ingénieur en chef du Transsibérien. Tchaïev fit appel à Vladimir Apychkov, un architecte en vogue, pour construire en 1913-1914 cette splendide résidence modern style.

Continuez vers l'ouest et traversez le pont du canal pour atteindre le Théâtre Kamennoostrovski ⑥, théâtre en bois qui fut construit en 40 jours, en 1827. Bien qu'il ait besoin d'être repeint, son portique néo-classique, reconstruit par Albert Kavos en 1844, est encore très imposant. Les rives de la Krestovka, d'où l'on a une vue sur le chantier naval de l'île Krestovski, sont idéales pour pique-niquer. Reprenez l'allée et traversez 1-y Élaguine most pour atteindre l'île Élaguine.

L'île Élaguine

Cette île est un havre de paix où aiment se réfugier les Pétersbourgeois. Une barrière de péage indique l'entrée des jardins de l'élégant palais

La tour de l'église Saint-Jean-Baptiste (1776-1778)

Le théâtre Kamennoostrovski (1827)

Élaguine construit par Carlo Rossi ⑦ *(p. 126)*. De la pointe occidentale de l'île, on assiste à des couchers de soleil souvent spectaculaires sur le golfe de Finlande, en particulier pendant les nuits blanches *(p. 51)*. Au sud de l'île, où 2-y Élaguine most relie l'île Krestovski, se trouvent le stade Petrovski et le parc de la Victoire maritime. Au nord, 3-y Élaguine most mène à Primorski prospekt et au temple bouddhique inspiré de l'architecture tibétaine, construit par Gavril Baranovski en 1909-1915.

Le nord de l'île Kamenny

Traversez 1-y Élaguine most pour revenir vers l'île Kamenny, prenez à gauche de l'embranchement jusqu'à Teatralnaïa alleïa, où vous pourrez voir l'ancienne maison d'Alexandre Polovtsov ⑧, le ministre des Affaires étrangères de Nicolas II. Cette splendide demeure néo-classique, avec quelques touches modern style, a été construite par Ivan Fomine en 1911-1913. Quittez Teatralnaïa alleïa et coupez par le parc, entre les étangs et le canal. Au croisement avec Bolchaïa alleïa se trouvent deux résidences du début du xxe siècle : la maison Follenveider ⑨, à gauche, avec sa tour en poivrière, a été dessinée par Roman Meltser en 1904. Elle appartient au consulat du Danemark. La datcha d'Evgueniïa Gaousvald (1898) ⑩ est l'un des premiers édifices Art nouveau de Saint-Pétersbourg, bâti d'après les plans de Vassili Schöne et Vladimir Tchagine. On termine la promenade en retournant par la 2-ïa Berezovaïa alleïa, au point de départ, à Ouchakovski most et à la station de métro Tchernaïa Retchka.

Maison Polovtsov (début du xxe siècle)

LÉGENDE

- Itinéraire
- Station de métro

MODE D'EMPLOI

Départ *: station de métro Tchernaïa Retchka* (p. 215). ***Longueur*** *: 6 km.* ***Haltes*** *: le café des anciennes écuries du palais Élaguine (en été seulement) et nombreuses aires de pique-nique.*

Les rives arborées de la Krestovka

Les environs de Saint-Pétersbourg

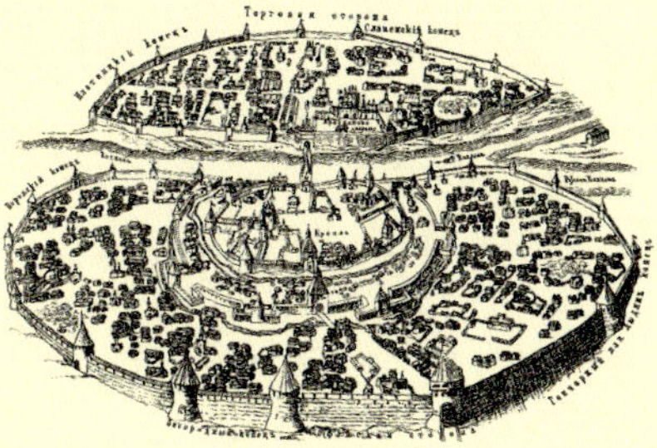

LES ENVIRONS DE SAINT-PÉTERSBOURG

Les paysages des environs de Saint-Pétersbourg sont typiques du nord-ouest de la Russie. Parmi les vastes plaines, les pinèdes et les lacs se nichent des sites culturels de grand intérêt comme les palais impériaux et Novgorod, une magnifique cité médiévale. Ces excursions permettent en outre une approche plus riche de cette splendide région.

Avant la fondation de Saint-Pétersbourg en 1703, cette région était constituée de marécages insalubres, peuplés de loups. Toutefois, en raison de son emplacement stratégique pour le commerce, le territoire situé entre le golfe de Finlande et le lac Ladoga était en proie à d'incessants conflits entre la Suède et la Russie. À cette époque, Novgorod *(p. 17)*, une principauté autonome très prospère, était la seule cité importante. Aujourd'hui, la ville a conservé une atmosphère médiévale, très différente du luxe des palais impériaux du sud de Saint-Pétersbourg. Ceux-ci reflètent les goûts de leurs illustres occupants. Non loin du golfe de Finlande, Peterhof, le palais de Pierre le Grand, est dominé par le thème aquatique, qui témoigne de la passion du tsar pour la mer. Le palais de Tsarskoïe Selo offrait un exubérant décor baroque aux bals extravagants d'Élisabeth.

Muse de la Poésie passionnée, Pavlosk

La Grande Catherine, qui préférait plus d'intimité, y ajouta des appartements privés et, à Oranienbaum, l'élégant palais chinois. La passion obsessive de Paul Ier pour l'armée lui fit transformer Gatchina en château fort. En revanche sa femme, Maria Fiodorovna, fit de Pavlovsk une résidence raffinée pleine de charme. Hormis le palais d'Orianenbaum, la plupart de ces résidences ont été dévastées pendant la Seconde Guerre mondiale *(p. 27)*. Mais depuis une cinquantaine d'années, on s'efforce de les restaurer méticuleusement.

Alors que l'aristocratie donnait libre cours à son extravagance, les classes moyennes construisaient des résidences de campagne plus modestes. Au nord-ouest de la ville, la confortable *datcha* du peintre Ilia Repine donne au visiteur un aperçu de la vie de bohème de l'artiste.

Le kremlin de Novgorod, avec la cathédrale Sainte-Sophie et son beffroi

◁ **L'escalier d'honneur du Grand Palais de Peterhof**

À la découverte des environs de Saint-Pétersbourg

Si la plupart des Pétersbourgeois possèdent une *datcha* ou une petite maison de campagne où ils passent le week-end et les jours fériés, il y a d'autres façons de découvrir les environs. De nombreux magnifiques palais impériaux sont disséminés, telles les perles d'un collier, au sud de la ville. Tous sont somptueusement décorés et entourés de parcs agrémentés de lacs. Au nord-ouest, les alentours de l'atelier du peintre Ilia Repine, à Repino, sont plus caractéristiques des bords de la Baltique, avec des forêts de conifères qui s'étendent jusqu'aux plages de galets.

Au sud, la cité médiévale de Novgorod est un passionnant témoignage de l'ancienne Russie, avec son kremlin fortifié et ses innombrables églises à bulbes.

Le palais chinois, à Oranienbaum

Comment y aller

On rejoint aisément tous les palais impériaux et Repino en prenant un train de banlieue ou en s'inscrivant à une visite guidée *(p. 200)*. Le trajet est plus hasardeux et plus long en voiture. En été, on peut se rendre à Peterhof en hydroglisseur *(p. 221)*. La visite de ces sites se fait aisément en une journée. En revanche, Novgorod est plus éloignée, et il faudra y consacrer plus de temps. Pour s'y rendre, il faut prendre un train de grande ligne à la gare de Moscou *(p. 221)*.

Paysage côtier du golfe de Finlande

Les sites d'un coup d'œil

- Gatchina 4
- Novgorod 7
- Oranienbaum 2
- Pavlovsk 6
- Peterhof 3
- Repino 1
- Tsarskoïe Selo 5

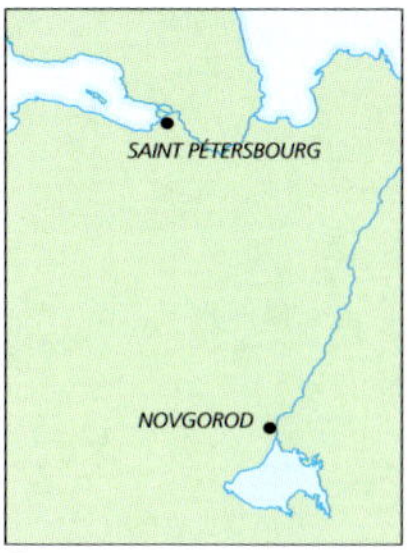

Carte de situation
Novgorod est située à 190 km au sud de Saint-Pétersbourg.

Dômes dorés de la chapelle du palais Catherine, à Tsarskoïe Selo

0 20 km

Novgorod

Légende

- Route principale
- Route secondaire
- Parcours pittoresque
- Voie ferrée
- Rivière
- Point de vue

Repino ❶

Репино

Repino

47 km au N.-O. de Saint-Pétersbourg. *de la gare de Finlande.* *411 du métro Tchernaïa Retchka.* **Penaty**, Primorskoïe chosse 411. *231 6828.* *mer. à lun. de 10 h 30 à 17 h.* *rez-de-chaussée.*

En empruntant Primorskoïe chosse, la route côtière nord, on découvre une région de lacs, de forêts de pins et de plages de sable. Parmi les *datchas* vertes et les sanatoriums se trouve Repino, une ville qui porte le nom du grand peintre russe Ilia Repine *(p. 106-107)*, qui y a habité pendant plus de 30 ans, jusqu'à sa mort en 1930. Son extraordinaire *datcha* au toit en verre très pentu, avec des fenêtres en coin, très endommagée pendant la Seconde Guerre mondiale, a été depuis restaurée et aménagée en musée.

Baptisée « les Pénates » en l'honneur des dieux domestiques romains, Repine en redessina lui-même les plans pour l'adapter à ses besoins, avec, au rez-de-chaussée, une véranda aux larges baies vitrées qui servait d'atelier en hiver. Au premier étage, sont exposés ses pinceaux et plusieurs œuvres de l'artiste, notamment un portrait inachevé de Pouchkine *(p. 44)*, et le dernier autoportrait de Repine lui-même.

Dans la salle à manger sont accrochés les portraits du chanteur Fiodor Chaliapine et de Maxime Gorki, qui comptaient parmi les nombreux hôtes de Repine. Une table à plateau tournant permettait à ceux-ci de se servir et de débarrasser aisément les plats utilisés, Repine n'ayant pas de domestiques. Les convives qui négligeaient de se plier à cette règle domestique devait prononcer un discours improvisé, devant le lutrin posé dans un coin de la pièce.

L'atelier du peintre Ilia Repine, dans sa maison de Repino

Dans le jardin, deux folies en bois sont cachées derrière les arbres et une simple croix dressée au sommet d'une petite butte marque la tombe de Repine.

Oranienbaum ❷

Ораниенбаум

Oranienbaum

Oranienbaum, 40 km à l'O.de Saint-Pétersbourg. *422 3753.* *de la gare de la Baltique.* **Parc** *de 9 h à 19 h.* **Palais et pavillon de la Montagne aux cascades** *lun. de 11 h à 17 h, mer. à dim. (horaires variables selon les bâtiments).* **Palais chinois et pavillon de la Montagne aux cascades** *oct. à avr.*

L'architecture d'Oranienbaum est beaucoup plus ambitieuse que celle de Peterhof *(p. 146-149)*, situé à 12 km plus à l'ouest. C'est un palais extravagant commandé par Alexandre Menchikov *(p. 62)*, meilleur ami et conseiller principal de Pierre le Grand.

Ce projet grandiose causa la ruine de Menchikov, et lorsque ce dernier fut disgrâcié en 1727, le domaine fut requisitionné par l'État.

L'aspect baroque du Grand Palais d'Oranienbaum a peu changé depuis sa construction par Gottfried Schädel et Giovanni-Maria Fontana, en 1710-1725. Le bâtiment central, situé sur une colline, est relié à deux remarquables pavillons symétriques. Une partie du palais et le pavillon (appelé le pavillon japonais) sont aujourd'hui ouverts au public.

De 1743 à 1761, le domaine fut la résidence de l'héritier du trône, le futur Pierre III, qui bâtit lui-même une forteresse miniature agrémentée d'un petit lac pour accueillir sa minuscule flotte, ainsi qu'un terrain de manœuvre où il pouvait jouer à la guerre avec des soldats de plomb. Pierre fit aussi appel à Antonio Rinaldi pour la construction d'un modeste palais.

La Grande Catherine abhorrait l'existence retirée qu'elle devait y mener, mais après l'assassinat de Pierre *(p. 22)*, elle changea d'avis et s'y fit construire sa *datcha* personnelle. Appelée le palais chinois, celle-ci fut construite dans les années 1760 par Rinaldi, et l'édifice est célèbre par sa fabuleuse décoration intérieure rococo et son déploiement de chinoiseries, en vogue à l'époque.

Le bâtiment le plus inhabituel d'Oranienbaum est le pavillon de la Montagne aux cascades, construit en 1762 également par Rinaldi à la demande de Catherine. Les invités de la tsarine montaient jusqu'au pavillon bleu et blanc avant de se laisser glisser à toute vitesse sur un toboggan ou dans de petites voitures, sur une pente de 500 m, dotée à l'origine d'une

Le Grand Palais de Menchikov (1710-1725), à Oranienbaum

colonnade. À l'époque, ces « montagnes russes » étaient une moyen de divertissement assez répandu chez les nobles. Elles se sont malheureusement effondrées en 1813, mais on peut en voir une maquette dans le pavillon.

Oranienbaum fut le seul palais épargné par l'occupation allemande pendant la Seconde Guerre mondiale *(p. 27)*. En 1948, le domaine a été rebaptisé Lomonossov, en l'honneur du célèbre savant du XVIIIe siècle *(p. 45)* qui fonda non loin une usine de verre et de mosaïque. Le domaine a aujourd'hui retrouvé son nom d'origine, qui vient des orangers plantés par Menchikov.

Les chinoiseries du palais chinois de Catherine, à Oranienbaum

Peterhof ❸

Voir p. 146-149.

Gatchina ❹

Гатчина
Gatchina

45 km au S.-O. de Saint-Pétersbourg. *de la gare de la Baltique.* *431 de pl. Pobedy.* *8 271 13492.* *mar. à dim. de 10 h à 17 h.* *anglais. (tél. pour réserver).*

En 1765, la Grande Catherine fit don du village de Gatchina à son amant, le prince Grigori Orlov. Celui-ci commanda un palais néo-classique à Antonio Rinaldi, qui l'acheva en 1781. À la mort d'Orlov, deux ans plus tard, Catherine attribua ce domaine à son fils et héritier, le futur tsar Paul Ier. Ce dernier, passionné par le génie militaire, demanda à son architecte de prédilection, Vincenzo Brenna, d'adapter le palais à son goût. Brenna y ajouta un étage, creusa des douves et bâtit un pont-levis. Un autre Romanov, Alexandre III, en fit sa résidence principale et celle de sa famille à la fin du XIXe siècle. Cette propriété était pour lui une retraite sûre et éloignée des troubles sociaux qui menaçaient sporadiquement la capitale *(p. 26)*. La famille impériale y menait une vie simple et retirée. À l'instar des goûts de plus en plus bourgeois de la noblesse européenne de l'époque, ils préféraient l'intimité des logements de services à la grandeur des salles d'apparat.

En 1917, lorsque le parti bolchevique s'empara du pouvoir, le chef du gouvernement provisoire, Alexandre Kerenski, partit pour Gatchina où il tenta une dernière fois de rallier ses partisans.

L'austère bâtiment principal du palais de Gatchina

Une semaine plus tard, il déserta ses troupes et dut s'exiler. Gatchina fut terriblement endommagé pendant la Seconde Guerre mondiale, puis il servit d'Académie militaire pendant plusieurs années. Une restauration longue et minutieuse se poursuit aujourd'hui. Parmi les salles restaurées, les trois plus impressionnantes sont la salle à manger en marbre, la sinistre chambre de Paul Ier, située tout en haut d'une des tours de Brenna, et la magnifique salle de bal blanche. Au rez-de-chaussée se trouve également une collection d'armes.

Les splendides parcs du palais sont les plus vastes de tous les domaines impériaux. On y verra le temple de Vénus (1792-1793), sur la discrète île de l'Amour, et la maison des Bouleaux, construite dans les années 1790. Cette bâtisse, qui ressemble au premier coup d'œil à un tas de bûches, abrite une succession de très belles pièces.

On peut louer des bateaux et s'y baigner l'été. Il y a peu d'endroits pourse restaurer dans la ville elle-même, et le mieux est d'emporter un pique-nique.Vous pourrez ainsi apprécier la tranquillité du parc et ses vues idylliques.

Tsarskoïe Selo ❺

Voir p. 150-153.

La salle de bal blanche de Gatchina, avec ses copies de statues égyptiennes

Peterhof ❸

Петергоф
Petergof

Le domaine de Peterhof se dresse au centre d'un magnifique parc paysagé, composé de jardins à la française et à l'anglaise. Le palais, avec ses vues sur la Baltique, est l'image même du triomphalisme impérial. Le premier Grand Palais (1714-1721), dû à Jean-Baptiste Le Blond, a été remanié pendant le règne de la tsarine Élisabeth, quand Bartolomeo Rastrelli ajouta un troisième étage et deux ailes se terminant chacune par un pavillon. Rastrelli essaya de conserver la façade baroque de Le Blond, mais redessina l'intérieur, laissant libre cours à son goût pour les dorures baroques.

Un canal relie la Grande Cascade au golfe de Finlande

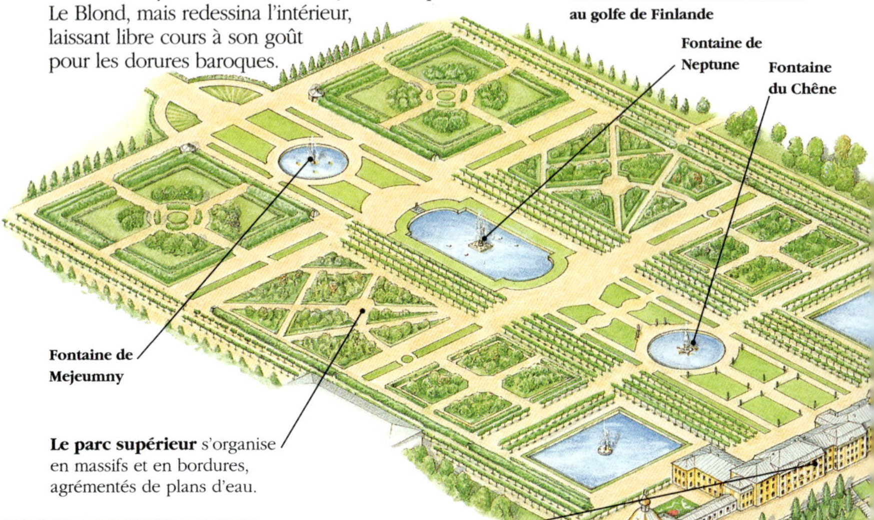

Le parc supérieur s'organise en massifs et en bordures, agrémentés de plans d'eau.

La suite impériale
Elle se trouve dans l'aile orientale du palais. Seul le cabinet de Chêne de Pierre le Grand, dont les boiseries (1718-1721) ont étés sculptées par Nicolas Pineau, a conservé la décoration de Le Blond.

★ La Grande Cascade (1715-1724)
Elle fait partie d'un ensemble de 37 sculptures en bronze doré, 64 fontaines et 142 jets d'eau (p. 149) *qui descendent des terrasses du Grand Palais jusqu'au canal relié à la mer.*

Le palais de Pierre le Grand

Après la victoire qu'il remporta sur les Suédois en 1709, à Poltava, le tsar Pierre le Grand décida de construire un palais « à la hauteur du plus grand des monarques ». Sa visite de Versailles, en 1717, renforça ses ambitions. Plus de 5 000 ouvriers, serfs et soldats dirigés par des architectes, des hydrauliciens, des paysagistes et des sculpteurs travaillèrent sur ce chantier. Commencé frénétiquement en 1714, Peterhof fut inauguré en 1723. Le Grand Palais de Le Blond, achevé en 1721, fut considérablement remanié au cours des décennies suivantes. Dans les années 1770, la Grande Catherine chargea Iouri Velten de redécorer une partie de l'intérieur dû à Rastrelli, notamment la salle du Trône et la salle de Tchesma.

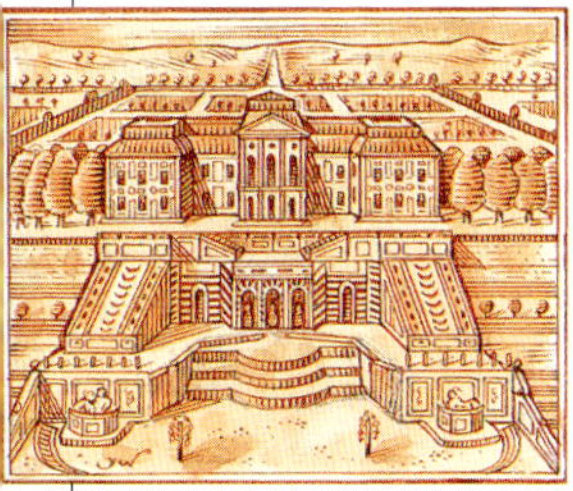

Les plans originels du Grand Palais de Jean-Baptiste Le Blond

Mode d'emploi

Petrodvorets, 30 km à l'O. de Saint-Pétersbourg. *420 0073.* *de la gare de la Baltique* (p. 220) *jusqu'à Novy Petergof.* *Ermitage (mai à oct.)* (p. 220). **Grand Palais** *mar. à dim. de 11 h à 17 h.* **Pavillons** *mai à sept. : mar. à dim. de 11 h à 17 h ; oct. à avr. : sam. et dim. de 11 h à 17 h.* **Fontaines** *mai à début oct. de 11 h à 17 h.*

★ L'escalier d'honneur
Cariatides et dorures ornent l'escalier dû à Rastrelli. La fresque du plafond représente Aurore et Génius poursuivant la nuit.

Cascade de la Montagne d'or

Marly et l'Ermitage

Fontaine d'Ève

Hydroglisseur et golfe de Finlande

Le canal maritime permettait aux tsars d'arriver en bateau du golfe de Finlande jusqu'au Grand Palais.

★ Les salles d'apparat
Parmi celles-ci, la somptueuse salle du Trône a été redessinée par Iouri Velten en 1770. La relative sobriété des ornements en stuc, les tentures en velours rouge et les parquets mettent en valeur les portraits de la famille impériale de Russie.

À ne pas manquer

- ★ Grande Cascade
- ★ Escalier d'honneur
- ★ Salles d'apparat

À la découverte du domaine de Peterhof

Le parc supérieur, le parc inférieur et le parc Alexandria forment l'ensemble de ce domaine d'environ 607 ha, bordant la Baltique. Il comprend de nombreux palais et fontaines, des avenues bordées d'arbres et des sentiers boisés. Le Blond dessina le parc à la française situé près du Grand Palais, avec ses massifs de fleurs géométriques, ses sculptures, ses pergolas et ses pavillons d'été. Les végétaux (tilleuls, ormes, érables et rosiers) ont été importés de toute la Russie et de l'étranger.

Le cottage, dans le parc Alexandria

Le palais de Monplaisir (1714-1722) domine le golfe de Finlande

Le palais de Monplaisir
Ce modeste mais charmant palais fut dessiné en 1714 par Johann Braunstein. Même après la construction du Grand Palais, Pierre le Grand continua à habiter et à se distraire à Monplaisir, où ses invités étaient habituellement contraints de se livrer à des beuveries. Dès le petit déjeuner, les tasses à café étaient remplies de cognac et à la nuit tombée, les invités erraient ivres dans le parc.

L'intérieur, plus simple que celui du Grand Palais, est remarquable, notamment la Salle des cérémonies, avec ses murs lambrissés de boiseries. La fresque du plafond représente Apollon entouré de personnages de bal masqué. Le cabinet des Laques est décoré d'icônes de style chinois, dues à des maîtres russes. Sur les murs se trouve la collection de tableaux de peintres hollandais et flamands de Pierre le Grand. Les fenêtres du bureau d'études navales du tsar offrent de très belles vues du golfe de Finlande.

L'aile Catherine a été ajoutée à Monplaisir par Rastrelli pour la tsarine Élisabeth, en 1747-1754. En 1762, Catherine la Grande se trouvait à Monplaisir lorsqu'elle apprit par le comte Orlov, la nouvelle du coup d'État qui lui permit d'accéder au trône *(p. 24)*.

Le palais de Marly
Cette résidence rurale aux dimensions harmonieuses, bâtie pour les hôtes du tsar, doit son nom à Marly-le-Roi, le pavillon de chasse du roi de France que Pierre-le-Grand avait visité lors de son voyage en Europe en 1717. Les cabinets du Chêne et du Platane, la chambre de Pierre et la salle à manger sont ouverts au public. Le palais de Marly est entouré d'un parc classique orné de sculptures, de fontaines, d'une grande pièce d'eau et de la cascade de la Montagne d'or de Niccolo Michetti, ajoutée en 1731-1737.

Fourneau orné de carreaux de céramique, au palais de Marly

L'Ermitage
Bénéficiant d'une situation splendide, retiré sur les bords du golfe de Finlande, cet élégant pavillon (1721-1725) a été conçu par Braunstein comme salle de réception privée pour le tsar et ses amis. Pour accroître son isolement, l'édifice a été surélevé et entouré de douves traversées par un petit pont-levis. La façade est ornée de stuc, de pilastres corinthiens, de balcons en fer forgé ouvragés et de larges baies vitrées. Les domestiques étaient confinés au rez-de-chaussée et un monte-plats mécanique reliait la cuisine à la salle à manger.

Le cottage
Le parc Alexandria, un parc paysager qui doit son nom à la femme de Nicolas Ier, est un écrin idéal pour le cottage. Cette petite demeure néo-gothique est en fait plus imposante que ne le laisse supposer son appellation. Un architecte écossais, Adam Menelaws, en dessina les plans en 1826-1829 pour le tsar Nicolas Ier et sa femme qui désiraient un endroit familial convenant à leurs goûts « bourgeois ».

Le style gothique s'y retrouve un peu partout, en particulier dans le Grand Salon, avec le motif en rosace du tapis et le plafond orné d'une dentelle de stuc. Le service de table de 5 200 pièces, en cristal et en porcelaine, a été fabriqué pour le tsar et la tsarine à la Fabrique impériale de porcelaine.

Les fontaines de Peterhof

Lorsque Jean-Baptiste Le Blond soumit son projet de jeux d'eau à Pierre le Grand en 1717, le tsar en avait déjà tracé quelques plans. La Grande Cascade, alimentée par la source souterraine des monts Ropcha, située à 22 km, est la pièce centrale de cet ensemble. Au centre de celle-ci, le groupe sculpté symbolise la victoire de la Russie sur la Suède *(p. 19)*. Surtout regroupés dans le parc inférieur, les jeux d'eau imaginatifs et variés comprennent les fontaines du Triton, du Lion et du Dragon, et des fontaines moins imposantes où des petits garçons à queue de poissons vaporisent de l'eau en soufflant dans des conques. Parmi les « fontaines-surprise », celle de l'Ombrelle, arrosant ceux qui s'approche trop près d'elle, est une des plus amusantes.

Détail de la fontaine Mejeumny

Les fontaines romaines *furent dessinées par Blank et Davidov en 1738-1739. Ces deux fontaines sont inspirées d'une construction semblable de la place Saint-Pierre à Rome.*

La fontaine d'Adam*, sculptée par Bonazza, a été commandée par Pierre le Grand en 1718, comme la fontaine d'Ève. Elles symbolisent le paradis terrestre que le tsar a voulu recréer à Peterhof.*

La fontaine de Neptune *fut construite 50 ans avant Peterhof. Cette sculpture baroque avait été érigée à Nuremberg en 1658, pour commémorer la fin de la guerre de Trente ans. Le manque d'eau l'empêchant de fonctionner, elle fut vendue à Paul Ier en 1782.*

La Grande Cascade *était à l'origine décorée de statues en plomb. Elles ont été refondues en bronze et dorées à partir de 1799. Choubine et Martos font partie des talentueux sculpteurs qui ont créé cette splendide cascade.*

La fontaine de la Pyramide *(1720) possède plus de 500 jets d'eau aux formes particulières, qui jaillissent en 7 niveaux pour créer un « obélisque » commémorant la victoire de la Russie sur la Suède.*

Tsarskoïe Selo ❺

Царское Село
Tsarskoïe Selo

Le palais Catherine, à Tsarskoïe Selo, fut commandé à Rastrelli *(p. 93)* par la tsarine Élisabeth en 1752. Elle le baptisa du nom de sa mère, Catherine Ire, à l'origine propriétaire du domaine. À son tour, la Grande Catherine marqua le palais de son empreinte en demandant à l'architecte écossais Charles Cameron de redessiner l'intérieur baroque pour l'adapter à son goût plus néo-classique. Celui-ci construisit aussi les bains traditionnels russes, chauds et froids, le pavillon d'agate et la galerie qui porte son nom. Les travaux de restauration, commencés après la guerre, se poursuivent encore aujourd'hui. Une vingtaine de salles d'apparat sont déjà ouvertes, ainsi que le parc.

★ La grande salle de bal
La salle de Rastrelli, où de petits flots de lumière illuminent les miroirs, les sculptures dorées et le plafond peint (le Triomphe de la Russie, vers 1755) dû à Giuseppe Valeriani, est resplendissante.

Les atlantes
L'étonnante façade baroque de 300 m de long est ornée d'une profusion d'atlantes, de colonnes, de pilastres et d'encadrements de fenêtres ouvragés.

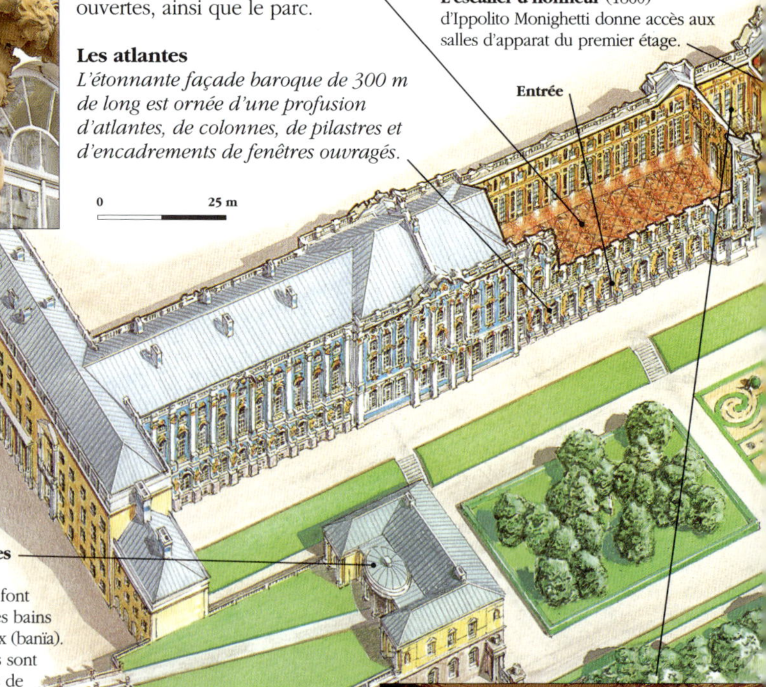

L'escalier d'honneur (1860) d'Ippolito Monighetti donne accès aux salles d'apparat du premier étage.

Entrée

Les salles d'agate *(p. 152)* font partie des bains impériaux (banïa). Les murs sont incrustés de pierres semi-précieuses de l'Oural.

La galerie Cameron ***(p. 152)***

La salle à manger des Chevaliers
La table est dressée pour accueillir les gentilshommes au service de la tsarine Élisabeth, dans l'élégante salle blanche et or, créée par Rastrelli.

★ Le cabinet d'Ambre
À l'origine, les panneaux d'ambre d'Andreas Schlüter (1709), qui recouvraient les murs de ce cabinet (1709) avaient été offerts par Frédéric-Guillaume Ier à Pierre le Grand. Cette salle est peu à peu reconstituée à partir de photos, et complétée par des panneaux sculptés et des mosaïques florentines.

La chapelle royale, richement décorée dans les tons bleu foncé et or, est de Tchevakinski (1740). Il s'y trouve une très importante iconostase de six rangées.

Le salon bleu se caractérise par des motifs floraux bleus peints sur soie. Des portraits royaux décorent cette pièce, dont celui de Pierre le Grand par Ivan Nikitine (vers 1720).

Vers le Lycée et l'église du Signe *(p. 153)*

La galerie de peintures abrite des œuvres de maîtres français, hollandais et flamands des XVIIe et XVIIIe siècles.

Le côté formel et symétrique du jardin à la française (années 1740) contraste avec le paysage naturaliste à l'anglaise *(p. 152)* du parc, créé en 1768.

★ La salle à manger verte
La sobriété néo-classique chère à Cameron contraste avec le caractère flamboyant de la décoration baroque de Rastrelli. Les motifs des bas-reliefs en stuc d'Ivan Martos sont inspirés des fresques de Pompeï.

La petite enfilade
Ces pièces non restaurées contiennent un mobilier et des objets d'art très variés. Parmi les trésors du XIXe siècle, on peut y voir des meubles chinois laqués et des tapis d'Orient.

MODE D'EMPLOI

Tsarskoïe Selo (ex-Pouchkine), 25 km de Saint-Pétersbourg. *gare de Vitebsk pour Detskoïe Selo, puis bus 371 ou 382* (p. 220). **Palais Catherine** *465 5308. mer. à lun. de 10 h à 17 h. dern. lun. du mois.*
Salles d'agate *jeu. à lun. de 10 h à 16 h 30. en hiver.*
Galerie Cameron *temporairement.* **Parc** *t.l.j. mi-mai à sept.*

À NE PAS MANQUER

★ **Grande salle de bal**

★ **Cabinet d'Ambre**

★ **Salle à manger verte**

À la découverte de Tsarskoïe Selo

Un millier de soldats et d'ouvriers défrichèrent une forêt très dense pour créer les magnifiques parcs et jardins de Tsarskoïe Selo (« le village du tsar »). Les travaux sur les jardins commencèrent en 1744, mais en 1768, la Grande Catherine commanda le premier parc paysager de Russie. D'une superficie de 567 ha, il fut doté de gracieux pavillons disposés autour du lac central. Ne manquez pas de visiter aussi le parc et la ville de Tsarskoïe Selo, au nord-est du palais.

Les jardins à la française, parc Catherine

Le parc Catherine
Les jardins à la française au sud-est du palais, sont traversés, de façon rigoureuse, d'allées, de parterres, de terrasses, de ponts ornementés, de haies, d'élégants pavillons et de statues néo-classiques. À proximité du palais se trouve le somptueux **pavillon d'agate** (1780-1787). Le rez-de-chaussée, lourd et rustique, contraste avec l'étage supérieur, conçu sur le modèle d'une villa Renaissance. L'édifice doit son nom à l'agate, au jaspe, à la malachite et autres pierres semi-précieuses qui ornent ses murs à l'intérieur.

Girl with a Pitcher by Pavel Sokolov (1816)

L'impressionnante **galerie Cameron** (1783-1787) a un sol en pierres rustiques, surmonté d'un péristyle néo-classique de 44 colonnes ioniques. Alignés le long de cette colonnade se trouvent les bustes de philosophes, de poètes et de dirigeants. En 1792-1794, Cameron ajouta une longue rampe en pierre pour permettre à la Grande Catherine vieillissante d'accéder aux jardins. Les **bains inférieurs** et **supérieurs** (1777-1780) de style néo-classique sont d'Ilia Neïelov. Les bains inférieurs, surmontés d'un dôme, étaient ceux des courtisans tandis que les bains supérieurs étaient réservés aux membres de la famille impériale.

La construction de la **grotte**, œuvre de Rastrelli, commença en 1749, mais la décoration intérieure, avec plus de 250 000 coquillages, se poursuivit jusque dans les années 1770.

L'allée principale des jardins mène à l'**Ermitage** (1756), pavillon baroque construit par Rastrelli, où Élisabeth recevait des amis à dîner.

La partie romantique du parc inférieur a été commencée en 1768, par des maîtres jardiniers tels que John Bush, qui travailla sous la supervision de l'architecte Vassili Neïelov. On creusa un canal de 16 km pour alimenter de nombreux autres canaux, cascades et lacs artificiels, y compris le **grand étang**. Du pavillon de Giacomo Quarenghi (1786), situé sur l'île du lac, Catherine et ses courtisans écoutaient les sérénades des musiciens qui glissaient dans des gondoles dorées.

Un thème maritime lie l'**Amirauté** (1773-1777), de Vassili Neïelov, un bâtiment néo-gothique hollandais, à la **colonne rostrale de la Tchesma**, de 25 m de haut, ornée de proues de navires. Dessinée par Antonio Rinaldi en 1771, elle commémore la victoire navale russe sur les Turcs, en mer Égée.

Sur les eaux calmes du lac, se reflètent le dôme rosé et le minaret des **bains turcs**, ainsi que le **pont de marbre** (1770-1776), avec ses colonnes. Perchée sur un rocher dominant le lac, **la Laitière à la cruche cassée** de Sokolov a inspiré à Pouchkine son célèbre poème la Fontaine de Tsarskoïe Selo, où une jeune fille qui vient de casser son pot au lait est « assise éternellement triste près d'un éternel ruisseau ».

On trouvera des témoignages de la vogue de chinoiseries au XVIIIe siècle en bordure du parc Alexandre où Cameron a construit son **Village chinois** (1782-1796). Le **Pavillon Grinçant**, de Iouri Velten, ainsi nommé parce qu'il a été conçu pour grincer dès que quelqu'un franchit l'entrée, et le **Grand Caprice** (années 1770), de Neïelov, un pont en dos d'âne surmonté d'une structure à colonnes en forme de pagode, en sont d'autres exemples.

Les Bains turcs (1852) de Monighetti de style mauresque

Le pavillon grinçant (1778-1786)

La ville de Tsarskoïe Selo

Cette ville de 80 000 habitants a pris son essor au cours du xixe siècle, comme lieu de résidence d'été pour les aristocrates. En 1937, elle fut rebaptisée Pouchkine, en l'honneur du poète *(p. 43)* qui fit ses études au **lycée** local de 1811 à 1817, dans la salle n°14. Cette école, l'une des plus illustres de Russie, a été fondée par Alexandre Ier en 1811 pour les membres de la noblesse. En 1998, la ville a repris son nom d'origine.

La gracieuse **église du Signe** date de 1734. C'est l'un des édifices les plus anciens de la ville. Dans un jardin voisin, une statue de Roman Bach représente Alexandre Pouchkine en uniforme du lycée.

Pouchkine et sa jeune épouse Natalia, ont passé l'été 1831 dans cette merveilleuse maison en bois que l'on appelle aujourd'hui la **datcha de Pouchkine**. L'écrivain Nicolas Gogol faisait partie des nombreux amis qu'ils recevaient.

À l'ouest de la ville se trouve le **palais Alexandre** (1792), commandé par Catherine pour son petit-fils, le futur tsar Alexandre Ier. Giacomo Quarenghi dressa les plans de ce sévère édifice néo-classique avec deux ailes en saillie et une façade ornée de colonnes. Le dernier tsar de Russie, Nicolas II, et sa famille habitèrent ce palais à partir de 1904, jusqu'à leur assignation à résidence en 1917 *(p. 28)*. Le magnifique bureau modern style de Nicolas II, conçu par Melzer, fait partie de la visite.

Lycée
mer. à lun. de 10 h 30 à 16 h 30.

Datcha de Pouchkine
mer. à dim. de 10 h 30 à 16 h 30.

Palais Alexandre
mer. à lun. de 10 à 17 h.

La statue d'Alexandre Pouchkine (1900) de Roman Bach

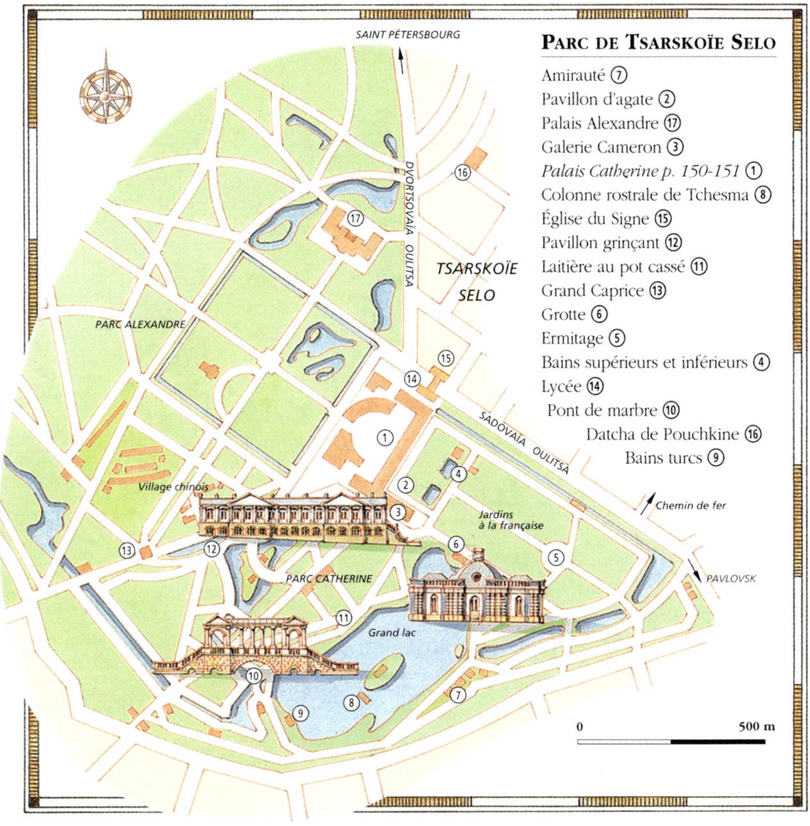

Le drapeau des Romanov flottant sur le palais Catherine ▷

Pavlovsk ❻

Павловск
Pavlovsk

Pour célébrer la naissance de son petit-fils, le futur héritier du trône, la Grande Catherine offrit ces terres à son fils, le grand-duc Paul, en 1777. Elle lui « donna » aussi son architecte favori, Charles Cameron, qui dessina à la fois le palais et le parc. Les travaux de Pavlovsk (de « Pavel » ou « Paul ») commencèrent en 1780 et furent poursuivis par la veuve de Paul Ier, Maria Fiodorovna, bien après la mort de celui-ci. Les jardins anglais, à la mode à cette époque, inspirèrent à Cameron un paysage prétendu sauvage, doté de pavillons pour les réceptions non officielles, de ruines romantiques et de jolies vues tout autour de la Slavianka.

Les Bains froids
Ce pavillon austère, construit par Cameron en 1799 comme piscine pour l'été, possède un élégant vestibule, des peintures, des meubles et de riches tapisseries murales.

La colonnade d'Apollon
(1782-1783) de Cameron, entoure une reproduction de l'Apollon du Belvédère, au-dessus des ruines d'une cascade romantique.

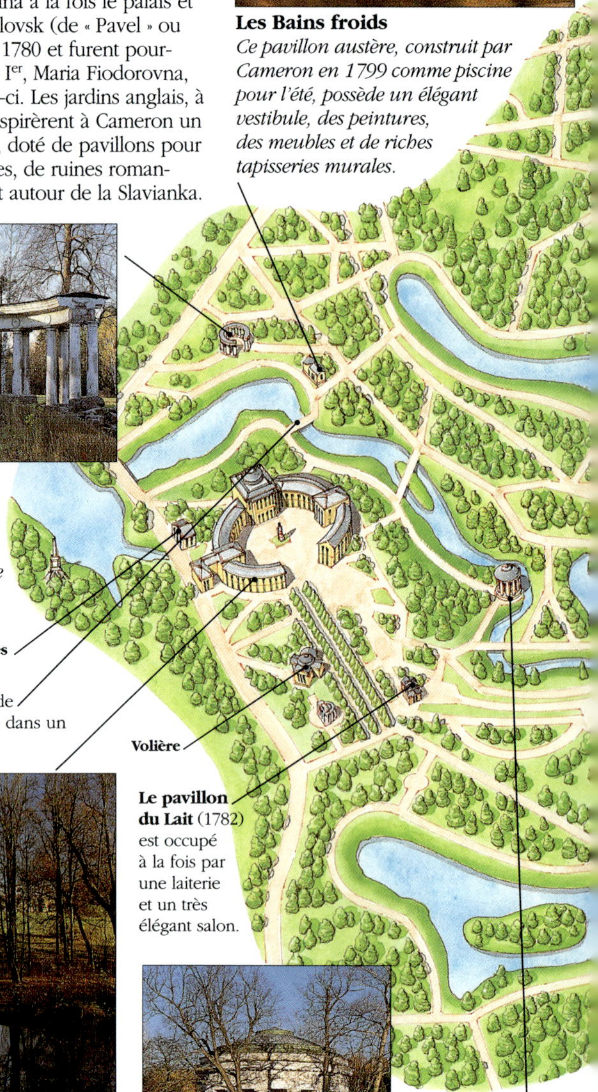

Le pavillon des Trois Grâces

Le pont aux Centaures de Voronikhine (1805), niché dans un méandre de la Slavianka.

Volière

Le pavillon du Lait (1782) est occupé à la fois par une laiterie et un très élégant salon.

★ Le palais Pavlovsk
Cette résidence palladienne (1782-1786) est le corps central du palais actuel (p. 158-159). *Les ailes ont été ajoutées en 1789 par Vincenzo Brenna, l'architecte favori de Paul.*

★ Le temple de l'Amitié
Ce temple dorique (1780) est le premier monument russe de style grec.

Le pont Visconti
Créé en 1807 par André Voronikhine, ce pont est l'un des plus célèbres de la Slavianka, une rivière sinueuse.

MODE D'EMPLOI

Pavlovsk. *470 6536.*
gares de Vitebsk ou de Kouptchino puis bus 370, 383 ou 383a (voir aussi p. 220).
Parc *t.l.j. de 10 h à 18 h de mai à nov.*
Palais *sam. à jeu. de 10 h à 17 h. 1er lun. du mois en hiver. anglais .*

Allée de la femme verte

Gare de Pavlosk

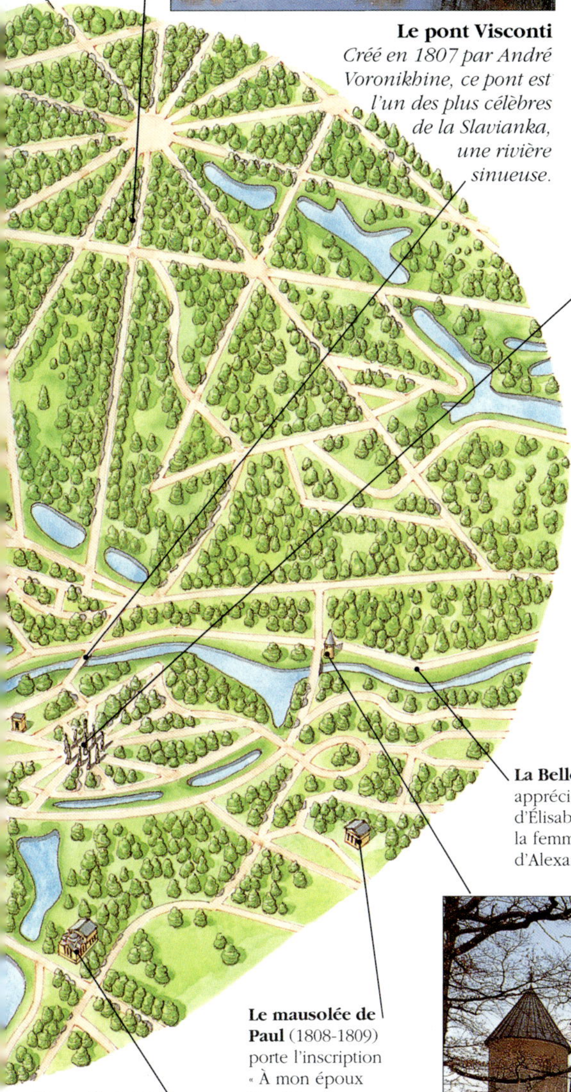

L'Étoile
L'Étoile est le premier jardin paysagé du parc réalisé par Cameron en 1780. Le cercle de statues représente les neuf muses, protectrices des arts et des sciences.

La Belle Vallée appréciée d'Élisabeth, la femme d'Alexandre Ier.

0 200 m

Le mausolée de Paul (1808-1809) porte l'inscription « À mon époux bienfaisant ».

Le pavillon rose était le lieu préféré de Maria Fiodorovna, depuis 1812. Elle y organisa de nombreux concerts et des soirées littéraires.

À NE PAS MANQUER

★ **Temple de l'Amitié**

★ **Grand Palais**

La tour Pil et le pont
L'intérieur de la tour de Brenna (1795-1797) est occupé par un escalier en spirale, un salon et une bibliothèque. Le pont a été ajouté en 1808.

À la découverte du palais de Pavlovsk

Horloge du XVIIIe s., Salle grecque

Catherine la Grande chargea Cameron de la construction du Grand Palais (1782-1786), alors que Paul et sa femme, Maria Fiodorovna, voyageaient incognito en Europe, sous le nom du comte et de la comtesse du Nord. Ces derniers achetèrent pour leur nouvelle demeure des horloges françaises, de la porcelaine de Sèvres, des tapisseries et des meubles. De retour en Russie, ils firent appel à Brenna pour ajouter des ailes plus élaborées qui donnèrent au bâtiment néo-classique de Cameron la dimension d'un vrai palais.

Façade ouest du palais néo-classique

Plan du palais de Pavlovsk, 1er étage

Légende

- Salles d'apparat
- Aile sud

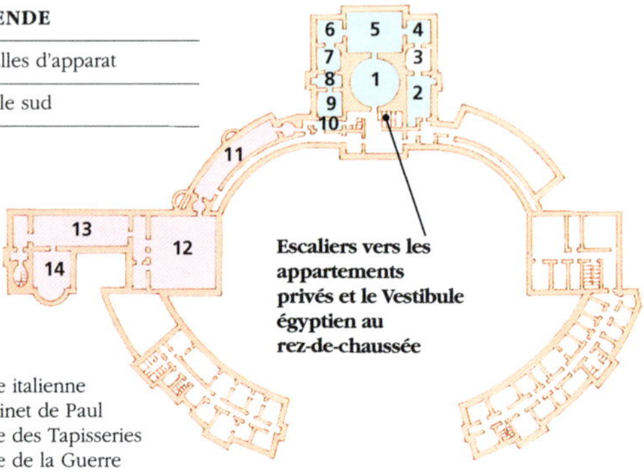

1 Salle italienne
2 Cabinet de Paul
3 Salle des Tapisseries
4 Salle de la Guerre
5 Salle grecque
6 Salle de la Paix
7 Bibliothèque de Maria Fiodorovna
8 Boudoir
9 Chambre d'apparat
10 Garde-robe
11 Galerie de tableaux
12 Salle du Trône
13 Salle des Chevaliers
14 Chapelle

Les salles d'apparat

La Salle italienne de Cameron et Brenna, 1789

La plupart des appartements de Pavlovsk sont de dimensions relativement modestes, Maria Fiodorovna leur ayant donné une élégance féminine, et plus de charme que de splendeur.

Après l'incendie de 1803, Andreï Voronikhine remania l'intérieur du palais. Le Vestibule égyptien, le hall d'entrée, a été réaménagé à cette époque, avec des sculptures en bronze peintes et des médaillons représentant les signes du zodiaque. En haut de l'escalier se trouve le vestibule d'Honneur de Brenna, décoré de bas-reliefs qui témoignent de la passion de Paul pour le génie militaire. On arrive ensuite dans la Salle italienne, située sous une coupole centrale à lanternons, dont les lourdes portes sont en bois de rose et en acajou.

À cet étage, Paul habitait les pièces situées au nord, tandis que les appartements du sud étaient réservés à Maria. Dans le cabinet de Paul se trouve le gracieux portrait de Maria, peint par Johann Lampi en 1794. À l'origine, le bureau en acajou avait été spécialement fabriqué pour le nouveau château des Ingénieurs *(p. 101)*, mais après l'assassinat de Paul en 1801 *(p. 22)*, Maria fit transférer la plupart des meubles du château au palais de Pavlovsk.

La salle de la Guerre, qui appartenait à Paul, est symétrique à celle de la Paix, aménagée pour Maria. Ne différant que par leurs emblèmes, toutes deux sont richement décorées de bas-reliefs et de massives dorures. La Salle grecque, située au milieu, est un chef-d'œuvre néo-classique dû à Cameron.

Les appartements de Maria Fiodorovna commencent par une petite bibliothèque. La chaise du bureau, créée par Voronikhine, porte des pots prévus pour y mettre des fleurs. Le boudoir a des pilastres peints de motifs inspirés de Raphaël et une cheminée en marbre de Carrare ornéede porphyre. La chambre à coucher d'apparat ne servait qu'aux cérémonies officielles et personne n'y dormait jamais. La toilette en porcelaine de Sèvres de 64 pièces, qui comprend aussi

Le boudoir de Maria Fiodorovna, de Brenna, 1789

La Galerie de tableaux (1789), avec les lustres de Johann Zeck

une tasse à café et une œillère pour bains d'yeux, a été offert à la tsarine par Marie-Antoinette.

Dans la Garde-robe, les meubles et objets en métal (une coiffeuse, une chaise, des vases et un encrier), offert à Maria par la Grande Catherine, ont été fabriqués par la manufacture de canons de Toula en 1789.

L'aile sud

La galerie de tableaux (1798) offre de très belles vues du parc. Seuls quelques tableaux, pour la plupart achetés par le jeune couple impérial lors de son séjour en France, offrent un intérêt. Paul et Maria s'intéressaient plus aux arts décoratifs.

La plus grande salle du palais est la salle du Trône dont Brenna dessina les plans en 1797, lorsque Paul accéda au pouvoir. Malgré son nom, elle servait aux bals et aux dîners d'apparat. Sur les tables dressées, on verra une partie du service de 606 pièces dorées. Les grands vases de Sèvres ont été rapportés de la manufacture dépensèrent des fortunes en porcelaines). Le plafond a été peint lors de la restauration du palais après la Seconde Guerre mondiale *(p. 26)*, d'après des dessins originaux qui n'avaient jamais été utilisés.

Paul fut élu « grand maître des Chevaliers de Saint-Jean » au moment où ceux-ci durent s'enfuir de Malte, lors de l'invasion des troupes de Napoléon en 1798. Il commanda l'aménagement de la salle des Chevaliers où se déroulaient les cérémonies de l'ordre. Cette salle vert pâle est ornée de statues classiques qui furent enterrées dans les jardins du palais, pour les protéger des Allemands pendant la Seconde Guerre mondiale.

La succession de pièces se termine par la chapelle impériale Saint-Pierre-et-Saint-Paul, construite par Brenna (1797-1798), et décorée de copies de peintures européennes.

Les appartements privés

Les appartements privés sont situés au rez-de-chaussée. La salle des Pilastres (1800), avec ses pilastres dorés, est meublé d'acajou. Le salon de la Lanterne, dessiné quelques années plus tard par Voronihkine, doit son nom à sa fenêtre en saillie.

La Garde-robe de Maria Fiodorovna s'ouvre sur sa chambre à coucher (1805). Des morceaux de soie d'origine ont pu être sauvés pendant la guerre et ont été utilisés pour border les nouveaux rideaux.

La petite salle de bal rose et bleue était réservée aux fêtes privées. Sur les murs sont accrochés des tableaux de Hubert Robert, très en vogue à l'époque. Le Bureau général, qui servait de salon privé, est orné de portraits de la famille impériale. Les vues du palais de Gatchina qui décorent les murs du Salon framboise, le bureau privé de Paul, avaient été destinées au château des Ingénieurs.

Le bureau de la Lanterne, un des chefs-d'œuvre de Voronikhine, 1804

Maria Fiodorovna (1759-1828)

Maria Fiodorovna, qui donna naissance à dix enfants, considérait Pavlovsk comme le onzième. Paul préférait Gatchina *(p. 145)*, et, en 1788, Pavlosk fut entièrement attribué à sa femme. Celle-ci déploya toute son énergie à décorer le palais et le parc, donnant des directives précises aux architectes et aux décorateurs qui déploraient leur manque de liberté. Maria, née Sophie de Württemberg-Stuttgart, avait reçu une éducation germanique très pragmatique, qui lui donna une grande habileté manuelle. Elle dessina des meubles et peignit des portraits de famille dont elle orna le palais.

Encrier (1795) réalisé d'après un dessin de Maria Fiodorovna

Novgorod ❼

Détail d'une porte, cathédrale Sainte-Sophie

L'ancienne ville de Novgorod, (« nouvelle ville ») a été fondée en 859 par le prince varègue (viking) Rourik *(p. 17)*. Cette ville, fière d'avoir son propre gouvernement depuis le XIe siècle, dut se soumettre à Ivan III, en 1478. Située à un endroit stratégique sur la Volkhov, une rivière qui relie la Scandinavie à la mer Égée, Novgorod devint un centre commercial très important. En 1570 Ivan le Terrible, ayant eu vent d'une conspiration contre lui, mit Novgorod à feu et à sang, torturant et massacrant des milliers de personnes. Finalement, ce fut l'essor de Saint-Pétersbourg qui entraîna le déclin de la cité. La majeure partie du splendide patrimoine culturel de la ville, gravement endommagé pendant la Seconde Guerre mondiale, est en cours de restauration, comme en témoignent les nombreuses églises médiévales et les rues pittoresques de la vieille ville.

Étui à icône incrusté de pierres précieuses, chambre des Facettes

Le kremlin

Sur la rive gauche de la Volkhov, ou Sofiskaïa Storona (« le côté de Sophie »), se dressent d'imposants murs en brique rouge et des tours surmontées de dômes du Detinets (kremlin), qui datent du XIe au XVIIe siècle. Si l'on croit la coutume de l'époque, la première pierre aurait été posée sur le corps d'un enfant vivant.

La Koukoui (XVIIe siècle), de 32 m de hauteur est la plus remarquable et la plus haute de ces tours. Les étages inférieurs étaient occupés par une cave à vin et une salle du trésor, tandis que, selon la chronique de l'époque, la pièce octogonale située sous la coupole servait « à surveiller toute la ville ».

Les murs du Kremlin, avec le dôme du beffroi de Sainte-Sophie (XVe siècle)

Au cœur de la forteresse, se trouve une église byzantine, la **cathédrale Sainte-Sophie** (1045-1062), qui est la plus ancienne et la plus grande de Novgorod. Elle porte le même nom que la cathédrale de Kiev, dont elle est une copie. Toutefois, les tendances de l'école de Novgorod apparaissent déjà dans l'absence d'ornements et la rareté des fenêtres, à cause du froid. Sur le mur nord, une partie de la chaux a disparu, découvrant les effets primitifs de mosaïque entre la pierre gris-jaune et la brique. À l'ouest du bâtiment, les portes en bronze font partie du butin saisi lors du pillage de la ville suédoise de Sigtouna. Dans le coin en bas, à gauche, se trouvent les portraits et les noms inscrits en lettres latines de Riquin et Weissmut, les artisans dont elles sont l'œuvre.

L'intérieur est divisé, par des piliers, en cinq ailes dont trois aboutissent à des absides. Des fragments des fresques d'origine subsistent encore et l'iconostase est l'une des plus anciennes de Russie, avec des d'icônes datant du XIe au XVIIe siècle.

À l'est de la cathédrale se trouve le **beffroi de Sainte-Sophie**, très modifié depuis sa construction en 1439. Les cloches, exposées aujourd'hui en bas, ont été fondues entre la fin du XVIe et le début du XVIIe siècle.

Au nord-ouest du kremlin se trouve la **Cour de l'Archevêque**, corps puissant qui gérait autrefois ses propres finances, ses forces de police et sa garde militaire. Sous le clocher du XVe siècle, un bel escalier mène à la **bibliothèque** qui contient des manuscrits religieux du Moyen Âge. Derrière la cathédrale, la **chambre des Facettes** est l'endroit le plus célèbre de cet ensemble. Une salle d'apparat avec une voûte en forme d'étoile (1433) abrite le trésor de la cathédrale, dont des gobelets, des mitres ornées de

La cathédrale Sainte-Sophie (XIe siècle), symbole de Novgorod

pierres précieuses et des étuis à icônes en métaux précieux.

À l'intérieur du kremlin se trouve le **musée d'Histoire, d'Architecture et d'Art** où l'on verra une superbe collection d'icônes des XIIe-XVIIe siècles, de l'école de Novgorod. L'une des plus remarquables est celle de la Vierge du Signe, censée avoir sauvé Novgorod des armées du prince Andreï Bogolioubski de Souzdal, en 1169.

Une icône du XVe siècle illustre des scènes de cette bataille *(p. 163)*.

On verra aussi des œuvres d'artistes des XVIIIe-XIXe siècles, notamment de Dimitri Levitski, de Karl Brioullov et de Vassili Serov *(p. 106)*. Le musée possède nombre de précieux documents officiels et de lettres privées écrits sur de l'écorce de bouleau, dont certains remontent au XIe siècle. Ils décrivent la vie quotidienne de cette époque et témoignent de l'étonnant degré d'alphabétisation des habitants de la ville.

Sur la place centrale du kremlin, l'énorme **Monument du millénaire**, en forme de cloche, du sculpteur Mikhaïl Mikechine, a été inauguré en 1862, mille ans après l'arrivée de Rourik à Novgorod. Le personnage agenouillé devant la croix orthodoxe personnifie la Mère Russie et en dessous, la frise décorative représente Rourik, Ivan III, Mikhaïl (le premier tsar Romanov), Pierre le Grand et beaucoup d'autres. Sur la frise qui entoure le socle on verra plus d'une centaine de personnages de différentes périodes de l'histoire russe.

Cathédrale Sainte-Sophie
(81622) 73556. t.l.j. de 8 h à 20 h.

Chambre des Facettes
(81622) 73770. jeu. à mar. de 10 h à 18 h. Anglais sur r.-v.

Musée d'Histoire, d'Architecture et d'Art
(81622) 73770. mer. à lun. de 10 h à 18 h. anglais sur r.-v.

Portes sculptées d'une iconostase, au musée d'Histoire, d'Architecture et d'Art

La Cour de Iaroslav

Sur la rive opposée de la Volkhov se trouvait la Cour de Iaroslav, siège officiel des princes.

Le palais de Iaroslav le Sage (1019-1054) a disparu, mais des églises ont survécu. À proximité de la Cour se trouve le centre commercial de Novgorod, qui occupe la place de l'ancien marché du Moyen Âge, dont le mur subsiste encore.

La cathédrale Saint-Nicolas (1113-1136), la plus ancienne église de ce côté de la rivière, a été construite par le prince Mstislav. Elle domine le quartier et symbolisait autrefois la puissance du prince.

Pour remercier Dieu de leur prospérité, les marchands de Novgorod firent bâtir de nombreuses églises. **Saint Paraskeva Piatnitsa**, érigée en 1207 et reconstruite en 1345, a été dédiée au saint patron du commerce. L'**église des Saintes-Femmes** et l'**église de Saint-Procope**, toutes deux du XVIe siècle, ont été financées par de riches marchands de Moscou. Le goût des Moscovites pour la fantaisie est en rupture avec le style austère de Novgorod.

Mode d'emploi

190 km de Saint-Pétersbourg. *190 000. de la gare de Moscou. de la gare routière 2 (p. 221). Intourist Hôtel, Dmitrevskaïa oul. 16, (81622) 75089. sur r.-v. (tél : 73770).*

Le Monument du millénaire célébrant l'histoire de Novgorod

Monastère de Iouriev et son beffroi. Au fond, les dômes argentés de la cathédrale Saint-Georges

En dehors de la Cour de Iaroslav

Au XIIe siècle, Novgorod s'enorgueillissait de plus de 200 églises, dont il n'en reste que 30. Beaucoup d'entre elles sont situées dans des petites rues tranquilles du XIXe siècle, à l'est de la Cour de Iaroslav. Sur Ilïna oulitsa, la disposition des fenêtres, des niches et des croix incrustées de l'**église du Sauveur-de-la-Transfiguration** (1374) est assez étrange. À l'intérieur, on a trouvé des fresques originales du célèbre Théophane le Grec (1335-vers 1410). Originaire de Constantinople, cet artiste décora 40 églises russes. Andreï Roublev (1360-1430), le peintre d'icônes le plus connu de Russie, fut son élève.

Fresque de la cathédrale Znamenski

Dans la même rue, la **cathédrale Znamenski**, ou cathédrale du Signe, possède cinq dômes, un très beau portail et les murs extérieurs sont couverts de fresques un peu passées. L'intérieur a été superbement décoré par Ivan Bakhmatov en 1702.

L'**église de Théodore-Stralitates**, dans Mstinskaïa oulitsa, au nord, a été construite en 1360-1361 par la veuve d'un riche marchand de Novgorod. Les délicats pourpres et roses de ses fresques contrastent avec les couleurs plus criardes de celles du XIVe siècle, que l'on trouve habituellement à Novgorod. L'*Annonciation*, par exemple, associe le charme et la sensibilité à l'intensité religieuse.

Les environs

À 3 km au sud, en longeant la rivière, on arrive au **Monastère de Iouriev**, le monastère le plus important de la région. Fondé en 1030, il a été construit sur les ordres du prince Vsevolod. Son imposante cathédrale Saint-Georges a été bâtie en 1119-1130, par « maître Pierre », le premier architecte russe mentionné dans les chroniques. Cette église aux proportions harmonieuses, avec ses trois coupoles asymétriques, a été restaurée au XIXe siècle et malheureusement, la plupart des peintures murales ont disparu. L'ensemble comprenait à une époque jusqu'à 20 bâtiments monastiques datant presque tous du XIXe siècle.

Dans la forêt, de l'autre côté de la route, se trouve le **musée d'Architecture en bois**, qui expose des églises et des isbas, provenant de villages environnants. Parmi les plus intéressantes, l'église Kouritsko-de-la-Dormition, à deux étages (XVIIe siècle) et la petite église Saint-Nicolas, en bois, du village de Toukhel.

Monastère de Iouriev
Iourevkaïa nab. *(81622) 73020.*
t.l.j. de 7 h à 20 h. **Musée de l'Architecture en bois**
Yurevo. *(81622) 73770.*
24 h sur 24. Expositions : t.l.j. de 10 h à 18 h (mi-oct à mi-avril : de 10 h à 16 h 30).

Maison en bois (izba) reconstruite au XIXe siècle, musée de l'Architecture en bois

Les icônes russes

Dans l'Église orthodoxe russe, les icônes sont vouées au culte et à l'enseignement, jamais à la décoration pure, et chaque image doit se conformer à des règles strictes. Les icônes sont censées être imprégnées de la force du saint qu'elles représentent et, en conséquence, en temps de guerre, on implore leur protection. Le contenu étant considéré comme plus important que la manière, les vieilles icônes vénérées étaient souvent peintes et repeintes. En Russie, Les premières icônes ont été importées de Byzance, puis les artistes grecs vinrent eux-mêmes initier les peintres russes. Moins limitées par les canons byzantins, les écoles du Nord, qui se sont développées au cours du XIIIe et du XVe siècle, avait un style plus terre à terre, lié à la vie du paysan russe. Novgorod, ville prospère ayant échappé au joug mongol, a été la source des plus belles icônes des monastères du Nord.

Icône en pierre de Novgorod

La Vierge de Vladimir
Cette icône du XIIe siècle, la plus vénérée de Russie, vient de Constantinople. Son influence a été considérable sur la peinture d'icônes russe.

La bataille de Novgorod et de Souzdal
Cette icône de l'école de Novgorod (milieu du XVe s.) est considérée comme la plus ancienne peinture historique de Russie. Les icônes pouvaient avoir un but politique – en l'occurence, l'indépendance de Novgorod vis-à-vis de Moscou. À remarquer sur celle-ci, les multiples touches de rouge, couleur essentielle de la vie quotidienne et typique des icônes de Novgorod.

La Trinité de l'Ancien Testament
Andreï Roublev, l'un des plus grands artistes de l'école de Moscou, fut profondément influencé par l'évolution de la peinture byzantine rapportée en Russie par les grands maîtres grecs à la fin du XIVe siècle. Son icône de la Trinité date du début du XVe siècle.

L'ICONOSTASE

L'iconostase sépare le sanctuaire de la nef, comme une frontière entre le paradis et la terre. Selon la tradition russe, elle est recouverte d'icônes strictement disposées en rangées, six au maximum, chacune d'elles ayant son propre sens théologique.

La rangée des fêtes montre les douze commémorations principales de l'Église, notamment l'Entrée du Christ à Jérusalem et la Crucifixion. Cette représentation imagée encourageait la foi des analphabètes.

Le Christ en majesté

La Déisis est la rangée située au-dessus des portes royales. Elle contient le Christ en majesté, encadré par la Vierge et saint Jean-Baptiste, intercédant auprès de lui en faveur des pécheurs.

Les portes royales, représentent l'entrée du monde temporel vers le monde spirituel, par lequel passent les prêtres pendant le service.

La rangée des saints locaux est dédiée à tous les patrons et les donateurs principaux.

SUMMER BAR
WATER TAXI
JEVER
JEVER
PILSENER

LES BONNES ADRESSES

Hébergement

Les établissements de bonne qualité, et à des prix modérés, restent trop rares à Saint-Pétersbourg, particulièrement dans le centre-ville. La plupart des visiteurs choisissent des voyages organisés et sont hébergés dans un des grands hôtels modernes, auparavant gérés par Intourist, l'agence de tourisme officielle soviétique. Ils ont peu de caractère, sont rarement situés au centre mais offrent un bon service et possèdent de nombreux aménagements tels que salles de restaurant, bars et salles de sport. Aujourd'hui, il n'est toutefois plus obligatoire de voyager en groupe, comme à l'époque soviétique. Le voyageur individuel peut faire une demande de visa et réserver un hôtel directement ou par le biais d'une agence de réservation. L'été, surtout pendant les festivités des Nuits blanches, il est recommandé de réserver longtemps à l'avance pour les hôtels les plus appréciés et les mieux situés.

Portier de l'Hôtel Europe

Si votre budget est limité et que vous ne parlez pas russe, réservez avant de partir, car les possibilités sont limitées, et sans réservation vous risqueriez de ne pas trouver de chambre.

Le Pribaltïskaïa, souvent choisi par les voyagistes

Ils possèdent un grand hall, plusieurs restaurants et cafés, des bars, des discothèques, et souvent un sauna. Construits à la grande époque du tourisme soviétique, alors que les visiteurs étaient consignés dans certaines zones, ils sont généralement excentrés. Comme les étrangers étaient alors conduits et ramenés en bus, ils sont situés très loin des transports. Aujourd'hui, la situation de ces hôtels reste un réel inconvénient pour le visiteur individuel.

Chercher un hôtel

Très peu d'hôtels sont situés au centre de Saint-Pétersbourg, et les établissements sélectionnés *p. 172-173* sont disséminés dans la ville. Les groupes se retrouvent habituellement dans les anciens hôtels d'Intourist, comme le Pribaltïskaïa ou le Poulkovaskaïa, situés dans les zones urbaines modernes, à la périphérie de la ville. Si vous voyagez seul, décidez avant de partir ce qui vous semble le plus important : la situation, le prix ou les services.

Comment réserver

Si vous projetez de visiter Saint-Pétersbourg pendant les Nuits blanches *(p. 51)*, faites vos réservations, de préférence par fax, quelquefois jusqu'à six mois avant votre départ. Les plus grands hôtels vous demanderont un numéro de carte de crédit et un montant sera débité si vous annulez moins de 24 h à l'avance. La plupart des hôtels vous renseignera sur les visas *(p. 202)*.

Vous pouvez réserver à l'**auberge de jeunesse internationale de Saint-Pétersbourg** par e-mail. **Ost-West Kontaktservice** est une agence de réservation fiable qui offre en outre un grand choix d'hôtels et qui propose également de réserver guides et transports *(p. 200)*.

Les services

Tous les hôtels sélectionnés dans ce guide sont équipés de chambres avec au moins une douche, une télévision et généralement un téléphone. La plupart des hôtels ont une consigne où vous pouvez laisser vos bagages après avoir libéré votre chambre.

Les hôtels soviétiques, gérés auparavant par Intourist, sont tous bâtis sur le même modèle.

Le prix des hôtels

Surtout en raison du manque de concurrence, le prix des hôtels reste assez élevé à Saint-Pétersbourg. Les hôtels de catégorie moyenne (70 à 90 $ par personne) sont situés en dehors du centre et pas accessibles par transports en commun. Dans le centre-ville,

Salle de remise en forme au Grand Hôtel Europe

pour bénéficier de tous les équipements, le choix se limite aux hôtels de luxe, comme le Grand Hôtel Europe, qui propose toutes sortes de chambres somptueuses jusqu'à une suite impériale coûtant plusieurs milliers de dollars par jour.

Les prix sont rarement affichés et varient suivant les saisons. Ils sont plus élevés de mai à fin septembre.

Entrée du luxueux et moderne Nevski Palace

Les suppléments-surprise

La taxe de séjour local est souvent incluse dans le prix de la chambre, sauf au Grand Hôtel Europe. Si le petit déjeuner n'est pas compris, attendez-vous à ce qu'il alourdisse considérablement votre note, si vous résidez dans un grand hôtel. Mais attention surtout aux prix élevés des appels internationaux et locaux passés depuis votre chambre. Les plus grands hôtels possèdent leurs propres lignes par satellite, ce qui facilite les communications mais en augmente le prix. Le réseau local est en revanche assez bon marché, et les cartes téléphoniques permettent d'appeler l'étranger à partir des cabines publiques *(p. 208)*. Les communications directes par satellite sont plus économiques à partir du hall ou du restaurant que si l'on passe par l'opérateur de l'hôtel.

Dans certains établissements, comme le Pribaltïskaïa, les réservations individuelles sont payantes.

La sécurité

Récemment, la sécurité a été renforcée, notamment dans les établissements haut de gamme par un contrôle des sacs à l'entrée et à l'aide de détecteurs de métaux. Dans les petits hôtels, le portier peut vous demander vos papiers d'identité. Pliez-vous à cette formalité sans protester car il s'agit d'assurer votre protection.

Beaucoup d'hôtels disposent de coffres-forts dans les chambres et à la réception. N'hésitez pas à y déposer les objets de valeur.

Voyageurs handicapés

À Saint- Pétersbourg, les quelques marches qui précèdent l'entrée des bâtiments permettent d'en assurer l'accès lorsque la neige s'amoncelle, mais elles sont un obstacle pour les personnes handicapées. Le Grand Hôtel Europe et le Nevski Palace sont les seuls à disposer d'une rampe d'accès pour les fauteuils roulants, et à former leur personnel pour aider les handicapés. Toutefois, d'autres suivent cet exemple en s'équipant de rampes et en élargissant leurs portes.

Chambre du Grand Hôtel Europe

Voyager avec des enfants

Saint-Pétersbourg n'a jamais été une destination de prédilection pour voyager avec des enfants. On peut trouver des baby-sitters à l'Hôtel Europe et au Nevski Palace et dans quelques hôtels plus petits.

Restaurant le Jardin d'Hiver, à l'Astoria

Les hôtels bon marché

L'hébergement à Saint-Pétersbourg n'est pas bon marché, et même dans les établissements les plus abordables, il faut s'attendre à payer environ 30 $ ou plus par nuit et par personne. Parmi les hôtels à prix modiques, l'Oktiabrskaïa et le Rouss sont bien situés, quoiqu'un peu délabrés. Plus excentré, le Mir a l'avantage d'être situé dans un cadre agréable, et le Matisov Domik, sans doute le meilleur hôtel de cette catégorie, non seulement est bien situé mais offre un excellent service.

Hall du Matisov Domik, petit hôtel familial

Les auberges de jeunesse

Les voyageurs à petit budget trouveront des chambres confortables à l'**Auberge de jeunesse internationale de Saint-Pétersbourg,** située non loin du centre. Souvent complète, elle dispose d'une agence de voyage, projette des vidéos en anglais tous les soirs, et vous donnera des conseils utiles sur la ville.

Agence de voyage efficace de l'auberge de jeunesse de Saint-Pétersbourg

Le **Holiday Hostel** est situé derrière la gare de Finlande *(p. 126)*. Il est un peu plus grand mais moins propre. Il offre la possibilité de côtoyer une clientèle russe. C'est le lieu idéal pour être au cœur de la vie locale. L'hôtel le plus central est le **Hertzen University Hostel,** géré par l'université, situé derrière Notre-Dame-de-Kazan *(p. 111)*. Pour y réserver une chambre et pour obtenir l'invitation nécessaire à l'obtention du visa, il faut passer par **Ost-West Kontaktservice.**

Le **Petrodvorets Sanatorium,** aménagé dans les anciennes écuries du magnifique palais de Peterhof *(p. 146-147)*, offre un hébergement pittoresque et original à la campagne. Les prix sont très bas pour une chambre double, et l'été, vous pouvez

Petrodvorets Sanatorium, installé dans les anciennes écuries de Peterhof

Carnet d'adresses

Réservations

HOFA Host Families Association
Oul. Tavricheskaya 5-25.
Plan 4 D5.
Tél/FAX *275 1992.*
@ *alexei@hofak.hop.stu.neva.ru.*
W *www.spb.ru/homestays*

Ost-West Kontaktservice
Oul. Maïakovskovo 7.
Plan 3 B5, 7 B1. Tél *279 7045.* FAX *327 3417.*

Slav'Tours
6, rue Jeanne d'Arc
45000 Orléans.
Tél *02 38 77 07 00.*
@ *slavtours@slavtours.com*
W *www.slavtours.com*

Canongate Books Limited
(*People to People Russia –* Contacts avec des Russes)
14 High Street,
Édimbourg EH1 1TE.
Tél *(0131) 557 5111.*

Hôtels

Herzen University Hostel
Общежитие Гос. Педагогического Университета имени Герцена
Obchetchejitie Gos. Pedagoguitcheskovo Universita im. Gertsena
Kazanskaïa oul. 6.
Plan 6 E2. Tél *314 7472.*
FAX *314 7659.*

Holiday Hostel
Хостел Холидей
Khostel Kholidey
Oul. Mikhaïlova 1.
Plan 4 C3. Tél *542 7364.*
FAX *327 1070.*

Petrodvorets Sanatorium
Санаторий Петродворец
Sanatori Petrodvorets
Avrora oul. 2, Novy Peterhof.
Tél *427 5098.*
FAX *427 5021.*

Auberge de jeunesse internationale de Saint-Pétersbourg
3-ïa Sovetskaïa oul. 28.
Plan 7 C2.
Tél *329 8018.*
FAX *329 8019.*
@ *ryh@ryh.spb.ru*
W *www.ryh.ru*

Camping

Retur Camping
Retur Ретур
Retur.
26 km au N.-O. de St-Pétersbourg,
Primorskoïe chosse 202.
Tél *437 7533.*
FAX *434 5022.*

Façade de l'hôtel Oktiabrskaïa, datant de 1847

aisément le rejoindre grâce à l'hydroglisseur *(p. 221)* qui fait la navette entre le palais et Saint-Pétersbourg. Si la cuisine du Sanatorium est médiocre, vous trouverez en revanche quelques agréables cafés à Peterhof.

Séjour chez l'habitant

Séjourner dans une famille russe peut être une expérience intéressante. Cela permet non seulement de trouver un hébergement bon marché mais aussi d'avoir un meilleur aperçu de la vie quotidienne dans le pays. Comme dans les chambres d'hôte en Europe occidentale, seul le petit déjeuner est compris dans le prix, mais vous pourrez prendre d'autres repas et demander d'autres services, de blanchisserie notamment, mais en payant un supplément.

Ost-West Kontaktservice dispose d'un grand choix de familles d'accueil. Chaque famille est contrôlée par l'organisme, qui s'efforce ensuite de répondre à vos besoins. À Saint-Pétersbourg, l'**HOFA** propose des hébergements dans des familles parlant français. Elles ont toutes été sélectionnées rigoureusement par l'organisme. Si vous choisissez cette solution, vous disposerez chez vos hôtes d'une chambre individuelle mais la salle de bains et les toilettes sont communes avec le reste de la famille. Si vous avez des souhaits particuliers concernant les régimes, les animaux, les enfants ou les fumeurs, ils seront pris en compte.

Slav'Tours est un tour-operator spécialiste des pays de l'Est. Indépendamment des voyages qu'il organise depuis Paris, il propose un grand nombre de possibilités d'hébergement, dont de bonnes adresses chez l'habitant.

Les campings

Le climat de Saint-Pétersbourg n'est guère propice au camping. Mais pour les estivants, **Retur Camping,** situé dans une forêt au bord du golfe de Finlande, est la solution. On peut louer des chalets et des emplacements pour camper, profiter de la piscine, du sauna et des courts de tennis.

Louer une datcha

Pour ceux qui séjournent plus longuement à Saint-Pétersbourg et dans sa région, louer une datcha offre un moyen d'hébergement très attrayant et beaucoup plus calme qu'un séjour en ville. Le moment de l'année le plus propice est après le dégel, quand le printemps est bien installé. Pour plus de renseignements, contactez **Ost-West Kontaktservice.**

Datcha dans une pinède près de Répino *(p. 144)*

Croisières

Slav'Tours organise des croisières de 8 ou 12 jours de Saint-Pétersbourg à Moscou ou vice-versa, avec de nombreuses escales. Le départ se fait en avion de Paris, mais des départs de province sont aussi possibles.

Légende des tableaux

Les symboles résument les services offerts.

toutes chambres avec bains et/ou douche
1 chambres pour une personne
chambre pour plus de deux personnes, ou lit supplémentaire dans une chambre pour deux
24 service dans la chambre 24 h/24
TV télévision dans toutes les chambres
mini-bar dans toutes les chambres
climatisation dans toutes les chambres
salle de remise en forme
piscine
service affaires : messagerie, fax et salle de réunion dans l'hôtel
service de baby-sitting
accès en fauteuil roulant
ascenseur
P parc de stationnement
bar
restaurant
cartes de paiement acceptées :
AE American Express
DC Diners Club
MC Mastercard/Access
V Visa
JCB Japanese Credit Bureau

Les catégories de prix s'appliquent pour une chambre pour deux personnes, en haute saison, petit déjeuner, taxes et service compris.

$ moins de US $100
$$ US $100–150
$$$ US $150–200
$$$$ US $200–300
$$$$$ plus de US $300

Les hôtels les plus réputés de Saint-Pétersbourg

Si les conditions d'hébergement se sont améliorées ces dernières années à Saint-Pétersbourg, les hôtels restent peu nombreux et sont rarement centraux. Le style, le prix, la situation ou la qualité des services guideront votre choix. Ci-dessous une sélection des établissements les plus appréciés.

Pribaltïskaïa
L'ambiance feutrée contraste avec les vues éblouissantes du golfe de Finlande. Il accueille surtout les groupes.

Matisov Domik
L'atmosphère intime et accueillante en fait une des résidences les plus plaisantes de la ville.

Sovietskaïa
Du bar en rotonde de cet hôtel des années 70, les vues de la ville sont admirables et magiques pendant les Nuits blanches, ou au coucher du soleil.

Astoria
Un des hôtels les plus luxueux du centre-ville qui donne sur la place et la cathédrale Saint-Isaac. Il offre en outre l'avantage de pouvoir découvrir la ville à pied.

Saint-Pétersbourg
Il accueille surtout les groupes. Du café Bel-Étage, on découvre une des plus belles vues de la Néva et du quai du Palais.

Grand Hôtel Europe
Au cœur de la ville, cet établissement historique est un des hôtels les plus chic de Saint-Pétersbourg. Le personnel est stylé et il offre de nombreux services.

Sheraton Nevski Palace
Situé sur Nevski prospekt, moderne et lumineux, cet hôtel parfaitement tenu possède d'excellents restaurants et un service affaires.

Poulkovskaïa
Non loin de l'aéroport, ce vaste établissement confortable dispose d'un centre d'affaires bien équipé, notamment un auditorium.

ST-PÉTERSBOURG

Matisov Domik
Матисов домик

Nab. reki Priajki 3/1, 190121. **Plan** 5 A3. *219 5445.* FAX *219 7419.* ***Chambres :*** *24.* *MC, V.* $

Les visiteurs en déplacement professionnel et les diplomates étrangers ont apprécié le charme de ce petit hôtel familial très accueillant dès son ouverture en 1993.

Situé sur une petite île au milieu de la Priajka, dans un cadre très agréable, il dispose de 24 chambres dans un bâtiment moderne qui domine un cours d'eau bordé d'arbres. On y trouve un centre d'affaires avec salle de conférence, fax et photocopieur. Seul le tramway relie l'hôtel au centre-ville, et il est difficile de trouver un taxi aux alentours, mais en traversant un quartier agréable, on rejoint le théâtre Marinski *(p. 119)* en 15 min à pied.

Mir
Мир

Oul. Gastello 17, 196135. *108 4910.* FAX *108 5165.* ***Chambres :*** *120.* $

Situé en face de l'église de Tchesma, un magnifique bâtiment du XVIIIe siècle *(p. 130)*, cet immeuble des années 70 est en cours de restauration pour satisfaire les exigences d'une clientèle internationale. Non loin de la station de métro Moskovskaïa et de magnifiques exemples d'architecture stalinienne, il est souvent complet pendant la haute saison et assez apprécié, à juste titre, par les hommes d'affaires et les voyageurs à petit budget.

Na Kronverkskom
На кронверкском

Kronverksky pr., 9, 197046. **Plan** E E2. *233 7207.* ***Chambres :*** *20.* $

Il ne s'agit pas d'un hôtel traditionnel, mais d'un appartement-hôtel, très bon marché, qui s'adresse plutôt aux jeunes. Reconstruit en 1997, il comprend 4 étages. À chaque étage se trouve une cuisine avec la vaisselle et le matériel nécessaires. Chaque chambre dispose d'un régrigérateur. Cet appartement-hôtel est petit et assez populaire, il est donc indispensable de réserver sa chambre en avance. Le Na Kronverkskom est très central, puisqu'il est situé dans le quartier de Pétrogradskaïa, à 5 min à pied de la forteresse Pierre-et-Paul et à 3 min à pied de la station de métro Gorkovskaïa.

Neva Hotel
Гостинца Нева

Oul. Chaikovskogo 17, 191187. **Plan** 3 A4. *278 0500.* FAX *273 2593.* ***Chambres :*** *90.* *MC, V.* $

Le Neva est un hôtel de l'époque soviétique qui parvient rapidement à se faire connaître pour son atmosphère accueillante et son service simple mais de qualité. Les tapis sont un peu usés mais les draps sont en lin et impeccablement amidonnés. Le personnel de ménage est fier de son hôtel et très poli avec la clientèle bien que les installations soient un peu sommaires.

Le Jardin d'Été est à 10 min à pied vers l'ouest et la Neva à 7 min vers le nord. De nombreux cafés et restaurants de qualité sont situés à proximité de l'hôtel.

Okhtinskaïa
Охтинская

Bolcheokhtinski pr. 4, 195027. *227 4438.* FAX *227 2618.* ***Chambres :*** *290.* *AE, DC, MC, V, JCB.* $

Cet hôtel des années 70 offre de belles vues du couvent Smolny, sur la berge opposée de la Néva. Les chambres sont propres, claires et les prix raisonnables. Il est entouré de hauts bâtiments, mais le quartier reste agréable. Les arrêts de bus, de tramway ou de trolley sont accessibles à pied, et permettent de rejoindre le centre-ville en une demi-heure.

Le soir, le Nevsky Melody *p. 196)*, un centre de divertissement situé non loin, est assez bruyant, mais l'hôtel lui-même reste calme.

Oktiabrskaïa
Октябрьская

Liguovski pr. 10, 193172. **Plan** 7 C2. *277 6255.* FAX *279 5003.* ***Chambres :*** *672.* *AE, DC, MC, V.* $

L'histoire passionnante de cet hôtel fera peut-être oublier son état de délabrement. Construit en 1847, le bâtiment a servi d'hôpital pendant la Seconde Guerre mondiale, puis il abrita le gouvernement estonien forcé à l'exil par les nazis en 1944.

La sécurité dans les chambres n'est pas garantie, mais il est en revanche bien situé, et une clientèle régulière apprécie son atmosphère qui lui semble typiquement russe. Ses couloirs sombres et mystérieux, les pâtisseries traditionnelles servies au café, et ses statues en bronze au pied des escaliers témoignent de son lustre passé. Il vaut mieux éviter les chambres de l'annexe, située en face de la gare de Moscou.

Rouss
Русь

Artilleriïskaïa oul. 1, 191104. **Plan** 3 B5. *279 5003.* FAX *279 3600.* ***Chambres :*** *163.* *AE, DC, MC, V.* $

Bien situé, à 15 min de marche de Nevski prospekt, cette hôtel loue nombre de chambres à des sociétés qui y installent leurs bureaux. C'est l'hôtel le moins cher du centre-ville, mais le service laisse à désirer et les chambres sont exiguës. Il ne dispose pas de restaurant, mais vous en trouverez d'excellents, ainsi que des cafés, à quelques pas de l'hôtel. Le prix modeste compense largement le manque de confort. Son sauna est très prisé, et il n'est pas toujours possible d'y accéder.

Sovietskaïa
Советская

Lermontovski pr. 43/1, 198103. **Plan** 5 B5. *329 0183.* FAX *329 0188.* ***Chambres :*** *1000.* *AE, DC, MC, V, JCB.* $

Assurez-vous d'avoir bien réservé dans le bâtiment Riga (les 12e et 14e étages sont réservés aux étrangers) ou Fontanka qui offre des vues superbes de la Fontanka et de la ville.

Le café panoramique, situé dans la tour, permet également d'admirer l'horizon de Saint-Pétersbourg. Le spectacle est fascinant pendant les Nuits blanches *(p. 51)*, lorsque le ciel se teinte de bleu, de rouge, d'orange et de violet. Les chambres sont modernes et un peu austères, mais le personnel est aimable. Non loin, plusieurs lignes de tramway relient ce quartier au centre-ville, ou au métro.

Hôtel Deson-Ladoga
Отель Десон-Ладога

Oul. Chaoumiana 26, 195213. *528 5393.* FAX *528 5448.* ***Chambres :*** *96.* *AE, DC, MC, V.* $$

D'un bon rapport qualité/prix, cet hôtel, géré par une société sino-russe, est situé dans un quartier d'immeubles des années 60, et facilement accessible en métro et en trolley de Nevski prospekt.

L'établissement est propre et le service attentif. Le personnel parle très bien anglais, les chambres sont spacieuses et claires, dotées de salles de bains impeccables. Le petit déjeuner ainsi qu'une séance de sauna le matin sont inclus dans le prix. Le restaurant propose une cuisine européenne et chinoise.

Neptune
Нептун

Nab. Obdovodnovo kananla 93, 191126. **Plan** 6 F5. *324 4610.* FAX *324 4611.* @ *neptune.hotel @booklet.com* ***Chambres :** 70.* *AE, DC, MC, V.* $$

Le Neptune, l'un des rares petits hôtels du centre-ville, est réputé pour son efficacité à l'autrichienne et sa parfaite propreté. Il accueille principalement des hommes d'affaires et permet d'échapper aux groupes des voyages organisés. Immeuble moderne situé dans un quartier industriel du centre, au bord du canal Obvodny, il se trouve à 5 min à pied de Ligovski prospekt et de nombreux transports publics, et à 10 min de la station de métro Pouchkinskaïa.

Poulkovskaïa
Пулковская

Pl. Pobedy 1, 196240. *123 5122.* FAX *264 6396.* ***Chambres :** 840.* *AE, DC, MC, V.* $$

En venant de l'aéroport, la route aboutit à la place Victoria où se dresse le grand monument commémorant le siège de Léningrad *(p. 27)*. L'hôtel Poulkovskaïa est alors à votre gauche.

Construit par des architectes finlandais en 1978, il fait partie des grands hôtels sans caractère choisis par les tour-opérateurs. Son atmosphère est toutefois un peu différente de celle des autres hôtels d'Intourist. Ses restaurants ont été réorganisés et servent une cuisine orientale. Ses petits cafés sont très agréables, mais la cuisine est peu attrayante.

Saint-Pétersbourg
Санкт-Петербург

Pirogovskaïa nab 5/2, 194175. **Plan** 3 A2. *542 8149.* FAX *248 8002.* ***Chambres :** 410.* *AE, DC, MC, V.* $$

Cet hôtel a changé de nom en 1991, alors que Léningrad redevenait Saint-Pétersbourg. Datant des années 60, c'est le premier hôtel moderne et le plus petit d'Intourist. Les chambres sont sans âme mais, certaines, situées en façade, donnent sur la partie la plus large de la Néva et offrent une vue splendide. Toutefois, orientées sud-ouest, elles sont baignées de lumière presque toute la nuit pendant les Nuits blanches *(p. 51)*. Vous aurez de belles vues également du café Bel-Étage.

Pribaltiskaïa
Прибалтийская

Oul. Korablestroïteleï 14, 199226. *356 0001.* FAX *356 0094.* ***Chambres :** 1200.* *AE, DC, MC, V, JCB.* $$$

Situé à l'ouest de l'île Vassilevski, l'hôtel Pribaltiskaïa offre un magnifique panorama du golfe de Finlande.

Pendant l'été, de nombreuses familles restent sur la plage jusqu'au soir, car le soleil plonge vers l'horizon sans jamais disparaître. En hiver, la tristesse du golfe couvert de glace est saisissante.

Le bâtiment est une sorte d'immense cage à lapins des années 80, avec cinq restaurants et un petit café à chaque étage. Meublé de bois foncé, il est un peu sombre. Les chambres innombrables sont spacieuses et très propres.

On peut rejoindre le métro Pribaltiskaïa en bus, ou en 20 min à pied.

Sheraton Nevski Palace
Шератон Невский палас

Nevski pr. 57, 191025. **Plan** 7 B2. *275 2001.* FAX *301 7323.* ***Chambres :** 283.* *AE, DC, MC, V, JCB.* $$$$

Cet hôtel de luxe moderne se targue d'être choisi par les célébrités et les équipes de cinéma. S'il manque un peu de caractère, ses restaurants sont excellents.

Bien situé, le Nevski Palace dispose d'une salle de conférence et d'un centre d'affaires. Deux étages sont réservés aux non-fumeurs. Au rez-de-chaussée, on trouve des galeries d'art, des banques et des agences de compagnies aériennes ainsi qu'un marchand de journaux bien approvisionné.

Astoria-Angleterre
Астория Англетер

Bolchaïa Morskaïa oul. 39, 190000. **Plan** 6 D2. *210 5757.* FAX *210 5059.* ***Chambres :** 436.* *AE, DC, MC, V, JCB.* $$$$$

Les chambres en façade offrent une vue spectaculaire de la cathédrale Saint-Isaac. L'hôtel est parfaitement situé pour explorer Saint-Pétersbourg à pied. Établissement luxueux, il date de 1911-1912 *(p. 79)*, mais a été rénové. Les deux parties de l'hôtel, qui englobe aujourd'hui l'ancien hôtel d'Angleterre, ont des entrées séparées, mais les étages supérieurs communiquent. L'Angleterre, plus moderne, abrite un restaurant renommé : le Jardin d'Hiver *(p. 180)*.

Grand Hôtel Europe
Гранд Отель Европа

Mikhaïlovskaïa oul. 1/7, 191011. **Plan** 6 F1. *329 6000.* FAX *329 6001.* ***Chambres :** 301.* *AE, DC, MC, V, JCB.* $$$$$

Superbement restauré, cet hôtel modern style *(p. 101)*, le plus luxueux et le plus cher de la ville, a réouvert en 1991. Dans un cadre historique, il offre des suites, dont l'Impériale, la plus somptueuse, coûtant 2 500 dollars la nuit.

Ses restaurants sont excellents, notamment l'Europe *(p. 181)*, qui est le plus réputé. La cour intérieure est devenue un vaste atrium très lumineux où l'on peut prendre café et pâtisseries toute la journée.

EN DEHORS DU CENTRE

Beresta Palace
Береста палас отель

Studentcheskaïa oul. 2, 173014, Novgorod. *(81622) 333 15.* FAX *317 07.* ***Chambres :** 226.* *AE, DC, MC, V.* $$$

Géré par la même société que le Sheraton Nevski Palace, c'est le seul hôtel de Novgorod aux normes occidentales. Certaines chambres offrent de très belles vues de la rivière. La cuisine est excellente et le service de qualité. À Novgorod, l'eau a un aspect jaunâtre qui n'est guère engageant, mais au Beresta Palace elle est filtrée. Fréquenté par des hommes d'affaires pendant la semaine, l'hôtel offre des forfaits intéressants le week-end. Réservez par fax ou par l'intermédiaire du Sheraton Nevski Palace.

Restaurants, cafés et bars

Il y a de plus en plus de choix pour se restaurer à Saint-Pétersbourg, et les cafés, bars et fast-foods de toute sorte ouvrent un peu partout dans la ville, même si les établissements ne sont pas aussi alléchants qu'en Europe occidentale.

Enseigne du Tbilissi

Depuis quelques années, les restaurants des grands hôtels proposent des déjeuners d'affaires avec un menu à prix fixe d'un bon rapport qualité/prix. Fréquentés également par les Pétersbourgeois, ils organisent des festivals culinaires à thème, avec cuisine traditionnelle russe ou étrangère, annoncés également dans la presse étrangère *(p. 209)*. Les spécialités des anciennes républiques soviétiques et de pays étrangers, plus variées, sont de plus en plus en vogue et offrent notamment un plus large choix de plats végétariens. On peut aussi trouver une nourriture de qualité dans les petits cafés, qui sont des endroits commodes pour se restaurer à l'écart de Nevski prospekt *(p. 108)*. Des cafés et de nombreux bars proposent des plats simples et frais, tels que des salades.

Le Staraïa Derevnia, un établissement familial

Où manger

Vous trouverez des restaurants et des cafés un peu partout en ville, et on trouve de bons endroits sans s'éloigner de Nevski prospekt *(p. 46-49)*. Sur cette avenue, les restaurants s'adressent surtout aux étrangers, et les prix sont plus élevés. Des établissements plus modestes comme le **Pirosmani** *(p. 181)*, le **Staraïa Derevnia** *(p. 182)* et le **Staroïe Kafé** *(p. 185)* servent une bonne cuisine, mais ils sont souvent excentrés. Toutefois, les prix étant très raisonnables, on n'hésitera pas à s'y rendre en taxi.

Les différents restaurants

Les plus grands restaurants servent surtout une cuisine européenne et quelques spécialités russes. Des établissements plus chaleureux, tels que le **1913 Goda** *(p. 180)* et le **Staraïa Derevnia** proposent une cuisine typiquement russe. Elle est souvent très simple, à base de viande ou de poisson frits accompagnés de légumes variés et de pickles. La cuisine russe a subi les influences des anciennes républiques soviétiques, et au restaurant géorgien **Pirosmani** *(p. 181)* ou au **Krounk,** arménien, on goûtera les *lobio* (haricots épicés), les *chachlyk (p. 176)* ou encore les *tolma* (feuilles de vigne farcies).

Terrasse de café sous les arcades de Gostiny Dvor *(p. 108)*

Les cuisines indienne, chinoise et plus récemment américaine sont de plus en plus à la mode, ainsi que les restaurant à thème.

Une tenue correcte est exigée dans tous les restaurants, mais le costume et la cravate sont rarement obligatoires.

Lire le menu

La plupart des restaurants et certains cafés ont un résumé du menu en anglais. Toutefois, dans les petits établissements, le menu du jour n'est indiqué qu'en russe, ce qui peut induire en erreur, mais les serveurs font de leur mieux pour vous aider. Dans les restaurants qui acceptent les cartes de crédit, il y a généralement au moins un serveur qui parle anglais.

Addition et pourboire

Les grands restaurants acceptent certaines cartes de crédit, mais vérifiez avant de commander. Ce guide indique une fourchette de prix en dollars, mais vous ne pouvez pas payer le repas en devises *(p. 207)*. Il arrive que certains établissements possèdent leur propre bureau de change. Si le pourboire n'est pas inclus, laissez 10 % à 15 % de la note en espèces, directement au serveur.

Heures d'ouverture

Si les Russes déjeunent rarement à l'extérieur, la plupart des restaurants sont ouverts de midi à 23 h ou minuit et, plus rarement, jusqu'à 1 h du matin, s'ils se trouvent près d'un casino ou d'un night-club.

Les cafés ferment tôt, vers 22 h au plus tard, tandis que les bars musicaux *(p. 196)* restent ouverts jusqu'à 2 h ou 3 h du matin.

Les commandes sont rarement prises après 23 h, mais certains bars servent encore au-delà de minuit.

Enseigne du Pirosmani

Réserver

Réserver est indispensable dans presque tous les restaurants. Certains établissements comme le Pirosmani, n'acceptent pas les clients sans réservation, même s'ils n'affichent pas complet. Dans les grands restaurants, le personnel parle généralement anglais, mais la réception de votre hôtel pourra aussi réserver pour vous.

En dehors des restaurants d'hôtels, on ne peut réserver que quelques jours à l'avance. Pour les festivités des Nuits blanches *(p. 51)*, les grands restaurants prennent toutefois

La magnifique Salle russe de l'Ambassador *(p. 182)*

les réservations plus tôt, et les plus prisés sont complets jusqu'à deux semaines à l'avance.

Il n'est pas nécessaire de réserver dans les cafés. Mais comme ils suivent le calendrier des diverses manifestations, ils peuvent être inopinément fermés au public.

Les enfants

Peu de restaurants et de cafés ont des menus spéciaux pour enfants, toutefois les Russes prennent peu à peu l'habitude de les emmener dîner à l'extérieur, et on peut toujours faire adapter un plat du menu aux goûts des tout-petits. Toutefois, les fast-foods restent pratiques, ainsi que le **Bistro Sadko** *(p. 183)*. En revanche, les établissements proposant des dîners-spectacles sont susceptibles de refuser les enfants.

Les restaurants végétariens

La viande est un élément de base de la cuisine russe, et seuls les restaurants des grands hôtels proposent quelques plats végétariens, mais les cuisines géorgienne, arménienne, indienne et mexicaine en contiennent aussi. Quelques cafés végétariens se sont ouverts mais ceux qui s'autorisent les fruits de mer auront un choix plus large.

Fumeurs – Non-fumeurs

Il est autorisé de fumer dans presque tous les restaurants, et allumer une cigarette au cours du repas est tout à fait toléré. Peu de restaurants, sauf dans les hôtels, disposent d'une zone non-fumeurs. Il est parfois interdit de fumer dans les petits cafés où l'on sert de la nourriture.

Accès pour handicapés

Dans la plupart des restaurants, les serveurs et les portiers viennent en aide aux personnes en fauteuil roulant, mais il est plus difficile d'accéder à des cafés ou des bars, car les portes sont étroites et des escaliers à monter ou à descendre rendent souvent l'entrée difficile. Seuls les restaurants de luxe et les bars du **Nevski Palace** *(p. 173)* et du **Grand Hôtel Europe** *(p. 173)* sont aisément accessibles.

Légende des tableaux

Légende des symboles

- déjeuner à prix fixe
- spécialités végétariennes
- menu enfants
- accès fauteuil roulant
- tenue de ville
- climatisation
- tables en terrasse
- orchestre d'ambiance
- cave recommandée
- ★ vivement recommandé
- cartes bancaires acceptées :

AE American Express
DC Diners Club
MC Mastercard/Access
V Visa
JCB Japanese Credit Bureau

Catégories de prix pour un repas de trois plats, sans le vin, service et taxes compris :

- (\$) de 20 \$ à 30 \$
- (\$)(\$) de 30 \$ à 40 \$
- (\$)(\$)(\$) de 40 \$ à 50 \$
- (\$)(\$)(\$)(\$) de 50 \$ à 60 \$
- (\$)(\$)(\$)(\$)(\$) plus de 60 \$

Que manger à Saint-Pétersbourg

Bouquet d'aneth

La grande variété de climats et de cultures en Russie a donné naissance à une cuisine d'une extraordinaire diversité, qui a aussi subi des influences européennes et arabes. Chaque région a ses propres traditions culinaires, mais aujourd'hui la popularité de certaines spécialités régionales, comme le *chachlyk* de Géorgie, s'étend à toute la Russie. Les ingrédients de base de la nourriture russe comprennent notamment les pickles, la crème aigre *(smetana)*, le concombre et l'aneth.

Khatchapouri
Ces pains au fromage sont originaires de Géorgie. Ils sont garnis traditionnellement d'un fromage de brebis appelé souloungouni.

Rassolnik
Cette soupe traditionnelle se prépare avec de la viande, des pommes de terre et des concombres salés.

Zakouski

Le mot *zakouski* désigne toute une variété de hors-d'œuvre servis en entrée au déjeuner ou au dîner, et dont la saveur épicée ou salée aiguise l'appétit. Caviar, saucisson fumé *(kolbassa)* et fromage font également partie de ces entrées typiquement russes.

Solianka
À la viande, cette soupe, préparée aussi au poisson, a un goût prononcé de tomate.

Borchtch
Cette soupe aigre-douce doit sa couleur rouge à la betterave. Elle se sert chaude en hiver et froide en été.

Chachlyk
Cette version du kebab se prépare avec du mouton ou du bœuf mariné. On peut intercaler des légumes entre les morceaux de viande.

Caviar et blini

Le caviar noir *(ikra)* est constitué d'œufs de trois espèces d'esturgeon qui proviennent presque tous de la mer Caspienne. Le bélouga est le plus rare et a un goût caractéristique de noisette. L'ossetra a une saveur crémeuse, tandis que le sevrouga a un goût d'eau de mer. Le caviar rouge *(keta)* est fait d'œufs de saumon. L'*ikra* et la *keta* sont souvent servis avec des blinis.

Ossetrina
L'esturgeon est réputé pour ses œufs, mais on mange aussi le poisson lui-même apprêté de différentes façons.

Pirojki salés
Ce sont de petits chaussons farcis de différents ingrédients, viande, poisson, légumes et fromage blanc.

Kotlety po Kievski
Ces blancs de poulet garnis de beurre à l'ail, panés et frits sont appelés côtelettes Kiev en Europe occidentale.

Pelmeni
D'origine sibérienne, ces raviolis à la viande ou au poisson sont servis dans la soupe ou avec de la crème aigre.

Koulebiaka
Tourte de forme allongée, garnie d'un mélange de saumon, riz, œufs durs et champignons. Se sert découpée en tranches.

Goloubtsy
Feuilles de chou farcies de viande et de riz, cuites à l'eau ou au four et souvent servies avec une sauce tomate.

Bev Stroganof et Kacha
Bœuf coupé en lanières et sauté, aux oignons et aux champignons, accompagné de gruau de sarrasin (kacha).

DESSERTS

Sauf dans les grandes occasions, les Russes ne prennent généralement pas de dessert. Les gâteaux se mangent n'importe quand.

Pirojki sucrés
Faits de pâte levée, les pirojki *sucrés sont fourrés de diverses façons, notamment de fruits ou de confiture.*

Charlotka
*Espèce de pudding aux pommes, selon une recette du chef français Antoine Carême, créée pour le tsar Alexandre I*er*.*

Morojenoïe
En Russie, on mange de la glace à toute heure et en toute saison.

Que boire à Saint-Pétersbourg

Un verre de Starka

Réputée dans le monde entier, la vodka russe est fabriquée depuis le XIVe ou le XVe siècle, et on suppose qu'elle a été inventée par des moines moscovites. La distillerie Liviz à Saint-Pétersbourg est la plus importante du pays après celle de Moscou. Pierre le Grand *(p.18)* avait une prédilection pour les vodkas au poivre et à l'anis, et il mit au point un nouveau procédé de distillation qui en améliora considérablement la qualité. L'autre boisson nationale du pays est le thé. Préparé traditionnellement avec un samovar et servi nature, il est devenu populaire en Russie à la fin du XVIIIe siècle, lorsqu'on commença à en importer de Chine.

Une famille de paysans russes du XIXe siècle buvant de la vodka et du thé dans leur datcha

Smirnov

Sinopskaïa

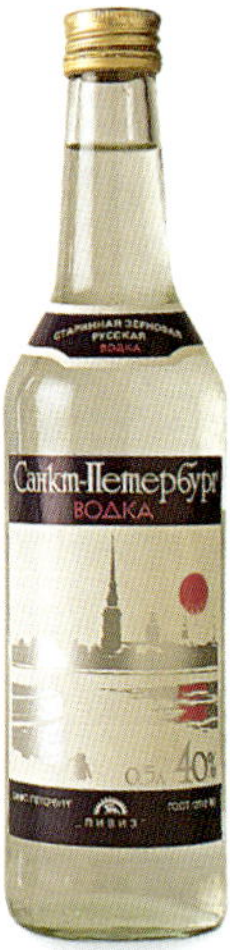

Sankt-Peterburg

La vodka nature

La vodka russe est une eau-de-vie de grain, généralement de blé, parfois de seigle. À Saint-Pétersbourg, la distillerie Liviz en produit d'excellentes grâce à l'eau pure du lac Ladoga. Elle est le principal fabricant du nord de la Russie, et elle propose des vodkas de qualités diverses : de la Sankt-Peterburg, la moins chère, à la Sinopskaïa et à la Diplomat, plus douces et de qualité supérieure. Liviz produit également la Stolitchnaïa sous licence, réservée surtout à l'exportation. La Smirnov russe (à ne pas confondre avec la Smirnoff), fabriquée près de Novgorod *(p. 160-163)*, est une marque concurrente récente, d'excellente qualité. La vodka accompagne toujours les repas en Russie, et se marie bien avec les riches saveurs des *zakouski*. *(p. 176)*.

Koubanskaïa

La vodka parfumée

Au Moyen Âge, quand on commença à fabriquer cette eau-de-vie afin d'en faire le commerce, les techniques et les équipements étaient si primitifs que pour en dissimuler le goût peu agréable on y ajoutait du miel, des huiles aromatiques et des épices. Plus tard, les vodkas aromatisées sont devenues des spécialités à part entière. La Limonnaïa, dont le goût vient du zeste de citron, est une des plus traditionnelles, de même que la Pertsovka, parfumée aux piments rouges. L'Okhotnitchïa (« vodka des chasseurs ») contient, entre autres, du genièvre, du gingembre et des clous de girofle. La Starka (« vieille vodka ») est un mélange de vodka, cognac et porto additionné d'une infusion de feuilles de pommier et de poirier, et vieilli dans des fûts de chêne.

Pertsovka

Limonnaïa

Okhotnitchïa

Starka

LES RÉGIONS VITICOLES

- ■ Région viticole
- ■ Moldavie
- ■ Ukraine
- ■ Russie
- ■ Géorgie
- ■ Arménie
- ■ Azerbaïdjan
- — Frontières internationales

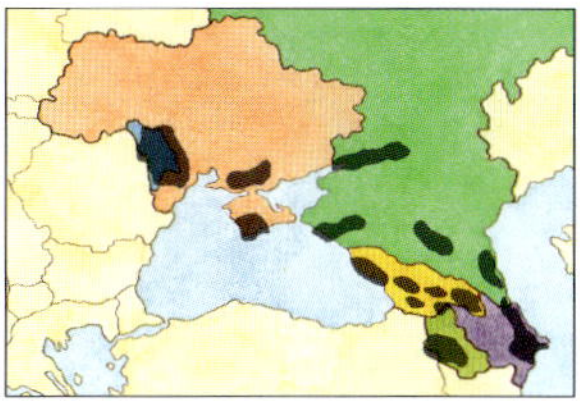

Vins géorgiens

Champanskoïe

LES VINS

L'ex-Union soviétique était l'un des plus grands producteurs de vin *(vino)* du monde. Beaucoup de grandes régions viticoles font maintenant partie de républiques indépendantes, mais leurs crus sont toujours populaires à Saint-Pétersbourg. De nombreuses variétés de raisin sont cultivées dans les différentes régions, à côté d'espèces originaires d'autres pays. La Géorgie et la Crimée produisent traditionnellement les meilleurs vins. Parmi les vins géorgiens, on trouve des crus fabriqués à partir du raisin *rkatsiteli,* caractérisés par un arôme de fleur et subtilement fruité.
La Moldavie produit des vins blancs pétillants, dans le Centre et le Sud, et des vins rouges. Depuis 1799, la Moldavie est aussi un grand producteur de *champanskoïe,* un vin doux pétillant.

Bière Baltika

Cognac arménien

AUTRES BOISSONS ALCOOLISÉES

À l'origine dérivé du vin, le cognac *(koniak)* n'a commencé à être produit à grande échelle en Russie qu'au XIXe siècle. Le cognac arménien passe pour être le meilleur, obtenu par un vieillissement dans des fûts de chêne vieux de 70 à 100 ans. La Géorgie et le Daghestan produisent aussi de bons cognacs. La bière *(pivo)* de Saint-Pétersbourg fait partie des meilleures de Russie. Baltika, Vena et Stepan Razine sont proposées en bouteilles ou à la pression. La bière Alfanasy vaut la peine d'être goûtée. On trouve aussi des bières d'importation.

Eau minérale

Kvas

Mors

AUTRES BOISSONS

Consommé par les adultes comme par les enfants, le *kvas* est une boisson douce, légèrement alcoolisée, à base d'orge et de seigle. La Russie possède une multitude d'eaux minérales, dont beaucoup sont très minéralisées. Celles du Caucase est particulièrement recherchée. On boit également des jus de fruits *(sok, mors* et *kompot)* dont du jus de canneberge *(klyukva).* Essayez aussi le *sbiten* fait à base de miel et d'herbes.

LE THÉ

Le thé russe se prend nature avec une tranche de citron, dans une tasse ou un grand verre. On le sucre souvent avec de la confiture *(varenye).* On fait bouillir l'eau dans un samovar, et on prépare du thé bien fort dans une théière. L'eau gardée au chaud dans le samovar sert ensuite à diluer le thé concentré que l'on aura versé dans les verres.

Un verre de thé et de la confiture *(varenye)*

LE SAMOVAR

Le samovar traditionnel, en laiton ou en cuivre et chauffé par les braises de la cheminées, servait à faire bouillir de l'eau pour divers usages domestiques. Aujourd'hui, ils sont souvent électriques et servent à la préparation du thé. Le mot *samovar* vient de *samo,* qui veut dire « soi-même », et *varit,* qui signifie « bouillir ».

LE CENTRE DE ST-PÉTERSBOURG

Demianova Oukha
Демьянова уха

Kronverkski prospekt 53. **Plan** 1 C3. *232 8090.* *t.l.j. 12 h-23 h.* ★ $

Demïanova oukha, littéralement « la soupe de poisson de Demian », est un terme du folklore russe qui évoque l'hospitalité et l'excessive consommation de plats cuisinés à la maison. Tout est fait pour que ce restaurant familial soit digne de son nom. On ne sert que du poisson : le célèbre *oukha,* un potage léger aux raviolis de poisson, de l'esturgeon, du saumon, du brochet, de la truite et d'autres espèces de la région comme le *voblia,* pêché en mai et qui exhale le concombre frais. Il est conseillé de réserver. Si le restaurant est plein, essayez le Khizina Rybaka, qui fait partie de la même chaîne, à quelques pas. *232 8040.*

Café Littéraire
Литературное кафе

Nevski prospekt 18. **Plan** 6 E1. *312 6057.* *t.l.j. 12 h-23 h.* *MC, V.* $

Situé dans l'ancien café Wolf et Béranger, où Pouchkine s'arrêta avant de partir pour le duel qui lui coûta la vie en 1837 *(p. 83),* le Café Littéraire (Literatournoïe cafe) essaie d'évoquer la vie culturelle du début du XIXe siècle.

Des quatuors à cordes et des lectures de poésie dans les salles voûtées ont rendu ce lieu très populaire, surtout auprès des étrangers. Les spécialités, principalement russes, sont bonnes, mais l'intérêt du lieu reste plus culturel que culinaire.

Joy
Джой

Naberezhnaya kanala Griboedova 28/1. **Plan** 6 E2. *312 1614.* *midi-minuit t.l.j.* ★ $

Certainement le seul bon restaurant bon marché du centre. Bien que peu animé et subissant une réputation injustement ternie par la boîte de nuit voisine du même nom, Joy devrait figurer sur toutes les listes. On a Notre-Dame-de-Kazan *(p. 111)* à vue d'œil et la nourriture servie est excellente. Essayez le porc farci aux pruneaux ou la perche qui est délicieuse. Rarement plein, c'est l'endroit idéal pour venir à l'improviste et déguster un repas de qualité, sans subir une musique assourdissante.

Tandoor
Тандур

Voznesenski prospekt 2. **Plan** 6 D1. *312 3886.* *t.l.j. 12 h-23 h.* ★ *AE, DC, MC, V, JCB.* $

Très fréquenté tout au long de l'année, particulièrement par les hommes d'affaires indiens, Tandoor est situé en face de l'Amirauté *(p. 78).* Le menu n'offre aucun plat européen ou russe, mais en revanche une grande variété de spécialités végétariennes et trois sortes de *lassi.* Les pains spéciaux sont faits maison. Si la plupart des plats sont moyennement épicés, d'autres emportent le palais. Le décor est agréable, avec ses tableaux de l'époque coloniale et son éléphant en bois sculpté. Il est conseillé de réserver.

1913 God
1913 год

Voznesenski prospekt 13. **Plan** 5 C3. *315 5148.* *t.l.j. 12 h-1 h du matin.* ★ *AE, MC, V.* $

Non loin du théâtre Marinski *(p. 119),* ce petit restaurant offre une excellente cuisine russe et un très bon service à des prix raisonnables. Son nom rappelle l'époque qualifiée en Russie de « meilleure année », celle où l'on célébra le tricentenaire de la dynastie des Romanov. Les portions sont généreuses et le menu rustique propose des spécialités russes telles les *draniki,* crêpes de pommes de terre au bacon et à la crème aigre, à côté de plats internationaux comme la fricassée de langoustes. Vous y rencontrerez une clientèle d'artistes et de critiques. Réservez.

Austeria
Аустерия

Ioannovski Ravelin. Forteresse Pierre et Paul **Plan** 2 E3. *238 4262.* *t.l.j. midi à minuit.* *AE, MC, V.* $$

Situé dans un des bâtiments les plus anciens de la ville, l'Austeria rappelle le temps de Pierre le Grand, par l'abondance de la nourriture et l'incitation à boire! L'intérieur évoque l'atmosphère de la fin du XVIIe siècle, avec d'austères meubles en bois verni et des copies de portraits d'époque aux murs. En ce qui concerne la nourriture et le service, ils sont au goût du jour. Parfait pour déjeuner si vous visitez la forteresse, mais beaucoup plus bruyant le soir. Les plats russes à base de viande sont leur spécialité.

Federico Fellini

Oul. Malaya Koniouchennaïa 4/2. **Plan** 6 E1. *311 5078.* *t.l.j. de midi à 1 h du matin.* *AE, DC, MC, V.* $$

Ce cinéma-restaurant offre un bar, un restaurant et projette des films classiques, recréant ainsi une véritable atmosphère absente des nombreux autres restaurants italiens de la ville. Situé à 2 min de l'église du Sauveur-sur-le-Sang, c'est l'endroit idéal où se rendre à l'occasion d'une promenade le long des canaux du centre-ville. La carte propose les plats préférés des acteurs célèbres, ainsi qu'une excellente fondue.

Le Français
Ле Франсез

Galernaïa oulitsa 20. **Plan** 5 B2. *315 2465.* *t.l.j. 11 h-1h du matin (bar : 11 h-3 h du matin).* *AE, DC, MC, V.* $$

Cet agréable restaurant-bar animé, situé derrière le Sénat et le Synode, près de la place Saint-Isaac *(p. 79),* est très fréquenté par la communauté française. Le menu est souvent renouvelé, et on ne sert que des spécialités régionales (foie gras, pavé de bœuf au vin rouge et de délicieuses crèmes brûlées du chef). On y parle anglais et français. Il est conseillé de réserver en avance. On peut aussi très bien manger au bar.

Staraïa Tamojnia
Старая таможня

Tamojenny pereoulok 1. **Plan** 1 C5. *327 8980.* *t.l.j. 13 h-3 h du matin.* *MC, V.* $$

Chaleureux restaurant de cuisine française, le Staraïa Tamojnia (l'ancienne Maison des douanes) est l'un des rares établissements de la Strelka *(p. 58-59)* sur l'île Vassilevski. C'est un endroit idéal pour dîner. On peut y déguster des steaks en diverses sauces ou marinades, ainsi que du lapin à la crème aigre, au son d'un orchestre de jazz ou de musique folklorique russe, qui incite à danser sur la petite piste. Un club d'amateurs de vin propose plus de mille vins et les meilleurs cigares du monde.

Kavkaz Bar
Кавкаэ Бар

Karavannaïa oul. 18. **Plan** 7 A1. *312 1665.* *t.l.j. de 11 h à 1 h du matin.* *V.* $$

Ce minuscule mais délicieux restaurant caucasien, ne contient que sept tables. Dans de grandes assiettes en bois, on peut goûter les meilleures brochettes *lyula* de la ville. Les végétariens apprécieront les brochettes de champignons ou de légumes variés. Ne vous laissez pas surprendre par le prix des vins géorgien et arménien, ils sont chers. Quant au brandy arménien, c'est une merveille.

Jardin d'Hiver
Зимний сад

Hôtel Astoria, Bolchaïa Morskaïa oul. 39. **Plan** 6 D2. *210 5815.* *t.l.j. 12 h-23 h 30.* *AE, MC, V.* $$$

Avec son quatuor à cordes et son atmosphère surannée de bord de mer des années 50, le Jardin d'Hiver (Zimni sad) de l'hôtel Astoria *(p.173)* a gardé son charme d'antan.

Pendant la Seconde Guerre mondiale, Hitler avait projeté d'y célébrer la prise de Léningrad *(p. 27)*. Le Jardin d'Hiver s'est contenté trop longtemps de sa renommée passée, mais la cuisine s'améliore. Les blinis, le caviar et les *chachlyk* (kebab) d'esturgeon sont excellents. Réservation recommandée au dîner.

Adamant
Адамант

Nab. reki Moïki 72. **Plan** 5 C2. *311 5575.* *t.l.j. 13 h-24 h.* *V.* $$$

Situé près de la place Saint-Isaac *(p. 79)*, sur le canal de la Moïka, l'élégant Adamant est un excellent restaurant, et il est vivement conseillé de réserver. Comme beaucoup d'établissements de Saint-Pétersbourg fréquentés par une clientèle de Russes très aisés, on y sert essentiellement des fruits de mer, mais une de ses spécialités est le *chtchi* (une soupe au chou traditionnelle) qui doit mijoter toute une journée.

Chopsticks
Чопстикс

Grand Hôtel Europe, Mikhaïlovskaïa oul. 1/7. **Plan** 6 F1. *329 6000.* *t.l.j. 12 h-23 h.* ★ *AE, DC, MC, V.* $$$

Le décor et les spécialités traditionnelles en font un restaurant chinois sans rien d'exceptionnel. Toutefois, à Saint-Pétersbourg, le Chopsticks permet de manger autre chose que l'habituelle cuisine russo-européenne.

Il est conseillé de réserver, surtout pour le dîner, car son atmosphère très sereine, son excellent service et ses prix raisonnables attirent beaucoup de monde.

Na Zdorovy
На Здоровье

Bolchoï prospekt 13, côté Petrograd. **Plan** 1 B3. *232 4039.* *t.l.j. midi à minuit et demi.* *AE, MC, V.* $$$

Votre visite du musée Russe achevée, allez dîner dans le restaurant le plus kitsch de la ville. L'intérieur semble sorti tout droit d'une toile de Boris Kustodiev. Dans ce décor aux couleurs criardes, on sert des plats russes traditionnels bien préparés et les nostalgiques des vieux jours pourront retrouver le goût de la nourriture « soviétique ». On peut aussi y commander des boissons traditionnelles comme le *kvas* ou le *sbiten*.

New Island

Rumiantsovski spusk (près de l'Académie des Beaux-Arts sur l'île Vassilevski). **Plan** 5 B1. *963 6765.* *t.l.j. de midi à minuit et demi.* ★ *AE, MC, V.* $$$

Pendant les beaux-jours d'été, ce bateau-restaurant vous propose une croisière sur la Neva jusqu'au palais d'Hiver et à la cathédrale Smolny, pendant votre repas. Les lumières éblouissantes à l'extérieur du restaurant cachent un intérieur agréable. Essayez la terrine de foie de canard frais, le coulibiac ou le sandre. Pensez à vérifier les heures de départ des croisières (en ce moment : midi, 14 h et 16 h) pour ne pas attendre à quai.

Rossi
Росси

Grand Hôtel Europe, Mikhaïlovskaïa oul. 1/7. **Plan** 6 F1. *329 6000.* *t.l.j. 12 h-23 h.* ★ *AE, DC, MC, V.* $$$$

Élégant et moderne, ce restaurant est renommé pour ses délicieux antipasti frais et ses pâtes maison. Si vous êtes prêt à payer le prix, en désirant échapper à l'atmosphère guindée de l'Hôtel Europe, le Rossi vous conviendra. Des effets de style, comme les contrastes de couleurs des tagliatelles noires en sauce au beurre en font un établissement original.

Senat-Bar
Сенат Бар

Galernaïa oul. 1. **Plan** 5 C1. *314 9253.* *t.l.j. midi à 2 h du matin.* *AE, DC, MC, V, JCB.* $$$$

Son excellente carte des vins et son grand choix de bières le distinguent des autres restaurants de la ville. Dans ce restaurant dirigé par des Hollandais, le personnel parle bien anglais et sait vous conseiller sur le choix du menu. Celui-ci comporte peu de plats végétariens, mais ils sont préparés à la demande. Grand choix de délicieux desserts.
Le Senat-Bar est bondé pendant l'été, et il est conseillé de réserver, surtout après 21 h.

Taleon Club
Клуб Талион

Naberezhnaïa reki Moyki 59. **Plan** 6 D2. *315 7645.* *de midi à 3 h du matin (le bar reste ouvert jusqu'à 6 h du matin)* ★ *AE, DC, MC, V, JCB.* $$$$

Élu restaurant de l'année 1999 à Saint-Pétersbourg, le Taleon Club est le restaurant des yuppies. Seul endroit véritablement adapté pour les enfants, il propose une carte très variée. On y sert essentiellement des plats russes et géorgiens, mais aussi des spécialités européennes. La splendeur de la décoration est à la hauteur de la nourriture. Heureusement, une salle de gymnastique est à votre disposition pour remédier aux excès du repas !

Dvorianskoïe Gnezdo
Дворянское гнездо

Oulitsa Dekabristov 21. **Plan** 5 C3. *312 3205.* *t.l.j. 12 h-1 h du matin.* ★ *AE, DC, MC, V, JCB.* $$$$$

Dvorianskoïe Gnezdo (littéralement « le nid noble ») est petit, intime, luxueux et le service est discret. Installé dans l'ancienne maison d'été du palais Ioussoupov *(p. 120)*, près du théâtre Marinski *(p. 119)*, c'est un endroit agréable pour souper avant ou après un spectacle.

On vous sert un apéritif au petit bar à l'étage, avant de vous conduire à votre table où vous dînerez aux chandelles de mets délicieux. Les filets d'agneau aux graines de pavot et la lotte pochée ou panée à la sauge servie sur un lit d'olives vertes sont très réussis et accommodent des ingrédients d'une grande fraîcheur. Tenue de ville (pas obligatoirement de soirée) et réservation conseillées.

Légende des symboles, *p. 175*

Europe
Европа

Grand Hôtel Europe, Mikhaïlkovskaïa oul. 1/7. **Plan** 6 F1. *329 6000.* *7 h-10 h 30 (petit déj.), 7 h-23 h t.l.j. ; 12 h-15 h dim. (brunch).* *AE, DC, MC, V.* $$$$$

L'Europe est un somptueux restaurant modern style, un des meilleurs de la ville depuis son ouverture, au début du XXe siècle. Tout y est parfait : une cuisine savoureuse, un menu inventif, un service stylé. Toutefois, il faut pouvoir en payer le prix élevé. Le brunch du dimanche matin permet pourtant d'apprécier ce restaurant sans trop se ruiner. Réservation recommandée.

En dehors du centre

Pirosmani
Пиросмани

Bolchoï prospekt 14, Petrogradskaïa. **Plan** 1 B3. *235 6456.* *t.l.j. 12 h-23 h.* $

Il est indispensable de réserver pour obtenir une table dans ce restaurant où l'on sert une cuisine géorgienne dans un admirable décor kitsch qui recrée l'atmosphère d'un petit village des montagnes de Géorgie, avec un ruisseau et des « radeaux » sur lesquels sont posées deux tables. Le nom de l'établissement est celui du plus célèbre peintre géorgien, un autodidacte qui a influencé l'avant-garde russe.

Végétariens et amateurs de viande apprécieront au choix les aubergines farcies aux noix, les *lobio* (haricots épicés), le *soulgouni* frit (fromage salé), les potages épais à la viande ou les *chachlyk* de porc, de poulet ou de poisson, en sauce épicée et à l'ail.

Staraïa Derevnia
Старая деревня

Savouchkina oul. 72. *431 0000.* *t.l.j. 13 h-22 h.* $

Les propriétaires de ce restaurant familial ont su recréer une atmosphère début de siècle avec des chaises viennoises, des tables ornées de fleurs coupées, d'anciens comptoirs et des expositions d'œuvres d'artistes locaux. Le menu est principalement russe, avec quelques plats européens. Le dîner est accompagné par un orchestre de musique tzigane et de ballades russes. Le prince Charles y dîna lors d'une visite et le restaurant garde une bonne réputation notamment auprès des étrangers. Il est situé dans une banlieue arborée, vers le golfe de Finlande, et il est donc préférable de s'y rendre en taxi.

Ambassador
Амбассадор

Nab. reki Fontanki 14. **Plan** 3 A5. *272 9181.* *t.l.j. 13 h-24 h.* *AE, MC, V.* $$

Vous avez le choix entre la salle Européenne, décorée dans un style néo-classique début XIXe siècle, ou la salle Russe, avec ses voûtes basses et son plafond peint.

Allez-y à pied, surtout pendant les Nuits blanches *(p. 51)*. Situé en face du château Mikhaïlovski *(p. 101)*, sur la berge opposée de la Fontanka, ce restaurant intime propose un menu russe et européen. On y sert du caviar, du *borchtch* et des steaks. Les repas sont accompagnés par une balalaïka, et le lundi, on y joue du jazz.

Afrodite
Афродита

Nevski pr. 86. **Plan** 7 B2. *275 7620.* *t.l.j. 12 h-1 h du matin.* *AE, DC, MC, V, JCB.* $$$

Ce fut le premier restaurant à lancer la mode des fruits de mer à l'occidentale, vite copié par d'autres établissements chic. On y trouve d'excellentes spécialités comme l'alligator au paprika ou le barracuda, mais aussi des plats traditionnels russes, comme les *pelmeni* maison (raviolis au bœuf) et de délicieuses salades. Il manque toutefois de caractère, avec ses murs sans éclat et son service un peu trop désinvolte.

Impérial
Империал

Nevski Palace Hôtel, Nevski pr. 57. **Plan** 7 B2. *275 2001.* *7 h-10 h 30 (petit déj.), 19 h-23 h t.l.j. ; 12 h-16 h dim. (brunch).* *AE, DC, MC, V.* $$$

Situé au premier étage du Nevski Palace, l'Impérial offre par ses baies vitrées des vues magnifiques de Nevski prospekt. La salle des petits déjeuners sert aussi le soir de restaurant où on propose une cuisine internationale haut de gamme, avec des plats bien présentés, des desserts succulents et de bons crus. Pour observer la rue l'endroit est irremplaçable, mais l'atmosphère de l'hôtel manque de style.

Landskrona
Ландскрона

Nevski Palace Hôtel, Nevski pr. 57. **Plan** 7 B2. *275 2001 p. 201.* *t.l.j. 12 h 30-1 h du matin.* *AE, DC, MC, V, JCB.* $$$$$

Le décor est moderne, le service de haut niveau et la cuisine européenne excellente. Deux musiciens de jazz accompagnent les repas, ce qui est inhabituel dans les grands restaurants de la ville, où l'on préfère la musique classique. Les hors-d'œuvre sont offerts par l'établissement et des sorbets au vin blanc sont servis entre les plats, classiques mais néanmoins excellents et très copieux, tels le filet de bœuf à la sauce au bleu ou la terrine de lapin à la gelée de cidre.

Novgorod

Detinets
Детинец

Tour de l'Intercession, Detinets (kremlin). *(81622) 746 24.* *t.l.j. 11 h-18 h, 19 h-23 h.* $

Situé à l'intérieur du kremlin, le Detinets sert une bonne cuisine traditionnelle russe. Le décor médiéval de la tour de l'Intercession du XVIe siècle, avec ses plafonds voûtés, est idéal pour apprécier les plantureuses salades de pommes de terre à la russe et les plats de viande. Les ragoûts sont savoureux et très nourrissants, les *pelmeni* faits maison. Des musiciens jouent tous les soirs, sauf le lundi.

Beresta
Береста

Studentcheskaïa oul. 3. *(81622) 304 01.* *t.l.j. 6 h 30-11 h, 12 h-17 h, 18 h-23 h.* *AE, DC, MC, V.* $$$

Pour ceux qui recherchent quelque chose de plus élaboré que la cuisine russe, le restaurant du Beresta Palace *(p. 173)* offre un menu international souvent renouvelé, ainsi que des spécialités locales. Il est situé à 15 min à pied du kremlin ; vous pourrez y dîner avant de regagner Saint-Pétersbourg.

Repas légers et en-cas

L'aspect extérieur, et parfois même intérieur, d'un café donne peu d'indications sur ce qu'il offre réellement, et il est difficile de distinguer un bon d'un mauvais établissement du premier coup d'œil. Beaucoup d'établissements récents ont un style et un nom à l'occidentale, et proposent une cuisine internationale, mais souvent à des prix élevés. Toutefois, les cafés russes et les établissements proposant des spécialités régionales ou étrangères servent des plats savoureux, du simple sandwich au repas complet, à des prix raisonnables. Ces derniers sont répartis un peu partout dans la ville, et si certains valent réellement le détour, vous trouverez dans tous des en-cas et des repas légers délicieux. En revanche, les végétariens auront du mal à trouver leur bonheur.

On confond souvent les bars, tels les pubs ou les cafés allemands, avec les autres établissements car tous servent de l'alcool à toute heure.

Cuisine russe

La communauté étrangère de Saint-Pétersbourg se contente souvent des fast-foods et des steaks. Pourtant, les plats traditionnels tels que le *borchtch*, les *pelmeni* (raviolis à la viande), le bœuf roulé dans du fromage, et les *draniki* (crêpes de pommes de terre) sont servis un peu partout.

Le **Priboï** est situé derrière l'Ermitage *(p. 84-93)*, et le **Bristol,** le **Nik** et **Khlebosoli** sont sur ou très proches de Nevski prospekt *(p. 108)*. Le **Krokodil,** une sorte de cave fréquentée par une clientèle bohème, sert parfois de cadre à divers événements et propose un menu traditionnel. Le **Kafe Ambassador,** ouvert jusqu'à 5 h du matin, offre des vues magnifiques du château Mikhaïlovski *(p. 101),* sur l'autre rive de la rivière. Également sur la Fontanka se trouve le **Staroïe Kafe.** Près de la place Saint-Isaac *(p. 79),* **l'Idiot** est un café-librairie qui porte le nom du roman de Dostoïevski. On peut y acheter des livres et écouter des lectures de poésie, devant un verre de bière locale. Censé fermer à 23 h, il attend en fait souvent le départ de son dernier client, vers 4 h du matin.

Un peu partout dans la ville, on trouvera les fameux blinis russes (crêpes), servis sucrés ou salés.

Rousskie blini sert un grand choix de crêpes et des *blintchiki* (crêpes roulées) bon marché. **La Chandeleur** propose un menu français plus complet, et de l'alcool.

Cuisine géorgienne et arménienne

Les Pétersbourgeois sont friands des spécialités des anciennes républiques soviétiques d'Arménie et de Géorgie. Le **Metekhi** et le **Tbilissi** proposent une variété de *lobio* (haricots épicés), de *satsivi* (poulet à la sauce aux noix épicée), de *khartcho* (soupe épaisse à la viande) et de *chachlyk* (kebab). Les spécialités du **Baghdad** incluent les *manty* (une variante ouzbèque des *pelmeni*), la soupe aux nouilles et la délicieuse *koreïski salat* (salade orientale épicée aux carottes).

Au **Krounk,** l'accueil est chaleureux et de très bonne qualité. Une grande variété de plats est proposée. Encore très peu connu, ce petit café en sous-sol à la décoration impressionnante est rarement plein. Il n'est pas nécessaire de réserver.

Pizza et pâtes

Les pizzerias sont très fréquentées par les couples de Pétersbourgeois aisés. Pour les étrangers ne parlant pas russe, le menu est facile à déchiffrer et les plats familiers. À côté des nombreux établissements locaux, on trouve des chaînes comme **Pizza Hut.** La **Strada** a transformé de façon remarquable une cour sans attrait en un restaurant toutefois tapageur, sur deux niveaux. Tout comme **Patio Pizza,** la **Strada** propose des spécialités de pizzas délicieuses à essayer absolument. Très bon marché, **Pizza Pronto** est un endroit chaleureux.

Cafés allemands

Le **Tchaïka** a été le premier bar allemand privé de Saint-Pétersbourg. L'ambiance y est toujours très bruyante et très animée. On y sert de généreuses assiettes de saucisses-frites ou de hareng de la Baltique. Dans le même style, L'**Antwerpen** et le **Nevski 40** sont plus intéressants pour leur situation que pour leur cuisine, toutefois satisfaisante. Le **Café Bahlsen** et **Schwabski domik** offrent un menu plus traditionnel à leur clientèle d'hommes d'affaires et de touristes allemands.

Le **Bierstube,** plus cher, est situé dans le Nevski Palace. Il propose une grande variété de spécialités allemandes et autrichiennes. Comme dans la plupart des restaurants russes, tous les plats sont à base de viande.

Cuisine nord-américaine

Les amateurs de steaks juteux se précipiteront au **Daddy's Steak Room,** toujours bondé malgré sa situation excentrée ou au **Montreal Steak,** situé au centre-ville. Meilleur marché que ces derniers, le **California Grill** est fréquenté par des étudiants. Le **Bistro Sadko** est une véritable institution pétersbourgeoise. Ce bar américain offre une vue imprenable de l'animation de Nevski prospekt et propose des hamburgers, des frites et des desserts succulents ainsi que des salades, des spécialités végétariennes, mais aussi des plats russes.

Légende des symboles, *p. 175*

Cuisine hispano-mexicaine

Les Pétersbourgeois ont accueilli avec joie l'ouverture de **La Cucaracha** en 1995 et la tequila est devenue une boisson à la mode. Les cocktails, les tortillas à tremper dans une sauce et les plats complets succulents sont servis par des Mexicains sur une musique mexicaine. C'est toujours un bar très populaire et chaleureux, où se produisent des groupes de musiciens mexicains. Chez **Señor Pepe's Cantina,** un restaurant mexicain très vivant, la téquila fait fureur

Les fast-foods

Depuis quelques années, de plus en plus de fast-foods se sont ouverts, suivant l'exemple de **Grill Master**, de **Carrol's** et de **McDonald's.** En dehors de ces chaînes internationales, trois chaînes locales se sont installées au centre-ville.

Le **Green Crest** propose des salades-mayonnaise que l'on ne trouve nulle part ailleurs. **Minutka** offre salades variées et les sandwichs.

Pour les ravers et noctambules, ainsi que ceux qui viennent assister à la levée des ponts pendant les Nuits blanches *(p. 51),* le **Laïma** est ouvert 24 h sur 24. Il sert des steaks et des côtelettes-pommes frites, des soupes, des *pirojki,* des salades, de la bière et des jus d'oranges pressées.

Des stands à hamburgers ont fait leur apparition dans les rues de Saint-Pétersbourg, mais pour les Russes, le fast-food est un sandwich au poisson, au fromage ou au salami, ou encore les *pirojki,* des petits chaussons garnis d'un mélange de chou, de riz et d'œufs, ou de pommes s'ils sont sucrés. Évitez les *pirojki* frits, à la viande et à la saucisse, vendus sur Nevski prospekt.

Des stands de nourriture orientale très populaires vendent un peu partout en ville kebabs et *chawerma.* Préférez les véritables stands arabes, car les Russes ont tendance à confondre *chawerma* et hamburgers.

Pâtisseries et sucreries

Les Russes sont friands de sucreries, et, à la maison, on n'offre jamais le thé sans biscuits ou gâteaux. Les pâtisseries se vendent dans la plupart des cafés de la ville et les glaces se dégustent aussi bien en été qu'en hiver.
Le **Sladkoïejka** (littéralement « bec sucré ») propose surtout des desserts à base de crème fraîche. La boulangerie **Nevski 27** propose d'innombrables pâtisseries à emporter, ou à déguster chez le célèbre **Sever/Nord.** On peut se régaler de riches gâteaux au fromage et des pâtisseries européennes au **Nik,** ou, à des prix élevés, au **Vienna Café,** situé dans le Sheraton Nevski Palace *(p. 173).* L'après-midi, le **Grand Hôtel Europe** *(p. 173)* propose un thé à l'anglaise sur la mezzanine, et dans le salon de l'**Astoria** *(p. 173),* on le prend au son d'un orchestre de musique classique.

Le **Frog's Pool,** sur Nevski prospekt, est un café unique de Saint-Pétersbourg. Traversez la pièce de devant quelque peu miteuse et vous tomberez sur un magnifique intérieur vert des années 1930. Glaces pour les enfants, mais café et cognac pour les adultes !

Les pubs

Mélange de pubs anglo-irlandais et de bars allemands, les pubs de la ville sont souvent tenus par des étrangers. Si la cuisine et le décor manquent souvent d'attrait, la bière y est bonne. On sert de la Guinness à la pression dans deux bars irlandais, le **Mollie's Irish Bar** et le **Shamrock,** situé en face du théâtre Marinski *(p. 119).*
Le **Korsar** et le **Rose Pub** organisent des concerts et des spectacles à thème, mais le **Tribunal** est certainement le plus animé de tous.

Manger en dehors du centre

Trouver un endroit pour déjeuner en dehors de la ville est assez difficile. Des restaurants ont été aménagés dans les palais de Pavlovsk *(p. 156-159)* et de Peterhof *(p. 146-149),* mais l'été, ce dernier est souvent bondé. Situé près de la gare de Pavlovsk, le **Podvorye** offre un bon moment de détente. Situé dans une imitation de manoir moyenâgeux, on y mange des plats traditionnels russes en écoutant des chants folkloriques. Le **Trapeza,** près de l'entrée orientale du parc de Peterhof, est un petit café bon marché qui sert des plats russes et propose des boissons originales tel que le *sbiten* (au miel et aux herbes).

Il existe maintenant un café convenable dans le palais de Tsarskoïe Selo *(p. 150-155)* et les petits cafés qui bordent Oranjereïnaïa oulitsa, la grande artère du centre, sont agréables. Le **Tsarskoïe Selo** est un bon restaurant situé près de la gare.

À Oranienbaum *(p. 144)* on se retrouve en plein désert gastronomique, et mieux vaut prévoir d'emporter un pique-nique. À Gatchina *(p. 145),* on trouve de nombreux petits cafés dans le parc. Ceux qui se rendent à la maison d'Ilia Repine, à Repino *(p. 144),* trouveront de délicieux *chachlyk* sur le bord de la route, mais éviteront le restaurant du sanatorium.

La plupart des hôtels et quelques cafés du centre de Saint-Pétersbourg, comme **La Chandeleur,** vendent de bons plats à emporter.

À Novgorod *(p. 160-163),* il existe un peu plus de choix pour déjeuner. On peut essayer le **Detinets,** au kremlin, ou le **Beresta,** qui propose une excellente cuisine européenne.

Le restaurant **Azia** sert une très bonne cuisine coréenne, et pour une pizza sur le pouce, allez au **Kafe Tcharodeïka,** situé juste en face de l'entrée du kremlin de Novgorod.

CARNET D'ADRESSES

CUISINE RUSSE

Bristol
Бристоль
Nevski prospekt 22.
Plan 6 E1. *311 7490.*

Cat
Кэт
Karavannaya oul 24.
Plan 7 A1. *315 3800.*

Idiot
Идиот
Nab. reki Moïki 82.
Plan 5 C2. *315 1675.*

Kafe Ambassador
Кафе Амбассадор
Nab. reki Fontanki 14.
Plan 3 A5. *275 9522.*

Kafe Sankt-Peterburg
Кафе Санкт-Петербург
Nab. kanala Griboïedova 5.
Plan 6 E1. *210 7673.*

Khlebosoli
Клебосолье
Bolshaya
Konyushennaya oul. 1.
Plan 2 E5. *312 9554.*

Kreatyur
Креатюр
Bolshaya
Morskaya oul. 6.
Plan 6 D1. *219 6132.*

Krokodil
Крокодил
Bolshaya
Galernaïa oul. 18.
Plan 5 C1. *314 9437.*

Nik
Ник
Vladimirski pr. 1.
Plan 7 A2. *311 7693.*

Priboï
Прибой
Nab. reki Moïki 19.
Plan 2 E5. *311 8285.*

Rousskie blini
Русские блины
Oul. Gagarinskaïa 13.
Plan 3 A4. *279 0559.*

Staroïe Kafe
Старое кафе
Nab. reki Fontanki 108.
Plan 6 E4. *316 5111.*

Zhili-Byli
Жили-Были
Nevski prospekt 52.
Plan 6 F1. *314 6230.*

GÉORGIE ET ARMÉNIE

Baghdad
Багдад
Fourchtatskaïa oul. 35.
Plan 3 C4. *272 2355.*

Krunk
Крунк
Solianoï per. 14.
Plan 3 A5. *273 4523.*

Metekhi
Метехи
Oul. Belinskovo 3.
Plan 7 A1. *272 3361.*

Tbilissi
Тбилиси
Sytnynskaïa oul. 10.
Plan 2 D2. *232 9391.*

PIZZA ET PÂTES

La Strada
Ля Страда
Bolchaïa Koniouchennaïa oul. 27. **Plan** 6 E1.
312 4700.

Patio Pizza
Патио-Пицца
Nevski prospekt 30.
Plan 6 E1. *314 8215.*

Pizza House
Пицца-Хаус
Podolkaïa oul. 23.
Plan 6 E5. *316 2666.*

Pizza Hut
Пицца-хат
Nab. reki Moïki 71/16.
Plan 5 C2. *315 7705.*

Pizza Pronto
Пицца-пронто
Zagorodny pr. 8.
Plan 7 A3. *315 8948.*

ALLEMAGNE

Antwerpen
Антверпен
Kronverkski pr. 13/2.
Plan 2 E2. *233 9746.*

Bierstube
Бирштубе
Nevski Palace, Nevski pr. 57. **Plan** 7 B2.
275 2001.

Tchaïka
Чайка
Nab. kanala Griboïeva 14.
Plan 6 E1. *312 4631.*

Le Café Bahlsen
Nevski pr. 142. **Plan** 7 C2.
271 2811.

Nevski 40
Невский 40
Nevski pr. 40. **Plan** 6 F1.
312 2457.

Schwabski domik
Швабский домик
Novotcherkasski pr. 28/19.
528 2211.

AMÉRIQUE DU NORD

Bistro Sadko
Бистро Садко
Mikhaïlovskaïa oul. 1/7.
Plan 6 F1. *329 6000.*

California Grill
Nevski pr. 176.
Plan 8 E3. *274 2422.*

Daddy's Steak Room
Moskovski pr. 73.
252 7744.

Montreal Steak
Apraksine per. 22.
Plan 6 E3. *310 9256.*

MEXIQUE

La Cucaracha
Voir p. 197.

Señor Pepe's Cantina
Ulitsa Lomonosova 12.
Plan 6 F2. *310 2230.*

FAST-FOODS

Green Crest
Грин крест
Vladimiski pr. 7.
Plan 7 A2. *113 1380.*

Grill Master
Гриль Мастер
Nevski pr. 46. **Plan** 6 F1.
Sadovaïa oul. 22. **Plan** 6 F2.

Laïma
Лайма
Nab. kanala Griboïedova 16.
Plan 6 E1. *315 5545.*

McDonald's
Kamenoostrovski pr. 39.
Sennaïa pl. 4. **Plan** 6 E3.

Minoutka
Минутка
Nevski pr. 20. **Plan** 6 E1.
325 8224.

PÂTISSERIES

Frog's Pool
Лягушатник
Nevski pr. 24. **Plan** 6 E1.
312 1080.

Nevskiy 27
Невский 27
Nevski pr. 27. **Plan** 6 E1.
312 1080.

Nik
Ник
Vladimirski pr. 1.
Plan 7 A2. *311 7693.*

Sever/Nord
Север
Nevski prospekt 22.
Plan 6 E1.

Sladkoïejka
Сладоежка
Marata oul. 11. **Plan** 7 B2.
315 4880.

Vienna Café
Кафе Вена
Nevski pr. 57. **Plan** 7 B2.
275 2001.

PUBS

Korsar
Voir p. 197.

Mollie's Irish Bar
Voir p. 197.

Shamrock
Voir p. 197.

Tribunal
Voir p. 197.

EN DEHORS DU CENTRE

Aziya
Азия
Chteikova oul. 22,
Novgorod.
(81622) 722 27.

Beresta
Voir p. 182.

La Chandeleur
Bolchaïa Koniouchennaïa oul. 1. **Plan** 2 E5.
314 8380.

Detinets
Voir p. 182.

Kafe Tcharodeïka
Кафе Чародейка
Volossova oul. 1/1,
Novgorod.
(81622) 751 54.

Podvorye
Подворье
Filtrovskoïe chosse 16,
Pavlovsk. *465 1399.*

Trapeza
Трапеза
Kalininskaïa oul. 9,
Peterhof.
427 9393.

Tsarskoïe Selo
Царское Село
Gare de Detskoïe Selo,
Tsarskoïe Selo.
470 1349.

Boutiques et marchés

Faire le tour des boutiques, des grands magasins et des marchés de Saint-Pétersbourg vous donne un aperçu intéressant de la vie quotidienne en Russie. Partout en ville, des camelots étalent diverses marchandises.

Le shopping en Russie demande un peu de spontanéité, car vous ne saurez jamais très bien à quel moment et où vous allez trouver ce que vous désirez. Les vitrines des magasins sont souvent trompeuses. Si, ces dernières années, les produits locaux ont laissé la place aux marchandises importées, la vodka, le caviar et l'artisanat russe traditionnel font encore de merveilleux souvenirs à rapporter.

Matriochka

La plupart des boutiques se concentrent autour des artères principales comme Nevski prospekt, Kamennoostrovki prospekt et Bolchoï prospekt (à Petrogradskaïa).

Boutique de la styliste Tatiana Parfionova

Heures d'ouverture

La plupart des commerces sont ouverts de 10 h à 19 h ou plus tard. Les épiceries sont fermées entre 13 h et 14 h, et les autres magasins entre 14 h et 15 h. Le dimanche, les grands magasins sont ouverts de 11 h à 18 h, et, dans chaque quartier, vous trouverez des magasins d'alimentation et une pharmacie ouverte toute la journée.

Comment payer

Les paiements en espèces doivent impérativement se faire en roubles (sous peine d'amende). Les prix sont parfois affichés en « y.e. » ou unités (environ $ 1, ou 6 FF). Les marchés touristiques sont les seuls endroits où vous pouvez payer en devises. Vous trouverez de nombreux bureaux de change ouverts de 10 h à 18 h *(p. 206)*, dont certains sont situés dans les magasins. Peu de magasins, même ceux qui vendent des marchandises importées, acceptent le paiement par carte de crédit, à l'exception des grands antiquaires, qui prennent les cartes Visa et Mastercard.

Appareil photo russe (v. 1920)

Dans la plupart des magasins, les marchandises sont placées derrière des comptoirs. Si vous voulez voir les articles d'un peu plus près, indiquez-les du doigt en disant *mojno* (« Puis-je ?... »). Allez payer à la caisse et revenez prendre vos achats au comptoir. Si vous ne parlez pas russe, le vendeur écrira les prix sur un papier que vous donnerez au caissier. Théoriquement, les marchandises défectueuses peuvent être échangées si vous avez gardé le reçu.

Le marchandage

Dans les marchés, vous pouvez marchander sauf si le prix est affiché, car les prix ont en effet tendance à être plus élevés pour les étrangers. Toutefois, en Russie, marchander n'est pas un jeu, mais une activité sérieuse et ne tentez l'expérience que si vous êtes décidé réellement à acheter.

Antiquités et objets d'art

L'exportation de tous les objets fabriqués avant 1956, des objets précieux comme l'or, l'argent, les bijoux et les fourrures, ainsi que les objets d'art, y compris les aquarelles contemporaines et les livres publiés avant 1946, est strictement réglementée.

Enseigne de bouquiniste

À l'aéroport, tous les bagages sont passés aux rayons X, et il est donc inutile d'essayer de dissimuler une icône dans son écrin en métal. En pratique, les douaniers ferment les yeux sur les gravures et les aquarelles qui ne sont pas encadrées, de même que vous ne devriez pas avoir de problème à faire sortir un livre – à moins qu'il soit extrêmement rare – sans autorisation. Pour obtenir la permission d'exporter des livres ou des objets d'art, adressez-vous au **ministère de la Culture.** Les formalités sont complexes et dépendent de la date et de la valeur de l'acquisition. Demandez au

Autorisation d'exportation

Ministère de la Culture
Министерство культуры
Ministerstvo koultouri
Malaïa Morskaïa Oulitsa 17.
Plan 6 D1. *311 0302.*
du lun. au ven. de 11 h à 17 h.

Le grand magasin DLT

vendeur de l'objet de vous aider dans vos démarches.

Si vous n'avez pas essayé de frauder, tout objet non autorisé à sortir du territoire, peut être laissé à une personne qui reste à Saint-Pétersbourg ou être gardé au dépôt de l'aéroport, où il vous faudra payer pour le récupérer. Tout objet qui n'a pas été récupéré avant un an, ou toute marchandise dissimulée à la douane est en revanche confisquée. Les objets d'art de valeur sont généralement donnés à un musée.

GRANDS MAGASINS

On les appelle des *ounivermag,* ou « magasins universels », et ils sont le reflet des anciens étals de marchandises qui appartenaient à différents propriétaires. Les grands magasins d'aujourd'hui comme **Gostiny Dvor** *(p. 108)* et **Passaj** *(p. 148)* sont ainsi toujours organisés par spécialités et ensembles de boutiques. On y trouve aujourd'hui de plus en plus de marchandises importées à côté des produits locaux, mais tout y est très cher pour les Russes.

L'agencement du **DLT,** un bâtiment modern style du centre-ville, est plus occidental. Sur la route de l'aéroport, en quittant Saint-Pétersbourg, vous pourrez dépenser vos derniers roubles au **Moskovski** ounivermag.

MARCHÉS ET BAZARS

Beaucoup de Pétersbourgeois s'approvisionnent dans les nombreux marchés de la ville. Le **Kouznetchny,** le plus central, est situé près de Nevski prospekt. On y vend des fleurs, des fruits, des légumes, des glaces, du fromage artisanal et un miel excellent. En face de l'entrée principale, de vieilles femmes vendent des champignons, en automne, des chaussettes en laine, en hiver, et des fleurs, en été, ainsi qu'une multitude d'articles de toutes sortes : des concombres salés et poissons séchés aux vieilles chaussures et objets de famille en cristal.

À l'intérieur du marché **Apraksine** *(p. 95)* sont installés grossistes et détaillants de cigarettes, de spiritueux et marchands de cuir de Turquie.

Selon les autorités locales, les marchés aux puces donnent une mauvaise image de la ville et sont souvent déplacés. Toutefois, les camelots s'installent inlassablement aux abords des marchés de fruits et de légumes.

Un peu différents, les kiosques en dur que l'on trouvait un peu partout en ville se concentrent aujourd'hui autour de **Sennaïa plochtchad** *(p. 122).* Les Pétersbourgeois y viennent de toute la ville pour y acheter des produits alimentaires à bas prix. **Vernissaj,** un marché en plein air situé devant Sainte-Catherine *(p. 48),* propose des aquarelles et des gravures. **Rynok souvenirov,** un petit marché touristique près de l'église du Sauveur-sur-le-Sang *(p. 100),* offre les *matriochkas (p. 189)* les plus belles et les moins chères. Vous y trouverez aussi des montres, des jeux d'échecs, des chapeaux de fourrure, de vieux appareils photo, des tee-shirts et des attirails militaires.

Devant le marché de Kouznetchny

BOUTIQUES DE MUSÉES

C'est souvent dans les boutiques des musées que l'on trouve les bijoux, les *matriochkas,* les gravures ou les livres d'art de meilleure qualité. L'**Ermitage** *(p. 84-93)* propose des reproductions de gravures, des objets et des livres d'art. Lors de ses expositions temporaires, le **Musée russe** *(p. 104-107)* produit des écharpes, des bijoux, des tissus, des affiches £et des cartes postales. Leurs boutiques situées dans le bâtiment principal et dans leurs annexes du palais Stroganov et du château Mikhaïlovski ont aussi de très beaux livres d'art La **forteresse Pierre-et-Paul** *(p. 66-67)* et les palais de **Pavlovsk,** de **Peterhof** et de **Tsarskoïe Selo** *(p. 146-159)* possèdent aussi d'intéressantes boutiques.

Marché touristique, en face de l'église du Sauveur-sur-le-Sang

Qu'acheter à Saint-Pétersbourg

Boîte en bois décorée

Il est facile de trouver à Saint-Pétersbourg de beaux objets à emporter. L'artisanat traditionnel ayant été encouragé par le régime soviétique, beaucoup de techniques anciennes se sont maintenues, et les artisans d'aujourd'hui continuent à fabriquer toutes sortes d'objets traditionnels : des petits insignes en émail bon marché aux coûteuses boîtes de Palekh peintes à la main, en passant par les samovars et les pierres semi-précieuses taillées. Les plateaux et bols peints, les échiquiers, les jouets en bois et les *matriochkas* restent également très populaires, de même que les objets typiques de l'époque soviétique.

Samovar
Les samovars (p. 179), *qui servaient à bouillir l'eau du thé, existent en plusieurs tailles. Il faut une autorisation pour exporter un modèle ancien.*

Vodka et caviar
Il existe de multiples variétés de vodka, nature ou aromatisée (au citron et au poivre) (p. 178). *Elles accompagnent à merveille le caviar noir* (ikra) *et le caviar rouge* (keta), *qui sont souvent servis avec des blinis.*

Vodka aromatisée

Vodka nature

Caviar rouge

Caviar noir

Œuf en malachite

Bague d'ambre

Pierres semi-précieuses
La malachite, l'ambre, le jaspe et plusieurs variétés de marbre des montagnes de l'Oural sont utilisés pour faire toutes sortes d'objets : bijoux, échiquiers et dessus de tables marquetés.

Jouets en bois
Ces adorables jouets en bois grossièrement taillé, appelés bogorodskie, *font de charmants cadeaux.*

Matriochkas
Ces poupées gigognes peintes existent dans tous les styles. Les traditionnelles sont les plus jolies, mais celles qui représentent d'anciens dirigeants russes et soviétiques ont beaucoup de succès.

Échiquiers
Les échecs sont un passe-temps extrêmement répandu en Russie. On trouve des échiquiers dans toutes sortes de matières, y compris en malachite. Le beau modèle ci-dessus est en bois, peint dans le même style russe traditionnel que les matriochkas.

Objets laqués

Les objets en bois ou papier mâché laqués sont très appréciés. Les boîtes laquées de Palekh, peintes à la main, peuvent atteindre des prix élevés, mais les œufs décorés et les traditionnels bols rouge, noir et or sont plus abordables.

Boîte de Palekh
L'art de la miniature sur papier mâché date de la fin du XVIIIe siècle. Les artistes des villages de Palekh, Fedoskino, Mstera et Kholoui fabriquent encore aujourd'hui ces merveilles peintes à la main. Les images sont inspirées des contes et légendes russes.

Œuf en bois peint

Bol et cuillère
Les bols et les cuillers peints de couleurs vives et connus sous le nom de « Khokloma » sont revêtus d'une couche de laque dure mais pas résistante aux liquides bouillants.

Plateau russe peint à la main

Instruments de musique traditionnels
La musique folklorique russe utilise une grande variété d'instruments. Ce gousli, *qui ressemble à la cithare, se joue en pinçant les cordes des deux mains. La balalaïka et le* garmon *(accordéon) font également partie des instruments de musique russes.*

Châle russe
Ces châles traditionnels en laine de couleurs vives protègent efficacement du froid en hiver. On trouve aussi des châles en polyester dans les grands magasins, fabriqués en série, mais ils ne sont pas aussi chauds.

Vase de Gjel
La ville de Gjel, près de Moscou, fabrique des objets en céramique, figurines ou vaisselle, ornés de motifs bleus sur fond blanc caractéristiques. Ils sont très appréciés des Russes comme des étrangers.

Souvenirs soviétiques
Il y a un grand choix d'objets de l'époque soviétique à acheter : des vieux billets de banque, des pièces de monnaie, des montres de poche, et des pièces d'uniforme de l'Armée rouge, comme des boucles de ceinture ou bien encore des insignes.

Montre de poche

Insigne soviétique

Ceinture de l'Armée rouge

Les boutiques

Les grands magasins principaux de la ville abondent en produits d'excellente qualité (souvenirs, vodka, fourrures, etc.), mais les petites boutiques aux alentours de Nevski prospekt sont moins bondées et aussi moins chères. Honorant sa réputation de ville d'intellectuels, Saint-Pétersbourg produit de nombreux livres et objets d'art. Les souvenirs de l'époque soviétique sont aujourd'hui très appréciés.

Vodka et caviar

Il est déconseillé d'acheter de la vodka dans n'importe quel magasin. Les marques les moins chères peuvent être très fortes, et une production non contrôlée est encore écoulée dans les petites boutiques. Achetez-la de préférence à **Gostiny Dvor** et chez **Elisseev** ou encore dans les magasins **Liviz.**

Smirnov et Sinopskaïa sont les meilleures marques locales *(p. 178).*

Pour un caviar de qualité, allez chez Elisseev ou chez **Ryba. Passaj** est un autre supermarché de qualité, au centre-ville.

Vous trouverez les produits alimentaires les moins chers sur les marchés de **Sennaïa plochtchad** et d'**Apraksine dvor,** mais vérifiez la date de péremption sur les boîtes de caviar. L'été, il est préférable de les acheter dans des magasins équipés de réfrigérateurs.

Souvenirs et artisanat

Pendant l'été, lorsque les camelots installent leurs étals près des sites touristiques, Saint-Pétersbourg est envahi de *matriochkas,* de châles et d'objets peints et laqués. En revanche, l'hiver, tout semble entrer en hibernation. Toutefois, les marchés de **Rynok souvenirov** et de **Vernissaj** sont animés toute l'année. Les boutiques des musées proposent aussi des souvenirs et de l'artisanat, ou des livres d'art, comme à l'Ermitage.

Matriochka est peut-être la plus petite boutique de souvenirs de la ville, mais sûrement la meilleure. **Khoudojestvennye promysli** a plus de choix. La fabrique de porcelaine de la ville produit de très belles tasses à café vendues dans sa boutique nommée **Farfor.** Vous trouverez aussi de la porcelaine locale et du cristal chez **Khroustal** et chez **Steklo.**

Souvenirs soviétiques

Aujourd'hui, les objets datant de l'époque soviétique sont souvent fabriqués spécialement pour les marchés touristiques. Pour plus d'authenticité, allez chez **Sekounda,** vous y trouverez un très bon choix.

Le marché de **Rynok souvenirov** est spécialisé dans les attirails militaires de l'ex-armée soviétique. **Antikvariat** vend quelques insignes soviétiques à prix modérés. Les bustes de Lénine se trouvent partout, et vous en trouverez de bon marché dans la petite boutique située au premier étage de la librairie militaire **Dom voïennoï knigi,** qui vend aussi d'anciens appareils photo, tout comme **Komissionni magazin.**

Antiquité et art

Même si l'exportation des objets anciens est contrôlée, vous pourrez toujours dénicher une petite aquarelle, une gravure moderne ou un service à thé des années 60 sur les étals d'**Apraksine dvor. Antik tsentr, Tertsia** et **Rapsodia** s'adressent surtout aux visiteurs. **Peterbourg Antikvariat** a également une clientèle locale, mais ses prix sont très élevés. Avant d'effectuer un achat coûteux, vérifiez que vous pouvez obtenir des papiers d'exportation *(p. 202).*

Tous les tableaux sont soumis à autorisation de sortie, mais les galeries se chargent généralement des formalités. Passez chez **Anna** ou **Soïouz khoudojnikov** pour voir ce qu'ils vous proposent. **Boreï** est une galerie très originale où les expositions temporaires sont fréquemment renouvelées.

Livres

Saint-Pétersbourg possède de nombreuses librairies, où on trouve des livres neufs ou d'occasion, et parfois des gravures et même des antiquités. Magnifiques, les librairies **Dom knigui** *(p. 47)* et **Knijnaïa lavka pisateleï** sont les plus célèbres. Les livres d'art, neufs et anciens, se trouvent aussi chez **Iskousstvo, The Art Shop** et **Mir.** Pour les livres en anglais, adressez-vous à **Anglia** qui vend aussi bien de la fiction que des livres de référence. En chinant dans les boutiques d'antiquités, comme **Sataraïa kniga** et **Na Liteïnom,** vous trouverez des vieilles gravures et des guides de voyage, mais les publications en langue étrangère sont souvent très chères. **Severnaïa lira** vend des partitions de musique classique et folklorique ainsi que des instruments de musique, des CD et des livres.

Mode et accessoires

Les vêtements, les chaussures et autres accessoires sont aujourd'hui généralement importés. Seule une styliste pétersbourgeoise a ouvert une boutique : **Tatiana Parfionoba modny dom,** et ses créations ont même été achetées par le Musée russe *(p. 104-107).*

Fabriqués localement, les bijoux que l'on trouve chez **Kristall** et dans les boutiques de souvenirs comme **Samotsveti** utilisent surtout les pierres semi-précieuses de l'Oural et l'ambre de la Baltique. L'une des spécialités de la Russie du Nord est la bijouterie en argent niellé dont les motifs noircis sont gravés à l'eau forte.

Vous trouverez les plus belles fourrures chez **Fur-Salon** et chez **Lena.** Les chapeaux traditionnels russes sont vendus toute l'année dans les grands magasins.

CARNET D'ADRESSES

GRANDS MAGASINS

DLT
ДЛТ
Bolchaïa Koniouchennaïa oul. 21/23.
Plan 6 E1.

Gostiny dvor
Гостиный двор
Sheraton Nevski prospekt 35.**Plan** 6 F2.

Moskovski ounivermag
Московский универмаг
Moskovski prospekt 205.

Passaj
Пассаж
Nevski prospekt 48.
Plan 6 F1.

MARCHÉS ET BAZARS

Andreevski rynok
Андреевский рынок
Bolchoï prospekt, Île Vassilevski.
Plan 5 A1.

Anna
Sheraton Nevski Palace Hotel, Nevski Prospekt 57.
Plan 7 B2.

Apraksine dvor
Апраксин двор
Sadovaïa oulitsa.
Plan 6 E2.

Kouznetchny rynok
Кузнечный рынок
Kouznetchny pereoulok 3.
Plan 7 A3.

Rynok souvenirov
Рынок сувениров
Kanal Griboïedova, près de Sauveur-sur-le-Sang.
Plan 2 E5.

Sennaïa plochtchad
Сенная площадь
Sennaïa plochtchad.
Plan 6 D3.

Vernissaj
Вернисаж
Nevski prospekt 32-34.
Plan 6 E1.

BOUTIQUES

Anglia
Анґдия
(Livres)
Naberezhnaya reki Fontaki 40. **Plan** 7 A2.

Antik tsentr
Антик-центр
(Antiquités)
Nalitchnaïa oulitsa 21.

Antikvariat
Антиквариат
(Antiquités)
Oulitsa Marata 10.
Plan 7 B3.

The Art Shop
(Livres d'art)
Nevski prospekt 52.
Plan 6 F1.

Boreï
Борей
(Art)
Liteïny prospekt 58.
Plan 7 A1.

Dom knigui
Дом книги
(Livres)
Nevski prospekt 28.
Plan 6 E1.

Dom voïennoï knigui
Дом военной книги
(Livres militaires, appareils photo et souvenirs)
Nevski prospekt 20.
Plan 6 E1.

Farfor
Фарфор
(Porcelaine)
Nevski prospekt 111.
Plan 7 C2.

Farfor, Khroustal, Steklo
Фарфор, Хрусталь, Стекло
(Porcelaine, cristal, verrerie)
Nevski prospekt 64.
Plan 7 A2.

Iskousstvo
Искусство
(Objets d'art)
Nevski prospekt 16.
Plan 6 D1.

Komissionni magazin
Комиссионный магазин
(Appareils photos d'occasion)
Oul Nekrasova 26.
Plan 7 B1.

Khoudojestvennye promysli
Художественные промыслы
(Souvenirs)
Nevski prospekt 51.
Plan 7 B2.

Knijnaïa lavka pisateleï
Книжная лавка писателей
(Livres)
Nevski prospekt 66.
Plan 7 A2.

Kristall
Кристалл
(Bijouterie)
Nevski prospekt 34.
Plan 6 E1.

Lena
Лепа
(Fourrures)
Nevski pr. 50.
Plan 6 F1.

Liviz (vodkas)
Oulitsa Plekhanova 2.
Plan 6 E2.
Oulitsa Joukovskovo 27.
Plan 7 B1.
Oulitsa Belinskovo 6.
Plan 7 A1.

Matriochka
Матрешка
(Souvenirs)
Nevski prospekt 27.
Plan 6 E1.

Mir
Мир
(Livres d'art)
Nevski prospekt 13.
Plan 6 D1.

Na Liteïnom
На Литейном
(Antiquités)
Liteïni prospekt 61 (dans la cour).
Plan 7 A2.

Peterbourg Antikvariat
Петербург Антиквариат
(Antiquités)
Nevski prospekt 54.
Plan 6 F1.

Rapsodia
Рапсодия
(Antiquités)
Bolchaïa Koniouchennaïa oul. 13.
Plan 2 E5.

Fur Salon
Салон меховых изделий
Bolchaïa Morskaïa oul. 34.
Plan 6 D2.
Dumskaïa oul. 9.
Plan 6 E2.

Ryba
Рыба
(Alimentation)
Nevski prospekt 21.
Plan 6 E1.

Samotsveti
Самоцветы
(Souvenirs et bijouterie)
Mikhaïlovskaïa oulitsa 4.
Plan 6 F1.

Sekounda
Секунда
(Souvenirs soviétiques)
Liteïny prospekt 61 (dans la cour).
Plan 7 A2.

Severnaïa lira
Северная лира
(Partitions, instruments de musique et livres)
Nevski prospekt 26.
Plan 6 E1.

Soïouz khoudojnikov
Союз художников
(Art)
Bolchaïa Morskaïa oulitsa 38.
Plan 6 D2.

Staraïa knigua
Старая книга
(Livres d'occasion, antiquités et gravures)
Nevski prospekt 18.
Plan 6 D1.

Tatiana Parfionova modny dom
Татьяна Парфенова модный дом
(Vêtements)
Nevski prospekt 51.
Plan 7 B2.

Tertsia
Терция
(Antiquités)
Italianskaïa oulitsa 5.
Plan 6 E1.

Elisseev
Елисеевский гастроном
(Alimentation)
Nevski prospekt 56.
Plan 6 F1.

SE DISTRAIRE À SAINT-PÉTERSBOURG

Saint-Pétersbourg offre un choix impressionnant de spectacles de toutes sortes. Et si les ballets, opéras et concerts classiques présentés comptent parmi les meilleurs du monde, la vie nocturne est aujourd'hui aussi très animée grâce aux nombreux clubs de rock, de jazz, et aux bars, discothèques, night-clubs et casinos.

Danseuse

De plus en plus, les artistes internationaux inscrivent Saint-Pétersbourg dans le calendrier de leur tournée. À côté des spectacles classiques, il existe aujourd'hui une scène musicale, théâtrale et cinématographique underground. La Philharmonie de Saint-Pétersbourg et les danseurs du Marinski (Kirov) *(p. 119)* sont célèbres dans le monde entier et partent souvent en tournée. Les musiciens de rues de toutes sortes sont nombreux sur Nevski prospekt. Et pendant les nombreux festivals des Nuits blanches, en juin, tous les quartiers de la ville résonnent de musique classique, rock, pop et jazz *(p. 51)*.

La somptueuse salle du théâtre Ioussoupov

LES PROGRAMMES

Il peut être un peu difficile de suivre tout ce qui se passe à Saint-Pétersbourg car les spectacles officiels ou non sont souvent organisés peu de temps avant d'être présentés. Même les programmes des grands théâtres, comme le Marinski, peuvent être modifiés à la dernière minute.

Les meilleurs programmes en anglais sont publiés le vendredi dans le *St Petersburg Times*, un bihebdomadaire et dans le magazine mensuel *Pulse (p. 209)*. Ces publications sont disponibles gratuitement dans les hôtels, dans les bars étrangers et dans les magasins. Mais ils sélectionnent surtout les manifestations destinées à un public jeune. Aussi, pour avoir des informations plus complètes sur tous les spectacles, les expositions et les événements divers, consultez les programmes complets, publiés tous les mois en russe, et disponibles dans les théâtres. Les concerts classiques et les pièces de théâtre sont aussi annoncés aux points de vente des billets et aux kiosques des théâtres *(teatralnaïa kassa)*.

Colonne à affiches

La plupart des théâtres et des salles de concert ferment en juillet, en août et une partie de septembre. Des scènes plus modestes comme le théâtre Ioussoupov *(p. 120)* et le théâtre de l'Ermitage *(p. 84)*, dont le public est en majorité étranger, programment des spectacles toute l'année.

RÉSERVER SA PLACE

Les points de vente des théâtres et les kiosques, situés un peu partout en ville, vous permettent de réserver jusqu'à une semaine à l'avance. Ils affichent un programme détaillé (mais en russe) de tous les spectacles de musique classique et de théâtre pour les dix jours à venir et sont ouverts généralement tous les jours de 10 h à 13 h et de 16 h à 19 h. Les guichets des théâtres sont ouverts de 11 h à 15 h et de 16 h à 19 h et vendent les billets jusqu'à un mois à l'avance. La Philharmonie *(p. 194)* propose des cartes d'abonnement pour les différents concerts.

Si vous ne parlez pas russe, réserver vos billets par l'intermédiaire de votre hôtel ou adressez-vous au **Ost-West Kontaktservice,** où on parle au moins anglais et allemand.

Dans quelques salles de spectacles, notamment au Marinski *(p. 119)* et au théâtre Moussorgski *(p. 98)*, les billets sont moins chers pour les Russes que pour les étrangers. Toutefois, si vous parlez russe vous pouvez essayer de les obtenir au même prix, mais on peut vous refuser l'entrée si l'on s'aperçoit que vous avez essayé de frauder.

Il est quelquefois possible d'obtenir des billets pour des spectacles qui affichent complet au Marinski si vous y allez le jour même.

Billet de théâtre

Représentation de *La Belle au bois dormant*

Transports nocturnes

Le métro ferme à minuit et les bus circulent jusqu'à 0 h 15. Aucun transport public ne fonctionnant toute la nuit, vous devrez prendre un taxi. Évitez les taxis privés qui attendent devant les hôtels étrangers et les bars, car ils sont beaucoup plus chers que les taxis jaunes officiels *(p. 219)*.

Spectacles pour enfants

Le **TYuz** propose des pièces en russe pour les enfants, mais peu de théâtres donnent des spectacles en anglais, sauf parfois au Nouvel An.

Le **cirque** est évidemment la chose à faire. Il est installé en permanence près de la Fontanka. En été, un cirque dresse également son chapiteau près du métro Avtovo. Les spectacles sont annoncés par des affiches et dans les programmes.

La **Philharmonie des enfants** et **Zazevuali** proposent des concerts et les deux théâtres de marionnettes présentent de courtes pièces de théâtre. Au **Théâtre de l'Intérieur,** on verra des costumes et des effets spéciaux.

Festivals des Nuits blanches

Il existe au moins quatre ou cinq festivals portant le nom de Nuits blanches *(p. 51)*. Toutefois, le festival de musique classique le plus original et le plus réputé porte le nom d'Étoiles des Nuits blanches et comprend des spectacles du Marinski *(p. 119)* et d'autres théâtres. Attention, le prix des concerts et des ballets est souvent deux fois plus cher pendant les festivités des Nuits blanches.

Des festivals d'art et de jazz ont récemment été associés aux autres célébrations.

Groupe de musiciens, au coin d'une rue

Le cirque russe

Les cirques ont fait leur apparition en Russie au début du XIXe siècle, mais ce n'est qu'en 1876-1877 que le premier bâtiment fut érigé pour abriter le cirque italien de Giuseppe Ciniselli. Le cirque de Saint-Pétersbourg, modernisé en 1963, est situé sur ce site historique. On continue à s'y entraîner, pour présenter les numéros d'adresse et de domptage qui ont rendu célèbre le cirque russe.

Acrobates du cirque de Saint-Pétersbourg

Carnet d'adresses

Adresses utiles

Bureau central des billets de théâtre
Nevski pr. 39-40. **Plan** 6 F1.
☎ *310 4240.*

Kiosques à billets
Foyer de l'Ermitage. **Plan** 2 D5.
Pl. Ostrovskovo. **Plan** 6 F2.
Gostiny dvor (coin de oul. Lomonossova). **Plan** 6 F2.
Métro Gostiny Dvor. **Plan** 6 F1.

Ost-West Kontaktservice
Oul. Maïakovskovo 7/27. **Plan** 7 B1.
☎ *279 7045.*

Enfants

Philharmonie des enfants
Детская Филармония
Detskaïa Filarmonïa
Doumskaïa oulitsa 1/3. **Plan** 6 E2.
☎ *219 4175.*

Cirque
Цирк
Tsirk
Nab. reki Fontanki 3. **Plan** 7 A1.
☎ *210 4390.*

Théâtre de l'Intérieur
Интерьерный театр
Interierni teatr
Nevski pr. 104. **Plan** 7 B2.
☎ *273 7646.*

Grand théâtre de marionnettes
Большой театр кукол
Bolchoï teatr koukol
Oul. Nekrassova 10. **Plan** 7 B1.
☎ *273 6672.*

Théâtre de marionnettes
Театр марионеток
Teatr marionetok
Nevski pr. 52. **Plan** 6 F1.
☎ *311 1900.*

TYuZ
Театр юных зрителей
Teatr iounik zriteleï
Pionerskaïa pl. 1. **Plan** 6 F4.
☎ *112 4102.*

Zazerkalye
Зазеркалье
Oul. Roubinchteïna 13. **Plan** 7 A2.
☎ *112 5135.*

Musique, danse, cinéma et théâtre

Saint-Pétersbourg est renommé pour sa longue tradition de ballets et de concerts classiques et offre un large éventail de manifestations culturelles. S'il ne faut pas manquer une soirée au Marinski, de nombreux autres théâtres, salles de concert et églises proposent aussi toute une variété de spectacles. La musique classique reste particulièrement appréciée et les orchestres locaux sont demandés dans le monde entier. Mais également les chorales, les cabarets de musique folklorique, et les nombreux festivals *(p. 50-53)* permettent de découvrir une nouvelle génération de musiciens, de compositeurs, de réalisateurs de films et de danseurs.

Ballets

Quelques-uns des meilleurs danseurs du monde viennent du **théâtre Marinski** *(p. 110)*. Sa troupe principale est en tournée une grande partie de l'année, sauf pendant l'hiver. Son ballet *Casse-Noisette,* interprété principalement par les enfants de l'école de ballet Vaganova *(p. 110),* est la représentation de Noël la plus attendue.

Les danseurs du Marinski se produisent aussi au **Théâtre de l'Ermitage,** et au **théâtre Moussorgski.**

Au conservatoire Rimski-Korsakov *(p. 120),* on peut découvrir des danseurs étrangers invités.

Moins traditionnels, les Ballets modernes Boris Eifmann sont très appréciés. Mais le plus grand succès de ces dernières années a été obtenu par les Ballets Mouchskoï, la troupe de Valeri Mikhaïlovski exclusivement masculine, avec leur interprétation en tutu du *Lac des cygnes,* sur la scène de la **Grande Salle d'Octobre.**

Opéras

Eugène Onéguine de Tchaïkovski et *Boris Godounov* de Moussorgski restent les opéras incontournables du répertoire. Le **théâtre Moussorgski** et le **Marinski** produisent des opéras. Récemment, l'innovateur directeur artistique et talentueux chef d'orchestre Guerguiev a permis aux visiteurs du Marinski d'écouter des stars telles que Placido Domingo. Le **Théâtre de l'Ermitage** et le petit **théâtre Ioussoupov** présentent des opéras plus modestes.

Musique classique

Tchaïkovski, Chostakovitch, Moussorgski et Rimski-Korsakov ont tous vécu à Saint-Pétersbourg.

La **Grande Salle de la Philharmonie** *(p. 98),* la **Petite Salle de la Philharmonie** *(p. 48)* et l'**Académic Kapella** *(p. 112)* sont des salles historiques où l'on donne des concerts classiques. La première est la salle où se produit le célèbre Orchestre philharmonique de Saint-Pétersbourg. Des émigrés russes comme le violoniste Guidon Kremer viennent y jouer régulièrement, et le chef d'orchestre Claudio Abbado y a donné des représentations.

L'Ermitage possède aussi son orchestre indépendant qui se produit au **Théâtre de l'Ermitage** *(p. 84)* lorsqu'il n'est pas en tournée à l'étranger. Au **palais Menchikov** *(p. 62)* ont lieu des concerts où les musiciens jouent sur d'anciens instruments à clavier restaurés, notamment un orgue anglais du XVIIIe siècle.

Musique sacrée

Les chœurs orthodoxes qui accompagnent les psalmodies d'un prêtre sont peut-être parmi les sons les plus évocateurs de la Russie. Les chanteurs professionnels de la Kapella et d'autres institutions chantent souvent dans les chorales religieuses. Les meilleurs se produisent pendant l'office du samedi soir et du dimanche matin à la **cathédrale de la Sainte-Trinité** *(p. 130)* et à la **cathédrale de la Transfiguration** *(p. 127).* Les offices de la **cathédrale de Kazan** *(p. 111)* sont aussi remarquables, et ceux de la **cathédrale de Smolny** plus traditionnels *(p. 128).*

Musique folklorique

Les étrangers sont souvent incités par les agences à assister à des spectacles folkloriques russes avec balalaïkas et *baïan* (accordéons).

Le **palais Belosselski-Belozerski** et le **palais Nicolaïevski** produisent des spectacles de qualité.

Des spectacles folkloriques ont également lieu dans de nombreux restaurants, mais ils sont souvent un peu kitsch et tape-à-l'œil. Le restaurant Podvorye *(p. 184)*, à Pavlovsk, présente une excellente petite troupe de chanteurs dont le répertoire de chansons folkloriques est beaucoup plus authentique.

Musique de rue

De façon assez inattendue, la démocratie a permis l'épanouissement d'activités non officielles, et on est parfois surpris par le talent des musiciens qui jouent au coin d'une rue. Les deux passages souterrains situés sous Nevski prospekt, près de Gostiny Dvor, accueillent souvent ces spectacles improvisés, ainsi que certaines stations de métro où l'on entend des vieilles femmes chanter des romances russes.

Théâtre

Pendant l'ère soviétique, le **théâtre dramatique Bolchoï** (TDB.) était le haut lieu de la scène théâtrale russe, et est resté le principal théâtre traditionnel de la ville. Le **théâtre Alexandrinski** *(p. 110),* dont la compagnie est la plus ancienne de Russie, travaille un plus large répertoire.

Récemment, sous la direction de Lev Dodine, le **théâtre dramatique Maly** a acquis une réputation internationale, bien que ses spectacles ne soient donnés qu'en russe.

Allez voir jouer une pièce célèbre, comme *La Cerisaie*, est une expérience intéressante, mais les pièces modernes sont sans doute plus accessibles. Le **Kommissarjevskaïa,** le **Liteïny** et l'**Akimov** sont également réputés.

Cinéma

La plupart des cinémas de Saint-Pétersbourg projettent des films européens ou américains doublés, comme le **Cinéma Spartak.** En revanche, au cinéma **Aurora** et au **Crystal Palace**, il peut arriver que certaines séances soient en anglais.

Comprenant souvent des projections en version originale, un grand nombre de festivals de films ont lieu tous les ans, dont le principal est le Festival des Festivals *(p. 51)*. Vous trouverez les comptes rendus notamment dans le *St Petersburg Times*.

Carnet d'adresses

Billets

Les billets sont en vente dans les kiosques de la ville et dans les théâtres, sauf indication contraire.

Ballets et opéras

Théâtre de l'Ermitage
Эрмитажный театр
Ermitajny teatr
Dvortsovaïa nab. 34.
Plan 2 E5.
(Billet seul. dans les kiosques et dans les hôtels.)

Théâtre Moussorgski
Театр оперы и балета имени Мусоргского
Teatr operi i baleta imeni Moussorgskovo
Pl. Iskousstv 1. **Plan** 6 E1.
219 1978.
fin juil.-août.

Théâtre Marinski
Мариинский театр
Marinski teatr
Teatralnaïa pl. 1. **Plan** 5 B3.
114 5264.
fin juil.-août.

Grande Salle d'Octobre
Большой концертный зал Октябрьский
Bolchoï kontsertny zal Oktiabrski
Ligovski pr. 6. **Plan** 7 C1.
277 5130.

Conservatoire Rimski-Korsakov
Консерватория имени Римского-Корсакова
Konservatoria imeni Rimskovo-Korsakova
Teatralnaïa pl. **Plan** 5 C3.
312 2519.

Théâtre Ioussoupov
Юсуповский театр
Ioussoupovski teatr
Ioussoupovski dvorets, nab. reki Moïki 94.
Plan 5 B3. *314 9883.*

Musique classique

Academic Kapella
Академическая капелла
Academicheskaya Kapella
Nab. reki Moïki 20.
Plan 2 E5. *314 1058.*

Palais Menchikov
Меньшиковский дворец
Menchikovski dvorets
Ouniversiteskaïa nab. 15.
Plan 1 B5. *213 1112.*

Grande Salle de la Philharmonie (Salle Chostakovitch)
Большой зал филармонии имени Шостаковича
Bolchoï zal Filarmoni imeni Chostakovitcha
Mikhaïlovskaïa oulitsa 2.
Plan 6 F1 *110 4257.*

Petite Salle de la Philharmonie (Salle Glinka)
Малый зал филармонии имени Глинки
Maly zal Filarmoni imeni Glinki
Nevski pr. 30. **Plan** 6 F1.
311 8333.

Musique sacrée

Cathédrale de la Transfiguration
Спасо-Преображенский собор
Spasso-Preobrajenski sobor
Preobrajenskaïa pl. 1.
Plan 3 B5.
10 h et 18 h, t.l.j.

Cathédrale de la Sainte-Trinité
Свято-Тройцкий собор
Sviato-Troïtski sobor
Monastère Alexandre Nevski, pl. Alexandra Nevskovo. **Plan** 8 E4.
10 h et 18 h, t.l.j.

Cathédrale de Kazan
Казанский собор
Kazanski sobor
Kazanskaïa plochtchad 2.
Plan 6 E1.
9 h et 18 h, t.l.j.

Cathédrale de Smolny
Смольный собор
Smolny sobor
Plochtchad Rastrelli 3.
Plan 4 F4. *271 91 82.*

Musique folklorique

Palais de Belosselski-Belozerski
Дворец Белосельских-Белозерских
Dvorets Belosselski-Belozerski
Nevski pr. 41. **Plan** 7 A2.
315 5236.

Palais Nicolaïevski
Николаевский дворец
Nicolaïevski dvorets
Pl. Trouda 4. **Plan** 5 B2.
311 9304.

Théâtre

Théâtre de comédie Akimov
Театр комедии имени Акимова
Teatr komedi imeni Akimova
Nevski pr. 56. **Plan** 6 F1.
312 4555.

Théâtre Alexandrinski
Александриский театр
Alexandrinski teatr
Plochtchad Ostrovskovo 2.
Plan 6 F2. *312 1545.*

Théâtre dramatique Bolchoï (TDB)
Большой драматический театр
Bolchoï dramatitcheski teatr
Nab. reki Fontanki 65.
Plan 6 F2. *310 9292.*

Théâtre dramatique Komissarjevskaïa
Театр им. Комиссаржевской
Teatr im Komissarjevskoï
Italianskaïa oul. 19.
Plan 6 F1. *311 3102.*

Théâtre Liteïni
Театр на Литейном
Teatr na Liteïnom
Liteïny pr. 51. **Plan** 7 A1.
273 5335.

Théâtre dramatique Maly
Малый драматический театр
Maly dramatitcheski teatr
Oulitsa Roubinchteïna 18.
Plan 7 A2. *113 2078.*

Théâtre Molodiojny
Молодёжный театр
Molodiojny teatr
Nab. reki Fontanki 114.
Plan 3 A5. *316 6564.*

Cinéma

Aurora
Аврора
Nevski pr. 60.
Plan 7 A2. *315 5254.*

Crystal Palace
Кристаль–Палас
Kristal-Palace
Nevski pr. 72. **Plan** 7 A2.
272 2382.

Cinéma Spartak
Кинотеатр Спартак
Kinoteatr Spartak
Kirochnaï oul. 8.
Plan 3 C5. *272 7897.*

Concerts et vie nocturne

Un temps scène du rock underground soviétique, Saint-Pétersbourg est toujours au cœur des nouvelles tendances musicales russes. Des clubs de rock, de rockabilly et de jazz se sont multipliés dans d'anciens abris antiaériens et dans des cinémas un peu partout en ville, où on présente un mélange éclectique de concerts, de défilés de mode ou de films d'avant-garde. Les soirées rave et techno quittent aujourd'hui les bunkers pour les grandes salles aux lumières psychédéliques qui attirent les nouveaux Russes. Seuls les grands clubs et les casinos acceptent les cartes de crédit.

Rock

À l'époque soviétique, sans pouvoir être ouvertement politique, le rock de Léningrad exprimait la révolte. Le rock russe a gardé son originalité tout en absorbant les dernières tendances.

Il existe une grande variété de styles du pop au hard rock. Le **Moloko** et le **Spartak** sont des clubs de rock conviviaux et peu chers. Les fans de hard rock iront au **Polygon.**

Le **Money Honey Saloon** a accueilli puis vu la formation d'une multitude de groupes de rockabilly locaux. Au **Jimi Hendrix,** musique 24 h sur 24.

Les grands concerts de rock et de pop ont lieu au **Oktiabrski kontsertny zal,** au **Ioubileïny dvorets sporta** et au **SKK.** Ces salles peuvent aussi présenter des stars comme le russe Filipp Kirkovov que des groupes étrangers comme The Prodigy ou Offspring.

Jazz

Le jazz russe a longtemps été représenté par David Golochtchokine, qui a ouvert le **Jazz Philharmonic Hall,** où le public ne pouvait souvent ni danser ni parler. Mais une nouvelle génération de musiciens a incité Golochtchokine à ouvrir l'**Ellington Hall,** un club de jazz plus détendu, à l'instar des clubs occidentaux. Le succès du **JFC Jazz Club** est dû aux musiciens, improvisant des morceaux de blues et d'acid-jazz. De nombreux jeunes musiciens se réunissent au **Kvadrat Jazz Club** pour des jam-sessions. En été, les meilleures formations jazz de la ville jouent gratuitement au coin de Nevski prospekt et de Mikhaïlovskaïa oulitsa.

Bars

Des concerts ont lieu dans de nombreux bars, notamment au **Shamrock,** à **La Cucaracha** (mexicain), au **Mollie's Irish Bar** ou encore au **Manhattan.** Le **Bistro Sadko,** du Grand Hôtel Europe, faisait partie des quelques bars officiels où l'on allait écouter les nouveaux groupes, mais il a aujourd'hui laissé la place aux nombreux clubs de rock ouverts récemment. Des concerts continuent toutefois à y être donnés de temps en temps.

Au **Liverpool,** des groupes interprètent exclusivement des morceaux des Beatles.

Deux endroits, ni tout à fait bar ou club d'art, occupent une place à part à Saint-Pétersbourg. Un groupement d'artistes surnommé « Pouchkinskaïa dessiat » abrite le **Fish Fabrique,** où on vient prendre un verre, assister à un concert ou voir un film. C'est le lieu de rencontre favori des jeunes, des punks, des fans de rock'n roll mais aussi des yuppies de la ville. **L'Idiot,** du nom du roman de Dostoïevski *(p. 123),* est rapidement devenu le repaire de jeunes intellectuels et d'artistes étrangers. Dans la journée, on vient s'y détendre dans un cadre de piles de livres et de coussins avec un plat végétarien, et le soir on assiste à des lectures de poésie.

Le **Korssar** et le **Tchaïka** organisent des soirées jazz et le **Tribunal,** un club bruyant fréquenté surtout par les jeunes, des soirées disco.

Boîtes de nuit et discothèques

Des lieux plus modestes comme le **Griboïedov** (underground) et d'autres clubs sont toujours à l'avant-garde, proposant les derniers tubes européens et organisant divers événements culturels, comme des défilés de mode. Dans le même style, le **Port Club** possède en outre des salles vidéo et une galerie d'art.

Nevski Melody est un grand centre de divertissement qui réunit des casinos, des restaurants et des night-clubs. **Candyman,** fréquenté par les grands noms de la pop music et de la télévision, est une gigantesque discothèque située à la périphérie de la ville, au cœur des grands ensembles. **Hollywood Nites** abrite un des meilleurs casinos de la ville et présente des spectacles plus sérieux. Les jeunes branchés vont danser au **Metro** sur de la house music, de la techno et de la dance music russe.

Mama est célèbre pour sa techno et pour ses soirées latino. **Fiesta Latina** ne joue que du latino et le **Saïgon** reste le lieu de prédilection des musiciens non-conformistes. Fermé en 1988, il a réouvert en 1999.

À l'exception du **69 Club,** les clubs gay changent très souvent. La culture gay de Saint-Pétersbourg occupe beaucoup la scène artistique, et les spectacles sont souvent annoncés lors des expositions du samedi, à la Nouvelle Académie des beaux-arts.

Casinos

En dépit d'une réputation de repère de petits truands, les grands casinos sont maintenant respectables et sûrs.

Pour les jeux de cartes et la roulette, allez au **Premier,** situé au Cinéma Titan, à **l'Olympia,** à l'**Astoria Club** et à **Hollywod Nites,** qui sont les plus recommandables.

Les restaurants du **Premier** et de **l'Olympia** sont très bons, comme presque tous les restaurants des casinos.

Carnet d'adresses

Rock

Jimi Hendrix
Liteïny prospekt 33.
Plan 3 A5.
279 8813.
t.l.j. 24 h sur 24.

Moloko
Молоко
Perekoupnoï pereoulok 12. **Plan** 8 D3.
274 9467.
19 h-23 h 30, jeu.-dim.

Money Honey Saloon
Apraksine dvor 14.
Plan 6 E2.
310 0549.
11 h à 2 h du matin. Spectacles t.l.j. de 19 h 30 à minuit.

Oktiabrski kontsertny zal
Октябрьский концертный зал
Ligovski prospekt 6.
Plan 7 C1.
275 1273.

Polygon
Полигон
Poligon
Lesnoï prospekt 65.
245 2720.

SKK
СКК
Prospekt Youria Gagarina 8.
298 2164.

Spartak
Kirochnaïa oul. 8. **Plan** 3 B5.
273 7739.

Ioubileïny dvorets sporta
Юбилейный дворец спорта
Prospekt Dobrolioubova 18. **Plan** 1 B3.
119 5601/5604.

Jazz

Ellington Hall
Эллингтоновский зал
Ellingtonovski zal
Zagorodny prospekt 27.
Plan 6 F3.
164 8565.
19 h-23 h, ven.-dim.

Jazz Philharmonic Hall
Джаз-Филармоник холл
Dzhaz-filarmonik kholl
Zagorodn prospekt 27.
Plan 6 F3.
164 8565.
19 h-23 h, ven.-dim.

JFC Jazz Chub
Chpalernaïa oul. 33.
Plan 3 C4.
272 9850.
19 h-23 h, t.l.j.

Red Chub
Рімнн гуs
Ryzhy Club
Ul. Nekrasova 37.
Plan 7 B1.
279 1852.

Bars

Manhattan
Маихєттєн
Nab reki Fontarki 90.
Plan 6 E3.
113 1945.
midi-5 h du matin t.l.j.

Bistro Sadko
Grand Hôtel Europe
Mikhaïlovskaïa oulitsa 1/7.
Plan 6 F1.
329 6000.
12 h-1 h du matin, t.l.j.

La Cucaracha
Nab. reki Fontanki 39.
Plan 7 A2.
110 4006.
12 h-1 h du matin, dim. à jeu. - 12 h-5 h du matin, ven. et sam.

Fish Fabrique
Pouchkinskaïa oulitsa 10, 5ᵉ ét. **Plan** 7 B2.
t.l.j. de 15 h à 2 h du matin.

Idiot
Nab. reki Moïki 82.
Plan 5 C2.
315 1675.
12 h-23 h, t.l.j.

Korsar
Корсар
Bolchaïa Morskaïa oulitsa 14.
Plan 6 D1.
219 4184.
13 h-1 h du matin, lun. à ven. - 13 h-4 h du matin, sam. et dim.

Liverpool
Ливерпуль
Liverpul
Oulitsa Maïakovskovo 16.
Plan 7 B1. *279 2054.*
11 h - 2 h du matin, t.l.j.

Mollie's Irish Bar
Oulitsa Roubinchteïna 30.
Plan 7 A3. *319 9768.*
11 h -2 h du matin, t.l.j. (Concerts mar.- jeu.-dim.)

Shamrock
Oulitsa Dekabristov 27.
Plan 5 B3.
219 4625.
12 h -2 h du matin, t.l.j. (Concerts lun.- jeu.-sam.)

Tchaïka
Чайка
Naberejnaïa kanala Griboïedova 14. **Plan** 6 E1.
312 4631.
11 h-3 h du matin, t.l.j.

Tribunal
À l'angle de Anglïskaïa nab. et de proïezd Dekabristov. **Plan** 5 C1.
311 1690.
11 h -4 h du matin, t.l.j.

Boîtes de nuit et discothèques

69 Club
Клуб 69
Kloub 69
2-ïa Krasnoïarmeïskaïa oulitsa 6. **Plan** 6 D5.
259 5163.
13 h-6 h du matin, mar.-dim.

Candyman
Кэндимен
Kendimen
Prospekt Kossyguina 17.
521 1410.
22 h-7 h du matin, mer.-dim.

Fiesta Latina
Oul. Smoliachkova 13.
M *Vyborgskaïa.*
542 1194.

Griboïedov
Грибоедов
Voronejskaïa oulitsa 2A.
Plan 7 B4. *164 4355.*
mer. au lun. de 17 h à 6 h du matin.

Hollywood Nites
Nevski prospekt 46.
Plan 6 F1.
311 6077.
20 h-6 h du matin, t.l.j.

Mama
Malaïa Monetnaïa oul. 3b.
Plan 2 E2. *232 3137.*

Metro
Метро
Ligovski prospekt 174.
166 0204.
22 h-6 h du matin, t.l.j.

Monroe Club
Клуб Монро
Klub Monro
Nab Kanala Griboedova 8.
Plan 6 E1. *312 1331.*
mar. à dim. de midi à 23 h, lun. de 17 h à 23 h.

Nevsky Melody
Невские Мелодии
Nevskie Melodi
Sverdlovskaïa nab. 62.
227 1596.
22 h-6 h du matin, t.l.j.

Port
Порт
Kloub Port
Pereoulok Antonenko 2 (dans la cour). **Plan** 6 D2.
314 2609.
15 h-6 h du matin, t.l.j.

Saïgon
Nevski prospekt 7-9.
Plan 6 D1.
315 5873.

Casinos

Astoria
Клуб Астория
Kloub Astoria
Malaïa Morskaïa oul. 20.
Plan 6 D1.
210 5020.
16 h-6 h du matin, t.l.j.

Olympia
Олимпия
Klub Olympia
Liteïni prospekt 14.
Plan 7 A1.
275 0407.
t.l.j. midi à 8 h.

Premier
Премьер
Nevski prospekt 47.
Plan 7 A2.
315 7893.
12 h-9 h du matin.

Intouri

Renseignements pratiques

SAINT-PÉTERSBOURG MODE D'EMPLOI

Les panneaux et les plans de Saint-Pétersbourg en cyrillique ne sont pas aussi indéchiffrables qu'ils paraissent à première vue, et les principaux sites de la ville sont peu à peu signalés en anglais. En outre, le personnel des hôtels, des restaurants et des magasins est toujours prêt à vous aider pour vous orienter et vous déplacer dans la ville.

Logo de Ost-West Kontaktservice

Il n'existe pas d'offices de tourisme à Saint-Pétersbourg, mais vous trouverez des services, tels que des centres d'information ou des bureaux de change dans les hôtels et les endroits fréquentés par les étrangers. Si vous vous sentez un peu désorienté au début, avec un peu de patience vous pourrez toujours vous débrouiller pour téléphoner à l'étranger, changer de l'argent ou trouver un service médical d'urgence.

Les télécommunications se modernisent rapidement, et leurs prix sont aujourd'hui aussi ou parfois plus élevés que leurs équivalents occidentaux.

Réception du Grand Hôtel Europe

INFORMATION TOURISTIQUE

Pour tout renseignement, adressez-vous d'abord à votre hôtel. Au Grand Hôtel Europe et au Nevski Palace, la réception offre toutes sortes de services de réservation, notamment de voyages. Si on peut obtenir sensiblement les mêmes services dans les hôtels tenus par des Russes, ils sont souvent médiocres. **Ost-West Kontaktservice** dispose d'un service d'information touristique gratuit et efficace, vend des plans, et peut aussi réserver chambres d'hôtel et places de spectacles.

EXCURSIONS

En dehors des visites de la ville et des croisières sur les canaux, il existe des excursions d'une journée des palais des environs de Saint-Pétersbourg et de Novgorod *(p. 142-162)*. **Ost-West Kontaktservice** et **Five Corners** proposent d'excellentes visites de la ville, en anglais et en allemand. Les visites organisées par la ville, qui partent de la place du Palais *(p 83)* et de Portik Rouska, sur Nevski prospekt *(p. 48)*, ainsi que les croisières sur les rivières et canaux *(p. 218)* sont souvent en russe seulement. Le week-end, en été, un hélicoptère de tourisme part de la forteresse Pierre-et-Paul *(p. 66-67)*. Baltic Airlines se charge des réservations.

PRIX DES BILLETS

Le prix d'entrée de nombreux musées et théâtres est toujours beaucoup plus élevé pour les étrangers que pour les Russes, même s'il correspond à ce qu'on paye en Europe, mais il existe des tarifs réduits pour les étudiants et les enfants.

Enseigne de caisse

Les cartes bancaires sont généralement acceptées dans tous les sites.

Attention, le guichet *(kassa)*, signalé par l'enseigne KACCA, est souvent situé assez loin de l'entrée.

Hélicoptère de tourisme, près de la forteresse Pierre-et-Paul

HEURES D'OUVERTURE

La plupart des sites sont ouverts tous les jours de 10 h ou 10 h 30 à 18 h sans interruption, et fermés un jour par semaine (dern. entrée 1 h avant la fermeture). Un jour par mois est réservé au nettoyage. Les parcs et les jardins y sont accessibles de 8 h à 20 h et plus tard pendant les Nuits blanches.

« Ouvert » *(otkryto)*

« Fermé » *(zakryto)*

DANS LES ÉGLISES

Assister à un office orthodoxe est très intéressant, mais ceux-ci durant plusieurs heures, vous pouvez n'y rester qu'un moment. Les messes les plus importantes ont lieu le samedi soir, le dimanche matin et pendant les fêtes religieuses.

Il est courtois de laisser une contribution et de porter des tenues correctes. Les hommes doivent ôter leur chapeau et éviter les shorts, les femmes se couvrir la tête, les épaules et la poitrine. Si le port du pantalon pour les femmes est toléré dans

les églises de la ville, il reste strictement interdit dans les monastères.
La plupart des religions sont représentées. Les églises sont généralement ouvertes toute la journée. L'horaire des offices est publié dans l'édition du vendredi du *St Petersburg Times* *(p. 209)*.

Deux amis se serrant la main

Langue

La langue russe s'écrit en alphabet cyrillique. Le mot vient de Cyrille *(p. 17)*, le moine grec qui inventa, vers 860-870, l'alphabet qui est l'ancêtre de celui d'aujourd'hui. Il existe plusieurs systèmes pour la translitération des caractères cyrilliques en caractères romains *(p. 252)*, mais ils diffèrent peu.
Les Russes qui sont régulièrement en contact avec les étrangers parlent généralement un peu l'anglais. Essayez d'apprendre quelques mots de russe *(p. 252-256)*, ce sera très apprécié et considéré comme une marque de respect.

Les usages

La langue et les usages sont en train de s'occidentaliser, mais fumer et boire sont encore des habitudes invétérées. Il est toutefois interdit de fumer dans les cinémas, les musées, les théâtres et les transports publics, sauf dans les espaces réservés aux fumeurs.
Les Russes multiplient les occasions de prendre un verre, et on porte un toast à tout propos. Lorsqu'on est invité chez quelqu'un, il est d'usage de boire à la santé de la maîtresse *(za khoziaïkou)* ou du maître *(za khoziaïna)* de maison. Pour se saluer entre amis, on se serre la main ou on s'embrasse.

Numéro et nom de rue en cyrillique

Paiement et pourboire

Le rouble est la seule monnaie valable en Russie *(p. 207)*. Dans certains grands magasins importants et dans les hôtels, les prix sont parfois affichés en dollars américains ou en deutsche Mark, mais tous les paiements en espèces doivent être effectués en roubles. Les cartes de crédit sont acceptées dans certains restaurants, dans la plupart des hôtels et dans les boutiques importantes qui vendent des produits importés très coûteux.
Le pourboire n'est pas obligatoire mais à l'aéroport ou dans les gares, les porteurs attendent et réclament parfois des sommes exorbitantes. Un dollar suffit.

Adresses

Les adresses russes s'écrivent dans l'ordre suivant : code postal, ville, nom de rue, numéro de la maison *(dom)*, le numéro de l'appartement *(kvartira)* et destinataire.
Après la révolution de 1917, de nombreuses rues ont été renommées pour éviter les connotations impériales ou commémorer de nouveaux héros soviétiques.
La ville ayant repris son nom d'origine après le référendum de 1991, la plupart des rues du centre-ville ont aussi retrouvé leur ancienne dénomination, mais d'autres font l'objet de polémiques. Toutefois, les environs de la ville sont encore désignés sous le nom de région de Léningrad.

Code postal **Ville** **Nom de la rue**

N° de la rue **N° de l'appartement** **Destinataire**

Levée du Dvortsovy most (qui mène à l'île Vassilevski) pour permettre la navigation sur la Néva

Heures d'ouverture des ponts

De début avril à mi-novembre, lorsqu'il est possible de naviguer sur la Néva, tous les ponts sont levés entre 2 h et 5 h du matin. Les horaires suivants devraient vous aider, mais ils sont susceptibles de varier…
Dvortsovy most : 1 h 55-3 h 05 et 3 h 15-4 h 45
Troïtski most : 2 h-4 h 40
Leïtenanta Schmidta most : 1 h 55-4 h 50
Liteïni most : 2 h 10-4 h 40
Birjevoï most : 2 h 25-3 h 20 et 3 h 40-4 h 40
Toutchkov most : 2 h 20-3 h 10 et 3 h 40-4 h 40
Petra Velikovo most : 2 h 45-4 h 55
Alexandra Nevskovo most : 2 h 35-4 h 50
Volodarski most : 2 h-3 h 45 et 4 h 25-5 h 45

Ost-West Kontaktservice, un bureau d'information gratuit et fiable

Les visas

Les ressortissants de presque tous les pays ont besoin d'un visa pour entrer en Russie. Seuls ceux d'un État membre de la CEI (à l'exception des pays Baltes) en sont dispensés. Pour les Français, il existe quatre types de visa : touristique (pour ceux qui vont résider à l'hôtel), d'affaires (professionnels, étudiants, stagiaires), privé (pour ceux qui sont invités dans leur famille ou chez des particuliers) et de transit. Tous les renseignements spécifiques pour l'obtention de ces différents visas sont à demander aux services consulaires de la Fédération de Russie, en France à Paris, Marseille et Strasbourg. Un serveur vocal y a été mis en place pour obtenir des informations sur tous les visas.

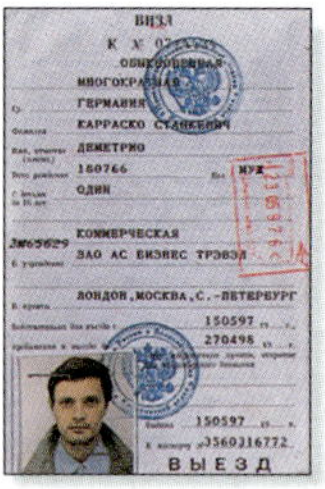

Un visa russe

Les formalités ne sont pas particulièrement faciles, ni rapides pour les voyageurs indépendants. Aussi, le moyen le plus commode pour obtenir n'importe quel type de visa est de s'adresser à une agence spécialisée dans les voyages en Russie (à condition d'y réserver au moins son billet d'avion, voire quelques autres prestations). Les formalités pour les visas touristiques seront automatiquement effectuées par les voyagistes pour ceux qui s'inscrivent à leurs voyages organisés. Les visas sont généralement valables trois mois et les visas touristiques ne peuvent normalement pas être prolongés.

Douane et immigration

À l'arrivée, tous les voyageurs doivent remplir une déclaration de douane, qui est disponible dans plusieurs langues. Celle-ci doit être conservée pendant la durée du séjour et rendue avec une autre déclaration au moment du départ. Il est illégal de sortir des roubles du pays (comme il est interdit d'en apporter). En principe, le montant de devises importées n'est pas limité, mais il doit être moins élevé à la sortie (pour prouver qu'on a acheté et non vendu des marchandises). Les objets de valeur doivent être déclarés sur la fiche de douane à l'entrée en Russie, sinon une taxe d'importation peut être perçue à la sortie. Les contrôles de douane au départ sont généralement plus stricts que dans beaucoup d'autres pays, en particulier pour tout ce qui concerne les objets d'art et les antiquités *(p. 186)*, mais tout bien de consommation courante est toléré en petite quantité.

Enregistrement

Tout étranger doit être enregistré auprès des services de l'**OVIR** dans les trois jours suivant son arrivée. Les hôtels, ainsi que **Ost-West,** se chargent de cette formalité, mais si vous habitez chez un particulier, vous devez vous rendre au bureau de l'**OVIR** qui vous a délivré votre invitation. Pour prolonger un visa, vous devez aussi vous adressez à ce bureau. Ceux qui oublient cette formalité sont passibles d'une amende et ne peuvent parfois quitter le territoire sans avoir mis leurs papiers en règle.

Ambassades et consulats

Tous les pays qui ont des relations diplomatiques avec la Russie ont une ambassade ou un consulat à Moscou, pas toujours à Saint-Pétersbourg. Toute personne ayant l'intention de rester plus de trois mois en Russie devrait se faire enregistrer auprès de celle de son pays. En cas de problème (hospitalisation, vol, emprisonnement ou autre), l'ambassade ou le consulat peuvent vous conseiller utilement et, si besoin, fournir un interprète ou encore émettre un nouveau passeport.

Voyageurs handicapés

Saint-Pétersbourg n'a pratiquement pas d'équipements spécifiques pour handicapés. Les transports publics sont inaccessibles, les entrées des bâtiments étroites et souvent précédées d'escaliers, et les ascenseurs publics sont rares.

HOSTELLING RUSSIA

Enseigne de l'auberge de jeunesse internationale

ÉTUDIANTS

Les cartes d'étudiant internationales donnent droit à des réductions dans les musées et pour les billets de train et d'avion réservés auprès de l'**auberge de jeunesse internationale** *(p. 168)* ou auprès de sa filiale **Sindbad Travel.**

VOYAGER AVEC DES ENFANTS

Les Russes adorent les enfants, et ceux qui visitent le pays avec leurs parents auront droit à des compliments. Mais on dit aussi que les grands-mères russes *(babouchki)* sont un peu trop curieuses et se permettent de faire des critiques, même bien intentionnées, sur la manière dont ils sont habillés. Vous trouverez de nombreux parcs de jeux, et certains sont spécialement installés pendant les congés scolaires. Les musées et les transports publics sont gratuits pour les enfants de moins de cinq ans. Au-dessus de cet âge, ils n'ont droit à des réductions que pour l'entrée des musées.

Toilettes hommes

Toilettes femmes

Château gonflable installé sur la place du Palais

LES TOILETTES PUBLIQUES

Beaucoup de cafés et de bars ne sont pas équipés de toilettes, et les toilettes publiques sont souvent très mal entretenues. Il est préférable d'aller dans l'hôtel le plus proche ou d'utiliser les toilettes payantes des magasins. L'employé qui encaisse votre argent vous donne du papier hygiénique.

PHOTOGRAPHIES

Les interdictions strictes de photographier ont plus ou moins disparu. Toutefois, vous aurez souvent un droit à payer dans les musées pour les appareils photo et les caméras. Les flashs et les trépieds restent interdits.

ADAPTATEURS ÉLECTRIQUES

Le courant électrique en Russie est de 220 volts et nécessite des prises à deux fiches. Les vieilles prises soviétiques ne sont toutefois pas adaptées aux prises modernes européennes dont les fiches sont plus grosses. Vous trouverez facilement des adaptateurs à Saint-Pétersbourg.

HEURE

Saint-Pétersbourg suit l'heure de Moscou, qui est en avance de 3 h (2 h sur Paris) sur celle de Greenwich (GMT). La Russie s'est alignée depuis peu sur le reste de l'Europe, en avançant ses pendules d'une heure à la fin mars et en les retardant d'une heure fin octobre.

Prise russe à deux fiches

CARNET D'ADRESSES

INFORMATION ET VISITES GUIDÉES

Ost-West Kontaktservice
Oul. Maïakovskovo 7.
Plan 4 B1.
Tél. 279 7045.
FAX 327 3417.

Baltic Airlines
Baltiskie avialini
Nevski pr. 7/9. Bureau 12.
Plan 5 D1.
Tél. FAX 311 0084.

Five Corners
Pyat Uglov
Ligovski pr. 87, bureau 208.
Plan 7 B4.
Tél. FAX 164 1292.

FORMALITÉS DE VISA EN FRANCE

CGTT
82, rue d'Hauteville,
75010 Paris.
Tél. 01 40 22 88 88.
FAX 01 42 46 75 55.

Slav'Tours
6, rue Jeanne-d'Arc
45000 Orléans.
Tél. 02 38 77 07 00.
FAX 02 38 77 18 37.

Transtours
49, avenue de l'Opéra
75002 Paris.
Tél. 01 53 24 34 00.

Consulat de la Fédération de Russie
40-50, bd Lannes
75016 Paris.
Tél. 01 45 04 05 01.
FAX 01 45 04 17 65.

FORMALITÉS DE VISA EN RUSSIE

OVIR
Овир
(Tsentralny district)
Service étranger
Pereoulok Krylova 5.
Plan 6 F2. *Tél. 315 7936.*
Horaires : de 10 h à 18 h du lun. au ven.

AMBASSADES ET CONSULATS

Consulat général de France
Nab reki Moïki 15
Tél. 314 1443.
FAX 312 7283.
Ouv. du lun. au ven. de 9 h 30 à 12 h 30.
Informations par téléphone de 15 h à 18 h.
Plan 2 E5.

Canada
Malodetskosselski pr. 32
Plan 5 E3. *Tél. 325 8448.*
FAX 325 8393.

VOYAGEURS HANDICAPÉS

CNRH
236 *bis*, rue de Tolbiac
75013 Paris.
Tél. 01 53 80 66 66.
Minitel 3614 Handitel

ÉTUDIANTS

Auberge de jeunesse internationale
3-ïa Sovetskaïa oul. 28.
Plan 7 C2. *Tél. 329 8018.*
FAX 329 8019.
@ ryh@ryh.ru

Sindbad Travel
3-ïa Sovetskaïa oul. 28.
Plan 7 C2. *Tél. 327 8384.*
FAX 329 8019.

Santé et sécurité

Si tout ce qu'on rapporte sur la mafia russe dans les médias est fondé, Saint-Pétersbourg reste une ville relativement sûre. Comme dans d'autres grandes cités, il suffit de prendre quelques précautions pour éviter d'être la cible des petits malfaiteurs. Faites des photocopies de votre passeport et de votre visa, inscrivez en lieu sûr les numéros de chèques de voyage et de carte de crédit et gardez sur vous votre adresse écrite en russe. Il est indispensable de prendre une assurance médicale car les services médicaux ne sont pas aussi efficaces qu'en Occident. Les services où l'on parle anglais et l'évacuation sanitaire vers la Finlande sont très chers.

Contrôle des papiers par un policier

Sécurité des biens

Il est fortement conseillé de souscrire une assurance de voyage avant votre départ. Arrivé en Russie, soyez prudent lors de vos déplacements. Évitez de prendre de grosses sommes en liquide, portez une ceinture-portefeuille et laissez votre passeport, vos billets et vos objets de valeur dans le coffre-fort de l'hôtel. Dans les hôtels occidentaux, les services de sécurité sont très attentifs mais dans tous les autres, mettez les objets importants en lieu sûr. Les chèques de voyage *(p. 206)* sont souvent couverts par une assurance, mais ils ne sont pas très économiques à utiliser et peuvent être aisément « blanchis » en Russie.

Prenez garde aux Gitans qui font mine de mendier sur Nevski prospekt, s'ils s'approchent de vous, tenez fermement vos sacs et objets personnels et passez votre chemin.

En cas de vol, faites une déclaration au commissariat de police le plus proche afin d'être couvert par votre assurance.

Sécurité des personnes

Les pickpockets et les petits malfaiteurs ont parfois recours à la violence si on leur résiste. Comme partout ailleurs, il est préférable de se soumettre à leurs exigences, surtout sous la menace.

La mafia, dont on parle fréquemment dans les médias aujourd'hui, ne s'intéresse quasiment pas aux étrangers. Les femmes voyageant seules ont peu de risque de se faire aborder, sauf peut-être par des dragueurs motorisés. Le mieux est de ne pas y prêter attention et d'éviter de prendre un taxi seule la nuit. Aucun lieu n'étant jamais tout à fait sûr, soyez donc toujours vigilant et assurez-vous que vous êtes en sécurité à tout moment. En revanche, la circulation est un réel danger, car les automobilistes russes considèrent tous les piétons comme des gêneurs. Méfiez-vous également des plaques d'égout, qui ont tendance à basculer, voire à s'effondrer sous vos pieds.

La police

Il existe différentes brigades de policiers dans les rues de Saint-Pétersbourg. Leur uniforme diffère selon les saisons (ils portent notamment en hiver de grosses parkas et des chapeaux en fourrure).

Les officiers de police qui sont dans les rues ou miliciens *(militsïa)* portent des uniformes de combat bleu-gris foncé, et la plupart

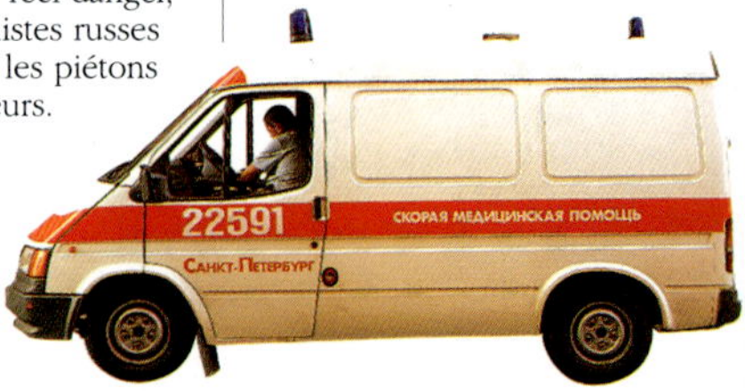

Ambulance publique gratuite

Les Volvo (ci-dessus) ont remplacé les Lada (ci-dessous)

Camion de pompier

Milicien

sont armés. Leur uniforme est semblable à celui des unités anti-émeutes (OMON) mais leurs insignes sont différents. Indépendants de ces deux corps, les agents de la police routière, dont l'uniforme porte le logo ДПС (DPS), sont habilités à arrêter les véhicules pour contrôler les papiers.

Pour arrondir leur maigre salaire, les miliciens et les agents de la circulation infligent souvent des contraventions pour délits mineurs.

Les pharmacies

Les meilleures pharmacies *(apteka)* sont situées sur Nevski prospekt. On y trouve de nombreux médicaments importés, dont les notices sont en russe ou dans la langue d'origine du produit. Tous les médicaments, même les plus puissants, peuvent être délivrés sans ordonnance. Les employés sont des pharmaciens qui peuvent vous donner des médicaments de substitution. Mais si vous suivez un traitement spécifique, apportez ce dont vous avez besoin, notamment l'insuline.

Les traitements médicaux

Pour les ennuis de santé sans gravité, adressez-vous tout d'abord au médecin recommandé par l'hôtel. Il existe des centres médicaux s'adressant plus spécifiquement aux étrangers comme l'**Emergency Medical Consulting** et l'**American Medical Center.** Ils dispensent des soins dentaires jusqu'aux radios et organisent des rapatriements sanitaires. Leurs tarifs sont assez élevés, mais ils sont habitués à traiter avec les assurances étrangères. Pour les urgences sans gravité, le **complexe polyclinique** est efficace et moins coûteux, et certains médecins russes y parlent anglais.

Pour les cas plus graves, la **clinique de traumatologie du district central,** située près de Nevski prospekt, prend en charge les blessés. Le personnel ne parle pas anglais, mais assure les premiers soins en cas d'accident. Si on vous emmène d'office dans un hôpital local, contactez votre consulat ou les centres médicaux pour étrangers cités ci-dessus. Ils peuvent vous faire transférer dans un autre centre médical ou au moins faire contrôler votre traitement. Les soins dentaires sont très coûteux. L'American Medical Center dispense de bonnes prestations couvertes par les assurances. Le **Dental Palace** est également fiable mais non remboursé.

Pharmacie dans un passage souterrain

Enseigne de pharmacie *(apteka)*

Précautions à prendre

Ne buvez que de l'eau en bouteille, car l'eau du robinet contient des métaux lourds et des *guiardia*, des parasites qui peuvent causer des maux d'estomac.

La nourriture russe reste sans danger. Évitez toutefois de manger des fruits et des légumes crus qui ont été lavés à l'eau courante, et les petites tourtes à la viande vendues dans la rue.

De nombreux cas de diphtérie sont apparus récemment, et il est vivement conseillé de se faire vacciner. Par ailleurs, l'augmentation des MST, comme la syphilis et le sida, est inquiétante.

Les moustiques

Les moustiques *(komari)* sont un véritable fléau entre juin et fin septembre, surtout près du golfe de Finlande ou dans les bois. Les insectifuges russes ne sont guère efficaces, et il est préférable d'en apporter. La nuit, utilisez des bombes insecticides, des huiles anti-moustiques ou des prises électriques à tablettes chimiques.

Carnet d'adresses

Services d'urgence

Pompiers *(pojar)*
01.

Police *(militsïa)*
02.

Ambulance *(storaïa pomochtch)*
03.

Services médicaux

American Medical Center
Serpoukhovskaïa oul. 10. **Plan** 6 E5.
326 1730. 24 h/24

Complexe polyclinique
Ao Poliklinitcheski complex
Moskovski pr. 22. **Plan** 6 D5.
316 6272. *24h/24.*

Dental Palace
Millionnaïa oul. 10. **Plan** 2 E5.
314 1459.

Emergency Medical Consulting
Izmaïlovski pr. 14, entrée par Sovetski per. *112 6510* (permanence téléphonique 24 h/24).

Clinique de traumatologie du district central
Travmpounkt pripoliklinike n. 35
Malaïa Kouniouchennaïa oul. 2.
Plan 6 E1.
311 4396. *24h/24.*

Pharmacies

Nevski pr. 5.
312 7078.

Nevski pr. 66.
315 5881.

Nevski pr. 83.
277 6065.

Pharmacie 24 h/24
Nevski pr. 22.
314 0859.

Banques et monnaie

Les principales cartes occidentales peuvent maintenant être utilisées dans les hôtels, les grands restaurants et certains magasins. Mais partout ailleurs les paiements se font en espèces, et la seule monnaie légale est le rouble. Les bureaux de change sont nombreux et acceptent les chèques de voyage, de préférence émis en dollars américains. On peut aussi obtenir des roubles avec une carte de crédit. Les commissions varient, mais les taux de change des banques sont favorables, et il ne faut jamais changer de l'argent dans la rue, sous peine de se faire escroquer.

Changer de l'argent

On ne peut pas se procurer de roubles en dehors de la Russie, mais il existe de nombreux bureaux de change dans toute la ville et aux aéroports. Certains sont ouverts 24 h/24. Pour changer de l'argent, il faut présenter son passeport. Tout billet étranger ayant un défaut, en particulier des déchirures verticales ou des taches d'encre ou d'eau est très difficile à échanger en Russie. Assurez-vous que vos billets sont en bon état, et s'il s'agit de dollars, qu'ils ont été émis après 1990. Lors du change, on vous remettra un reçu. Tous ces reçus doivent être conservés et joints à la déclaration de douane remplie à l'arrivée *(p. 200)*, que vous devrez présenter en quittant le pays.

Enseigne d'un bureau de change *(obmen valiouty)*

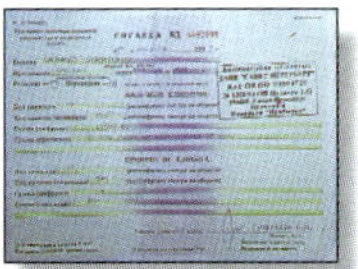

Reçu officiel d'une opération de change

Distributeur automatique

Banques et bureaux de change

Aucune banque étrangère établie en Russie n'a de guichets. Les banques russes les plus fiables sont la **Sberbank** et la **Promstroïbank.** Les bureaux de change sont très nombreux à Saint-Pétersbourg. On peut y changer de l'argent ou retirer du liquide avec une carte de crédit. Les succursales les plus importantes acceptent aussi les chèques de voyage. Les bureaux de change sont ouverts très tard ; ceux de l'Hôtel Europe et au Nevski Palace fonctionnent 24 h/24, avec de courtes interruptions aux premières heures du matin. Sberbank ne propose pas des taux élevés et dispose de succursales en ville.

Renseignez-vous auprès de votre banque sur les conditions et le prix des transferts d'argent vers la Russie. Le bureau d'**American Express** peut faire ces transactions rapidement.

Cartes bancaires

On peut maintenant retirer de l'argent liquide (roubles ou dollars) avec une carte bancaire dans les plus grandes banques, aux distributeurs automatiques de certaines agences, et dans les grands hôtels. La commission locale varie entre 2 % et 5 %, sans compter le supplément prélevé par la société qui a émis la carte. La plus couramment acceptée est la carte Visa. Les cartes Diners, Mastercard, Eurocard et American Express sont moins souvent reconnues. Les distributeurs automatiques d'Alfabank sont les meilleurs car ils réalisent la transaction la plus intéressante.

Carnet d'adresses

Banques

Alfabank
Альфабанк
Nab Kanala Griboedova 6/2
Plan 6 E1.
329 6060.
10 h-20 h 30 t.l.j.

American Express
Grand Hôtel Europe
Hall au rez-de-chaussée
Mikhaïlovskaïa oulitsa 1/7.
Plan 6 F1.
329 6060.
de 9 h à 17 h lun.-ven.

Most-bank
Мост-банк
Nevski prospekt 27.
Plan 6 E1.
de 9 h 30 à 13 h et de 14 h à 19 h 30 t.l.j.

Promstroïbank
Промстройбанк
Mikhaïlovskaïa oulitsa 4.
Plan 6 F1. *de 9 h 30 à 13 h et de 15 h à 17 h t.l.j.*

Sberbank
Сбербанк
Dumskaya ul. 1. **Plan** 6 E2.
de 10 h à 14 h et de 15 h à 18 h, du lun. au sam.

Distributeurs automatiques

Hôtel Astoria
Гостинца Астория
Bolchaïa Morskaïa oulitsa 39.
Plan 6 D2. *Visa, Eurocard.*

Grand Hôtel Europe
Гранд Отель Европа
Hall au rez-de-chaussée
Mikhaïlovskaïa oulitsa 1/7.
Plan 6 F1. *Visa.*

CHÈQUES DE VOYAGE

Les banques prennent une commission d'au moins 3 % pour encaisser des chèques de voyage. Seules **Promstroïbank** et **Mostbank** offrent ce service. Les chèques American Express sont plus avantageux : la commission n'est que de 2 % s'ils sont encaissés au bureau d'**American Express.** Les chèques de voyage ne peuvent être utilisés pour payer des achats ou des services que dans quelques grands hôtels, et ne sont acceptés qu'en dollars américains, deutsche Mark, livres anglaises et francs français.

MONNAIE

L'unité monétaire russe est le rouble (écrit рубль ou en abrégé р ou руб). Les plus fortes valeurs se présentent sous forme de billets avec des dessins de villes russes, les plus faibles valeurs sont en kopecks. Le rouble est divisé en 100 kopecks. Les dessins des billets ont changé depuis 1990. Début 1998, l'inflation semblant jugulée, le rouble a été réévalué et de nouveaux billets émis. Les valeurs ont été divisées par 1 000 (1000 roubles devenant 1 rouble). Si vous changez des devises, vérifiez que les billets que l'on vous donne correspondent bien à ceux qui sont photographiés ci-dessous.

Les billets de banque

Les billets russes existent en coupures de 5, 10, 50, 100 et 500 roubles. Un nouveau billet de 1000 roubles a été émis début 2000. Pour être valables, les billets doivent être datés de 1997 ou plus tard.

10 roubles

50 roubles

100 roubles

500 roubles

Les pièces

La réévaluation du rouble début 1998 avait redonné une nouvelle vie au kopeck, qui a gardé une valeur surtout sentimentale. Traditionnellement, le rouble a toujours valu 100 kopecks. En plus des pièces de 1, 2 et 5 roubles, il en existe maintenant de 1, 10 et 50 kopecks. Toutes les pièces émises avant 1997 (avant la réévaluation) ne valent plus rien. Il faut donc vérifier la monnaie qu'on vous rend et refuser les vieilles pièces

1 rouble

2 roubles

5 roubles

1 kopeck

10 kopecks

50 kopecks

Communications et médias

Téléphone international

Les télécommunications sont en plein essor dans le nord-ouest de la Russie. Les services téléphoniques obsolètes se sont modernisés et utilisent aujourd'hui des lignes numériques et par satellite permettant d'appeler directement à l'étranger. Dans le même temps, on a assisté à une explosion de magazines, de journaux et de chaînes de télévision. Si le réseau téléphonique local et les services postaux n'ont pas évolué aussi rapidement, il existe d'autres options efficaces et peu coûteuses.

Le téléphone

Des cabines téléphoniques bleues par satellite BCL sont installées à l'aéroport, dans les centres d'affaires, les hôtels et quelques restaurants. Elles fonctionnent avec des cartes de crédit et des cartes BCL disponibles un peu partout.

Le système local, (PTS ou *« cnm »* en cyrillique italique), reste toutefois efficace et beaucoup moins cher. Les cabines vertes du PTS se trouvent dans la rue et dans certaines stations de métro. Le **télégraphe central** est également équipé de nombreux téléphones PTS pour les appels internationaux et locaux. Les appels internationaux peuvent être passés directement d'un téléphone à carte PTS. Ces cartes sont disponibles dans les kiosques et les bureaux de poste. Les appels interurbains ou internationaux sont moins chers entre 22 h et 8 h ainsi que le week-end. Les téléphones, réservés aux appels locaux, fonctionnant à l'aide de jetons vendus dans les stations de métro *(p. 215)* ont presque tous disparus.

Téléphone BCL

Utiliser un téléphone PTS à carte

1 Décrochez le combiné

2 Attendez que l'on vous signale d'insérer la carte.

3 Insérez la carte. Elle doit y rester toute la durée de votre appel.

4 La carte acceptée, composez le numéro et appuyez sur étoile dès que la communication est établie.

5 La communication terminée, raccrochez et attendez les instructions pour retirer la carte.

Carte PTS

Utiliser un téléphone PTS à jeton

Il en reste très peu. Attendez la tonalité avant de composer le numéro. La communication établie, insérez le jeton dans la fente située en haut de l'appareil.

Jeton du métro

Obtenir le bon numéro

- Renseignements (à Saint-Pétersbourg) : 09.
- Il n'existe par de renseignements internationaux.
- Communications interurbaines : 07.
- Appel international par opérateur : 315 0012.
- Indicatifs internationaux (appels automatiques) :
- France : 8 (tonalité) 1033 + n° du correspondant sans le 0 du début.
- Belgique : 8 (tonalité) 1032.
- Canada : 8 (tonalité) 101.
- Renseignements carte France Télécom (en France) : 0800 102040.
- Numéro France Direct (en Russie) : 8 10 800 110 10 33.
- Renseignements internationaux Russie (en France) : 00 33 12 71.

Enseigne d'un bureau de poste

Les services postaux

Le service international public est très lent et peu fiable, et il vaut mieux ne l'utiliser que pour les cartes postales. En revanche, **Westpost** et **Post International** sont des services privés peu chers et plus efficaces. Ils proposent l'envoi du courrier ordinaire et en exprès ainsi que des services de poste restante et de messagerie. American Express *(p. 206)* dispose également d'un service de poste restante réservé à ses clients. Les services postaux de l'Hôtel Europe et du Nevski Palace *(p. 173)* sont rapides et peu coûteux.

Boîte aux lettres bleu pâle

La **poste centrale** *(p. 122),* toutes les autres postes et celles des hôtels vendent timbres, cartes postales et cartes téléphoniques. Les boîtes aux lettres locales, indiquées par le mot russe Почта *(Potchta),* sont nombreuses dans le centre-ville. Les boîtes bleu clair sont réservées aux envois internationaux et les jaunes au courrier local spécial.

Timbres de collection

Westpost, sur Nevski prospekt

Fax, télex, télégrammes et e-mail

La plupart des hôtels et la **poste centrale** ont des services de fax, de télex et de télégramme. Les télégrammes en langues étrangères peuvent être envoyés du **télégraphe central. Post International** et **Westpost** offrent des services de fax et d'e-mail.

Sociétés de messagerie

DHL assure la liaison avec l'Europe en trois jours, et avec le Canada en quatre jours. Les services de **Westpost** et de **Post International** sont plus économiques. Tous les envois qui ne sont pas sur support papier (disquettes, etc.) sont contrôlés à la douane et peuvent demander un jour de plus.

Radio et télévision

La télévision russe est envahie par les séries importées de l'étranger, doublées plutôt que sous-titrées, et des programmes de jeux locaux. Les meilleures chaînes pour les informations en russe sont NTV, ou la chaîne 5 pour les nouvelles régionales.

La plupart des hôtels reçoivent les chaînes par satellite, comme Eurosport, CNN, BBC World Service TV, NBC et d'autres chaînes occidentales. BBC World Service et Voice of America sont les meilleures stations de radio en anglais sur ondes courtes. Quelques stations de radio locales, notamment Radio Modern (104 FM) ou Radio Maximum (102.8 FM), diffusent de la musique anglo-saxonne.

Journaux et magazines

Trois journaux et magazines en anglais sont disponibles gratuitement dans les hôtels, dans les plus grands restaurants et dans les fast-foods. Le *St Petersburg Times* paraît deux fois par semaine, avec des nouvelles internationales et régionales et des comptes rendus sportifs. La liste des spectacles et les critiques sont publiées dans l'édition du vendredi. Le mensuel *Pulse* est spécialisé dans les loisirs. *Neva News* publie des articles sur l'histoire de la région et un plan détachable de la ville et des sites principaux. Les principaux titres internationaux se trouvent dans les grands hôtels mais à des prix très élevés.

Journaux de Saint-Pétersbourg

Carnet d'adresses

Téléphone

Télégraphe central
Международная телефонная станция
Mejdounarodnaïa telefonnaïa stantsia
Bolchaïa Morskaïa oulitsa 3-5.
Plan 6 D1. *274 9383.*
de 9 h à 19 h t.l.j.

Téléphone mobile

North-West GSM
Северо-Западный GSM
Severo-zapadnyy GSM
Artilleriskaïa oulitsa 1.
Plan 3 B5.
329 4747.

Services postaux

Poste centrale
Главпочтамт
Glavpotchtamt
Potchtamtskaïa oul. 9. **Plan** 5 C2.
312 8302. *de 8 h à 20 h du lun. au sam., de 10 h à 17 h 45 le dim.*

Post International
Nevski prospekt 20. **Plan** 6 E1.
219 4472. FAX *219 4473.*
de 10 h à 19 h du lun. au ven., de 12 h à 17 h le sam.

Bureau de poste n° 11
Почтовое отделение 11
Potchtovoïe otdelenie 11
Nevski pr. 40-42. **Plan** 6 F1.
311 1462. *de 8 h à 12 h 30 et de 13 h à 20 h du lun. au ven., 8 h à 12 h 30 et de 13 h à 17 h le sam.*

Westpost
Nevski prospekt 86. **Plan** 7 B2.
275 0784. FAX *275 0806.*
de 9 h 30 à 20 h du lun. au ven., de midi à 18 h le sam. et dim.

Société de messagerie

DHL Express Center
Nevski Palace Hôtel,
Nevski prospekt 57. **Plan** 7 B2.
325 6100. FAX *325 6116.*
de 9 h à 18 h du lun. au ven.

DHL Worldwide Express
Izmaïlovski pr. 4. **Plan** 5 C5.
326 6400. FAX *326 6410.*
de 9 h à 19 h du lun. au ven., de 10 h à 16 h le sam.

Aller à Saint-Pétersbourg

Après une baisse de popularité au début des années 90, Saint-Pétersbourg est de nouveau une destination en vogue. Pour répondre aux besoins, des déplacements professionnels notamment, les liaisons aériennes et les autres moyens de transport se sont développés. L'avion est toutefois le moyen le plus utilisé par les voyageurs individuels ou en groupe, mais il est aussi possible de prendre le train, surtout si l'on vient de Moscou ou d'Helsinki. Le voyage individuel en Russie reste assez compliqué et coûteux, et, aujourd'hui encore, il peut être plus avantageux de s'adresser à une agence spécialisée, qui propose des séjours organisés incluant la visite de Moscou et de Saint-Pétersbourg. Les prix sont toutefois assez élevés car les réservations restent peu nombreuses. Choisissez les formules les plus intéressantes, notamment les vols avec escales, ou encore les forfaits proposés en basse saison.

Avion d'Aeroflot, à Saint-Pétersbourg

Architecture stalinienne de Poulkovo 2, l'aéroport international

Arriver en avion

Air France et Aeroflot assurent des vols directs pour Saint-Pétersbourg en trois heures environ. Les vols Aeroflot, trois fois par semaine, sont les plus économiques, mais le service n'est pas toujours satisfaisant. D'autres grandes compagnies européennes comme Lufthansa et Swissair desservent Saint-Pétersbourg avec escale à Francfort, Genève ou Zurich. Comparez également les offres d'Austrian Airlines, de KLM ou même de Finnair, et pour les charters de Transaero. Les Canadiens devront faire escale en Europe selon la compagnie, car les vols directs arrivent à Moscou. Air France relie ainsi Montréal à Saint-Pétersbourg avec une escale à Paris, et British Airways via Londres, cinq fois par semaine.

Des agences comme **Transtours** et **CGTT** à Paris ont une longue expérience de cette destination et bénéficient d'un bon réseau de correspondants. Mais, comme pour tout autre voyage, comparez aussi toutes les formules proposées par les voyagistes non spécialisés, comme Nouvelles Frontières, et les offres sur Minitel et Internet.

À l'arrivée à Saint-Pétersbourg, on vous demandera peut-être de reconfirmer vos différents vols. Dans ce cas, adressez-vous directement à la compagnie avec laquelle vous voyagez ou à la **Central Air Communication Agency** sur Nevski prospekt.

Les aéroports de Saint-Pétersbourg

Malgré sa récente modernisation, l'aéroport international de **Poulkovo 2** reste modeste et un peu rudimentaire. Il existe un bureau de change dans la salle d'arrivée et des boutiques hors taxes, et uniquement celles-ci dans le hall de départ. À l'arrivée, c'est surtout la récupération des bagages qui prend du temps. Les week-ends sont parfois chaotiques, et en haute saison, il est même conseillé d'arriver 90 min avant le départ.

Poulkovo 1 est réservé aux vols intérieurs. Le bâtiment, qui date des années 1970, est étroit et sombre, mais les étrangers et les voyageurs des vols d'affaires au départ et à destination de Moscou ont des salles de départ et d'arrivée qui leur sont réservées, situées au premier étage.

Rejoindre le centre-ville

Les deux aéroports sont situés à 17 km au sud du centre-ville. Les grands hôtels proposent des voitures qui assurent des navettes pour 45 $. Ce service, que vous

Limousine du Grand Hôtel Europe **(*p. 181*)**

Taxi jaune devant Poulkovo 1, l'aéroport national

Bus n° 13, reliant Poulkovo 2 au métro Moskovskaïa

Minibus, ou *marchroutnoïe taksi*

pouvez régler avec votre note d'hôtel, doit être démandé quand vous réservez votre chambre. Si les taxis de luxe qui attendent devant l'aéroport ne sont qu'un peu moins chers que les véhicules des hôtels, les taxis jaunes ordinaires ne prennent en revanche que l'équivalent de 10 $ à 15 $ en roubles, mais on en trouve difficilement à l'aéroport international.
Si votre budget est limité, changez de l'argent à l'aéroport et prenez le bus n° 13 (à Poulkovo 2) et le n° 39 (à Poulkovo 1) jusqu'à la station de métro Moskovskaïa. Des minibus (appelés *marchroutnoïe taksi*) suivent le même itinéraire mais sont un peu plus chers *(p. 219)*.

Le train

Le train est un moyen économique de se déplacer en Russie ou de joindre Saint-Pétersbourg si on vient de Finlande.

On peut se rendre à Moscou par le train depuis Paris en 36 h (via Cologne en TGV, puis Varsovie par le trajet le plus court) et de plusieurs autres capitales européennes.

Guichet ou *kassa* à la réservation centrale

Dix trains par jour relient Moscou à la **gare de Moscou** de Saint-Pétersbourg et deux font la liaison entre Helsinki et la **gare de Finlande** *(p. 126)*. Les trains sont confortables et généralement ponctuels, mais les compartiments sont bondés et les pickpockets sévissent fréquemment. Pour traverser certains pays, notamment l'Ukraine, il faut un visa de transit. Toutefois, l'itinéraire le plus simple et le plus fiable est celui qui passe par la Biélorussie, car votre visa pour la Russie est valable si vous ne faites que traverser le pays. Les trains qui desservent l'Europe de l'Est arrivent et partent de la **gare de Vitebsk** ou de la **gare de Varsovie.** Au départ de Saint-Pétersbourg, les billets sont en vente dans la salle des réservations située à l'étage, à la **réservation centrale des billets de train.**

Toutes les gares sont reliées entre elles par des transports publics efficaces, qui reviennent en outre beaucoup moins cher que les taxis.

La gare de Finlande, terminus des trains en provenance d'Helsinki

De Moscou à Saint-Pétersbourg

On peut arriver à Moscou et repartir de Saint-Pétersbourg ou *vice versa*. Dix trains par jour relient les deux villes. Les trains de jour font le voyage en dix heures et les trains de nuit en huit heures et demie. Les prix varient selon le type de train et la formule choisie (la *Flèche Rouge* est le plus cher). Tous les trains ont des compartiments pour deux personnes *(SV)* et pour quatre personnes *(coupé)*, et des compartiments libres pour plusieurs personnes *(platzkarte)* ou *(sidiachtchy)*. Tous les trains sont équipés de couchettes sauf les *sidiachtchy*, qui sont plus économiques et plus confortables que le *platzkarte* si l'on voyage de jour. Le prix d'un aller varie entre l'équivalent de $ 40 en roubles pour un *SV* à $ 8 pour un *sidiachtchy*. Il faut parfois payer un supplément pour les draps lorsque vous prenez votre billet. Dans les trains les moins chers, c'est un employé, le *provodnik*, qui vous remet vos draps et perçoit le supplément. Emportez quelques provisions car le train n'est pas nécessairement équipé d'une voiture-restaurant. Des vols d'affaires réguliers relient les deux villes en 50 min. Ils sont proposés par Aeroflot et des compagnies privées, notamment Poulkovo et Transaero. Leurs tarifs sont peu élevés, environ $ 40 pour un aller en classe économique, et $ 75 en classe affaires. Les billets sont vendus à l'aéroport ou à la **Central Air Communication Agency.** Vous pouvez aussi faire le voyage en bateau *(p. 212)*.

Saint-Pétersbourg–Moscou affiché sur un wagon

Compartiment *SV* de la *Flèche Rouge* reliant Moscou à Saint-Pétersbourg

Car de Finnord

L'autocar

Les autocars qui partent d'Helsinki sont confortables et plus économiques que le train. **Finnord** assure un voyage de jour et un voyage de nuit dans les deux directions. Les compagnies d'autocars n'utilisent pas toujours les gares routières pétersbourgeoises, souvent mal situées, et déposent les passagers en divers points de la ville. Le terminus de Finnord se trouve à l'hôtel Poulkovskaïa *(p. 172)*. Il vaut mieux réserver votre billet à l'avance, car les Russes choisissent souvent cette solution pour aller faire leurs courses à Lappeenranta, de l'autre côté de la frontière, ou à Helsinki.

Le bateau

Arriver à Saint-Pétersbourg en bateau est un moyen original de découvrir la ville. Il n'existe toutefois pas de lignes régulières et il est préférable de s'adresser à une agence de voyages pour réserver ferries et bateaux de croisière.

Les ferries en provenance de Scandinavie débarquent généralement les passagers au **terminal maritime,** situé à l'ouest de l'île Vassilevski. Le trolleybus n° 10 et le bus n° 7 relient le terminal au centre-ville ou rejoignent, dans la direction opposée, le métro Primorskaïa. En été, les bateaux de croisière entre Moscou et Saint-Pétersbourg naviguent sur la Volga et sur le lac Ladoga. Ce voyage très agréable, qui dure environ deux semaines, permet de découvrir de nombreux sites intéressants. Pour réserver, adressez-vous à une agence spécialisée. Les bateaux accostent au **terminal fluvial** de Saint-Pétersbourg, situé à 10 min à pied du métro Proletarskaïa. Les compagnies de croisières assurent la navette en bus pour le centre-ville.

Les bateaux de croisière de luxe arrivent au port des cargos, situé à 5 km au sud-ouest du centre-ville. L'accès à ce port est restreint et les compagnies de croisières ont leur propre autobus pour transporter les visiteurs dans le centre et pour les ramener.

Terminal maritime, à l'ouest de l'île Vassilevski

Carnet d'adresses

Agences de voyages

Transtours
49, avenue de l'Opéra
75002 Paris.
☎ *01 53 24 34 00.*

Inexco Voyages/ Kmp Group
29, rue Tronchet
75008 Paris.
☎ *01 47 42 25 80.*
(représente Transaero).

CGTT
82, rue d'Hauteville
75010 Paris.
☎ *01 40 22 88 88*
FAX *01 42 46 75 55.*

Compagnies aériennes

Austrian Airlines
Nevski pr. 57.
Plan 7 B2.
☎ *325 3260.*
☎ *346 8100.*
(Poulkovo 2).

Air France
Bolchaïa Morskaïa oul. 35.
Plan 5 B2.
☎ *325 8552.*

Central Air Communication Agency
Nevski pr. 7/9.
Plan 6 D1.
☎ *315 0072 (vols internationaux).*
☎ *315 8093 (vols intérieurs).*

KLM
Zagorodny prospekt 5.
Plan 7 A3.
☎ *325 8989.*

Lufthansa
☎ *314 4979.*
☎ *324 3244 (Poulkovo 2).*

Swissair
Hôtel Nevski
Nevski prospekt 57.
☎ 325 3250.

Aeroflot
Nevski prospekt 150.
☎ *327 38 72.*
☎ *327 38 73.*

Trains

Renseignements SNCF (en France)
☎ *08 36 35 35 35.*
Minitel 3615 SNCF.

Renseignements (à Saint-Pétersbourg)
☎ *168 0111.*

Réservation centrale des billets
Центральные железно дорожные кассы
Tsentralnye jelezno dorozhnye Kassy
Nab. kanala Griboïedova 24
(en haut pour les étrangers).
Plan 6 E2.
☎ *162 3344.*

Gare de Finlande
Финляндский вокзал
Finliandski vokzal
Pl. Lenina 6.
Plan 3 B3.

Gare de Moscou
Московский вокзал
Moskovski vokzal
Pl. Vosstanïa.
Plan 7 C2.

Gare de Vitebsk
Витебский вокзал
Vitebsky vokzal
Zagorodny prospekt 52.
Plan 6 E4.

Gare de Varsovie
Варшавский вокзал
Varchavski vokzal
Nab. Obvodnovo kanala 118.

Cars

Finnord
Italianskaïa oul. 37.
Plan 6 F1. ☎ *314 8951.*

Bateaux

Terminal maritime
Морской пассажирский вокзал
Morskoï passajirski vokzal
Pl. Morskoï Slavy.
☎ *355 1310.*

Terminal fluvial
Речной вокзал
Retchnoï vokzal
Prospekt Oboukhovskoï

CIRCULER À SAINT-PÉTERSBOURG

En regardant un plan de Saint-Pétersbourg, on s'aperçoit que la ville a été organisée en suivant un tracé rationnel, qui permet de se repérer facilement. La cité bénéficie en outre d'un réseau de transports publics efficaces et très bon marché. Toutefois, le moyen le plus agréable de découvrir la ville, et de vraiment l'apprécier, est encore de la parcourir à pied. Lorsque la fatigue se fait sentir, prenez un bateau et partez à la découverte des canaux, qui vous permettront aussi de vous familiariser avec les différents quartiers. De Nevski prospekt, on peut rejoindre à peu près n'importe quelle destination dans la ville. Cette grande artère est en effet le carrefour des avenues et des transports urbains. Les lignes de métro, de tram, de bus et de trolleybus en partent pour sillonner la ville et la tisser d'un réseau de rails et de fils électriques suspendus.

Panneau de passage pour piétons

SAINT-PÉTERSBOURG À PIED

Dans certains quartiers, notamment aux abords du quai du Palais, les sites sont si proches les uns des autres qu'il est inutile d'utiliser les transports. Quelques-uns des sites les plus excentrés sont situés à 20 min à pied des transports publics les desservant, et vous n'aurez pas toujours d'autre choix que de parcourir le trajet à pied. Marcher est le meilleur moyen d'explorer la ville, de s'imprégner de son atmosphère et d'observer les détails architecturaux et les sculptures des façades.

Plaque de rue, Nevski prospekt

Dès le lever du soleil, en hiver comme en été, les habitants de tout âge sortent dans les rues et dans les parcs. Les Pétersbourgeois aiment la marche à pied, et ils se promènent volontiers sur Nevski prospekt ou flânent jusqu'à 2 heures du matin aux alentours de la Néva, pendant les Nuits blanches *(p. 51)*. Les jardins d'Été *(p. 95)* et les jardins Mikhaïlovski sont depuis longtemps appréciés par les Pétersbourgeois. Si vous aimez les longues promenades à pied et vous vous intéressez à l'architecture, ne manquez pas de visiter les îles Kamenni et Élaguine *(p. 136-137)*, avec leurs demeures du début du XXe siècle. Pour une promenade romantique, loin de la circulation, longez la Moïka ou le canal Griboïedov *(p. 134-135)*. Au sud de Nevski prospekt, vous passerez devant des immeubles majestueux, puis des blocs d'immeubles du XIXe siècle plus modestes, avec des rangées d'arbres longeant les voies d'eau, des places et des cours verdoyantes.

Les jardins Mikhaïlovski, derrière le Musée russe *(p. 104-107)*

Les automobilistes ne respectent pas les piétons et la circulation représente un réel danger. Prenez les passages souterrains s'il y en a, et sinon, ne traversez qu'aux passages pour piétons équipés de feux de signalisation, avec des pictogrammes verts et rouges, comme en Europe. Les passages pour piétons non lumineux sont signalés par un panneau bleu, mais ne vous y fiez pas, les automobilistes ne sont pas obligés de s'arrêter. Attention, si vous traversez la rue en dehors d'un passage réservé, la police de la circulation peut vous infliger une amende *(p. 205)*.

Panneaux indiquant rues et grands magasins

Si les cyclistes restent peu nombreux, ils ont tendance à ignorer le code de la route. Ils représentent un danger supplémentaire pour le piéton distrait. Sur les artères principales de la ville, les noms de rues sont inscrit en russe et en anglais sur des plaques bleu foncé. Ailleurs, ils sont inscrits, uniquement en cyrillique, en noir sur fond blanc. De nombreux plans, comme celui du *Neva News (p. 209)*, gratuit, vous indiquent le nom des principales rues en cyrillique, avec sa translitération. Si vous vous perdez, il vous sera plus facile de demander de l'aide à un passant avec un plan bilingue. **Ost-West Kontaktservice** et **Five Corners** *(p. 203)* organisent d'excellentes visites guidées à pied.

Panneau de passage souterrain

Circuler en métro

Enseigne du métro

Les bus, le tramway et le trolleybus sont les moyens les plus pratiques de se déplacer dans la ville, et le métro pétersbourgeois sert surtout à aller et venir de la périphérie. Les stations, ces « palais du peuple » instaurés par Staline, sont fascinantes à visiter et absolument sans danger. Tout le réseau fonctionne jusqu'après minuit. Pour éviter la cohue (2 millions de passagers par jour), prenez-le de préférence en fin de soirée. Malgré les panneaux écrits en cyrillique, il est relativement simple de s'y diriger, dans la mesure où le réseau ne comporte que quatre lignes.

Station de métro Plochtchad Vosstanïa

Le métro possède 59 stations à l'atmosphère bien différente, depuis celle de lugubre mémorial à Plochtchad Moujestva (« Place du Courage », *1975)* près du cimetière de Piskarovskoïe *(p. 126)*, jusqu'à la vulgarité de celles des années 80 comme à Oudelnaïa, ou froide et sans caractère à Sadovaïa, datant de 1992.

Le métro, un site touristique

Les meilleurs architectes soviétiques ont travaillé à la construction du métro de Saint-Pétersbourg. Des milliers de tonnes de marbre, de granite et de calcaire ont servi à recouvrir les murs, et les sculptures, les mosaïques et les lustres ont été commandés à de grands artistes. La première ligne a été ouverte en 1955, ses huit stations reliant Plochtchad Vosstanïa aux nouveaux immeubles staliniens du sud-ouest et à la plus grande usine de la ville, l'usine Kirov. Cette ligne est la plus intéressante parce qu'elle est l'incarnation même de l'idéal stalinien. La station Kirovski Zavod, vaste basilique, temple à la gloire des ouvriers en est un bon exemple. Son couronnement est celle d'Avtovo, avec sa richesse de style et de détails allant jusqu'à des colonnes en verre moulé.

Le réseau

Le métro est un moyen de transport idéal pour atteindre les hôtels excentrés et l'aéroport. Ses quatre lignes relient la périphérie au centre-ville, où elles se croisent à six stations. Dans la journée, les rames circulent à quelques minutes d'intervalle et toutes les cinq minutes dans la soirée. Les portes des stations ferment à minuit, mais les derniers trains partent du centre dix minutes plus tard. Le métro est bondé à toute heure du jour, mais il n'y pas d'heure de pointe. L'employé posté dans une cabine en bas de chaque escalier mécanique, peut vous renseigner, mais vous ne trouverez pas d'autre personnel sur le quai.

Mosaïques et colonnes de verre à Avtovo, station richement décorée

Escaliers mécaniques vers les quais

Le métro descend profondément sous terre pour passer sous les cours d'eau qui sillonnent la ville. De très longs escaliers mécaniques vous amènent jusqu'aux quais. Tenez votre droite pour ne pas gêner ceux qui montent ou descendent à pied.

De nouvelles stations sont en construction. Les dernières étant Krestovski Ostrov et Staraïa Derevnïa, sur la ligne jaune. La ligne rouge, nécessitant des travaux est fermée entre Lesnaïa et Plochtchad Moujestva, mais une navette gratuite permet de rallier ces deux stations.

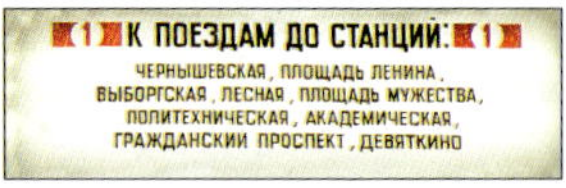

Panneau en cyrillique indiquant les arrêts

Panneau de correspondance et liste des stations

Prendre le métro

Avant de pénétrer dans le métro de Saint-Pétersbourg, munissez-vous d'une carte comportant le nom des stations en cyrillique avec leur translitération. Toutes les indications à l'intérieur du métro sont en cyrillique et les plans sont rares près des guichets ou dans les wagons. Soyez attentifs, car selon les stations, le nom peut être inscrit au milieu ou aux deux bouts du quai.

Les stations très fréquentées

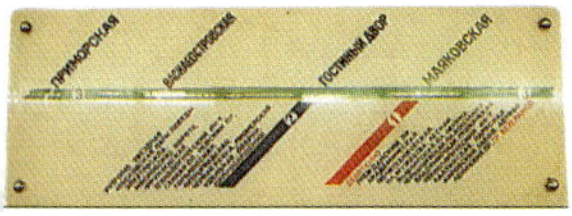

Stations et correspondances indiquées sur le quai du métro

Plan du métro de Saint-Pétersbourg

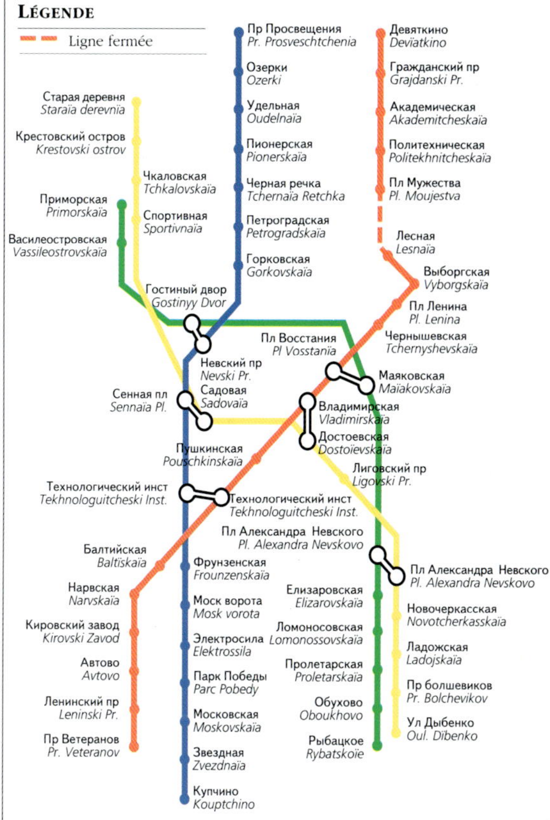

du centre-ville ont des portillons de sécurité entre le hall central et la rame. Lorsque la rame s'arrête, ces portillons s'ouvrent et c'est alors seulement que les portes de la rame s'ouvrent également. Dans ces stations, le trajet de la ligne sur laquelle vous circulez est affiché dans le hall. Dans les autres stations, le trajet est affiché au bout du quai.

Avant que les portes de la rame ne se referment, une voix annonce : *Ostorojno, Dveri zakrivaïoutsia* (« Attention ! les portes vont se fermer ! »). Dès qu'on approche d'une station, la voix l'annonce, avec éventuellement la correspondance, et donne le nom de la station suivante. Vous pouvez aussi compter les arrêts si vous ne comprenez pas ces différentes indications.

Pour changer de ligne, suivez les panneaux indiquant переход *(perekhod* signifie « traversée »*)*, sauf à la station Tekhnologuitcheski Institout, où les deux lignes sud sont sur des quais parallèles, ainsi que les deux lignes nord, si bien que pour continuer dans la même direction avec l'autre ligne, il suffit de traverser le hall central.

выход *(vykhod)* indique la sortie. Certaines stations, notamment Moskovskaïa (pour l'aéroport) et Gostiny Dvor, en ont parfois plusieurs, assez éloignées l'une de l'autre.

Tickets et cartes d'abonnement

Les jetons *(jeton)* s'achètent dans les stations de métro et servent pour certains téléphones *(p. 208)*. Les cartes magnétiques sont valables pour dix voyages ou plus. Si vous voyagez sur la ligne rouge, comme vous devez sortir du métro et prendre la navette entre la station Lesnaïa et Plochtchad Moujestva, il vaut mieux acheter une carte de transit *(tranzitny)* valable pour un seul trajet, dans tous les transports publics, avec laquelle vous pourrez reprendre votre voyage en métro.

Jeton de métro

Les machines sont installées en haut des escaliers mécaniques, la plupart d'entre-elles prennent les cartes magnétiques et les jetons. Vous devez insérer la carte, la bande magnétique vers le haut. Si vous essayez de passer sans payer, une barrière automatique se ferme devant vous. Au bout de la rangée des machines, l'employé qui vérifie les cartes vous laisse insérer votre jeton dans la machine qui n'a pas de barrière automatique. Mais avec une carte magnétique, vous ne pouvez pas passer là.

Les cartes mensuelles pour le métro ou pour tous les autres transports publics sont valables pour un nombre illimité de voyages dans le mois. On ne peut les acheter qu'au début du mois (ou le 16 pour les cartes valables 15 jours). On ne contrôle plus les tickets une fois passées les barrières.

Cartes mensuelles, valables pour tous les transports urbains

Circuler en tram, bus et trolleybus

Panonceau de tram au-dessus des rails

Si les transports, en surface, sont bondés, surtout pendant les heures de pointe, ils restent le meilleur moyen de découvrir la ville ou de faire de petits trajets, mais n'espérez pas y trouver une place assise. Au centre-ville, trolleybus et trams tissent tout un réseau de lignes au sol et de caténaires au-dessus des chaussées. Ils ont chacun leurs avantages et leurs inconvénients. Les trolleybus, plus fréquents, ont des trajets commodes. Les trams suivent des parcourts plus excentrés, sont moins bondés mais bruyants. Les bus sont irréguliers, mais ils desservent les nouveaux quartiers. Dans tous, inutile d'espérer s'asseoir. Les *Marchroutnye-taxi* sont des minibus et des bus confortables et fréquents, mais plus chers.

Tram à un arrêt devant le Théâtre Marinski

Renseignements pratiques

Les trams, les bus et les trolleybus partent vers 5 h 30 du dépôt. Les services, qui fonctionnent à intervalles plutôt irréguliers pendant la journée, sont rares après 23 h et s'arrêtent vers minuit. Les horaires de passage des bus ne sont affichés que sur quelques lignes. Chacun de ces moyens de transport de surface a ses propres arrêts, qui peuvent être très éloignés les uns des autres.

Les files d'attente ne sont jamais respectées : préparez-vous à jouer des coudes. Que ce soit dans le tram, le bus ou le trolleybus, on peut monter par l'avant, le milieu ou l'arrière des véhicules. Huit places sont réservées aux handicapés, aux personnes âgées ou avec des enfants, qui ont priorité pour entrer par l'avant. Vous payez le receveur une fois à bord. À l'approche d'un arrêt, si vous êtes près de la sortie, vous entendrez *Vy vykhodite ?* (« Vous descendez ? »), ce qui signifie en fait « écartez-vous ! ». Aux heures de pointe, rapprochez-vous de la sortie bien avant l'arrêt ou préparez-vous encore à jouer des coudes.

Pour découvrir les sites principaux, prenez le trolley n° 10, qui part de Plochtchad Alexandra Nevskovo. Vous traverserez le centre-ville et l'île Vassilevski *(p. 56-63)* jusqu'à la station de métro Primorskaïa. Le tram n° 28 part du Champ de Mars *(p. 94)* et se dirige vers l'est de la ville ; le bus n° 22 part de l'Institut Smolny (p. 128), passe par la place Saint-Isaac *(p. 79)* et le Théâtre Marinski *(p. 119)* et continue vers le sud-ouest, quartier à l'architecture stalinienne. Le bus n° 46 part du Champ de Mars et remonte prospekt Kamennoostrovski *(p. 70)* jusqu'à l'île Kamenni *(p. 136-137)*.

Montée dans le tramway

Le tramway

Les trams vous permettent d'explorer le centre-ville et de découvrir des quartiers moins touristiques. Ils sont moins bondés que les trolleybus et il est possible d'y trouver une place assise. Les arrêts sont indiqués par des panonceaux rouge et blanc suspendus au-dessus des rails. En-dehors du centre, les grandes artères ont des terre-pleins en leur milieu où les usagers peuvent attendre l'arrivée du véhicule. Ailleurs, ils attendent sur le trottoir. Lorsque les portes du tram s'ouvrent, la circulation s'arrête pour permettre aux passagers d'aller et de venir du tram au trottoir. Soyez prudents, cette priorité n'est pas toujours respectée.

Lorsque le conducteur s'arrête à un croisement pour changer l'aiguillage des rails, il descend par la porte avant. N'essayez pas de monter ou de descendre du tram à ce moment-là.

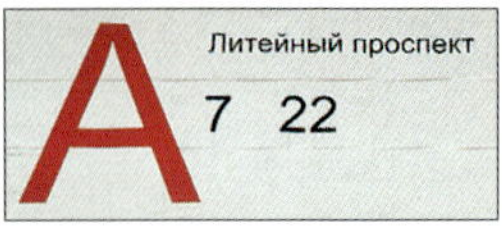

Arrêt de bus, avec nom de l'arrêt et n° du bus

Les bus et minibus

Les bus desservent surtout la périphérie de la ville. Ils passent environ toutes les 20 mn, parfois moins souvent. Les arrêts de bus dans le centre-ville sont indiqués par des panonceaux blancs avec un « A » *(auvtobus)* en rouge, placés sur le trottoir ou sur le mur d'un immeuble. Ils remplacent peu à peu les

Wagon de tramway

Trolleybus sur Nevski prospekt

Marchroutka sur l'île Vassilevski

anciennes plaques jaunes. Certains itinéraires sont maintenant doublés par des bus ou minibus familièrement appelés *Marchroutki* qui s'arrêtent à la demande. Ils sont indiqués par un « T » avant le numéro ou un « Э » pour express. Leurs tarifs sont deux ou trois fois plus élevés que celui des bus publics. On paie le receveur en montant ou en descendant – faites comme les Pétersbourgeois.

Les trolleybus

Le trolleybus est le moyen de transport le plus utilisé sur Nevski prospekt et le plus pratique, mais ses arrêts sont fréquents et il est toujours bondé. Les contrôles y sont plus nombreux.

Les arrêts sont indiqués par des petits panonceaux bleu et blanc, suspendus aux caténaires, qui indiquent le numéro des véhicules. Sur les artères principales, ils sont indiqués aussi sur les murs des immeubles, par un « T » (pour trolleybus) qui ressemble à un « M » bleu aplati sur fond blanc.

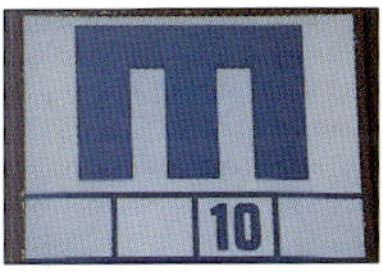

Arrêt de trolleybus

Les perches qui sont sur le toit des trolleybus sont appelées familièrement « cornes » *(roga)* ou « petites moustaches » *(oussiki)*. Elles se décrochent parfois des caténaires et le conducteur doit s'arrêter pour les rattacher, mais cela ne cause qu'un léger retard.

Tickets et cartes d'abonnement

Un tarif unique est appliqué à tous les transports publics, quelle que soit la longueur du trajet. Les tickets s'achètent au receveur, reconnaissable à son brassard rouge sur lequel est écrit le mot « Кондуктор », ou au conducteur, dans les bus Marchroutny. Après être monté, vous devez acheter votre ticket avant l'arrêt suivant et pour les bagages encombrants, payer un supplément. Les amendes pour défaut de paiement peuvent être exigées sur le champ par des inspecteurs en civil. Si l'on vous accuse de fraude, demandez au contrôleur de vous montrer ses papiers. L'amende ne doit pas excéder un dollar (à régler en roubles).

Si vous restez quelques temps à Saint-Pétersbourg, le moyen le plus économique de se déplacer est d'acheter une carte mensuelle ou une carte valable du 16 à la fin du mois (mais pas du 1er au 15). Elles sont acceptées dans tous les transports, y compris le métro *(p. 214-215)*. La carte magnétique mensuelle, ou *ediny bilet,* s'achète uniquement le premier jour du mois et est valable jusqu'au dernier. Il existe aussi des cartes mensuelles spécifiques à chaque type de transport. Les cartes d'abonnement permettent d'aller jusqu'à Tsarskoïe Selo et Pavlovsk, mais pas à Peterhof, Gatchina et Oranienbaum *(p. 220-221)*.

Arrêt de trolleybus sur Nevski prospekt, près de plochtchad Vosstanïa

Promenades sur les rivières et les canaux

Arrêt de bateau-taxi

Pierre le Grand fit construire Saint-Pétersbourg sur le modèle d'Amsterdam *(p. 20-21)*. Il utilisa les nombreuses voies d'eau existants dans ses plans, en créant ou en modifiant d'autres, et on peut dire que les deux villes se disputent le titre de « Venise du Nord ». Un grand choix de promenades pour quelques personnes ou en plus grand nombre, en bateau ouvert ou fermé, vous est offert au départ des ponts de Nevski prospekt. C'est un excellent moyen pour visiter la ville, surtout pour ceux qui ne peuvent marcher longtemps. La Fontanka, bordée de palais néo-classiques, la Moïka aux berges arborées et aux ponts métalliques, le canal Griboïedov et ses méandres font partie de tous les trajets. Emportez un pique-nique (et un bon pull-over) et laissez-vous porter par les flots.

Carnet d'adresses

Bureau de tourisme de Saint-Pétersbourg
Sadovaïa oul. 28-30. **Plan** 6 F1.
311 4019.

Neva Travel Company
Konnogvardeïski boul. 9.
210 9619.

Nord-Soyouz (Nord-sud)
Bol. Possadskaïa oul. 9A. **Plan** 2 E2.
232 0552.

Réservations de taxi
312 0022.

Croisière sur la Moïka

Renseignements pratiques

La navigation sur les canaux est fonction du temps. La plupart des bateaux circulent tous les jours de mi-mai à fin septembre. Les travaux de reconstruction des berges de granite des canaux peuvent modifier l'itinéraire des croisières, car ils empêchent parfois de passer dans certains endroits.

Les marées du golfe de Finlande affectent la Néva et les canaux. Les promenades sont parfois annulées en raison de vents violents.

Visites guidées sur les canaux

De gros bateaux couverts partent toutes les 30 mn, de 11 h 30 à 20 h, du pont Anitchkov sur Nevski prospekt *(p. 49)*.

Les billets pour la croisière s'achètent au kiosque de l'embarcadère. Si les files d'attente sont trop longues, il est parfois possible de prendre son billet à l'avance pour une excursion, mais dans la même journée. Le voyage dure 70 mn et passe par la Moïka, le Griboïedov, et la Fontanka. Lorsque le temps le permet, les bateaux sortent sur la Néva, et l'on a de là des vues superbes de toute la ville.

Les billets coûtent 5 $ en roubles pour les étrangers, un peu plus cher que pour les Russes. Les visites guidées se font uniquement en russe. Pour les visites guidées en anglais, les réservations se font dans les grands hôtels.

L'été, il fait parfois très chaud à l'intérieur des bateaux couverts, et les fenêtres en plexiglass, souvent rayées, n'offrent pas une très bonne visibilité. Moyennant un petit supplément, vous pourrez mieux voir en vous intallant sur la plate-forme arrière du bateau. Apportez boissons et sandwichs car vous trouverez rarement de quoi vous restaurer sur ces bateaux.

Kiosque à billets, pont Anitchkov

Croisières sur la Néva

Un grand choix de bateaux montent et descendent la Néva entre le golfe de Finlande et la gare de la Rivière *(Retchnoï vokzal)*, au sud-est. Les départs ont lieu toutes les heures entre 10 h et 22 h et le voyage dure une heure. Les billets, que l'on achète à l'embarcadère ou sur le bateau, ne sont pas chers, mais les étrangers paient plus que les Russes. Les bateaux partent de l'embarcadère qui se trouve en face du Cavalier de bronze, place des Décembristes, ou de celui qui est situé près de l'entrée principale de l'Ermitage *(p. 75)*.

Ces croisières guidées sont un agréable passe-temps, plutôt qu'une manière de visiter la ville. On y sert généralement des boissons et des snacks.

On peut réserver des croisières de luxe. **Neva Travel Company** offre un choix d'itinéraires sur la Néva et les nombreux canaux de la ville.

Bateau de croisière sur la Néva. Vue sur l'Ermitage et le quai du Palais

Bateaux-taxis amarrés sur le canal Griboïedov, près de Kazanski most, Nevski prospekt

Bateaux-taxis

Les bateaux-taxis sont des bateaux à moteur, identiques aux embarcations privées, qui transportent de 4 à 20 personnes. Pendant les Nuits Blanches, ils circulent très tard dans la nuit.

Pour un petit bateau, attendez à l'embarcadère situé au nord de Politseïski most, à l'endroit où Nevski prospekt *(p. 46-49)* croise la Moïka, ou près de la station de métro Gostiny Dvor, sur le canal Griboïedov, près de Kazanski most. Les plus gros bateaux doivent être réservés au moins deux heures à l'avance.

Il vaut mieux négocier les prix qui varient entre 30 et 50 $ selon la dimension du bateau et l'itinéraire choisi. Une heure vous emmène dans les canaux, mais une demi-heure supplémentaire, vous fait traverser la Néva autour de la forteresse Pierre-et-Paul *(p. 66-67)* avec de très belles vues des quais. La plupart des pilotes peuvent vous signaler les sites principaux en anglais, et certains même vous offrir une visite guidée sommaire. Vous pouvez aussi demander un guide en anglais, mais vous devez vous y prendre à l'avance. Il est possible de réserver sur un bateau-taxi moyennant un petit acompte, mais ils sont nombreux et vous n'aurez aucune peine à en trouver.

Les bateaux-taxis ne sont pas couverts et il peut y faire assez froid, surtout le soir. Prenez des vêtements chauds, même en été. Il y a généralement au moins une couverture à bord, pour un passager non prévoyant. Les pilotes vous permettent de faire à peu près ce que vous voulez à bord tant que vous respectez les règles de sécurité.

Bateaux-taxis sur la Moïka, près de Politseïski most

Taxis

Les taxis jaunes sont les taxis officiels de Saint-Pétersbourg. Ils sont peu à peu supplantés par les taxis privés sans compteurs. La plupart des habitants préfèrent, eux, héler un *tchastnik,* autrement dit n'importe quelle voiture qui passe.

Taxi jaune pétersbourgeois

Taxis officiels

La flotte de taxis jaunes doit faire face à la concurrence croissante des sociétés de taxis privées dont le parc automobile se compose de voitures modernes importées. Les taxis privés font payer un forfait négocié avant la course, et ils tendent à monopoliser certains quartiers près des hôtels, des restaurants et des bars principaux, et à l'aéroport.

Quelle que soit l'option que vous choisirez, annoncez votre destination avant de monter dans la voiture. Les chauffeurs de taxi ne sont pas obligés de vous emmener, ils peuvent simplement continuer leur chemin s'ils ne vont pas dans votre direction.

Les nouveaux taxis jaunes sont équipés de compteurs modernes, mais ceux des plus vieux ne sont pas fiables ou ne fonctionnent tout simplement pas. C'est pourquoi il vaut mieux de fixer le prix de la course avant le départ pour éviter toute contestation. Si vous estimez que l'on vous demande trop cher, il n'est pas inutile de protester. Dans les quartiers où l'on ne trouve pas de taxis, il faut les réserver par téléphone ou espérer en un tchastnik.

Tchastniki

Depuis longtemps, les Russes se sont habitués à héler les voitures privées, plus accessibles et plus économiques que les taxis officiels. C'est pourquoi, dès que vous levez la main pour héler un taxi, une voiture privée peut s'arrêter. Certains véhicules sont parfois en mauvais état mais le conducteur est souvent plus accomodant pour les bagages qu'un chauffeur de taxi officiel, et la note est moins élevée. Si le chauffeur n'est pas seul, il est préférable de ne pas monter. Et le soir, si vous êtes seul, évitez aussi bien les taxis que les voitures privées.

Comme pour les taxis ordinaires, annoncez votre destination. Si le chauffeur accepte, négociez le prix avant le départ.

Pétersbourgeois hélant un *tchasnik*

Circuler dans les environs

Quelle que soit la saison, de nombreux Pétersbourgeois quittent la ville pendant le week-end pour retrouver leur datcha, se promener dans les bois, cueillir les fruits ou les légumes de saison, faire du ski de fond ou visiter les anciennes résidences impériales. Les bus et les trains de banlieue circulent toute l'année, seuls moyens de transport vers ces lieux excentrés, à l'exception de Peterhof, accessible en hydroglisseur à travers le golfe de Finlande. Les étrangers ont tendance à choisir des visites organisées, mais avec un minimum de préparation, voyager par soi-même peut faire partie du plaisir.

Dans un train de banlieue pétersbourgeois

Les trains de banlieue

Le train est le moyen le plus pratique pour sortir de la ville. Les billets s'achètent aux guichets des gares *(prigorodnïe kassy)*, où un horaire est affiché. Un billet aller-retour coûte le même prix que deux allers simples. À noter qu'il est interdit de fumer dans les trains et que le trafic s'interrompt parfois entre 10 h et midi.

Restaurant modern style à la gare de Vitebsk

Aller à Tsarskoïe Selo et à Pavlovsk

Les trains pour Tsarskoïe Selo *(p. 150-153)* et Pavlovsk *(p. 156-159)* partent toutes les 20 mn à partir de la **gare de Vitebsk**. Cette ligne a été construite pour permettre à la famille impériale d'accéder à ses résidences d'été. La gare est un magnifique exemple d'architecture Art nouveau russe. Le guichet se trouve à droite du bâtiment principal. Tous les trains de banlieue font le trajet en 25 min avec un arrêt à Tsarskoïe Selo (Detskoïe Selo), puis à Pavlovsk.

À la gare de Detskoïe Selo, les bus 382 et 371 vont à Tsarskoïe Selo et s'arrêtent près du palais. La gare de Pavlovsk est située juste en face de l'entrée du parc que l'on traverse à pied, agréable promenade d'une demi-heure, sinon prendre le bus 370, 370a, 383 ou 383a.

Le 370 et le 383 assurent aussi le service entre le palais de Pavlovsk et la gare de Destkoïe Selo. Les tickets d'autobus et les cartes mensuelles du réseau urbain y sont encore valables.

Train de banlieue à la gare de Vitebsk

Aller à Peterhof et à Oranienbaum

Toutes les 20 mn, des trains partent de la **gare de la Baltique** pour Peterhof *(p. 146-149)* et pour Oranienbaum *(p. 144-145)*, ceux qui s'arrêtent à Oranienbaum sont aussi ceux qui vont à Kalichtche.

Pour Peterhof, descendez à Novy Peterhof (à 40 mn de la ville), et pour un trajet de 10 mn prenez le bus 351, 352, 354 ou 355 jusqu'au palais.

En été, l'hydroglisseur est le moyen le plus agréable et le plus simple d'atteindre Peterhof (chaque passage coûte environ 5 $ en roubles).

Oranienbaum est le premier arrêt, à une heure de voyage après avoir aperçu le golfe de Finlande. Tournez à droite en sortant de la gare, et marchez environ 200 m jusqu'à la rue principale. L'entrée se trouve presque en face et le Grand Palais, au cœur du parc, est à 5 mn de marche.

Aller à Gatchina

Environ toutes les demi-heures, des trains partent de la **gare de la Baltique** pour Gatchina *(p. 145)*. Le trajet dure une heure. En face de la gare de Gatchina se trouve une petite route qui mène directement à la place en face du palais. Les trains qui partent de la **gare de Varsovie** arrivent à une autre gare, plus éloignée du palais.

On peut aussi prendre le bus 431 ou des minibus rapides qui partent du métro Moskovskaïa. Attention, ni les tickets de bus ni les cartes mensuelles ne sont valables sur cet itinéraire.

Aller à Repino et au golfe de Finlande

Les trains partent environ toutes les 20 mn de **la gare de Finlande** à destination de Repino *(p. 144)* et du golfe de Finlande. Les billets s'achètent au guichet, dans le bâtiment principal. Évitez les trains qui portent l'inscription Beloostrov ou Krougovoï. À Repino, traversez la rue principale, dirigez-vous vers le golfe de Finlande et tournez à gauche sur la route bitumée jusqu'à Penaty.

Le bus 411 dessert aussi Repino et s'arrête juste devant Penaty. Il part du métro Tchernaïa Retchka.

Bus n° 948 pour Novgorod

Aller à Novgorod

Le car 948 part pour Novgorod *(p. 160-163)* toutes les deux heures de la **Gare routière 2** et fait le voyage en quatre heures. Le train du week-end part de la **gare de Moscou** juste avant 7 h et ne met que deux heures et demie. Il rentre à Saint-Pétersbourg vers 18 h.

Conduire à Saint-Pétersbourg

La location de voiture n'est pas un système encore très répandu en Russie, et pour l'instant à Saint-Pétersbourg, les voitures et les minibus sont loués le plus souvent avec un chauffeur de la compagnie. **Hertz** est la seule exception mais ses prix sont bien plus élevés qu'en Europe.

Pour ceux qui prendront tout de même le volant, ne pas oublier qu'il vous faut un permis de conduire international, une assurance internationale, les papiers prouvant que vous êtes en droit de conduire et le contrat de location portant votre nom, ou à défaut une déclaration, certifiée en russe, du propriétaire du véhicule. Un agent de police *(p. 205)* a le droit de vous arrêter pour vérifier vos documents. Il peut vous infliger une amende sur-le-champ pour des infractions mineures : votre plaque d'immatriculation est sale, vous n'avez pas de trousse de premiers secours, ou pour des motifs plus graves comme conduite en état d'ivresse. En principe, aucun taux d'alcoolémie n'est toléré. Les policiers sont extrêmement actifs car ils considèrent les amendes comme un moyen d'augmenter leur salaire.

Soyez attentifs, les Russes tendent à ignorer le code de la route et font plus ou moins ce qu'ils veulent. Gardez votre droite et ne tournez jamais à gauche dans une grande rue, à moins qu'un panneau ne vous y autorise.

L'hiver, vous devez équiper votre voiture de pneus à clous car les chaînes détériorent les rails des trams, et vice versa. Il est déconseillé d'utiliser le frein à main par temps froid, car il a tendance à geler.

L'essence sans plomb est rare et n'utilisez rien en dessous de 98 d'indice d'octane. Le stationnement est payant presque partout au centre-ville. L'hôtel Nevski Palace et l'Europe *(p. 173)* ont un parking surveillé 24 h/ 24, vivement recommandé car le vol de voitures est un sport largement apprécié à Saint-Pétersbourg.

Panneau « Stop » en cyrillique

L'hydroglisseur pour Peterhof

Hydroglisseur à l'embarcadère de l'Ermitage

L'hydroglisseur est le moyen le plus agréable et de loin le plus spectaculaire pour se rendre au palais de Peterhof. Il met 45 mn pour traverser le golfe de Finlande. Le service est assuré de début juin à début octobre. Il part du deuxième embarcadère situé près de l'Ermitage *(p. 75)* où un horaire hebdomadaire est affiché. Généralement, un départ a lieu toutes les heures, à partir de 9 h 30. Le dernier bateau rentre à 18 h. Achetez votre billet de retour à l'arrivée à Peterhof car l'entrée du Parc inférieur est payante, et ce billet vous sera demandé lorsque vous le retraverserez pour reprendre l'hydroglisseur.

Carnet d'adresses

Gares ferroviaires et routières

Informations pour le train
☎ *168 0111.*

Gare de la Baltique
Балтийский вокзал
Baltiski vokzal
Nab. Obvodnovo kanala 120.

Gare Routière 2
Автобусный вокзал 2
Avtobousny vokzal
Nab. Obvodnovo kanala 36.
Plan 7 C5. ☎ *166 5777.*

Gare de Finlande
Финляндский вокзал
Finliandski vokzal
Pl. Lenina 6. **Plan** 3 B3.

Gare de Moscou
Московский вокзал
Moskovski vokzal
Pl. Vosstanïa. **Plan** 7 C2.

Gare de Vitebsk
Витебский вокзал
Vitebski vokzal
Zagorodny pr. 52. **Plan** 6 E4.

Gare de Varsovie
Варшавский вокзал
Varchavski vokzal
Nab. Obvodnovo kanala 118.

Location de voitures

Hertz
Poulkovo 1, hall d'arrivée.
☎ 324 3242. FAX 324 3240.

Atlas des rues

Le schéma ci-dessous indique les quartiers de Saint-Pétersbourg détaillés dans l'*Atlas des rues*. Les reports au plan indiqués pour chaque site, monument, restaurant, hôtel, magasin ou salle de spectacle décrits dans ce guide se rapportent aux plans de cet atlas. Les principaux sites qui y figurent sont faciles à localiser. La légende ci-dessous contient d'autres pictogrammes figurant sur les plans, qui correspondent aux postes, églises, stations de métro, etc. Le répertoire des noms de rues désignent les noms en translitération française, suivie des noms en caractères cyrilliques (ces derniers ne figurant que pour les rues principales). Les anciens noms de rues, qui ont remplacé ceux de l'époque soviétique *(p. 201)*, ont été utilisés. Les lieux à visiter sont en revanche traduits en français.

Devant la cathédrale de Kazan

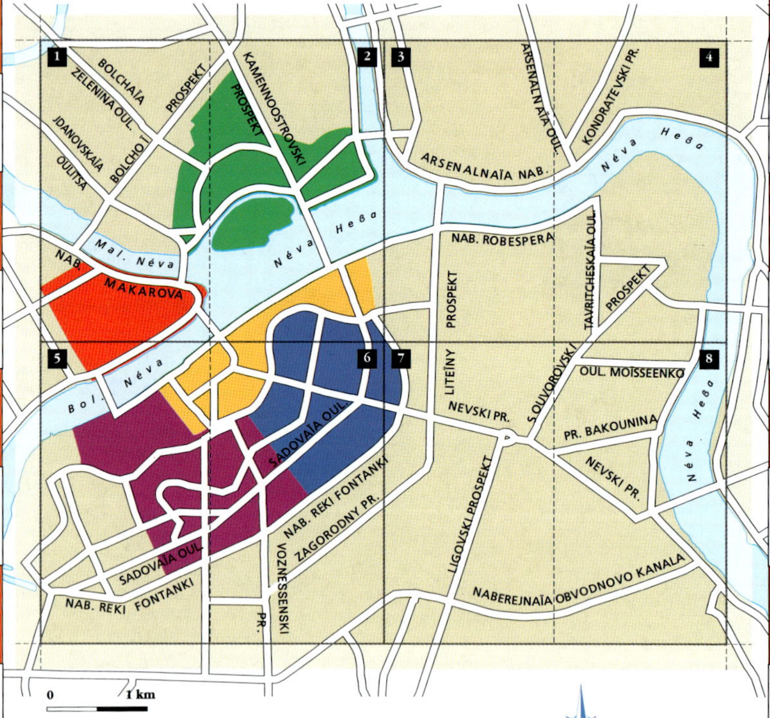

Légende des plans

- Site exceptionnel
- Site intéressant
- Édifice intéressant
- Station de métro
- Gare ferroviaire
- Arrêt de tramway
- Terminus de trolleybus
- Terminus de bus
- Embarcadère
- Station de taxis
- Hôpital
- Poste de police
- Église orthodoxe
- Église
- Synagogue
- Mosquée
- Bureau de poste
- Voie ferrée
- Rue à sens unique
- «45 N° de bâtiment (rue principale)

Échelle des plans

0 300 m

Index des rues

A

Abréviations et mots utiles

oul.	**oulitsa**	rue
pl.	**plochtchad**	place
pr.	**prospekt**	avenue
per.	**pereoulok**	ruelle/allée
	most	pont
	sad	jardin
	chosse	route

B

H

I

J

K

Krasnovo Textilchtchika oulitsa
КРАСНОГО ТЕКСТИЛЬЩИКА, УЛИЦА **4 F5**

Krasny most
КРАСНЫЙ МОСТ **6 D2**

Krassoarmeïski most
КРАСНОАРМЕЙСКИЙ МОСТ **5 C4**

Krasnosselskaïa oulitsa
КРАСНОГО КУРСАНТА, УЛИЦА **1 A2**

Krementchougskaïa oulitsa
КРЕМЕНЧУГСКАЯ УЛИЦА **8 D4**

Kronverkskaïa naberejnaïa
КРОНВЕРКСКАЯ НАБЕРЕЖНАЯ **2 D3**

Kronverskaïa oulitsa
КРОНВЕРКСКАЯ, УЛИЦА **2 D2**

Kronverkski prospekt
КРОНВЕРКСКИЙ ПРОСПЕКТ **1 C3**

Kronverski most
КРОНВЕРКСКИЙ МОСТ **2 D4**

Kropotkina oulitsa
КРОПОТКИНА, УЛИЦА **1 C2**

Krylova peroulok
КРЫЛОВА, ПЕРЕУЛОК **6 F2**

Krioukova Kanala naberejnaïa
КРЮКОВА КАНАЛА, НАБЕРЕЖНАЯ **5 B2**

Kvarengui pereoulok
КВАРЕНГИ, ПЕРЕУЛОК **4 F4**

L

Laboutina oulitsa ЛАБУТИНА, УЛИЦА **5 B4**

Ladyguina peroulok
ЛАДЫГИНА, ПЕРЕУЛОК **5 B5**

Lakhtinskaïa oulitsa ЛАХТИНСКАЯ УЛИЦА **1 B1**

Lazaretny pereoulok
ЛАЗАРЕТНЫЙ ПЕРЕУЛОК **6 E4**

Lebiajevo Kanala naberejnaïa
ЛЕБЯЖЬЕВО КАНАЛА, НАБЕРЕЖНАЯ **2 F5**

Lenina plochtchad ЛЕНИНА, ПЛОЩАДЬ **3 B3**

Lenina oulitsa ЛЕНИНА, УЛИЦА **1 B1**

Lermontovski prospekt
ЛЕРМОНТОВСКИЙ ПРОСПЕКТ **5 B3**

Lechtoukov most ЛЕШТУКОВ МОСТ **6 F3**

Lesnoï prospekt ЛЕСНОЙ ПРОСПЕКТ **3 B1**

Letni sad ЛЕТНИЙ САД **2 F5**

Levachovski prospekt
ЛЕВАШОВСКИЙ ПРОСПЕКТ **1 A1**

Leïtenanta Schmidta most
ЛЕЙТЕНАНТА ШМИДТА, МОСТ **5 B1**

Leïtenanta Schmidta naberejnaïa
ЛЕЙТЕНАНТА ШМИДТА, НАБЕРЕЖНАЯ **5 A1**

Pont du Lieutenant-Schmidt **5 B1**

Ligovski prospekt
ЛИГОВСКИЙ ПРОСПЕКТ **7 B4**

Liteïny most ЛИТЕЙНЫЙ МОСТ **3 A3**

Liteïny prospekt
ЛИТЕЙНЫЙ ПРОСПЕКТ **3 A5, 7 A1**

Lizi Tchaïkinoï oulitsa
ЛИЗЫ ЧАЙКИНОЙ, УЛИЦА **1 C3**

Lodeïnopolskaïa oulitsa
ЛОДЕЙНОПОЛЬСКАЯ УЛИЦА **1 B1**

Lomonossova most ЛОМОНОСОВА, МОСТ **6 F3**

Lomonossova plochtchad
ЛОМОНОСОВА, ПЛОЩАДЬ **6 F2**

Lomonosssova oulitsa
ЛОМОНОСОВА, УЛИЦА **6 F2**

Lva Tolstovo oulitsa ЛЬВА ТОЛСТОГО, УЛИЦА **2 D1**

Lvini most ЛЬВИНЫЙ МОСТ **5 C3**

M

Maison des Commandants **2 D4**

Maison de Fabergé **6 D1**

Maison des Ingénieurs **2 D3**

Maisonnette de Pierre **2 F3**

Maison-musée Dostoïevski **7 B3**

Makarenko pereoulok
МАКАРЕНКО, ПЕРЕУЛОК **5 C4**

Makarova naberejnaïa
МАКАРОВА, НАБЕРЕЖНАЯ **1 A4**

Malaïa Grebetskaïa oulitsa
МАЛАЯ ГРЕБЕЦКАЯ УЛИЦА **1 B2**

Malaïa Koniouchennaïa oulitsa
МАЛАЯ КОНЮШЕННАЯ УЛИЦА **6 E1**

Malaïa Monetnaïa oulitsa
МАЛАЯ МОНЕТНАЯ УЛИЦА **2 E1**

Malaïa Morskaïa oulitsa
МАЛАЯ МОРСКАЯ УЛИЦА **6 D1**

Malaïa Possadskaïa oulitsa
МАЛАЯ ПОСАДСКАЯ УЛИЦА **2 E2**

Malaïa Pouchkarskaïa oulitsa
МАЛАЯ ПУШКАРСКАЯ УЛИЦА **1 C2**

Malaïa Raznotchinnaïa oulitsa
МАЛАЯ РДЗНОЧИННАЯ УЛИЦА **1 B2**

Malaïa Sadovaïa oulitsa
МАЛАЯ САДОВАЯ УЛИЦА **6 F1**

Malaïa Zelenina oulitsa
МАЛАЯ ЗЕЛЕНИНА УЛИЦА **1 A1**

Malodetskosselski prospekt
МАЛОДЕТСКОСЕЛЬСКИЙ ПРОСПЕКТ **6 E5**

Malookhtinski prospekt
МАЛООХТИНСКИЙ ПРОСПЕКТ **8 F2**

Maly prospekt МАЛЫЙ ПРОСПЕКТ **1 B2**

Manège des Chevaliers-Gardes **5 C2**

Manejny pereoulok
МАНЕЖНЫЙ ПЕРЕУЛОК **3 B5**

Marata oulitsa МАРАТА, УЛИЦА **6 F4, 7 A4**

Marché Apraksine **6 E2**

Marinski proïezd
МАРИИНСКИЙ ПРОЕЗД **4 D5**

Markina oulitsa МАРКИНА, УЛИЦА **1 C2**

Marsovo pole МАРСОВО ПОЛЕ **2 F5**

Masterskaïa oulitsa МАСТЕРСКАЯ УЛИЦА **5 A3**

Matveeva pereoulok
МАТВЕЕВА ПЕРЕУЛОК **5 B3**

Maïakovskovo oulitsa
МАЯКОВСКОГО, УЛИЦА **3 B5, 7 B1**

Melnitchnaïa oulitsa
МЕЛЬНИЧНАЯ УЛИЦА **8 F5**

Mendeleevskaïa linia
МЕНДЕЛЕЕВСКАЯ ЛИНИЯ **1 C5**

Miasnaïa oulitsa МЯСНАЯ УЛИЦА **5 A4**

Mitchourinskaïa oulitsa
МИХАЙЛОВСКАЯ УЛИЦА **2 E2**

Mikhaïlovskaïa oulitsa
МИХАЙЛОВСКАЯ УЛИЦА **6 F1**

Mikhaïlova oulitsa
МИХАЙЛОВА УЛИЦА **3 C2**

Mikhaïlovski sad
МИХАЙЛОВСКИЙ САД **2 F5, 6 F1**

Millionnaïa oulitsa
МИЛЛИОННАЯ УЛИЦА **2 E5**

Mineralnaïa oulitsa
МИНЕРАЛЬНАЯ УЛИЦА **3 C1**

Minski pereoulok
МИНСКИЙ ПЕРЕУЛОК **5 B3**

Mira oulitsa МИРА, УЛИЦА **2 D2**

Q

R

S

1
A
B
C
LEVACHOVSKI PROSPEKT
ЛЕВАШОВКИЙ ПРОСПЕКТ
NAB. A LAZAREVA
BOLCHAÏA ZELENINA OULITSA
REZNAÏA OULITSA
MAL. ZELENINA OULITSA
GLOUKHAÏA ZELENINA OUL.
BAROTCHNAÏA OUL.
PETROZAVODSKAÏA OULITSA
LODEÏNOPOLSKAÏA OUL.
POUDOJSKAÏA OULITSA
GAZOVAÏA OULITSA
OULITSA LENINA
TCHKALOVSKI PROSPEKT
ЧКАЛОВСКИЙ ПРОСПЕКТ
LAKHTINSKAÏA
GATCHINSKAÏA
OULITSA PLOUTALOVA
OULITSA PODREZOVA
OULITSA PODKOVYROVA
OULITSA POLOZOVA
MALY PROSPEKT
МАЛЫЙ ПРОСПЕКТ
BARMALEEVA
SREDNIAÏA KOLTOVSKAÏA OULITSA
KORPOUSNAÏA OULITSA
КОРПУСНАЯ УЛИЦА
BOLCHAÏA RAZNOTCHINNAÏA OUL.
БОЛЬШАЯ
Tchkalovskaïa
ORANIENBAUMSKAÏA
PETROGRADS
STORON
PIONERSKAÏA OUL.
ПИОНЕРСКАЯ УЛ
OULITSA KRASNOVO KOURSANTA
ЗЕЛЕНИНА УЛИЦА
ROPCHINSKAÏA
KOLPINSKAÏA
STRELNINSKAÏA OUL.
OUL. CHAMCHEVA
BOLCHOÏ PROSPEKT
BOLCHAÏA POUCHKARSKAÏA OULITSA
MAL. POUCHKARSKAÏA
OULITSA KROPOTKI
OULITSA VOSKOV
MAL. RAZNOTCHINNAÏA
IJORSKAÏA OUL.
RYBATSKAÏA OUL.
KRASNOSSELSKAÏA OUL.
MONTCHEGORSKAÏA OUL.
БОЛЬШОЙ ПРОСПЕКТ
VEDENSKAÏA OULITSA
OULITSA MARKINA
GIMNAZITCHESKI PEREOULOK
JDANOVSKAÏA
JDANOVSKAÏA NAB.
Jdanovka
Ждановка
ЖДАНОВСКАЯ НАБ
ЖДАНОВСКАЯ УЛИЦА
УЛИЦА КРАСНОГО КУРСАНТА
PIONERSKAÏA OUL.
MAL. GREBETSKAÏA OUL.
OFITSERSKI PER.
LIZY
TCHAÏKINOÏ
OUL. BLAGOÏEVA
SEZJINSKAÏA OULITSA
TATARSKI PER.
ZVERINSKAÏA OULITSA
PER. NESTEROVA
OULITSA BLOKHINA
MYTNINSKI PER.
KRONVERKSKI PROSPEKT
Stadion Petrovski
PROSPEKT DOBROLIOUBOVA
ПРОСПЕКТ ДОБРОЛЮБОВА
OULITSA IABLOTCHKOVA
MYTNINSKAÏA NAB.
TOUTCHKOV MOST
Morskaïa
Malaïa Néva
Малая Нева
BIRJEVOÏ MOST
NABEREJNAÏA MAKAROVA
НАБЕРЕЖНАЯ МАКАРОВА
SEZDOVSKAÏA L.
TOUTCHKOV PER.
2-ÏA I 3-ÏA LINI
4-ÏA I 5-ÏA LINI
СРЕДНИЙ ПРОСПЕКТ
VOLKHOVSKI PER.
BIRJEVOÏ PER.
BIRJEVAÏA LINIA
TIFLISSKAÏA OUL.
Colonnes rostrales
Musée de la Marine de guerre
VASSILEVSKI OSTROV
SREDNI PROSPEKT
Église luthérienne Saint-Michel
TOUTCHKOV PEREOULOK
PL. AKADEMI SAKHAROVA
BIRJEVOÏ PROÏEZD
Vassiliostrovskaïa
Musée zoologique
OULITSA REPINA
1-ÏA LINIA
MENDELEIEVSKAÏA LINIA
БИРЖЕВОЙ ПРОЕЗД
6-ÏA I 7-ÏA LINI
Église luthérienne Sainte-Catherine
Les douze Collèges
Kounstkamera
UNIVERSITETSKAÏA
Cathédrale Saint-André
BOLCHOÏ PROSPEKT
OUL. REPINA
Palais Menchikov
Monument Lomonossov
NAB.
5

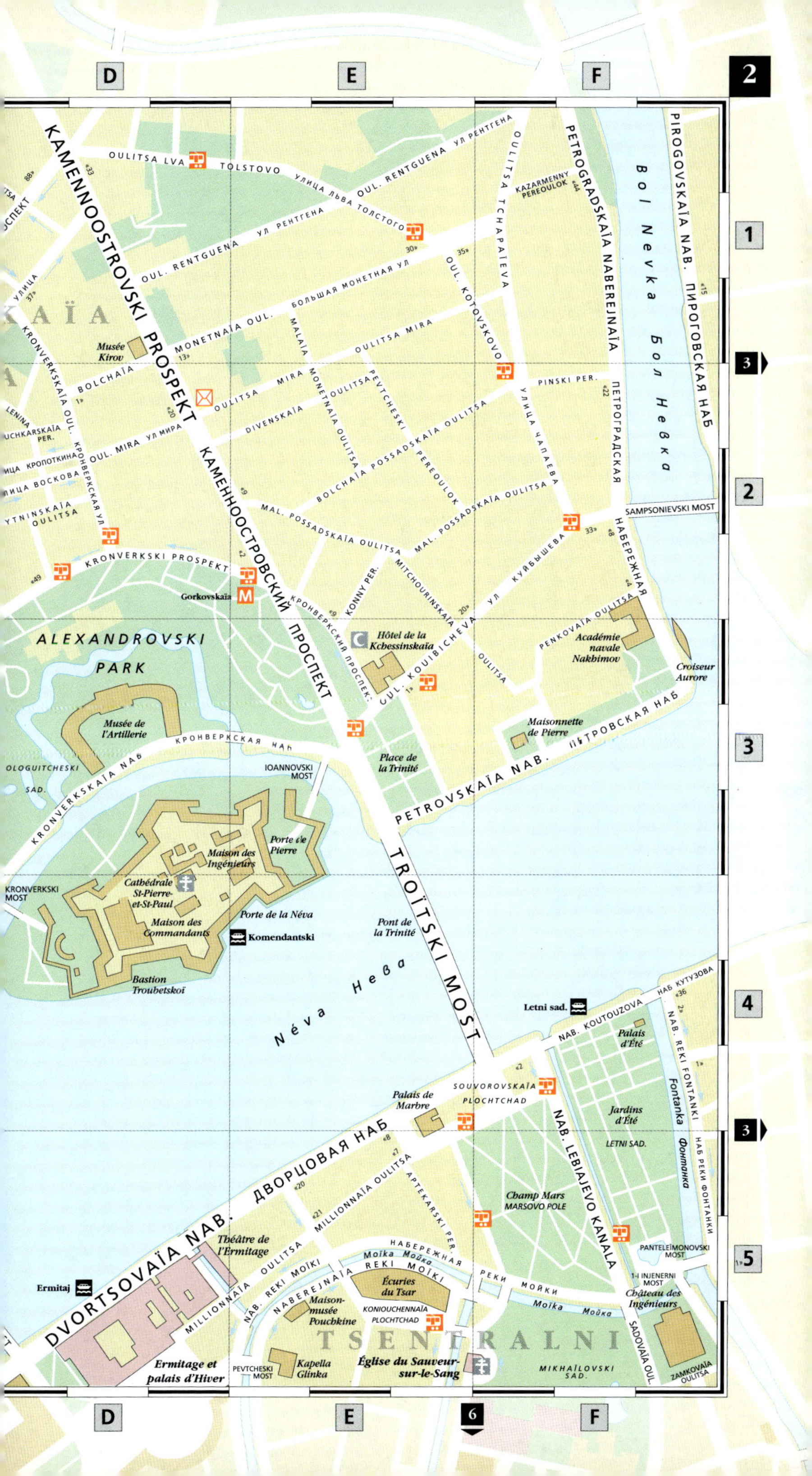

2
D
E
F
1
2
3
4
5
6
KAMENNOOSTROVSKI PROSPEKT
КАМЕННООСТРОВСКИЙ ПРОСПЕКТ
OULITSA LVA TOLSTOVO
УЛИЦА ЛЬВА ТОЛСТОГО
OUL. RENTGUENA
УЛ РЕНТГЕНА
OULITSA TCHAPAÏEVA
УЛИЦА ЧАПАЕВА
KAZARMENNY PEREOULOK
PETROGRADSKAÏA NABEREJNAÏA
ПЕТРОГРАДСКАЯ НАБЕРЕЖНАЯ
PIROGOVSKAÏA NAB.
ПИРОГОВСКАЯ НАБ
Bol Nevka
Бол Невка
OUL. KOTOVSKOVO
БОЛЬШАЯ МОНЕТНАЯ УЛ
MONETNAÏA OUL.
MALAÏA MONETNAÏA OULITSA
OULITSA MIRA
OUL. MIRA
УЛ МИРА
BOLCHAÏA
Musée Kirov
KRONVERKSKAÏA OUL.
КРОНВЕРКСКАЯ УЛ
DIVENSKAÏA OULITSA
PEVTCHESKI PEREOULOK
BOLCHAÏA POSSADSKAÏA OULITSA
PINSKI PER.
MAL. POSSADSKAÏA OULITSA
SAMPSONIEVSKI MOST
KRONVERKSKI PROSPEKT
Gorkovskaïa
КРОНВЕРКСКИЙ ПРОСПЕКТ
KONNY PER.
MITCHOURINSKAÏA OULITSA
OUL. KOUIBICHEVA
УЛ КУЙБЫШЕВА
PENKOVAÏA OULITSA
Académie navale Nakhimov
Croiseur Aurore
Hôtel de la Kchessinskaïa
ALEXANDROVSKI PARK
Musée de l'Artillerie
КРОНВЕРКСКАЯ НАБ
KRONVERKSKAÏA NAB
IOANNOVSKI MOST
Place de la Trinité
Maisonnette de Pierre
PETROVSKAÏA NAB.
ПЕТРОВСКАЯ НАБ
Porte de Pierre
Maison des Ingénieurs
Cathédrale St-Pierre-et-St-Paul
KRONVERKSKI MOST
Porte de la Néva
Maison des Commandants
Komendantski
Bastion Troubetskoï
TROÏTSKI MOST
Pont de la Trinité
Néva
Нева
Letni sad.
NAB. KOUTOUZOVA
НАБ КУТУЗОВА
Palais d'Été
NAB. REKI FONTANKI
Fontanka
Фонтанка
НАБ РЕКИ ФОНТАНКИ
Jardins d'Été
LETNI SAD.
SOUVOROVSKAÏA PLOCHTCHAD
Palais de Marbre
ДВОРЦОВАЯ НАБ
DVORTSOVAÏA NAB.
MILLIONNAÏA OULITSA
APTEKARSKI PER.
Champ Mars
MARSOVO POLE
NAB. LEBIAJEVO KANALA
PANTELEÏMONOVSKI MOST
1-I INJENERNI MOST
Château des Ingénieurs
Théâtre de l'Ermitage
Ermitaj
Ermitage et palais d'Hiver
NAB. REKI MOÏKI
НАБЕРЕЖНАЯ РЕКИ МОЙКИ
Moïka
Мойка
Écuries du Tsar
KONIOUCHENNAÏA PLOCHTCHAD
Maison-musée Pouchkine
TSENTRALNI
Kapella Glinka
PEVTCHESKI MOST
Église du Sauveur-sur-le-Sang
MIKHAÏLOVSKI SAD.
SADOVAÏA OUL.
ZAMKOVAÏA OULITSA

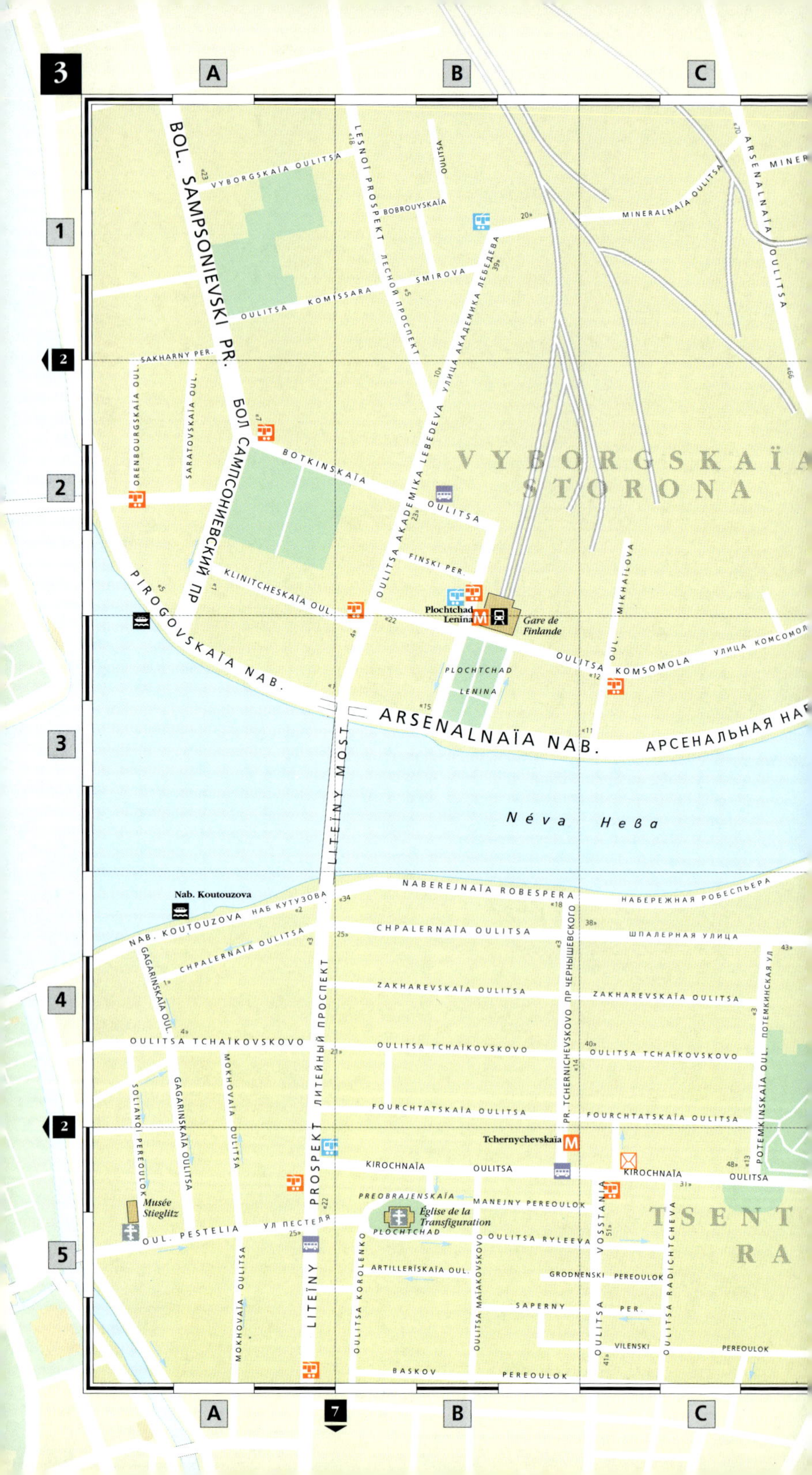
3
A
B
C
1
2
3
4
5
2
7
BOL. SAMPSONIEVSKI PR.
БОЛ САМПСОНИЕВСКИЙ ПР
VYBORGSKAÏA OULITSA
LESNOÏ PROSPEKT
ЛЕСНОЙ ПРОСПЕКТ
BOBROUYSKAÏA
OULITSA
MINERALNAÏA OULITSA
ARSENALNAÏA OULITSA
SMIROVA
OULITSA KOMISSARA
УЛИЦА АКАДЕМИКА ЛЕБЕДЕВА
OULITSA AKADEMIKA LEBEDEVA
SAKHARNY PER.
ORENBOURGSKAÏA OUL.
SARATOVSKAÏA OUL.
BOTKINSKAÏA OULITSA
FINSKI PER.
KLINITCHESKAÏA OUL.
PIROGOVSKAÏA NAB.
VYBORGSKAÏA STORONA
Plochtchad Lenina
Gare de Finlande
PLOCHTCHAD LENINA
OUL. MIKHAÏLOVA
OULITSA KOMSOMOLA
УЛИЦА КОМСОМОЛ
ARSENALNAÏA NAB.
АРСЕНАЛЬНАЯ НАБ
LITEÏNY MOST
Néva Нева
Nab. Koutouzova
NAB. KOUTOUZOVA
НАБ КУТУЗОВА
NABEREJNAÏA ROBESPERA
НАБЕРЕЖНАЯ РОБЕСПЬЕРА
CHPALERNAÏA OULITSA
ШПАЛЕРНАЯ УЛИЦА
GAGARINSKAÏA OUL.
ZAKHAREVSKAÏA OULITSA
PR. TCHERNICHEVSKOVO
ПР ЧЕРНЫШЕВСКОГО
POTEMKINSKAÏA OUL.
ПОТЕМКИНСКАЯ УЛ
OULITSA TCHAÏKOVSKOVO
ЛИТЕЙНЫЙ ПРОСПЕКТ
LITEÏNY PROSPEKT
SOLIANOÏ PEREOULOK
GAGARINSKAÏA OULITSA
MOKHOVAÏA OULITSA
FOURCHTATSKAÏA OULITSA
Tchernychevskaïa
KIROCHNAÏA OULITSA
Musée Stieglitz
OUL. PESTELIA
УЛ ПЕСТЕЛЯ
PREOBRAJENSKAÏA PLOCHTCHAD
Église de la Transfiguration
MANEJNY PEREOULOK
OULITSA RYLEEVA
OULITSA VOSSTANIA
TSENTRA
ARTILLERÏSKAÏA OUL.
OULITSA KOROLENKO
OULITSA MAÏAKOVSKOVO
GRODNENSKI PEREOULOK
SAPERNY PER.
OULITSA RADICHTCHEVA
VILENSKI PEREOULOK
BASKOV PEREOULOK

D
E
F
1
2
3
4
5
МИНЕРАЛЬНАЯ УЛИЦА
OULITSA VATOUTINA
КОНДРАТЬЕВСКИЙ ПРОСПЕКТ
УЛИЦА ВАТУТИНА
KONDRATEVSKI PROSPEKT
OULITSA JOUKOVA
POLIOUSTROVSKI PROSPEKT
FEODOSIÏSKAÏA OUL.
OUL. JOUKOVA
FEODOSIÏSKAÏA OULITSA
СВЕРДЛОВСКАЯ НАБ
SVERDLOVSKAÏA NAB.
Néva
Нева
SMOLNAÏA NABEREJNAÏA
ОРЛОВСКАЯ УЛИЦА
ORLOVSKAÏA OULITSA
НАБЕРЕЖНАЯ РОБЕСПЬЕРА
NABEREJNAÏA ROBESPERA
ОРЛОВСКАЯ УЛ
ORLOVSKAÏA OUL.
SMOLNOVO OULITSA
ТАВРИЧЕСКАЯ УЛ
VODOPROVODNY PER.
TAVRITCHESKI PER.
STAVROPOLSKAÏA OULITSA
PEREOULOK
DIKTATOURI
Couvent Smolny
PLOCHTCHAD RASTRELLI
CHPALERNAÏA OULITSA
ШПАЛЕРНАЯ УЛИЦА
TAVRITCHESKAÏA OUL.
KAVALERGARDSKAÏA OULITSA
STAVROPOLSKAÏA OUL.
PROLETARSKOÏ
PER. KVARENGUI
SAD. SMOLNOVO
Palais de Tauride
TVERSKAÏA OULITSA
ТВЕРСКАЯ УЛИЦА
PLOCHTCHAD PROLETARSKOÏ DIKTATOURY
ALLEÏA SMOLNOVO
SMOLNY PROÏEZD
Institut Smolny
Tavritcheski Sad.
KALOUJSKI PER.
KAVALERGARDSKAÏA OULITSA
ODESSKAÏA OUL.
OTCHAKOVSKAÏA OUL.
OULITSA
MARINSKI PROÏEZD
SMOLNY PROSPEKT
СУВОРОВСКИЙ ПР
TOULSKAÏA OUL.
BONTCH-BROUIEVITCHA OULITSA
KIROCHNAÏA
ТУЛЬСКАЯ УЛ
BOLCHOÏ OKHTINSKI MOST
IAROSLAVSKAÏA OULITSA
NOVGORODSKAÏA OULITSA
KIROCHNAÏA OULITSA
SOUVOROVSKI PR.
DEGTIARNY PER.
OUL. KRASNOVO TEXTILCHTCHIKA
SINOPSKAÏA NAB.
D
E
F
8

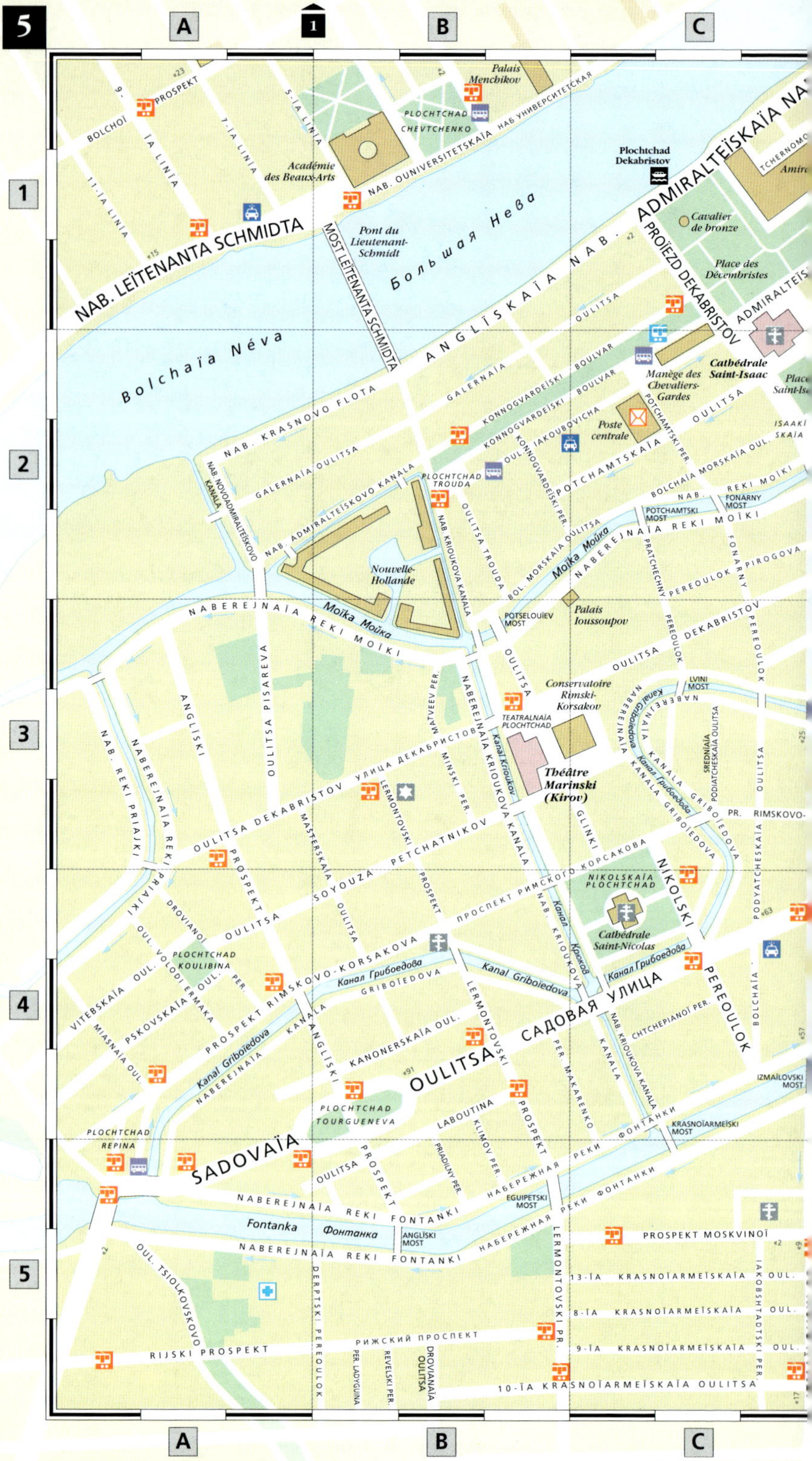
5
A
1
B
C
1
2
3
4
5
Palais Menchikov
Plochtchad Chevtchenko
Académie des Beaux-Arts
Plochtchad Dekabristov
Amirauté
Cavalier de bronze
Place des Décembristes
Pont du Lieutenant-Schmidt
Большая Нева
Bolchaïa Néva
NAB. LEÏTENANTA SCHMIDTA
MOST LEÏTENANTA SCHMIDTA
NAB. OUNIVERSITETSKAÏA
НАБ УНИВЕРСИТЕТСКАЯ
BOLCHOÏ PROSPEKT
ADMIRALTEÏSKAÏA NAB.
ANGLÏSKAÏA NAB.
PROÏEZD DEKABRISTOV
Cathédrale Saint-Isaac
Manège des Chevaliers-Gardes
Poste centrale
NAB. KRASNOVO FLOTA
GALERNAÏA OULITSA
KONNOGVARDEÏSKI BOULVAR
POTCHAMTSKAÏA OULITSA
BOLCHAÏA MORSKAÏA OUL.
Nouvelle-Hollande
Palais Ioussoupov
NABEREJNAÏA REKI MOÏKI
Moïka
POTSELOUÏEV MOST
Conservatoire Rimski-Korsakov
Théâtre Marinski (Kirov)
TEATRALNAÏA PLOCHTCHAD
OULITSA DEKABRISTOV
улица Декабристов
OULITSA SOYOUZA PETCHATNIKOV
NAB. KRIOUKOVA KANALA
Kanal Krioukov
Kanal Griboïedova
NIKOLSKAÏA PLOCHTCHAD
Cathédrale Saint-Nicolas
NIKOLSKI PEREOULOK
PR. RIMSKOVO-KORSAKOVA
ПРОСПЕКТ РИМСКОГО-КОРСАКОВА
PLOCHTCHAD KOULIBINA
VITEBSKAÏA OUL.
KANONERSKAÏA OUL.
SADOVAÏA OULITSA
САДОВАЯ УЛИЦА
PLOCHTCHAD TOURGUENEVA
PLOCHTCHAD REPINA
LERMONTOVSKI PROSPEKT
IZMAÏLOVSKI MOST
KRASNOÏARMEÏSKI MOST
EGUIPETSKI MOST
ANGLÏSKI MOST
Fontanka
Фонтанка
NABEREJNAÏA REKI FONTANKI
НАБЕРЕЖНАЯ РЕКИ ФОНТАНКИ
PROSPEKT MOSKVINOÏ
13-ÏA KRASNOÏARMEÏSKAÏA OUL.
8-ÏA KRASNOÏARMEÏSKAÏA OUL.
9-ÏA KRASNOÏARMEÏSKAÏA OUL.
10-ÏA KRASNOÏARMEÏSKAÏA OULITSA
RIJSKI PROSPEKT
РИЖСКИЙ ПРОСПЕКТ
OUL. TSIOLKOVSKOVO
DERPTSKI PEREOULOK
IAKOBSHTADTSKI PER.
A
B
C

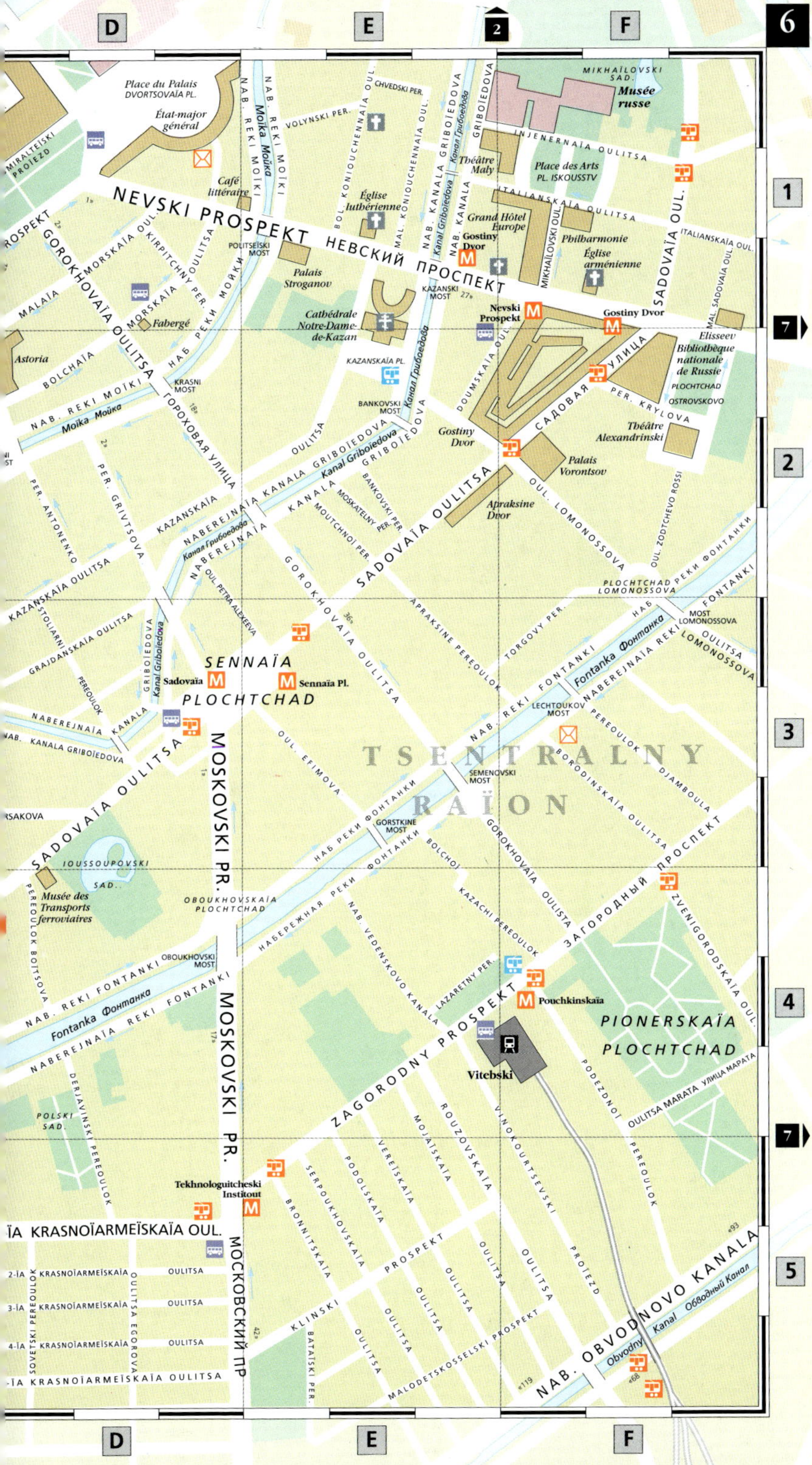

6
Place du Palais
DVORTSOVAÏA PL.
État-major général
Café littéraire
NEVSKI PROSPEKT
НЕВСКИЙ ПРОСПЕКТ
Mikhaïlovski sad.
Musée russe
Injenernaïa oulitsa
Place des Arts
PL. ISKOUSSTV
Théâtre Maly
Italianskaïa oulitsa
Grand Hôtel Europe
Philharmonie
Église arménienne
Gostiny Dvor
Église luthérienne
Palais Stroganov
Cathédrale Notre-Dame-de-Kazan
Kazanskaïa pl.
Bankovski most
Kazanski most
Nevski Prospekt
Elisseev
Bibliothèque nationale de Russie
Plochtchad Ostrovskovo
Per. Krylova
Théâtre Alexandrinski
Palais Vorontsov
Apraksine Dvor
Sadovaïa oulitsa
Садовая улица
Gorokhovaïa oulitsa
Гороховая улица
Fabergé
Astoria
Bolchaïa Morskaïa
Malaïa Morskaïa
Moïka Мойка
Nab. reki Moïki
Krasni most
Politseïski most
Kanal Griboïedova
Канал Грибоедова
Nab. kanala Griboïedova
Kazanskaïa oulitsa
Grajdanskaïa oulitsa
Sennaïa plochtchad
Sadovaïa
Sennaïa Pl.
Oul. Lomonossova
Plochtchad Lomonossova
Most Lomonossova
Oul. Zodtchevo Rossi
Fontanka Фонтанка
Nab. reki Fontanki
Lechtoukov most
Semenovski most
Gorstkine most
TSENTRALNY RAÏON
Borodinskaïa oulitsa
Pereoulok Djamboula
Zagorodny prospekt
Загородный проспект
Zvenigorodskaïa oul.
Pouchkinskaïa
Vitebski
Pionerskaïa plochtchad
Oulitsa Marata улица Марата
Moskovski pr.
Московский пр
Ioussoupovski sad.
Musée des Transports ferroviaires
Oboukhovskaïa plochtchad
Oboukhovski most
Polski sad.
Tekhnologuitcheski Institout
Krasnoïarmeïskaïa oul.
Sovetski pereoulok
Oulitsa Egorova
Nab. Obvodnovo kanala
Obvodny Kanal Обводный Канал
Malodetskosselski prospekt
Klinski prospekt
D
E
F
1
2
3
4
5
7

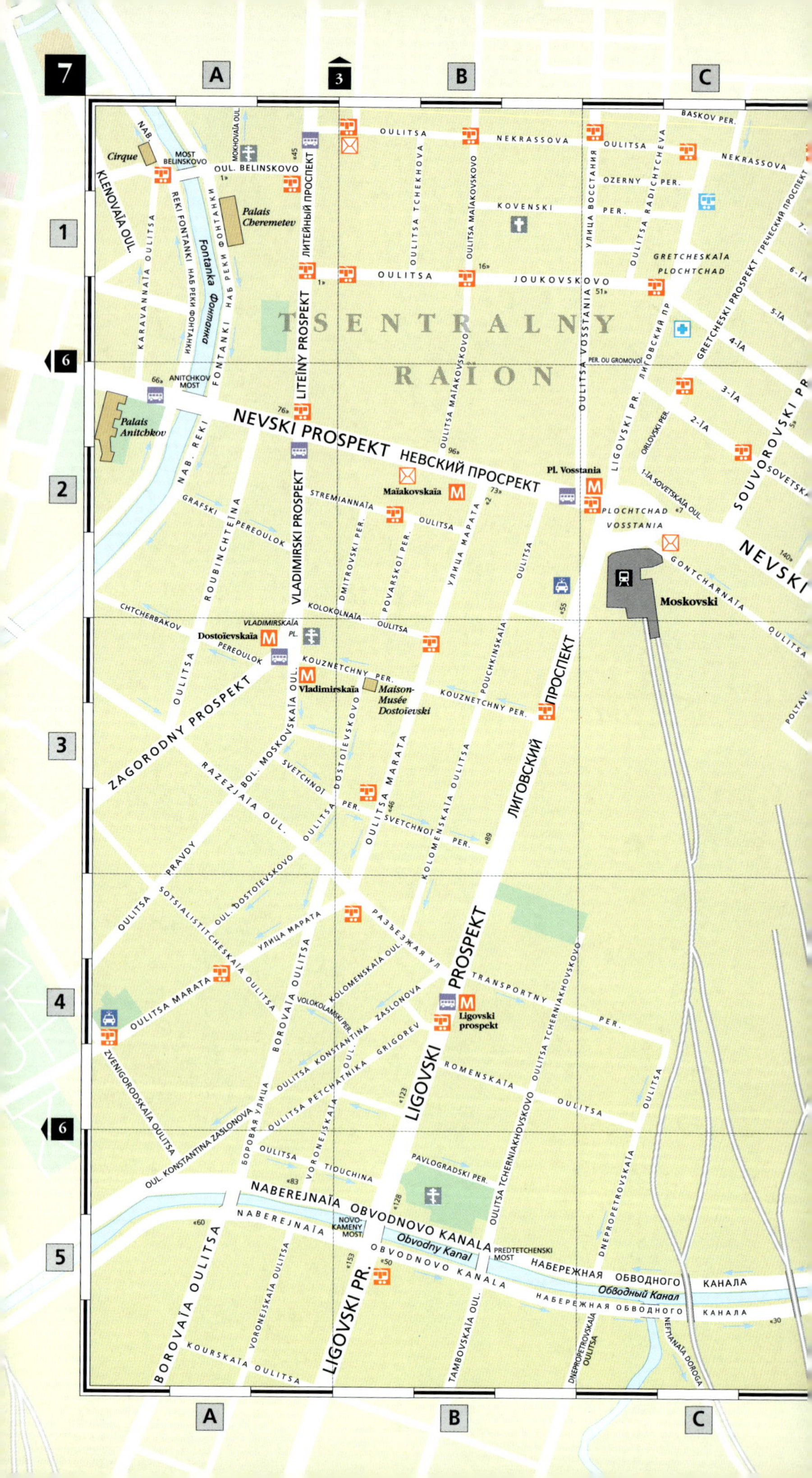
7
A
B
C
3
6
1
2
3
4
5
Cirque
Palais Cheremetev
Fontanka
TSENTRALNY RAÏON
Palais Anitchkov
NEVSKI PROSPEKT
НЕВСКИЙ ПРОСПЕКТ
LITEÏNY PROSPEKT
VLADIMIRSKI PROSPEKT
Maïakovskaïa
Pl. Vosstania
Moskovski
Dostoïevskaïa
Vladimirskaïa
Maison-Musée Dostoïevski
ZAGORODNY PROSPEKT
LIGOVSKI PROSPEKT
ЛИГОВСКИЙ ПРОСПЕКТ
Ligovski prospekt
NABEREJNAÏA OBVODNOVO KANALA
Obvodny Kanal
Обводный Канал
НАБЕРЕЖНАЯ ОБВОДНОГО КАНАЛА
LIGOVSKI PR.
BOROVAÏA OULITSA

D
E
4
F
1
2
3
4
5
Suvorovskij pr. / СУВОРОВСКИЙ ПР
DEGTIARNY PER.
OULITSA MOISEENKO
УЛИЦА МОИСЕЕНКО
OULITSA MOISEENKO
10-IA SOVETSKAÏA OULITSA
KIRILLOVSKAÏA OULITSA
NOVGORODSKAÏA OULITSA
СИНОПСКАЯ НАБ
SINOPSKAÏA NAB.
8-IA SOVETSKAÏA OUL.
МЫТНИНСКАЯ УЛИЦА
MYTNINSKAÏA OULITSA
DEGTIARNAÏA OULITSA
STAROROUSSKAÏA OULITSA
EVGUENEVSKAÏA OUL.
NOVGORODSKAÏA OUL.
SAD. IM TCHERNYCHEVSKOVO
ПРОСПЕКТ БАКУНИНА
PROSPEKT BAKOUNINA
Néva
Нева
MALOOKHTINSKI PR.
KHERSONSKAÏA
PEREOULOK
KONNAÏA
OULITSA
KHERSONSKI PROÏEZD
СИНОПСКАЯ НАБ.
SINOPSKAÏA NAB.
НЕВСКИЙ ПР
PEREKOUPNOÏ OULITSA
ISPOLKOMSKAÏA
OUL. ALEXANDRA NEVSKOVO
MOST ALEXANDRA NEVSKOVO
TELEJNAÏA OULITSA
OUL. PROF IVACHENTSEVA
TELEJNAÏA OUL.
Plochtchad Alexandra Nevskovo
PLOCHTCHAD ALEXANDRA NEVSKOVO
MIRGORODSKAÏA OULITSA
CIMETIÈRE SAINT-LAZARE
CIMETIÈRE TIKHVINE
PR. OBOUKHOVSKOÏ OBORONY
Monastère Alexandre-Nevski
CIMETIÈRE SAINT-NICOLAS
KREMENTCHOUGSKAÏA OULITSA
КРЕМЕНЧУГСКАЯ УЛИЦА
KONSTANTINOGRADSKAÏA OUL.
NAB. R. MONASTYRKI
НАБЕРЕЖНАЯ ОБВОДНОГО КАНАЛА
NABEREJNAÏA OBVODNOVO KANALA
Obvodny Kanal
Обводный Канал
ATAMANSKAÏA OULITSA
ATAMANSKI MOST
GLOUKHOOZERSKOÏE CHOSSE
МЕЛЬНИЧНАЯ УЛИЦА
MELNICHNAÏA OULITSA
ZERKALNAÏA PER.
KHROUSTALNAÏA OULITSA
GLINIANAÏA OULITSA
OUL. PROF KATCHALOVA
OUL. 2-Y LOUTCH
D
E
F

Index

Les numéros de page en **gras** renvoient aux principales entrées.

C

M

N

W

Z

Remerciements

L'ÉDITEUR remercie les personnes suivantes dont la contribution a permis la préparation de cet ouvrage.

AUTEURS

CHISTOPHER RICE, a un doctorat d'histoire russe de l'Université de Birmingham. Avec sa femme Mélanie, également écrivain, il a fait un premier séjour en Russie en 1978, et tous deux n'ont cessé d'y retourner régulièrement depuis. Ils ont écrit de nombreux guides sur Moscou et sur d'autres destinations, notamment Prague, Berlin et Istanbul, et aussi le guide de cette collection sur Moscou.

CATHERINE PHILLIPS, spécialiste en histoire de l'art, habite en Russie depuis 1985 et à Saint-Pétersbourg depuis 1989. Elle a été grand reporter durant les premières années de la perestroïka pour des chaînes de télévision et des stations de radio britanniques et américaines. Elle a aussi collaboré à la rédaction des premiers guides de voyage sur la nouvelle Russie. Aujourd'hui, elle se consacre à la traduction et à la publication de textes spécialisés et d'ouvrages de référence.

AUTRES COLLABORATEURS

Rose Baring a commencé à étudier le russe à 12 ans. Titulaire d'une maîtrise d'histoire moderne, elle a fait de nombreux séjours à Moscou et Saint-Pétersbourg au début des années 90. Elle est l'auteur de plusieurs guides notamment sur Saint-Pétersbourg, Moscou et, dans cette collection, sur Istanbul.

AVEC LE CONCOURS SPÉCIAL DE

Ian Wizniewski (nourriture et boissons), Valera Katsouba (autorisations de photographier), Marina Maïdaniouk (documentation), Oleksi Nesnov (langue), Victoria Ratchevskaïa (langue), Ioulia Motovilova de l'Agence de tourisme de Saint-Pétersbourg et le personnel de Peter TiPS, et Sylvain Borsi du restaurant Nikita's à Londres, pour la préparation des plats de la partie *Que manger à Saint-Pétersbourg*.

RELECTURE

Stewart J. Wild.

INDEX

Hilary Bird.

COLLABORATION ARTISTIQUE ET ÉDITORIALE

Liz Atherton, Laurence Broers, Dawn Davies-Cook, Claire Folkard, Freddy Hamilton, Paul Hines, Leanne Hogbin, Adam Moore, Fiona Morgan, Jane Oliver, Marianne Petrou, Luke Rozkowski, Alison Stace, Ingrid Vienings, Veronica Wood.

ILLUSTRATIONS D'APPOINT

Claire Littlejohn, John Woodcock.

PHOTOGRAPHIES D'APPOINT

Victoria Buyvid, Andy Crawford, Erich Crichton, Neil Fletcher, Steve Gorton, Paul Miller, Ian O'Leary, Clive Streeter

AUTORISATIONS DE PHOTOGRAPHIER

L'ÉDITEUR remercie tous ceux qui lui ont donné l'autorisation de prendre des photos dans les palais, musées, cathédrales, églises, restaurants, hôtels, magasins, et autres sites trop nombreux pour être tous cités.

CRÉDITS PHOTOGRAPHIQUES

h = en haut ; hg = en haut à gauche ; hgc = en haut à gauche au centre ; hc = en haut au centre ; hdc = en haut à droite au centre ; hd = en haut à droite ; cgh = au centre à gauche en haut ; ch = au centre en haut ; chd = au centre en haut à droite ; cg = centre gauche ; c = centre ; cd = centre droit ; cgb = au centre à gauche en bas ; cb = au centre en bas ; cbd = au centre en bas à droite ; bg = en bas à gauche ; b = en bas ; bc = en bas au centre ; cbg = au centre en bas à gauche ; bd = en bas à droite ; d = detail.

L'ÉDITEUR remercie les personnes, entreprises et agence de photographies suivantes d'avoir donné l'autorisation de reproduire leurs photographies :

Aisa, Barcelona : 18h, 44h, 55 (médaillon), 106hd ; AKG, Londres : 16, 17h, 20bg/cg, 20-21c, 25hg, 26cg, 27c, 28bd, Erich Lessing 28bg, 29c, 37b, 42cg/bg/bd, 43bd ; Ancient Art & Architecture Collection : 45cd ; APA : Jim Holmes 93hg ; Axiom : Jim Holmes 151b.

Valentin Baranovsky : 84bg, 85hg, 193h ; Ian Bavington-Jones : 130h ; Iouri Belinsky : 31h ; Bridgeman Art Library, Londres/New York : 151c ; Forbes Magazine Collection 28-29c ; Ermitage, Saint-Pétersbourg 21cb, 24-25c, 25cg, 86h/b, 87h/b, 88b, 89hd/b, 90h/b, 91h/c, *La Danse,* Henri Matisse (1910) @ Succession Henri Matisse/DACS 1998 87c ; *Affiche de propagande du XXe siècle* (1920), collection privée, D. Moor @ DACS 1998 29hd ; Musée russe, Saint-Pétersbourg *Le Cycliste,* Natalia Gontcharova (1913) @ ADAGP, Paris et DACS, Londres 1998 40b ; Galerie Tretiakov, Moscou 19h, *Le Cirque,* Marc Chagall, 1919 @ ADAGP, Paris et DACS, Londres 1998 45hg.

Camera Press : Roxana Artacho 85bg ; Demetrio Carrasco : 2-3, 6b, 15b, 36h, 53bg, 76ch, 80bg, 93cd/bd, 102-103 ; Archives nationales de photographies et de documents filmés, Saint-Pétersbourg : 42h, 72c, 110c, 118bg ; Jean-Loup Charmet : 23h ; Christie's Images : 82b ; Corbis : Dean Conger 52hd ; E. O. Hoppe/Bettmann 118cd ; Bob Krist 193b ; Library of Congress 28hg ; Michael Nicholson 150h ; Gianni Dagli Orti 8-9, 119bg ; Steve Raymer 31cbd, 118bd ; Ermitage, Saint-Pétersbourg 24bg ; Musée russe 25bg.

E T Archive : Bibliothèque nationale, Paris 17cl ; Ermitage, Saint-Pétersbourg 88h, 89hg ; Mary Evans Picture Library : 9 (médaillon), 19b, 21bd, 22c, 23c, 24cg/bd, 25bd, 26h, 29bd, 62b, 139 (médaillon), 159bg, 199 (médaillon).

Giraudon : Musée russe 43cd, 105cd ; Galerie Tretiakov, Moscou 163cd. Robert Harding Picture Library : 84bd ;

Michael Holford : 18c, 19c, 21bg ; Hulton Getty : 43hd, 118cg, 121c, 178hd ;

Interior Archive : Fritz von der Schulenburg 159c.

Katz Pictures : 165 (médaillon) ; KEA Publishing Services : Francesco Venturi 92 (les trois) ; David King Collection : 29hg, 30h, 45b, 69b, 129c.

Paul Miller : 51cd.

Novosti (Londres) : 20bd, 21hg, 26b, 27h, 30cg, 31c, 43hg, 50c, 51b, 78b, 163h/g.

Oronoz, Madrid : 22h, 43bg.

Pictor International : 81h ; Plodimex Aussenhandels GmbH, Hambourg : 178cd/bg.

Natacha Razina : 150b, 151h ; Rex Features : V. Sichov/SIPA Press 30cd ; Ellen Rooney : 53h, 79h, 83b, 138-139.

Gregor M. Schmid : 50bd ; Science Photo Library : CNES, 1989 Distribution Spot Image 11cd ; Musée russe : 7cd ; *Blue Crest,* Vassili Kandinsky (1917) @ ADAGP, Paris et DACS, Londres 1998 39bd ; 93hd, 104cg /bg/bd, 105hg/bd, 106hg/b, 107 (les trois), 110b.

Travel Library : Stuart Black 85bd.

Visual Arts Library : 44b ; Ermitage, Saint-Pétersbourg *L'Homme aux bras croisés,* Pablo Picasso (1905) @ Succession Picasso/DACS 1998 91b ; 123c.

Couverture : photos additionnelles sauf Gregor M. Schmid : première de couverture au centre.

Lexique

La translitération des mots, noms de rues, sites et personnages russes adoptée dans ce guide suit les règles préconisées par l'Institut d'études slaves de Paris. Toutefois, certains noms de personnages et sites célèbres ont gardé l'orthographe la plus usitée (par exemple Léon Tolstoï et non Lev), et certains personnages historiques sont traduits en français (comme Pierre le Grand). Tout au long du guide, cette translitération peut être une indication pour la prononciation. Toutefois, le lexique indique plus précisément la transcription phonétique de quelques mots russes de la vie quotidienne.

Règles de prononciation

L'alphabet cyrillique comprend 33 lettres, dont 5 seulement (а, к, м, о, т) correspondent exactement aux lettres équivalentes françaises. En russe, il existe deux prononciations (dure et molle) pour chaque voyelle, et plusieurs consonnes n'ont pas d'équivalent en français. Ci-dessous la colonne de droite indique les sons français correspondant aux lettres de l'alphabet russe. Toutefois, certaines lettres ont une prononciation différente selon leur position dans le mot. Les exceptions importantes sont signalées.

Dans les pages suivantes, la colonne de gauche comprend les mots en français, celle du milieu le mot russe et sa translitération. La colonne de droite donne une transcription phonétique, et le caractère gras indique l'accent tonique. Dans la partie consacrée aux menus, l'ordre est inversé : à gauche les mots russes et à droite la traduction française. Les formes pouvant varier selon le genre, certaines phrases sont données au masculin et au féminin.

L'alphabet cyrillique

А а	a	b**a**s
Б б	b	**b**on
В в	v	**v**er
Г г	g	**g**ai (voir note 1)
Д д	d	**d**on
Е е	e	hi**e**r (voir note 2)
Ё ё	e	**yo**ga
Ж ж	j	**j**eu
З з	z	**z**èle
И и	i	v**i**e
Й й	y	pa**y**er (voir note 3)
К к	k	**k**aki
Л л	l	**l**oup
М м	m	**m**ain
Н н	n	**n**ez
О о	o	**o**ttoman (voir note 4)
П п	p	**p**ois
Р р	r	**r**at (roulé, comme en italien)
С с	s	**s**top
Т т	t	**t**oit
У у	ou	b**ou**t
Ф ф	f	**f**eu
Х х	kh	(sans équivalent)
Ц ц	ts	**ts**ar
Ч ч	tch	**Tch**ad
Ш ш	ch	**ch**at
Щ щ	chtch	
ъ		signe dur (ne correspond pas à un son, mais voir note 5)
Ы ы	y	l**i**vre
ь		signe mou (ne correspond pas à un son, mais voir note 5)
Э э	e	n**e**t
Ю ю	iou	**you**goslave
Я я	ya	**ya**ck

Notes

1) Г Prononcé *v* dans les terminaisons -ого et -его.
2) Е Toujours prononcé « *ié* » au début d'un mot, et au milieu plutôt « *ie* ».
3) Й Cette lettre n'a pas de son propre. Elle allonge généralement la voyelle qui précède.
4) О Non accentué, se prononce comme *a*.
5) ъ, ь Le signe dur (ъ) est rare et indique une pause très brève avant la lettre suivante. Le signe mou (ь, marqué dans le guide de prononciation par ') adoucit la consonne précédente et ajoute un léger son *y* : par exemple, *n'* se prononce *gn* comme dans « compa**gn**e ».

En cas d'urgence

Au secours !	Помогите! *Pomoguite*	pamagu**i**tié !
Stop !	Стоп! *Stop !*	stop
Laissez-moi tranquille !	Оставтье меня в покое! *Ostavte menia v pokoïe*	ost**a**vtié mienia v pak**o**ïe !
Appelez un docteur !	Позовите врача! *Pozovite vratcha !*	pazav**i**tié vratch**a** !
Appelez une ambulance !	Вызовите скорую помощь! *Vyzovite skorouïou pomochtch !*	vizav**i**tié sk**o**rouyou pomach' !
Au feu !	Пожар! *Pojar !*	paj**a**r !
Appelez les pompiers !	Вызовите пожарных! *Vyzovite pojarnykh !*	vizav**i**tié paj**a**rnikh !
Police	Милиция! *Militsia*	mil**i**tsi-ia !
Où est le plus proche...	Где ближайший... *Gde blijaïchi...*	gdié blij**a**ïchi...
...téléphone ?	...телефон? *...telefone ?*	...tiéliéf**o**ne ?
...hôpital ?	...больница? *...bolnitsa ?*	...bal'n**i**tsa ?
...poste de police ?	...отделение милиции? *...otdelenié militsi ?*	...atdieli**é**nie mil**i**tsi ?

L'essentiel

Oui	Да *Da*	da
Non	Нет *Net*	niét
S'il vous plaît	Пожалуйста *Pojalouista*	paj**a**lsta
Merci	Спасибо *Spassibo*	spass**i**ba
Je vous en prie	Пожалуйста *Pojalouista*	paj**a**lsta
Excusez-moi	Извините *Izvinite*	izvin**i**tié
Bonjour	Здравствуйте *Zdravstvouite*	zdr**a**stvouitié
Au revoir	До свидания *Do svidania*	da svid**a**nia
Bonjour (le matin)	Доброе утро *Dobroe outro*	d**o**braïe **o**utra
Bonjour (a-m/ journée)	Добрый день *Dobri den*	d**o**bri dien'
Bonsoir	Добрый вечер *Dobry vetcher*	d**o**bri vi**é**tcher
Bonne nuit	Спокойной ночи *Spokoïnoï notchi*	spak**o**ïnaï n**o**tchi
Matin	утро *outro*	**ou**tra
Après-midi	день *den*	dien'
Soir	вечер *vetcher*	vi**é**tchier
Hier	вчера *vtchera*	ftchiér**a**
Aujourd'hui	сегодня *sevodnia*	sev**o**dnia
Demain	завтра *zavtra*	z**a**ftra
Ici	здесь *zdes*	zdies'

Là	там *tam*	tam
Quoi ?	Что? *Tchto ?*	ch**to** ?
Où	Где? *Gde*	gdié ?
Pourquoi ?	Почему? *Potchemou*	patchem**ou** ?
Quand ?	Когда? *Kogda*	kagd**a**
Maintenant	сейчас *seïtchas*	séïtch**a**ss
Plus tard	позже *pozje*	n**o**zje
Puis-je ?...	можно? *mojno ?*	m**o**jna... ?
C'est possible/permis	можно *mojno*	m**o**jna
Ce n'est pas possible/permis	нельзя *nelzia*	nielz**ia**

Quelques phrases utiles

Comment allez-vous ?	Как дела? *Kak dela ?*	kak diel**a** ?
Très bien, merci	Хорошо, спасибо *Khorocho, spassibo*	kharach**o**, spass**i**ba
Enchanté	Очень приятно *Otchen prïatno*	**o**tchen pri**ia**tna
Comment va-t-on à... ?	Как добраться до...? *Kak dobratsia do ?...*	kak dabr**a**t'sia da... ?
Pouvez-vous me dire quand nous arrivons à ?	Скажите, пожалуйста, когда мы приедем в...? *Skajite, pojalouista kogda mi priedem v ?*	skaj**i**tié, paj**a**lsta, kagd**a** mi pri-**ié**diem v... ?
C'est très loin ?	Это далеко? *Eto daleko ?*	**e**ta dalié**ko** ?
Parlez-vous anglais	Вы говорите по-английски? *Vy govorite po-angliiski ?*	vi gavar**i**t-ié po-angl**ii**ski ?
Je ne comprends pas	Я не понимаю *Ia ne ponimaiou*	ia nié panim**a**iou
Pouvez-vous parler plus lentement ?	Говорите медленнее *Govorite medlennee*	gavar**i**tié m**ie**dlieniéié
Pouvez-vous répéter s'il vous plaît ?	Повторите, пожалуйста *Povtorite, pojalouista*	paftar**i**tié, paj**a**lsta
Je suis perdu	Я заблудился (заблудилась) *Ia zabloudilsia (zabloudilas)*	ia zabloud**i**lsia (zabloud**i**las')
Comment dit-on... en russe ?	Как по-русски...? *Kak po-rousski... ?*	kak par**ou**ski ?

Quelques mots utiles

grand	большой *bolchoï*	bal'ch**oï**
petit	маленький *malenki*	m**a**lien'ki
chaud (eau, nourriture)	горячий *goriatchi*	gar**ia**tchi
chaud (temps)	жарко *jarko*	j**a**rka
froid	холодный *khlodony*	khal**o**dni
bon, bien	хорошо *khorocho*	kharach**o**
mauvais, mal	плохо *plokho*	pl**o**kha
très bien, bon	нормально *normalno*	narm**a**l'na
près	близко *blizko*	bl**i**zka
loin	далеко *daleko*	dalié**ko**
en haut	наверху *naverkhou*	navierkh**ou**
en bas	внизу *vnizou*	vniz**ou**
tôt	рано *rano*	r**a**na
tard	поздно *pozdno*	p**o**zdna
libre	свободно *svobodno*	svab**o**dna
gratuit	бесплатно *besplatno*	biespl**a**tna
caisse, guichet	касса *kassa*	k**a**ssa
avenue	проспект *prospekt*	prasp**ie**kt
pont	мост *most*	most
quai	набережная *naberejnaïa*	n**a**biéréjnaïa
grande route, autoroute	шоссе *chosse*	chass**é**
ruelle	переулок *pereoulok*	piérié**ou**lak
place	площадь *plochtchad*	pl**o**chat'
rue	улица *oulitsa*	**ou**litsa
appartement	квартира *kvartira*	kvart**i**ra
étage	этаж *etaj*	étach
maison, immeuble	дом *dom*	dom
entrée	вход *vkhod*	fkhot
sortie	выход *vykhod*	v**y**khot
rivière	река *reka*	rik**a**
maison de campagne	дача *datcha*	d**a**tcha
piscine	бассейн *basseïn*	bassi**eï**n
ville	город *gorod*	g**o**rat
toilettes	туалет *toualet*	toual**ié**t

Au téléphone

Est-ce que je peux téléphoner à l'étranger d'ici ?	Можно отсюда позвонить за границу ? *Mojno ostiouda pozvonit za granitsou ?*	mojn**a** ats**iou**da pazvan**i**t' za gran**i**tsou ?
Je voudrais parler à...	Позовите, пожалуйста... *Pozovite, pojalouista...*	pazav**i**tié, paj**a**lsta...
Pouvez-vous lui (il, elle) laisser un message ?	Вы можете передать ему/ей? *Bi mojete peredat emy/eï ?*	vi m**o**jetié pieriéd**a**t' iém**ou**/iaï ?
Mon numéro est...	Мой номер... *Moï nomer...*	moï n**o**mier...
Je rappellerai plus tard	Я позвоню позже *Ia pozvoniou poje*	ia pazvan**iou** p**o**zje

Le tourisme

château	замок *zamok*	z**a**mak
cathédrale	собор *sobor*	sab**or**
église	церковь *tserkov*	ts**é**rkaf'
cirque	цирк *tsirk*	tsirk
fermé pour nettoyage,	санитарный день *sanitarny den*	sanit**a**rny dien'
en cours de restauration	ремонт *remont*	rem**o**nt
exposition	выставка *vystavka*	v**y**stafka
forteresse	крепость *krepost*	kr**ie**post'
galerie	галерея *galereïa*	galer**ie**ïa

jardin	сад *sad*	sad
île	остров *ostrov*	**o**straf
kremlin/ ville fortifiée	кремль *kreml*	krieml'
bibliothèque	библиотека *biblioteka*	bibliati**é**ka
monument	памятник *pamiatnik*	p**a**miatnik
mosquée	мечеть *metchet*	mietchi**e**t'
musée	музей *mouzeï*	mouzi**é**ï
palais	дворец *dvorets*	dvari**e**ts
parc	парк *park*	park
parlement	дума *douma*	d**ou**ma
synagogue	синагога *sinagoga*	sinag**o**ga
information touristique	пункт информации для туристов *pounkt informatsii dlia touristov*	pounkt infarm**a**tsii dlia tour**i**staf
zoo	зоопарк *zoopark*	zaap**a**rk

Les achats

ouvert	открыто *otkryto*	atkr**y**ta
fermé	закрыто *zakryto*	zakr**y**ta
Combien cela coûte-t-il ?	Сколько это стоит? *Skolko eto stoit?*	Sk**o**l'ka **e**ta st**o**it ?
Je voudrais acheter	Я хотел (хотела) бы купить... *Ia khotel (khotela) by koupit...*	ia khati**e**l (khati**e**la) bi koup**i**t...
Avez-vous... ?	У вас есть...? *Ou vas iest... ?*	ou vass ïest'...?
Prenez-vous les cartes de crédit ?	Кредитные карточки вы принимаете? *Kreditnye kartotchki vy prinimaïete ?*	kried**i**tniyé k**a**rtatchki vy prinim**a**ïetié ?
A quelle heure ouvrez-vous/ fermez-vous ?	Во сколько вы открываете/ закрываете? *Vo skolko vy otkryvaete/ zakrivaete ?*	Va sk**o**l'ka vy atkryv**a**ïetiés'/ zakryv**a**ïtiés' ?
Celui-ci	этот *etot*	**e**tat
cher	дорого *dorogo*	d**o**raga
bon marché	дёшево *dechevo*	di**o**chiéva
taille	размер *razmer*	razmi**é**r
blanc	белый *bely*	bi**é**ly
noir	чёрный *tcherny*	tchi**o**rny
rouge	красный *krasny*	kr**a**sny
jaune	жёлтый *jelty*	j**o**lty
vert	зелёный *zeleny*	ziéli**o**ny
bleu foncé	синий *sini*	s**i**ni
bleu clair	голубой *golouboï*	galoub**oï**
brun	коричневый *koritchnevy*	kar**i**tchnievy

Les magasins

la boulangerie	булочная *boulotchnaïa*	b**ou**latchna-ïa
la librairie	книжный магазин *knijny magazine*	kn**i**jny magaz**i**ne
la boucherie	мясной магазин *miasnoï magazine*	miasn**oï** magaz**i**ne
le photographe	фото-товары *foto-tovary*	f**o**to-tav**a**ry
la pharmacie	аптека *apteka*	apti**é**ka
le magasin d'alimentation	гастроном *gastronom*	gastran**o**m
le grand magasin	универмаг *ounivermag*	ouniviermag
le fleuriste	цветы *tsvety*	tsviét**y**
l'épicier	бакалея *bakaleïa*	bakal**ié**-ïa
le coiffeur	парикмахерская *parikmakherskaïa*	parikm**a**khierskaïa
le marché	рынок *rynok*	r**y**nak
le kiosque à journaux	газетный киоск *gazetny kiosk*	gazi**e**tny ki**o**sk
la poste	почта *potchta*	p**o**tchta
le disquaire	грампластинки *gramplastinki*	gramplast**i**nki
le magasin de chaussures	обувь *obouv*	**o**bouf'
l'agence de voyages	бюро путешествий *biouro poutechestvi*	biour**o** poutiech**e**stvi
la banque	банк *bank*	bank

A l'hôtel

Avez-vous une chambre libre ?	У вас есть свободный номер? *Ou vas iest svobodny nomer ?*	ou vas iést' svab**o**dny nomi**é**r ?
une chambre pour deux personnes avec un grand lit	номер с двуспальной кроватью *nomer s dvouspalnoï krovatiou*	n**o**mié**r** dvousp**a**l'noï krav**a**t'-iou
une chambre à deux lits	двухместный номер *dvoukhmestny nomer*	dvoukhm**ié**stny n**o**miér
une chambre pour une personne	одноместный номер *odnomestny nomer*	adnam**ié**stny n**o**miér
salle de bains	ванная *vannaïa*	v**a**nna-ïa
douche	душ *douch*	douch
le porteur	носильщик *nossilchtchik*	nass**i**l'chik
la clé	ключ *klioutch*	klioutch

Au restaurant

Une table pour deux s'il vous plaît	Стол на двоих, пожалуйста	stol na dva-**ï**kh, paj**a**lsta
J'aimerais réserver une table	Я хочу заказать стол *ia khatchou zakazat stol*	Ia khatch**ou** zakaz**a**t' stol
L'addition s'il vous plaît	Счёт, пожалуйста *Stchet, pojalouista*	stchiot, paj**a**lsta
Je suis végétarien	Я вегетерианец (вегетерианка) *Ia vegueterianets (vegueterianka)*	ia viéguiéteri**a**niéts (viéguiéteri**a**nka)
le petit déjeuner	завтрак *zavtrak*	z**a**ftrak
le déjeuner	обед *obed*	abi**è**t
le dîner	ужин *oujine*	**ou**jine
Garçon !	официант! *ofitsiant !*	afitsi-**a**nt !
la serveuse	официантка! *ofitsianka*	afitsi-**a**ntka!
le plat du jour	фирменное блюдо *firmennoïe blioudo*	f**i**rmiénoïé bli**ou**da
l'entrée	закуски *zakouski*	zak**ou**ski

le plat principal	второе блюдо *vtoroïe blioudo*	ftar**o**ïé bli**ou**da
les viandes et volailles	мясные блюда *miasnye bliouda*	m**ia**snyie bli**ou**da
les poissons	рыбные блюда *rybnie bliouda*	r**y**bnyie bli**ou**da
les légumes	овощные блюда *ovochtchnie bliouda*	avachtchn**i**ye bli**ou**da
le dessert	десерт *dessert*	diess**ie**rt
les boissons	напитки *napitki*	nap**i**tki
les légumes	овощи *ovochtchi*	**o**vachtchi
le pain	хлеб *khleb*	khli**é**b
la carte des vins	карта вин *karta vine*	k**a**rta vine
saignant (steak)	недожаренный *nedojarenny*	niédaj**a**renny
bien cuit (steak)	прожаренный *projarenny*	proj**a**reny
le verre	стакан *stakan*	stak**a**n
la bouteille	бутылка *boutylka*	bout**y**lka
le couteau	нож *noj*	noch
la fourchette	вилка *vilka*	v**i**lka
la cuillère	ложка *lojka*	l**o**chka
l'assiette	тарелка *tarelka*	tari**é**lka
la serviette	салфетка *salfetka*	salfi**é**tka
le sel	соль *sol*	sol'
le poivre	перец *perets*	pi**é**riéts
le beurre/huile	масло *maslo*	m**a**sla
le sucre	сахар *sakhar*	s**a**khar

LIRE LE MENU

абрикос *abricos*	abrik**o**s	l'abricot
апельсин *apelsine*	apiel'**si**ne	l'orange
апельсиновый сок *apelsinovy sok*	apiel'**si**navy sok	le jus d'orange
арбуз *arbouz*	arb**ou**z	la pastèque
белое вино *beloïe vino*	bi**é**laïé vin**o**	le vin blanc
бифштекс *bifchteks*	bifchti**è**ks	le bifteck
блины *blini*	blin**y**	les crêpes
борщ *borchtch*	borchtch	le borchtch (soupe à la betterave)
варенье *varene*	vari**é**n'ié	la confiture russe
варёный *vareny*	var**io**ni	bouilli
ветчина *vetchina*	vietchin**a**	le jambon
вода *voda*	vad**a**	l'eau
говядина *goviadina*	gav**ia**dina	le bœuf
грибы *griby*	grib**y**	les champignons
груша *groucha*	gr**ou**cha	la poire
гусь *gous*	gous'	l'oie
джем *djem*	djem	la confiture
жареный *jareny*	j**a**riéni	rôti/grillé/frit
икра *ikra*	ikr**a**	le caviar noir
икра красная/кета *ikra krasnaïa keta*	ikr**a** kr**a**sna-ïa ki**é**ta	le caviar rouge
капуста *kapousta*	kap**ou**sta	le chou
картофель *kartofel*	kart**o**fiel'	la pomme de terre
квас *kvas*	kvas	le kvass (boisson sucrée, légèrement alcoolisée)
клубника *kloubnika*	kloubn**i**ka	les fraises
колбаса *kolbassa*	kalbass**a**	le saucisson
кофе *kofe*	k**o**fie	le café
красное вино *krasnoïe vino*	kr**a**snoïé vin**o**	le vin rouge
креветки *krevetki*	kriev**ié**tki	les crevettes
курица *kouritsa*	k**ou**ritsa	le poulet
лук *louk*	louk	l'oignon
малина *malina*	mal**i**na	les framboises
минеральная вода *mineralnaïa voda*	miner**a**l'naïa vad**a**	l'eau minérale
мороженое *morojenoïe*	mar**o**jéna-ïé	la crème glacée
мясо *miasso*	m**ia**ssa	la viande
огурец *ogourets*	agouri**é**ts	le concombre
осетрина *ossetrina*	assiétr**i**na	l'esturgeon
пельмени *pelmeni*	piel'm**ié**ni	raviolis à la viande ou au poisson
персик *persik*	p**ie**rsik	la pêche
печенье *petchene*	piétchi**é**n'ié	le biscuit
печёнка *petchenka*	piétch**io**nka	le foie
печёный *petcheny*	piétch**io**ny	cuit au four
пиво *pivo*	p**i**va	la bière
пирог *pirog*	pir**o**k	un pâté
пирожки *pirojki*	pirach**ki**	petits pâtés
помидор *pomidor*	pamid**o**r	la tomate
продукты моря *prodoukty moria*	prad**ou**kty mar**ia**	les fruits de mer
рыба *ryba*	r**i**ba	le poisson
салат *salat*	sal**a**t	la salade
свинина *svinina*	svin**i**na	le porc
сельдь *seld*	sie'ld	le hareng
сосиски *sossiski*	sass**i**ski	les saucisses
сыр *syr*	sir	le fromage
сырой *syroï*	syr**oï**	cru
утка *outka*	**ou**tka	le canard
фасоль *fassol*	fass**o**l'	les haricots
форель *forel*	far**ie**l'	la truite
чай *tchaï*	tchaï	le thé
чеснок *tchesnok*	tchiesn**o**k	l'ail
шашлык *chachlik*	chachl**i**k	les brochettes
яйцо *iaïtso*	iaïts**o**	l'œuf
слива *sliva*	sl**i**va	la prune
фрукты *froutky*	fr**ou**tki	fruits
яблоко *iablako*	**ia**blaka	la pomme

Les transports

nord	север *sever*	si**é**vér
sud	юг *ioug*	iouk
est	восток *vostok*	vast**o**k
ouest	запад *zapad*	z**a**pat
aéroport	аэропорт *aeroport*	aérap**o**rt
avion	самолёт *samolet*	samal**io**t
police de la circulation	ГАИ *GAI*	Ga-ï
autobus	автобус *avtobus*	aft**o**bouss
gare routière	автобусная станция *avtobousnaïa stantsi-ïa*	aft**o**bousna-ïa st**a**ntsi-ïa
arrêt d'autobus	остановка автобуса *ostanovka avtoboussa*	astan**o**fka aft**o**boussa
voiture	машина *machina*	mach**i**na
vol	рейс *reïs*	rieïs
station de métro	(станция) метро *(stantsi-ïa) metro*	(st**a**ntsi-ïa) miétr**o**
entrée interdite	нет входа *net vkhoda*	niet fkh**o**da
sortie interdite	нет выхода *net vykhoda*	niet v**y**khada
stationnement	автостоянка *avtostoïanka*	aftosto**ia**nka
essence	бензин *benzine*	biénz**i**ne
chemin de fer	железная дорога *jeleznaïa doroga*	jel**ié**zna-ïa dar**o**ga
gare ferroviaire	вокзал *vokzal*	vagz**a**l
billet aller-retour	обратный билет *obratni bilet*	obratny bil**ié**t
place	место *mesto*	m**ie**sta
train de banlieue	пригородный поезд *prigorodni poïezd*	pr**i**garadny p**o**-ïézd
tout droit	прямо *priamo*	pri**a**ma
taxi	такси *taksi*	taks**i**
billet	билет *bilet*	bili**é**t
jeton (pour un trajet en métro)	жетон *jeton*	jet**o**n'
à gauche	налево *nalevo*	nali**é**va
à droite	направо *napravo*	napr**a**va
train	поезд *poïezd*	p**o**-ïézd
tramway	трамвай *tramvaï*	tramv**aï**
trolleybus	троллейбус *trolleybous*	trali**éï**bouss

Les nombres

1	один/одна/одно *odin/odna/odno*	ad**i**n/adn**a**/adn**o**
2	два/две *dva/dve*	dva/dvié
3	три *tri*	tri
4	четыре *tchetyre*	tchiét**ir**-ïé
5	пять *piat*	piat'
6	шесть *chest*	chest'
7	семь *sem*	siem'
8	восемь *vissem*	v**o**ssiem'
9	девять *deviat*	di**é**viat'
10	десять *dessiat*	di**é**ssiat'
11	одиннадцать *odinnadtsat*	ad**i**natsat'
12	двенадцать *dvenadtsat*	dvién**a**tsat'
13	тринадцать *trinadtsat*	trin**a**tsat'
14	четырнадцать *tchetyrnadtsat*	tchiét**i**rnatsat'
15	пятнадцать *piatnadtsat*	piatn**a**tsat'
16	шестнадцать *chestnadtsat*	chestn**a**tsat'
17	семнадцать *semnadtsat*	siémn**a**tsat'
18	восемнадцать *vossemnadtsat*	vassiémn**a**tsat'
19	девятнадцать *deviatnadtsat*	diéviatn**a**tsat'
20	двадцать *dvadtsat*	dv**a**tsat'
21	двадцать один *dvadtsat odin*	dv**a**tsat' ad**i**n
22	двадцать два *dvadtsat dva*	dv**a**tsat' dva
23	двадцать три *dvadtsat tri*	dv**a**tsat' tri
24	двадцать четыре *dvadtsat tchetyre*	dv**a**tsat' tchiét**i**-**ï**é
25	двадцать пять *dvadtsat piat*	dv**a**tsat' piat'
30	тридцать *tridtsat*	tr**i**tsat'
40	сорок *sorok*	s**o**rak
50	пятьдесять *piatdessiat*	piatdiéss**ia**t'
60	шестьдесят *chestdessiat*	chès'diéss**ia**t
70	семьдесят *semdessiat*	si**é**m'diéssiat
80	восемьдесять *vossemdessiat*	v**o**ssiém'diéssiat
90	девяносто *devianosto*	diévian**o**sta
100	сто *sto*	sto
200	двести *dvesti*	dvi**é**sti
300	триста *trista*	trist**a**
400	четыреста *tchetyresta*	tchiét**i**riésta
500	пятьсот *piatsot*	piats**o**t
1 000	тысяча *tyssiatcha*	t**i**ssiatcha
2 000	две тысяч *dve tyssiatch*	dvié t**i**ssiatch
5 000	пять тысяч *piat tyssiatch*	piat' t**i**ssiatch
1 000 000	миллион *million*	mili-**o**n'

Le jour et l'heure

une minute	одна минута *odna minouta*	adna min**ou**ta
une heure	час *tchas*	tchass
une demi-heure	полчаса *poltchassa*	poltchass**a**
jour	день *den*	dién'
semaine	неделя *nedelia*	niédi**é**l-ia
lundi	понедельник *ponedelnik*	paniédi**é**l'nik
mardi	вторник *vtornik*	ft**o**rnik
mercredi	среда *sreda*	sriéd**a**
jeudi	четверг *tchetverg*	tchiétvi**é**rk
vendredi	пятница *piatnitsa*	pi**a**tnitsa
samedi	суббота *soubota*	soub**o**ta
dimanche	воскресенье *voskressene*	vaskriéssi**é**n'ié

Les transports publics de Saint-Pétersbourg

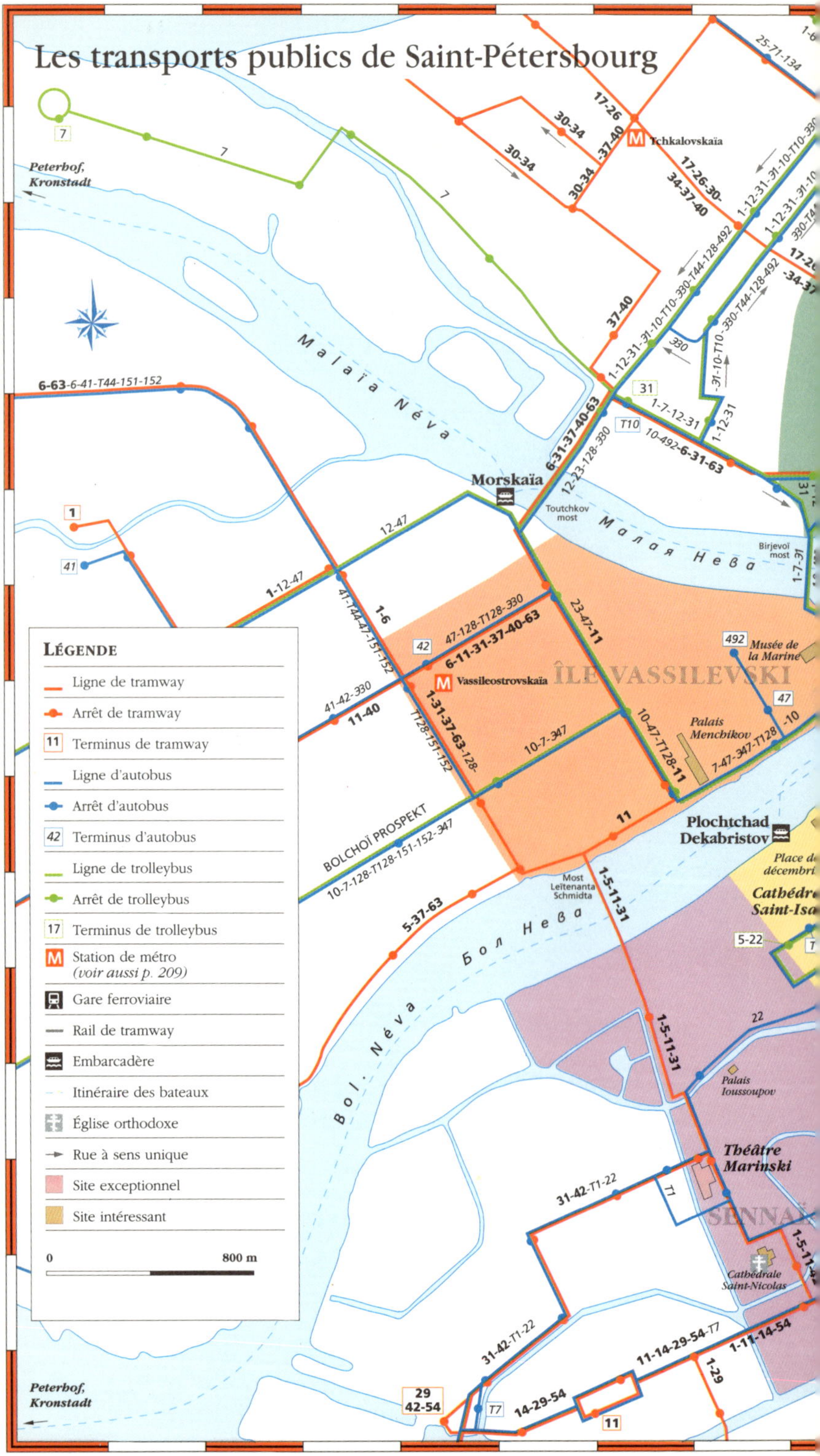